陕西师范大学本科教材建设基金资助出版
陕西师范大学一流学科建设经费资助出版

普通高等学校应用型教材

金融

保险学

李淑娟　主编

中国人民大学出版社
·北京·

前　言

近年来，我国保险业发展迅速，保费收入及保险覆盖率快速提高，在世界保险市场上的参与度也不断提高，已跃居世界第二大商业保险市场，对全球保费收入的贡献接近一半，展示出巨大的发展潜力，但保险的密度和深度与发达国家还有一定差距。如何更好地分散经济社会快速发展和科技迅速变化带来的新型风险，更大限度地发挥保险对特殊行业的保障和服务功能，更充分地利用消费者的保险消费意识崛起这一条件，是我国保险业所面临的新的机遇与挑战。目前，保险市场在监管机构的引导下更加回归保险本源，保险业发展整体向好，但我国保险业依然面临着市场发展不均衡、保险创新能力有待进一步提高、专业保险人才缺乏、保险理论发展滞后于保险实践等问题。鉴于此，作者从我国保险市场与保险教育的实际情况出发，结合自己保险学教学 10 多年的经验，引入保险发展的最新实践成果，以最新的保险法规条例及相关政策为指导，在广泛参考了大量国内外最近优秀教材和最新研究成果的基础上，历时近两年编撰了本书，以期对我国保险人才的培养和保险知识的普及贡献微薄之力。

在本书的编撰过程中，安邦保险重组完成、存款保险基金管理有限责任公司成立、健康保险新规出台、疫苗责任强制保险制度建立、互联网保险新规出炉、车险费改实施……中国保险业的发展迈上新的台阶，展现出新的活力。本书在编撰过程中力争展示这些新的变化和发展，以引发对保险行业发展的新思考。本书分为十四章，其中：第一章至第四章是保险基础篇，主要介绍保险的基本理论和概念，包括风险与保险、保险的概念及其发展、保险合同和保险的基本原则；第五章至第九章是保险实务篇，主要介绍不同类型保险的特点及功能，包括人身保险、财产保险、农业保险（方建武撰写）、责任保险和信用保证保险；第十章至第十三章是保险市场篇，主要介绍保险公司及保险市场的运作，包括再保险、保险市场、保险公司的经营管理和保险监管。第十四章是社会保险，主要介绍我国社会保险的运行及特征。

本书在内容的编撰上，每一章均大致遵循以下框架，即学习目标、本章引导、课程内容、专栏、案例（有的章没有）、思考与练习，便于教师灵活运用书中内容开展创新性教学活动。此外，本书还具有以下特点：

（1）理论与实践相结合。在总结国内外相关著作的基础上，吸收了国内外最新理论及学术研究成果，并辅之以我国保险业的实践案例，将理论发展与实践紧密结合，在提升学生理论素养的同时，提高其分析问题、解决问题的综合能力。

（2）基础知识与能力拓展相结合。本书在突出基础知识的同时，还强调学生能力的拓展，通过专栏中的资料引申以及思考与练习中一些综合题目的设置，引导学生进一步拓宽视野，提升能力。

（3）启发性思维与发散性思维相结合。本章引导主要起到启发学生思考、引导他们进一步探究的作用，而课后的思考与练习则起到进一步拓展学生的思维能力、指引他们进行发散性思考的作用。

（4）专业教学与思政教育相结合。本书中案例的选择多具有一定的讨论性，教师既可以从专业角度分析，加深学生对理论的理解，又可以从思政角度进行引导，提升学生的价值观和人生观，达到专业教学与思政教育相结合的教学目的。

本书在编写过程中得到了多名学者和保险业人士的帮助，本书的编撰是大家智慧的结晶。感谢西北大学金融系刘慧霞教授对本书框架结构提出的建设性意见；感谢陕西师范大学金融系方建武副教授对本书的启发性建议，他还亲自撰写了第七章农业保险，将其对农业保险的理解和我国农业保险的发展全貌呈现给大家；感谢陕西师范大学金融系主任曹培慎副教授对本书内容的中肯建议；感谢我的研究生习敏和李栋梅在本书校对过程中所做的细致耐心的工作。感谢中国平安保险公司陕西分公司和中国人寿保险公司陕西分公司等相关保险公司的支持。感谢陕西师范大学本科教材建设项目和陕西师范大学一流学科建设经费项目的资助。最后，还要感谢中国人民大学出版社的各位老师为本书的出版所付出的努力。

鉴于各种客观条件和本人能力的限制，书中难免存在纰漏之处，恳请各位同人及读者不吝赐教，提出宝贵意见，使本书的内容得以不断完善和创新。

李淑娟

2021年2月7日

目　录

第 1 章
风险与保险

学习目标

1. 掌握风险的本质及其组成要素
2. 了解风险分类的不同标准
3. 掌握风险管理的基本概念、程序及管理技术
4. 掌握可保风险的概念及条件

【本章引导】 2019 年全国十大自然灾害

经应急管理部会同工业和信息化部、自然资源部、住房城乡建设部、交通运输部、水利部、农业农村部、卫生健康委、统计局、气象局、银保监会、国家粮食和物资储备局、中央军委联合参谋部和政治工作部、红十字会总会、中国国家铁路集团有限公司等国家减灾委成员单位会商核定，2019 年各种自然灾害共造成 1.3 亿人次受灾，909 人死亡或失踪，12.6 万间房屋倒塌，农作物受灾面积达 19 256.9 千公顷，直接经济损失达 3 270.9 亿元。全年十大自然灾害如下：

(1) 1909 号超强台风“利奇马”。灾害造成 1 402.4 万人受灾，因灾死亡 66 人，失踪 4 人，紧急转移安置 209.7 万人；1.5 万间房屋倒塌，13.3 万间不同程度受损；直接经济损失达 515.3 亿元。

(2) 6 月上中旬广西、广东、江西等 6 省（区）洪涝灾害。灾害造成 577.8 万人受灾，91 人死亡，7 人失踪，42.1 万人紧急转移安置，18.2 万人需紧急生活救助；直接经济损失达 231.8 亿元。

(3) 贵州水城“7·23”特大山体滑坡灾害。灾害造成近 1 600 人受灾，43 人死亡，9 人失踪，700 余人紧急转移安置，600 余人需紧急生活救助；100 余间房屋倒塌，2 300 余间不同程度受损；直接经济损失达 1.9 亿元。

(4) 四川“8·20”强降雨特大山洪泥石流灾害。灾害造成44.6万人受灾，26人死亡，19人失踪，7.3万人紧急转移安置，4.7万人需紧急生活救助；1 000余间房屋倒塌，1.5万间不同程度受损；农作物受灾面积达14.8千公顷，其中绝收2.2千公顷；灾区部分公路、水利、电力等基础设施受损严重；直接经济损失达158.9亿元。

(5) 7月上中旬长江中下游洪水。灾害造成1 031.9万人次受灾，37人死亡，3人失踪，114.9万人次紧急转移安置；2.1万间房屋倒塌，2.2万间遭受严重损坏，7.4万间遭受一般损坏；农作物受灾面积达776.9千公顷，其中绝收171千公顷；直接经济损失达324.3亿元。

(6) 南方地区夏秋冬连旱。干旱灾害造成3 263.5万人受灾，677.6万人因干旱需生活救助；直接经济损失达189.9亿元。

(7) 四川长宁6.0级地震。灾害造成四川省宜宾、乐山2个市16个县（市、区）35.9万人受灾，13人死亡；直接经济损失达56.2亿元。

(8) 四川木里“3·30”森林火灾。灾害造成27名森林消防指战员和4名地方干部群众在扑火行动中牺牲。

(9) 山西乡宁“3·15”滑坡。灾害造成100余人受灾，20人死亡，直接经济损失达2 100余万元。

(10) 青海玉树等地雪灾。灾害造成玉树、果洛、海西3个自治州13个县20.7万人受灾和需紧急生活救助，5.3万头（只）牲畜死亡，直接经济损失达2.1亿元。

资料来源：中华人民共和国应急管理部网站，2020-01-12.

以上资料表明，人们的生活和工作中充满风险。2005年8月，卡特里娜飓风导致836人死亡和400多亿美元的经济损失；2008年5月12日，中国四川汶川地震造成69 227人遇难，直接经济损失达8 452.15亿元；2017年8月，在南部墨西哥湾登陆的“哈维”飓风所造成的损失高达1 800亿美元；2019年以来新型冠状病毒肺炎疫情的爆发，更是导致了大量人员的死亡和全球经济的巨大损失。严重的自然灾害、人为事故、金融风险、意外事故在世界各地频发，给经济、社会生活带来了重大损失。如何进行有效的风险管理，是人们生活中必须关注的问题。

第一节 风 险

一、风险的本质

风险（risk）没有唯一的定义，不同的人对风险有不同的认识。但是，风险在传统上被定义为不确定性。根据这一概念，风险可以被定义为损失发生的不确定性。在经济学文献中，经常会对风险和不确定性做出区分。“风险”经常被用于出现某种结果的概率具有一定确定性的情况，而“不确定性”被用于无法计算概率的情况。[①] 在专业文献中，风险也被定义为：(1) 未来结果的可能性；(2) 损失的可能性；(3) 反向偏离预期或希望的结

① American Academy of Actuaries, Risk Classification Work Group. On Risk Classification, A Public Monograph (Washington DC: American Academy of Actuaries, 2011), note 2, p. 1.

果的可能性；(4) 给定情景下可能结果的多样性；(5) 有感知力的实体可能发生损失的概率。综上可以看出，风险具有以下几个特性：

1. 客观性

风险是一种状态，不管人们是否意识到，风险都是客观存在的，例如，吸烟的风险、开车的风险、失眠的风险。风险可以分为客观风险和主观风险。客观风险（objective risk）被定义为实际损失与预期损失之间的相对差额。例如，保险公司长期为10 000栋房屋承保，平均每年有1%或100栋房屋被烧毁，但在一些年份，可能不到90栋房屋被烧毁，而在其他年份可能有110栋房屋被烧毁，与预期的100栋房屋相比，就有10栋房屋或者10%的差额。实际损失与预期损失之间的相对差额被称为客观风险。客观风险可以利用一些离差测度方法进行统计学计算，例如标准差或协方差。主观风险（subjective risk）被定义为个人的心理状态或精神状态导致的不确定性。例如，一个喝醉酒的人还自己开车回家，就面临着能否安全到家而不被警察逮捕的不确定性，这种不确定性被称为主观风险。主观风险的影响因人而异，主观风险高的人经常会更加保守和谨慎，而主观风险低的人可能不那么保守。

2. 损失机会

损失机会与风险的概念紧密相连。损失机会（chance of loss）被定义为事件发生的概率。概率也分为主观概率和客观概率两个概念。

客观概率（objective probability）是指基于观察对象数量无穷多和潜在条件不变两个假设前提，在较长的时间内，事件发生的相对频率。客观概率可以通过两种方式确定：(1) 演绎推理，如掷硬币正面朝上的概率是1/2，掷骰子得6点的概率是1/6；(2) 归纳推理。

主观概率（subjective probability）是指建立在过去的经验与判断的基础上，根据对未来事态发展的预测和历史统计资料研究确定的概率，是人们对某一事件发生的概率大小的主观心理评价。主观概率的测定因人而异，受人的心理影响较大，主要取决于人的经验、知识水平和对分析对象的把握程度。

在实际中，主观概率与客观概率的区别是相对的，因为一方面，任何主观概率总带有客观性，分析者的经验和获得的信息是客观情况的具体反映；另一方面，任何客观概率在测定过程中也难免带有主观性，因为实际中取得的资料和信息很难满足大数法则的要求。

3. 不确定性

所谓的不确定性主要指损失是无法预测的。这种不确定性（或者是损失的无法预测性）表现为损失的发生在时间、空间及损失程度上的不确定性。比如，所有的人都面临死亡的风险，但健康的人并不能预知自己死亡的时间，即损失的发生在时间上具有不确定性；健康的人也无法预知自己死亡的地点（工作场所？旅途中？家中？医院?），此为损失的发生在空间上的不确定性。在一场自然灾害，比如地震、台风、飓风等发生之前，很难准确预测它带来的具体损失将有多大，此为损失程度的不确定性。

这种不确定性使得人们无法完全避免损失的发生。如果人们能够完全准确地预测到损失发生的时间、地点以及损失程度，人们就可以采用准确的方法应对它们，也就不存在什么风险了。只有当损失无法预测的时候，或者说，当损失具有不确定性的时候，才会存在风险。

二、风险的组成要素

（一）风险因素

风险因素（hazard），也称风险条件，是指风险事故或在风险事故发生时致使损失增加的条件。因此，风险因素是针对产生或增加损失频率（loss frequency）与损失程度（loss severity）的情况来说的。影响损失产生的可能性和程度的风险因素有两类：有形风险因素和无形风险因素。

1. 有形风险因素

有形风险因素是指直接导致损失发生的物质形态的因素。这些因素或条件能提高损失发生的频率或程度。例如汽车的刹车系统、发动机等，建筑物的建筑结构、建筑材质、坐落地点等，财产的用途等都是有形风险因素。

2. 无形风险因素

文化、习俗和生活态度等非物质形态的因素也会影响损失发生的可能性和程度，它们被称为无形风险因素。无形风险因素主要可以划分为道德风险因素（moral hazard）和心理风险因素（attitudinal hazard）。

（1）道德风险因素。

道德风险因素是指与人的品性修养有关的会导致事故的发生或者扩大已经发生的风险事故所造成的损失的无形因素，比如不良企图、欺诈行为等。

（2）心理风险因素。

心理风险因素是指与人的心理状态相关的会造成损失的频率或严重程度增加的无形因素，比如人的粗心大意、漠不关心、投保后过于依赖保险而放松警惕等。

有形风险因素与人无关，也可以称为物质风险因素；无形风险因素与人密切相关，其中，道德风险因素侧重于人的恶意行为，心理风险因素侧重于人的疏忽行为，这两类风险可以合称为人为风险因素。

（二）风险事故

风险事故（peril）也称为风险事件，是指损失的直接原因，也指风险由可能变成现实，以致引起损失的结果。风险因素是损失的间接原因，只有当风险事故发生时，风险因素才会导致损失，例如，火灾、地震、洪水、龙卷风、爆炸、车祸、疾病等都是风险事故。

（三）损失

损失（loss）是指非故意的（unintentional）、非计划的（unplanned）和非预期的（unexpected）经济价值（economic value）的减少。

损失通常分为两种形态，即直接损失与间接损失。直接损失指的是风险事故直接造成的有形损失，即实质损失（physical loss）；间接损失指的是由直接损失进一步引发或者带来的无形损失，包括额外费用损失（extra expense loss）、收入损失（income loss）和责任损失（liability loss）。

风险因素、风险事故与损失三者之间存在因果关系，即风险因素引发风险事故，而风险事故导致损失。三者的关系见图1-1。

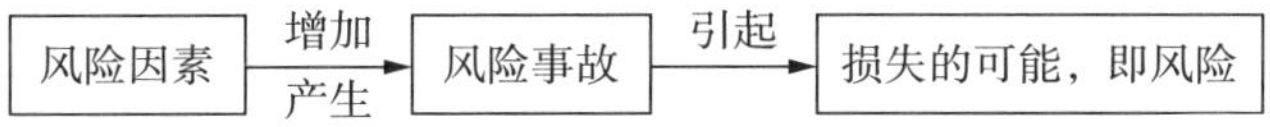

图 1-1　风险因素、风险事故与损失的关系

三、风险的分类

风险有很多不同的分类。以下的分类广泛运用于保险和风险管理领域。

(一) 按风险产生的原因划分

按产生的原因，风险可分为自然风险、社会风险、经济风险、政治风险和技术风险。

自然风险也叫自然灾害，是指由于自然力的不规则变动导致物质毁灭或人员伤亡的风险。这种因自然力的不规则变动引起的各种现象，会对日常经济生活、物质生产及生命造成损害，即发生自然风险事故。自然风险也是保险人承保最多的风险。

社会风险是指伴随着人类行为的变化而产生损害的可能性，即由个人或团体的过失行为、故意或不当行为等所致的损害风险。例如，因个人或小团体的反常或不可预料的行为所致盗窃、抢劫、罢工、斗殴、杀人、自杀等风险，都是社会风险。

经济风险是指由于个人或团体的经营行为或者经济环境的变化而导致经济损失的风险，即在生产经营活动中，由于受市场供求关系、经济贸易条件等因素变化的影响，或经营决策失误、预测出现偏差等，使得经济上遭受损失的风险，比如生产数量、价格、经营等方面的风险。

政治风险又称为国家风险，它是指在对外投资和贸易过程中，因政治或订约双方无法控制的原因，使得债权人可能遭受损失的风险，比如：因输入国发生战争、革命、内乱而中止货物进口；或因输入国实施进口或外汇管制，对输入货物加以限制或禁止输入；或因本国变更外贸法令，使得输出货物无法送达输入国，造成合同无法履行；等等。

技术风险是指科学技术的进步带来生产、生活方式的改变，从而造成财产毁损、人员伤亡的风险。科技在给人类带来繁荣与发展的同时，也可能会给人类带来巨大的风险，甚至威胁着人类的生存。例如，环境污染、职业病、核泄漏、航天飞行器爆炸等都是科技进步所产生的风险。

(二) 按风险的性质划分

风险按其性质可以分为纯粹风险和投机风险。

纯粹风险指的是那些只有损失机会而无获利可能的风险。纯粹风险的发生所造成的损失有两种可能结果：有损失或者无损失（保持状况不变）。纯粹风险没有机会获得经济利益。比如，大多数的灾难事件都是纯粹风险。

投机风险指的是那些既存在损失可能性，又存在获利可能性的风险。与纯粹风险不同，投机风险造成的损失有三种可能结果：获利、损失和无变化。比如，在股票市场的投资面临的风险就是投机风险，因为这种投资行为可能带来三种结果：收入增加、收入减少或者收入不变。

个人和组织都有可能面临纯粹风险和投机风险。这种区分很有意义，风险管理者可以根据风险的级别选择合适的风险处理方法，因为一般来说，只有纯粹风险才是可保风险，但不是所有的纯粹风险都是可保的。

(三) 按照风险的影响程度划分

按照风险的影响程度，风险可分为可分散风险与不可分散风险。

可分散风险（diversifiable risk）是指仅仅影响个体或者小群体的风险，这种风险可以通过分散的方式降低或者消除。风险的可分散性可以通过风险共担和多元化实现。风险共担主要用于保险业。保险业通过同质风险（如车损、死亡、火灾等）共担来分散风险，从而提供保障，这就是著名的大数法则，它是保险存在的基础。风险多元化主要用于金融投资活动中。例如，一名投资者持有一个拥有多家公司股票的投资组合（组合中的股票不完全正相关），当其中的一家公司出现财务风险时，整个组合投资收益率的下降幅度要小于这家公司股票投资收益率的下降幅度，原因是财务风险是企业的特有风险，是一种可以分散的风险，不会在组合内所有的企业中同时出现。因此，整个投资组合的收益率所受的影响并不大。

不可分散风险（nondiversifiable risk）是影响整个经济或者经济体中的大多数人或者群体的风险，这种风险不能通过分散而消除或者减少，比如，通货膨胀、经济衰退、战争、周期性失业、地震等。这类风险会影响到整体经济或者经济体中的大多数人，也被称为系统风险或者基础风险。

可分散风险和不可分散风险的区分非常重要，因为前者可以通过保险及多元化等商业化行为降低和分散；而后者很难通过商业化行为进行分散，这就需要政府提供支持，比如建立社会保障计划、失业补偿计划等。

表 1-1 列出了两种风险划分之间的关系。

表 1-1　风险矩阵图

类别	可分散风险	不可分散风险
纯粹风险	建筑火灾 机动车事故	失业、地震、战争
投机风险	新产品发布 产品价格的波动（玉米、石油）	经济衰退 全球通货膨胀

（四）按照风险的对象划分

风险按其对象可以分为人身风险、财产风险、责任风险与信用风险。

人身风险（personal loss exposure）是指个人遭遇早逝、疾病、残疾、失业或者年老无依无靠等事件的不确定性。人身风险的损失后果主要由个人或家庭来承担，因此可以称为个人风险。

财产风险（property loss exposure）是指因为财产的毁损、灭失和贬值而使财产的所有（权）人遭受损失的不确定性。不动产和个人财产都有可能会因为火、闪电、龙卷风等其他原因而毁损。财产风险主要会带来两种损失：直接损失（direct loss）和间接损失（indirect loss）。直接损失是由财产的物质损害、毁损以及失窃间接引起的财务损失。比如，老王的汽车被盗，丢失的汽车就是直接损失。间接损失是指由直接的物质毁损或失窃间接引起的财物损失。接上面的例子，老王丢失了汽车之后，需要打车去上班，从而付了一笔额外的费用，这笔打车费用就是汽车失窃造成的额外费用，被称为间接损失。财产风险的后果可能由个人和家庭承担，也可能由企业承担。

责任风险（liability loss exposure）是指因人的侵权行为（一般是过失行为）造成他人的财产毁损或人身伤亡，在法律上必须负经济赔偿责任的不确定性。责任风险的赔偿以法律的判决为主，是大多数人可能会面临的重要的纯粹风险。

信用风险（credit loss exposure）是指在经济交往中，权利人与义务人之间由于一方的违约或违法行为给对方造成经济损失的风险。

（五）按照风险能否保险划分

风险按其能否保险可以分为可保风险和不可保风险。

可保风险也称为可保危险，是指可以被保险公司接受的风险，或者是可以向保险公司转嫁的风险。不被保险公司接受的风险称为不可保风险。商业保险公司在正常情况下只承保纯粹风险，因此可保风险都是纯粹风险，但并不是所有纯粹风险都是可保风险。

可保风险应该具备以下几个条件：

1. 独立、大量的危险单位

这一条件要求，某一风险必须是大量标的均有遭受损失的可能性（不确定性），但实际出险的标的仅为少数（确定性），比如面临火灾风险的建筑物。独立性保证了这些危险单位不会同时发生损失，这一条件是保险公司基于大数法则估算损失的基础。保险公司根据以往的资料，可以较为准确地预测这一群体作为整体所遭受的损失，制定合理的收费标准，损失成本也就可以在承保范围内的所有被保险人之间进行分摊。面临同一风险的参保经济单位越多，保险基金越雄厚，赔偿损失的能力就越强，每个被保险人所承担的保费也就越少。

2. 意外的、非故意的损失

这个条件具有两层含义：一是风险事故的发生或者风险事故损失后果的扩展都不是投保人的故意行为导致的；二是损失发生与否是一种可能性，是不可预知的，而不是确定的。第一层含义是为了防止道德风险，投保人的故意行为引发的风险事故或风险事故损失后果的扩展均为道德风险，对此保险人是不予以赔偿的。第二层含义是为了保证保险运作的基础，因为大数法则的应用以（偶然）事件为前提。对于一定会出险的风险，保险公司不予承保。比如，不适航的轮船出险的概率极高，可以认为海上出险是可预知的，因此保险人不予承保。

3. 确定的、可测度的损失

这意味着损失的原因、时间、地点和数量应当是确定的。这一条件能够让保险公司确定损失是否在保单保障范围内，以及保险公司应当赔付的金额。同时，明确、准确的损失可以帮助保险人预测和计算未来的损失。

4. 非灾难性的损失

这意味着大部分危险单位不能同时发生损失。当某种风险的大多数单位或者所有单位同时发生损失时，保险人就无法承担这样的损失。这种风险只能借助再保险，即将自己所承担的风险转移一部分给再保险公司，或者通过在一个较大的地理区域内分散覆盖面来避免风险集中。

5. 损失概率是可以计算的

保险人必须能够以一定的准确性预测未来发生损失的平均概率和平均严重程度，这样才能保证保险人能够收取足以赔偿所有索赔和费用，并在保单有效期内获得一定收益的保费。

但要注意的是，损失概率分布对预测未来的损失有用的充分必要条件是：导致未来发生损失的因素与过去基本一致。

6. 保费是经济可行的

保费是经济可行的，即投保人必须能够支付保费。保险想要吸引人购买，支付的保费就必须远低于保单的面值或者数额。对于投保人（被保险人）来说，如果损失发生的可能性很大，但发生以后所造成的损失并不严重，购买保险就是不经济的；投保人更愿意在损失很大、个人感到无法承受时购买保险。

表 1－2 列举了一个可保风险的例子。

表 1－2　可保风险的应用举例

条件	火灾风险满足这些条件吗？
独立、大量的危险单位	满足。存在大量危险单位。
意外的、非故意的损失	满足。除了故意纵火之外，大多数火灾损失是意外的、非故意的。
确定的、可测度的损失	满足。如果没有就支付数额达成一致，财产保险保单还有争议解决条款。
非灾难性的损失	满足。尽管也曾有灾难性的火灾，但并非所有危险单位在同一时间遭受火灾。
损失概率是可以计算的	满足。发生火灾的概率可以预测，火灾损失的平均严重程度可以预先估算。
保费是经济可行的	满足。火灾保险每单 100 元的费率相对较低。

第二节　风险管理

一、风险管理的概念

风险管理是处理潜在风险损失的计划和安排。① 它对每一个面临潜在风险的组织，包括个人、家庭、企业或其他组织都有积极意义。

风险管理的对象是风险。风险管理是自古以来人类社会在应对客观存在的风险方面的主观能动行为和经验的总结。但风险管理作为一门独立的学科，到了 20 世纪 50 年代才在美国开始兴起，之后经历了资产风险管理、负债风险管理、资产负债风险管理、全面风险管理四个阶段，目前风险管理的方法及体系仍在发展之中。

专栏 1－1

风险管理模式的发展

根据风险管理的重心不同，风险管理模式主要经历了以下四个阶段：

(1) 资产风险管理。资产风险管理盛行于 20 世纪 60 年代以前，主要偏重于对企业资产业务的风险管理，强调保持资产（尤其是商业银行资产）的流动性。代表是哈里·马科维茨（Harry Markowitz）于 20 世纪 50 年代提出的不确定条件下的证券组合理论和威廉·夏普（William F. Sharp）提出的资本资产定价模型（CAPM）。

① 该定义见 Mark S. Dorfman. *Introduction to Risk Management and Insurance*, Ninth Edition. Prentice Hall, 2007.

(2) 负债风险管理。负债风险管理产生于20世纪60年代，当时西方各国经济进入了高速增长的繁荣时期，社会对商业银行的资金需求极为旺盛，商业银行由被动负债向主动负债转变，风险管理的重点就转向负债风险管理。

(3) 资产负债风险管理。资产负债风险管理产生于20世纪70年代，其特点是强调对资产业务、负债业务的协调管理，通过匹配资产负债期限结构和分散资产，实现总量平衡和风险控制。

(4) 全面风险管理。全面风险管理产生于20世纪80年代以后，主要指的是围绕总体发展战略和经营目标，通过在各个环节和经营过程中执行风险管理的基本流程、培育良好的风险管理文化，建立健全全面风险管理体系。

二、风险管理的目标

1. 损失前目标

(1) 经济合理目标。这是损失发生之前风险管理的首要目标。在损失发生前，风险管理者应该通过比较、分析各种风险处理工具并进行全面的财务分析，在保证风险处理效果的前提下，使风险管理的费用尽可能减少。

(2) 安全系数目标。该目标是指将风险控制在可承受的范围内，尽可能减少人们心理上的恐惧和忧虑，消除后顾之忧，使人产生安全感。

(3) 社会责任目标。该目标主要是指减少风险对利益相关者（包括管理者、雇员、客户、供应商、政府、银行等）的影响，避免损失严重时给国家或社会带来不良影响。风险管理者应履行必要的社会责任，全面实施防灾减损计划，尽可能消除会造成风险损失的隐患。

2. 损失后目标

(1) 维持生存目标。该目标是指在损失发生后，在一定的时间内部分恢复运营。

(2) 保持正常生产经营目标。该目标是指不因为损失事件的发生而使风险主体的生产经营活动中断。比如，公共事业企业必须继续提供服务。

(3) 实现收益稳定目标。风险管理者应该使组织在受损复原后尽快实现原有的稳定收益水平，促使资金回流，使组织恢复到损失前的盈利水平。

(4) 实现持续成长目标。风险管理者应根据风险主体不断出现的新情况拟订新的风险管理计划和方案，从而帮助它实现持续稳定发展。

三、风险管理的程序

风险管理是一个连续的过程。它是在目标的指引下进行的一系列活动，主要程序如下。

1. 风险识别

风险识别（risk identification）是风险管理过程中最关键的步骤。它的任务是辨认本经济单位所面临的风险，确定风险的性质，分析可能发生的损失及明确风险损失所处的具体部门。一般情况下，可从以下角度来识别经济单位可能面临的损失风险：

(1) 财产损失风险。它主要指各种有形财产面临直接损失（如各种机器、厂房、存货、交通工具等财产的直接损失）的风险。

（2）责任损失风险。它主要指因经济单位的产品、合同、场所、车辆、雇员等的瑕疵或过失所引起的法律上需要承担的责任而给经济单位带来损失的风险。

（3）经营收入损失风险。它主要指由财产损失而引起间接损失或偶尔的经营收入损失的风险。

（4）人力资源损失风险。它主要指因关键管理人员的死亡或残疾、人员的退休或失业，以及员工所遭受的与工作相关的人身伤害或疾病而给经济单位带来损失的风险。

（5）犯罪损失风险。它主要指因他人或经济单位及其员工的犯罪行为而给经济单位带来损失的风险，如知识产权的盗用。

（6）员工福利损失风险。它主要指因未遵守政府监管要求或违法承兑的收益等而带来的员工福利损失的风险。

（7）国外损失风险。它主要指因国外战争、暴乱等政治或经济风险而给经济单位带来损失的风险。

（8）市场信誉和公众形象损失风险。它主要指因市场信誉和公众形象受损而给经济单位带来损失的风险。

（9）合规风险。它主要指因未能遵守政府规章制度而给经济单位带来损失的风险。

在风险管理中，应通过风险调查表和清单、现场检查、流程图、财务状况、历史损失数据等多种信息来源以确认所面临的损失风险，并与行业趋势和市场变化保持同步，警惕可能出现的新的损失风险。

专栏 1-2

一项有关风险管理者的调查

人们对于风险的感知和认识一直在变化中，不变的是风险管理的重要性。

埃森哲（Accenture）发布的《2011 年全球风险管理研究》显示：与 2009 年的调查相比，各行业的风险管理能力有了明显改善。风险管理的重要性日益提高，超过 80%的被调查企业将风险管理视为企业应对市场波动和处理组织复杂性的关键职能；86%的被调查企业认为，风险管理职能能够推动企业有效应对日益增加的经济环境复杂性；83%的被调查企业认为，风险管理职能对企业更好地处理组织复杂性起到了推动作用。金融服务公司（银行业和资本市场）和保险公司对风险管理（管理外部波动性的支撑因素）的重视程度只略高于其他行业。

几乎所有行业的被调查者一致认为，风险管理能为他们的企业提供一定的竞争优势。大约一半的被调查企业（49%）认为，风险管理体系是实现长期盈利增长的关键推动力；另有 42%的被调查者认为，风险管理能力对于增长“非常重要”；几乎同样多（45%）的被调查企业认为，风险管理对于未来盈利能力的可持续性“至关重要”；45%的被调查企业认为，风险管理对于未来盈利能力的可持续性“非常重要”。

与 2009 年相比，2011 年更多的企业设立了首席风险官或相似的职位。超过三分之二的被调查企业设立了首席风险官职位；另有 20%的被调查企业尽管没有设立该职位，但会由一位高管行使风险管理职责。金融服务企业更倾向于设立首席风险官（84%）；被调查的保险企业中设立了首席风险官的企业的占比（71%）高于被调查企业的平均值（64%）。

埃森哲发布的《2019年全球风险管理研究》发现，应对变化的时间已有10年之久，风险管理者的门槛比以往任何时候都要高。在被调查的风险管理者中，有72%的人表示复杂、相互关联的新风险出现得比以往更加频繁；有58%的人表示，破坏性技术风险在今天的影响比两年前更大；55%的人表示，数据泄露带来了更大、更复杂、范围更广的威胁。此外，还有52%的被调查企业将运营风险（一种传统但始终存在的威胁）作为关注点。

2. 风险估计

风险估计（risk estimation）也称风险衡量，指的是在风险识别的基础上，通过收集大量详细的损失资料，运用概率论和数理统计进行定量分析的过程，主要包括频率分析和后果分析。频率分析即特定风险因素发生的频率或概率分析；后果分析即分析特定风险因素在环境因素下可能导致的各种事故后果及可能造成的损失，包括情景分析和损失分析。情景分析是指分析特定风险因素可能导致的各种事故后果；损失分析是指分析特定后果造成的损失，需进行量化。

3. 风险评价

风险评价（risk evaluation）是在风险识别与风险估计的基础上，将风险发生的规律、损失程度与其他因素结合起来，确定风险的危险等级，并根据相应的标准判断该风险能否被系统接受，是否需要采取控制措施，已经采取哪些措施。一般来说，风险评价可以与风险估计同时进行。

4. 风险决策

风险决策（risk decision）也称风险应对或风险防范，它是根据风险评价与风险管理目标，选择风险管理技术，以最低成本最大限度地降低风险的过程。一般的风险管理技术包括控制型和财务型两大类，后面会具体介绍。

5. 风险评估

风险评估（risk assessment）是指通过对风险进行分类，监视易识别的风险和残余风险，识别进程中的新风险，并评估所采取的措施对减轻风险的效果。同时，应注意在情况发生变化时，重新修订风险管理规划和应对措施。

图1-2展示了风险管理的一般程序。

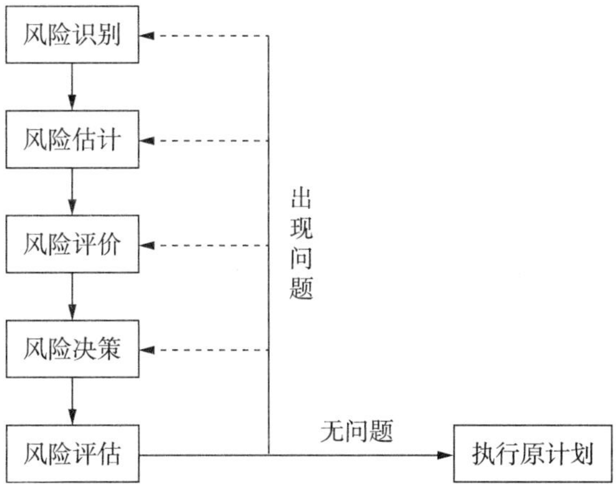

图1-2 风险管理的一般程序

四、风险管理技术

（一）控制型风险管理技术

1. 规避

规避（avoidance）是指设法回避损失发生的可能性，即从根本上消除特定的危险单位和中途放弃某些可预知的风险或危险单位，例如，避免在战乱国家投资，不投资新产品等。

但是，总有一些风险是不可避免的，如破产、英年早逝等。规避适合于以下情况：（1）某特定风险所致损失频率和损失程度相当高时；（2）在处理风险时其成本大于其产生的效益时。

2. 损失预防

损失预防（loss prevention）是指为减少特定损失而采取的措施，例如，为减少车辆事故而对司机进行监测、严格禁止酒精或毒品、严格执行安全规则、对公共场所进行安检等。

3. 损失减少

损失减少（loss reduction）是指在损失发生以后降低损失的严重程度的方法，例如，安装自动灭火系统、让因公受伤的工人去疗养。

（二）财务型风险管理技术

1. 风险自留

风险自留（retention）是指对风险的自我承担，即企业或单位自我承受风险损害后果的方法。风险自留可以是主动的，也可以是被动的。

主动的风险自留是指人们或企业能够清楚地认识到风险损失，并计划保留全部或部分损失。风险自留主要有两个原因：第一，节省支出。可能根本就不必购买保险，或者购买有免赔额的保险，这样可以大幅降低保险成本。第二，商业保险可能难以获得或难以负担。消极的风险自留可能是由于疏忽、大意或者懒惰。

自保（self-insurance）是风险自留的一种特殊形式。很多企业选择成立专业自保公司（captive insurer）来进行风险自留。专业自保公司一般是母公司所拥有的、为了给母公司面临的损失风险提供保障而成立的保险公司。2010 年全球大约有 6 000 家专业自保公司。通过专业自保公司，企业可以更容易地获取保险，且投保的成本较低，企业也更容易获得再保险等。同时通过自保，企业也可能获得形成新的利润增长点等优势。专业自保公司的缺点是，它的保险技术和分散风险的能力不如专业保险公司。专业自保公司是决定风险自留的企业避免不合理税收的技术性产物，也是企业利用内部基金进行风险融资的高级形式。

风险自留是一种重要的风险管理方式，特别是在现代公司风险管理计划中。它主要适合于以下情况：（1）没有其他风险处理方法可供选择或者选择成本过高；（2）可能发生的最大损失并不大；（3）损失是高度可预期的，这种预期损失处于企业的可承受范围之内。但在一些例外的情况下，风险自留不能用于应对高频率、低风险事件，例如巨额医疗费用风险、长期丧失劳动能力风险或者法律责任风险。

2. 非保险转移

非保险转移（noninsurance transfer）即通过一定的方式，将风险和潜在的经济后果从一个主体转移给另一个主体。

（1）出让转嫁。

出让转嫁主要适用于投机风险的转让。比如，在预测股市行情将下跌时，转让手中的股票，从而把股票下跌的风险损失转嫁出去。

（2）合同转嫁。

合同转嫁的方式在现实中比较常用。如果将公司看作一系列契约的安排，公司就实现了股东风险的转移。在公司制下，股东的损失风险仅限于它个人的投资，超过其投资的损失通过合同的形式转嫁给了公司这个法人。再比如，通过委托保管合同、担保合同、承包合同等方式，委托人、债务人、分包商将自己可能面临的风险分别转嫁给了保管人、担保人和承包人。此外，还可以通过签订免责条款（hold-harmless clause）进行转移。例如，如果脚手架生产厂商与经销商的合同里加入了免责条款，那么在脚手架倒塌并伤害到他人的时候，经销商需要保证制造商的利益不会受到损失。

（3）套期保值。

套期保值主要是通过购买或销售期货合约转移价格波动风险的一种技术。例如，一个种植苹果的农民为了减少收获时苹果价格降低的风险，在收获之前就以固定价格出售未来收获的苹果，这样就可以降低苹果价格波动给他带来的风险，但这种方法在转移风险的时候，也放弃了潜在的收益。

非保险转移可以将商业上不可保的潜在损失转移给能控制损失的人且转移的成本较低（相对于保险），但也存在一些不足：（1）转移潜在损失可能因为合同用语的模糊而无法实现；（2）如果转移出去的损失是承担者无法支付的损失，那么企业还要为索赔负责。

3. 保险

保险（insurance）是一种重要的风险管理手段，主要适用于损失概率较低、损失程度较高的损失风险。通过购买保险，被保险人可以将所面临的风险转移给保险公司。

选择保险作为风险管理技术，具有以下优点：（1）企业在损失发生后会得到赔偿，从而可以继续经营，收入波动也得以最小化，这就大大降低了企业经营的不确定性；（2）保险人能够提供有价值的风险管理服务，如损失控制服务、损失风险分析和索赔评估；（3）保费可以作为经营费用享受所得税减免。但使用保险也有不足之处：（1）企业要面临支付保费这一成本，除此之外，还存在机会成本——因为保费要预先支付，会导致企业丧失使用资金的机会；（2）可能要花费大量的时间和精力协商保险责任的范围。

在运用保险的方法转移风险时，必须考虑以下几个因素：（1）保险责任范围的选择；（2）保险人的选择；（3）条款的协商；（4）定期检查保险计划。

（三）风险管理技术的选择

应根据风险发生的频率和损失的严重程度，选择合适的风险管理技术。表1-3所列出的风险管理技术是一个总体原则，可根据保险市场的情况进行调节和修改。在市场条件严峻时，利润率下降，或者承保行业面临承保损失，承保标准会变得更严格，保险也会变得更昂贵，这时候也许会更多地保留某些特定损失风险，降低保险的购买数量。相反，在宽松的市场环境下，可以相应地减少自留损失风险，增加保险的购买。

表 1-3 风险管理矩阵

风险类型	损失频率	损失严重性	适宜的风险管理技术
1	低	低	风险自留
2	高	低	损失预防和风险自留
3	低	高	转移
4	高	高	规避

第一种风险的特点是发生的频率较低，损失的严重程度较低。这种类型的风险可以通过风险自留来解决，因为损失很少发生，当它确实发生时，也很少造成大的经济损失。

第二种风险的损失更严重。损失经常发生，但损失的严重程度相对较低，比如商店失窃、汽车的物理毁损。对于这种风险，可以通过采取损失预防措施降低损失的发生次数。由于损失的发生有规律可循，而且是可预测的，因此可以采用风险自留技术。但一次次小额损失累计起来可能形成规模较大的损失，一旦超过一定规模，就需要购买保险。

第三种风险可以通过转移的方式（包括保险）来应对。损失严重意味着存在潜在的灾难性损失，而损失的低概率表明购买保险是经济可行的，比如火灾、爆炸、自然灾害等风险。

第四种风险也是最严重的风险，其特点是频率高、损失的严重程度高。对于这类风险，最好的应对方法就是规避。

第三节 风险管理与保险的关系

一、风险管理与保险的共性与区别

风险管理与保险有十分密切的关系，正确认识和处理风险管理与保险的关系，明确两者的联系和区别，有助于两者在实践中互相配合、互相补充，充分发挥各自的优势，促进企业单位加强风险管理，这对于风险管理和保险自身的健全和发展都具有重要的意义。

（一）风险管理与保险的共性

风险的客观存在是保险产生和发展的前提。同样，风险的客观存在也是风险管理产生和发展的基础。因此，两者有共同的研究对象——风险。

（二）风险管理与保险的区别

1. 处理风险的范围不同

风险管理的对象是经济主体中面临的所有风险。而保险所处理的风险是有条件的，首先必须是可保风险，也就是说，并非所有的风险保险人都能承保。因此，风险管理所涉及的风险范围比保险研究的风险范围更广泛。

2. 处理风险的方式不同

处理风险的方式多种多样，它不仅关注损失后的补偿，而且关注风险事故发生前的预防及事故发生时的损失控制。而保险只是风险管理的手段之一，并不是唯一的方法。保险是风险管理的一种财务对策，它着眼于对可保风险的事先分散、转嫁和损失后的经济损失补偿。

二、风险管理与保险的相互联系

（一）保险是风险管理的有效方法之一

风险管理的总体目标是以最小的经济代价获得最佳的安全保障。保险是风险管理的方法之一，最能体现风险管理的这一目标。一方面，由于风险的客观性，风险管理的其他方法在一定程度上可以防止风险的发生或减轻损失的程度，但是并不能从根本上消除风险。而保险能在风险损失发生时及时给予经济补偿，尽可能使灾害损失的影响降低到最低程度。另一方面，保险“我为人人，人人为我”的经营理念使得投保人所缴纳的保费与被保险人所获得的保险保障相比，显得微不足道。由此可见，通过保险，投保人或被保险人只需要通过少量的保险支付，就能获得超出保费几十倍、几百倍，甚至成千上万倍的经济保障。从成本与效益的对比关系来看，保险应该是风险管理的最有效的方法之一。

（二）风险管理是提高保险公司经济效益的重要手段

保险业经营的广泛性、分散性、负债性以及成本与利润核算的特殊性，决定了保持保险公司经营稳定的重要性。保险公司作为独立的经济实体，要提高经济效益，也必须加强自身的风险管理。作为经营风险的公司，运用风险管理技术为被保险人提供高水平的风险管理服务，是一项重要职责，是除展业、承保、理赔等环节之外保险经营的重要环节，也是减少保险赔付、树立保险的良好社会形象、提高市场竞争力的有效手段。

思考与练习

1. 什么是风险？它有哪些特点？

2. 讨论个人的早逝可能会给家庭带来哪些损失。

3. 假设有两座同一年内建成的房屋，房屋 A 是木质结构，房屋 B 是砖瓦结构。在一场台风中，A 严重毁损（坍塌），而 B 虽没有坍塌，但由于屋主没有采取适当的防雨措施，导致房屋内存放的物资被台风之后的暴雨淋湿毁损。试分析这次台风事件中房屋 A 和房屋 B 所面临的主要风险及构成这些风险的要素。

4. 简述风险管理的流程。

5. 请分析风险管理的各种技术手段所适用的条件。

6. 试分析你所在的学校可能面临的风险，并依据风险管理的主要环节为学校制订一套风险管理方案。

7. 什么是可保风险？它的构成要件有哪些？

8. 随着社会经济的发展，人类面临的风险种类不断增加。试列举新技术/新经济带来的新风险。这些新风险在什么情况下可以称为承保风险？

9. 风险经理采用了一些方法来应对风险。对于下面这些风险，应该采用什么方法来应对？请对你的选择做出解释。

（1）决定不为企业的主要制造设备购买地震保险。

（2）在旅馆中安装自动灭火设备。

（3）决定不生产可能导致责任诉讼的产品。

（4）要求销售企业产品的零售商签署协议，取消在产品造成人身伤害时企业的责任。

第2章 保险的概念及其发展

学习目标

1. 掌握保险的含义及其构成要素
2. 理解保险的特征
3. 了解原始保险的萌芽和现代保险的起源与发展
4. 了解现代保险的发展特点及趋势
5. 理解中国保险的发展史
6. 了解保险的功能及作用

【本章引导】 2019年中国保险理赔情况

根据银保监会的统计数据，2019年保险业为全社会提供的风险保障超过6 470万亿元，承保保单件数495亿件，累计赔付支出1.29万亿元。财产险公司提供风险保障5 369万亿元，累计赔付支出7 279亿元；民生相关风险保障作用明显，其中农业保险提供风险保障3.81万亿元，同比增长10.12%；责任保险签单保单数93.47亿件，同比增长28.57%，风险保障金额1 560.19万亿元，同比增长80.13%。

保险业协会评选出“2019年度中国财产保险十佳理赔案例”，分别是黑龙江省洪涝灾害30.5亿元理赔案例、山东省民生综合保险台风灾害1.17亿元理赔案例、美家纺巨头破产1 852万美元理赔案例、新疆棉花价格“保险+期货”1.30亿元理赔案例、新疆兵团棉花雹灾1.21亿元理赔案例、某在建水电站堰塞湖1.34亿元理赔案例、“货船H轮”沉没致纸浆全损1 064万元理赔案例、某运输公司特大交通事故1 154万元理赔案例、某轮胎制造公司重大火灾事故1.72亿元理赔案例、四川达州某商贸城火灾1.08亿元理赔案例。

上述资料从不同的角度展示了2019年中国保险业为国民经济发展所提供的风险保障。

保险到底是什么？它有什么样的功能和作用？它是如何产生和发展的？本章主要围绕这些问题展开：首先在阐述保险的基本概念和特征的基础上，对其进行分类；然后通过介绍保险的产生历史及发展特征一窥保险的全貌；最后介绍了保险的功能及作用。

第一节　保险的概念及本质

一、保险的定义

迄今为止，各国保险学者对保险尚无一致的定义。

美国风险和保险协会将保险定义为：保险就是通过将风险转移给保险人，从而把偶然的损失进行分摊，保险人统一为被保险人赔偿这些损失，在损失发生时提供金钱方面的援助或者提供处理风险的服务。

英国的《不列颠百科全书》（第 15 版）将保险定义为：保险是处理风险的一种方法。一方面，保险人向投保人收取费用；另一方面，一旦被保险人在规定期限内发生意外而蒙受损失，保险人得按契约予以经济补偿或提供服务。

我国学者也从不同的角度给出了保险的定义，比较有代表性的是魏华林、林宝清和孙祁祥的定义。魏华林、林宝清给出的定义是：保险是集合具有同类危险的众多单位或个人，以合理计算分担金的形式，实现对少数成员因该危险事故所致经济损失的补偿行为。孙祁祥给出的定义是：保险是一种以经济保障为基础的金融制度安排。它通过对不确定事件发生的数理预测和收取保费的方法，建立保险基金；以合同的形式，由大多数人来分担少数人的损失，实现保险购买者风险转移和理财计划的目标。

虽然不同的定义的出发点及强调的重点不同，但通过比较可以发现，它们都具有一些共性，都反映了保险的本质，具体表现在以下几个方面：

（1）保险是面对不确定性而设计的一种风险转移机制；

（2）保险的运行以保险基金为基础；

（3）保险能够实现风险的共担；

（4）保险以合同的方式确定损失补偿的条件及方式。

我国《保险法》第二条规定：“本法所称保险，是指投保人根据合同约定，向保险人支付保险费，保险人对于合同约定的可能发生的事故因其发生所造成的财产损失承担赔偿保险金责任，或者当被保险人死亡、伤残、疾病或者达到合同约定的年龄、期限等条件时承担给付保险金责任的商业保险行为。”

二、保险学说

不同的学者从不同的角度对保险进行研究，从而形成了不同的保险学说。这些学说一般可分为损失说、二元说和非损失说三大流派。

（一）损失说

损失说主要从处理损失的角度来阐述保险的机制，主要有以下几种学说：

1. 损失赔偿说

损失赔偿说认为保险是一种损失赔偿合同，代表人物是英国的马歇尔（M. Marshall）

和德国的马修斯（E. A. Masius）。马歇尔认为保险是当事人的一方收受商定的金额，对于对方所受的损失或发生的危险给予补偿的合同。马修斯认为，保险是约定当事人的一方，根据等价支付或商定，承保某标的物发生的危险，当该危险发生时，负责赔偿对方损失的合同。该学说主要针对财产保险，将人身保险排除在外。

2. 损失分担说

该学说强调在损失赔偿中，多数人互相合作的事实，因而把损失分担这一概念视为保险的性质，代表人物是德国的瓦格纳（A. Wagner）。瓦格纳认为，保险是把个别人由于未来特定的、偶然的、不可预测的事故在财产上所遭受的不利结果，由处于同一危险之中但未遭遇事故的多数人予以分担，以排除或减轻灾害的一种经济补偿制度。他强调"所有的保险（财产保险、人身保险、自保）都是损害保险"。

3. 危险转嫁说

该学说主要是从风险处理的角度来阐述保险的本质，认为保险是一种危险转嫁机制，个人或企业可借此以支付一定的代价为条件将日常生活和经济活动中可能遭遇的各种风险转嫁出去。该学说的代表人物是美国学者魏兰脱（A. H. Willet）和霍伯纳（Huebner）。

（二）二元说

"二元说"论者认为，财产保险与人身保险两者具有不同的性质，前者以经济补偿为目的，后者以给付一定金额为目的。人身保险是非损失保险。他们的主要观点有：

1. 否定人身保险说

该学说认为：人身保险并不体现保险的性质，它是不同于保险的另外一种合同。科恩（G. Cohn）认为，人身保险的损失补偿性质极弱，是混合性质的保险。埃斯特（L. Elster）认为，人身保险完全没有损失补偿性质，只是储蓄而已。威特（J. D. Witt）更是指出，人身保险不是保险，而是一种投资。

2. 择一说

该学说承认人身保险是真正的保险，但主张把人身保险与财产保险分别以不同的概念进行阐明。德国法学家艾伦伯格（Ehrenberg）认为，保险合同不是损失补偿合同，就是以给付一定金额为目的的合同。

二元说的见解被许多国家的保险法所采用，但也有很多学者认为，财产保险和人身保险之间具有共性，应当对它们做出统一解释和定义。

（三）非损失说

非损失说认为，保险应该有一个统一的性质，既然损失说不能涵盖人身保险，那么就要在损失说之外另寻解释。

1. 技术说

该学说认为，保险是把可能遭受同样事故的多数人组织起来，结成团体，测定事故发生的比例（即概率），按照此比例进行分摊，这种特殊技术就是人身保险或财产保险的共同特征。该学说的代表人物为意大利学者费芳德（C. Vivante）。他指出：保险不能没有保险基金，在计算保险基金时，一定要使保险人实际支出的保险总额和全体被保险人缴纳的净保费总额相等，这种保险基金要通过特殊技术，保持保费和保险价值的平衡。

2. 欲望满足说

欲望满足说是从经济学角度探索保险的性质的，其代表人物是意大利学者戈比

(Gobbi)、德国学者马纳斯（Manes)。该学说的核心是以保险能够满足经济需要和金钱欲望为基础来解释保险的性质，认为投保人缴付少量保费，在发生灾害事故后获得部分或全部损失补偿，由于保费缴付与赔偿金额严重不等，因此可以满足人们的经济需要和金钱欲望。

3. 财产共同准备说

该学说认为，保险是为了安定经济生活，将多数经营单位组织起来，根据大数法则积聚经济上的财富并留作共同准备。该学说的代表人物是日本学者小岛昌太郎。

4. 金融机构说

该学说认为，保险作为应对经济不安定的善后措施，需要以调整货币的收支为目的，所以，保险是一种金融机构，是在以发生偶然性事实为条件的互助合作基础上的金融机构。该学说的倡导者是日本的米谷隆三和酒井正三郎。

三、保险的构成要素

现代保险作为一种经济保障制度与损失补偿方式，通常由以下五个要素构成。

（一）存在特定风险

保险作为管理风险的一种财务安排，具有赔付特定风险损失的功能。风险是保险存在的前提条件，若无风险，保险也就失去了存在的意义，但并非任何风险都可以进行保险，保险人只经营可保风险，即承保约定的特定风险及事故损失。可见，存在特定风险是保险的重要构成要素。

（二）多数经济单位的结合

保险通过集合风险来实现其经济补偿功能，即由多数人参加保险来分担少数人的损失，故保险以多数经济单位的结合为必要条件。“多数”的含义一般没有具体规定，而是必须以收支平衡为最低保险基金，即收入应与支出的保险金总额保持平衡。参加保险的经济单位越多，则保险基金越雄厚，赔偿损失的能力越强，相应地每个单位的分摊金也就越少。

（三）签订保险合同

现代保险是以合同方式运作的，保险合同是当事人权利和义务的载体。没有保险合同，保险活动就失去了载体，保险经营就无法正常开展。所以，签订保险合同也是保险的重要构成要素。

（四）合理厘定费率

保险既是一种经济保障活动，也是一种商品交换行为。保险费率（即价格）如果过高，就会增加被保险人的负担，抑制其投保积极性，从而失去保障意义；如果过低，就无法对参加者的损失提供可靠、足额的补偿，也会失去保障意义。因此，必须依据概率论、大数法则等精算原理科学合理地厘定保险费率。

（五）建立保险基金

保险基金是通过保险经营机构建立起来的后备基金，是用于赔付由灾害事故和人生自然规律所致的经济损失以及人身损害的专项货币基金。保险基金是保险机构履行其经济赔付义务的物质基础，主要来源于保险机构的开业资本金、公积金和保费收入等。保险基金具有来源的分散性和广泛性，基金的返还性、专项性、增值性，赔付责任的长期性等特点。可见，无保险基金的建立，就无保险的补偿和给付活动，现代保险就无法存在。

专栏 2-1

“9·11”事件的赔付

“9·11”事件是发生在美国的一起系列恐怖袭击事件，遇难者总数多达 2 998 人，经济损失达到了 2 000 亿美元，相当于美国全年国内生产总值的 2%，对全球经济的损害甚至达到了 1 万亿美元。

2012 年，兰德公司发布的一份研究报告称：“9·11”恐怖袭击受害者的获赔金额已超过 380 亿美元，各保险公司就被保险人获得恐怖袭击赔偿做出了规范。

该研究报告显示，在“9·11”事件中遇难或受伤的公民每人平均获赔 310 万美元，共计 87 亿美元；政府救援机构遇难或受伤的人员（如消防员等）共获赔 19 亿美元，其中第一批赶到事发现场的人，此前已从各慈善机构获得人均 110 万美元的赔偿；而赔款的大部分（未统计全）共计约 233 亿美元，由纽约市各类在“9·11”事件中遭受经济损失的公司获得；另外还有约 35 亿美元的赔款支付给了由于“9·11”事件而失去工作、不得不搬家、精神与身体受到伤害的人。

保险公司、政府及慈善机构等支付了上述理赔款项，其中保险公司支付了 51%，共计约 196 亿美元；政府支付了 42%，共计约 158 亿美元；其余的 7%，即约 27 亿美元是由各种慈善团体支付的。

赔偿总额还不包括对于民航系统的经济支持，也不包括公共建筑、交通系统或者基础设施的修复。受此影响，美国国会在 2002 年 11 月通过了《恐怖风险保险法案》，除美国之外，还有不少国家和地区针对恐怖袭击造成的财产损失和人身伤亡建立了恐怖主义保险制度。

第二节　保险的特征与分类

一、保险的特征

现代保险作为一种风险分担的经济保障机制，具有以下五个基本特征。

（一）互助性

保险自古以来就体现了一种“我为人人，人人为我”“一方有难，八方支援”的损失分担和互助友爱精神。对每个社会个体而言，其风险是不确定的，但对于某个群体来说，风险所导致的损失就具有较高的确定性和稳定性。个体参与保险，可将个别参与者的损失在团体中进行分摊，从而有效转嫁其风险。因此，保险具有明显的互助性特征。

（二）经济性

保险是一种分担经济损失的社会经济保障机制，通过向投保人收取保费，并在出现了相应的风险事故损失后，以保险金的形式向被保险人进行经济补偿，帮助其渡过经济难关，这体现了经济性特征。人身保险的保险标的是人的生命和身体，难以用价值衡量，但只要提前约定具体的保险金额，就可作为保险公司履行责任的限度。在财产保险的保险标的受损后，投保人可以按合同约定从保险公司处获得相应财产损失部分的经济赔偿。

（三）法律性

保险关系是一种法律关系，其确立是以保险合同为基础，并受到法律的保护和规范。保险消费既是一种合同行为，也是双方订立和履行保险合同的过程。另外，国家还颁布了专门的法律来规范保险业的发展，并约束相关当事人尤其是保险人的行为。因此，保险行为主要受到《合同法》《保险法》等一系列相关法律的制约，具有法律性特征。

（四）商品性

在保险经营活动中，保险人负责生产和销售保险产品，投保人购买和消费保险产品，体现了保险商品的交换关系。但保险属于特殊的无形商品，它依托于保险合同，由保险人给购买者提供经济保障服务以及保险资金的投资收益。而且，投保人只有按规定支付一定保费，才能获得相应的保险商品及其保障权利，这是一种典型的商品交换关系，因此保险具有商品性特征。

（五）科学性

现代保险经营是以概率论和数理统计等科学理论与方法为数理基础的，从市场调查、数据统计、产品开发到保险费率厘定，从准备金的提取、再保险安排到公司管理等，都体现了精算科学的相关知识，因此，保险具有严密的科学性特征。

二、保险的比较特征

（一）保险与保证

保险与保证都是对将来偶然事件所致损失的补偿方法，但仍有下列区别：(1) 保险是多数经济单位的集合组织；保证仅为个人间法律关系的约束。(2) 保险以其行为本身的预想为目的，并不附属于他人的行为而生效；保证则附属于他人的行为而发生效力。(3) 保险合同成立后，投保人必须缴纳保费，保险人于保险事故发生时赔付保险金。保证合同成立后，在特定风险事故发生时，就买卖保证而言，仅卖方负一定的义务，并无对价关系；就债务保证而言，仅保证人负责代偿债务的给付，债权人不做任何对等的给付。(4) 保险基于科学计算，有共同的赔偿准备金；保证并无任何精算应用，仅出于当事人当时心理或主观上的确信，或有特别的准备财产，但仅为当事人的个人行为。

（二）保险与救济

社会救济是国家对社会贫困户或受灾户给予一定帮助的保障制度，由民政部门进行钱物救济或收容安置，分定期救济和临时救济两种形式。保险与救济同为借助他人安定自身经济生活的一种方式，都属于社会保障范畴，但两者的根本性质完全不同：(1) 提供保障的主体不同。保险保障是由保险公司提供的，是一种商业行为。救济包括民间救济和政府救济，民间救济由个人或单位提供，这类救济纯粹是一种慈善施舍行为，而政府救济属于社会行为。(2) 提供保障的资金来源不同。保险保障以保险基金为基础，主要来源于投保人缴纳的保费，其形成有科学的数理依据，而且国家对保险公司有最低偿付能力标准的规定。而民间救济的资金是救济方自有的，政府救济资金则来源于国家财政拨款。(3) 提供保障的可靠性不同。保险以保险合同约束双方当事人的行为，任何一方违约都会受到惩罚，因而被保险方能得到及时可靠的保障。而民间救济则是一种单纯的临时施舍，任何一方都不受法律约束。尤其对救济人而言，其行为完全自由，因而获得的保障是临时的、不稳定的。（4）提供保障的水平不同。保险的保障水平取决于保险双方当事人的权利和义务，即保险的补偿水平要根据损失情况而定；同时，与投保人的缴费水平直接相关，因而能使保险人的实际损失得到充分弥补。而救济是单方行为，被救济者得到的救济不取决于实际损失，而是取决于救济方的心愿和支付能力。

（三）保险与储蓄

保险与储蓄都是为将来的经济需要进行资金积累的一种形式，尤其是长期寿险与储蓄差异小，购买者经常将其进行比较。其区别是：（1）性质不同。储蓄属于货币信用范畴，是一种单独的经济自助行为。保险属于独立经济范畴，是一种自助加他助的经济行为。（2）参加条件不同。储蓄可以随时随地参加，保险则必须具备相应的投保条件。（3）支付的条件不同。储蓄款项可以随时支配或主张，保险金则取决于合同约定的责任事故及损失是否发生。（4）计算技术要求不同。保险需要复杂的精算技术，储蓄则不需要。（5）准备金性质不同。储蓄属于私人性质，保险准备金则是由全体被保险人所有。

（四）保险与赌博

保险与赌博同属于由偶然事件引起的经济行为，并且在给付与反给付的总量上都是相等的。两者的本质区别有：（1）目的不同。保险的目的是获得经济保障，赌博的目的是侥幸发财。（2）法律地位不同。保险是合法产业，属于金融和社会保障范畴。赌博属于非法经营，不受法律保护。（3）风险性质不同。保险经营的是非投机性风险，是纯粹风险，而赌博属于投机性风险。（4）对标的的要求不同。保险要求对投保标的具有保险利益，赌博则无要求。（5）结果不同。保险最终实现风险转移，有利于经济发展及社会的和谐稳定。赌博则是创造与增加风险，会扰乱社会秩序，不利于社会安定。

（五）保险与慈善

保险与慈善都是对经济生活不安定的一种补救行为，其目的是保证社会生活的正常开展。二者的区别是：（1）保险是一种有偿的经济保障；慈善是一种无偿的经济帮助。（2）保险当事人地位的确定基于双方一定的权利和义务关系；慈善的授受双方无对等义务，不具有权利和义务关系。（3）保险机构是具有互助合作性质的经济实体；慈善机构则是完全依靠社会资助的非营利机构。（4）保险行为受保险合同的约束；慈善事业是根据社会救济政策履行职责。保险共同准备财产的形成是基于数学计算；慈善则大都无准备财产，即便有也是出资人的自愿行为。

三、保险的分类

为了更好地对保险理论和实务进行研究，按照一定标准对保险业务进行分类非常重要。以下根据不同的标准，从不同视角来介绍保险常见的分类方法及对应业务。

（一）按保险的性质分类

按性质不同，保险一般分为社会保险、商业保险和政策保险。

社会保险（social insurance）是国家通过立法形式，为社会成员提供基本生活保障，促进社会和谐安定的一种社会保障制度。社会保险一般为强制保险，它是国家通过立法在劳动者遭受生育、年老、疾病、死亡、伤残、失业等风险时对其提供基本的生活保障，通过法律规定将某些社会风险转移给政府或某一社会组织的一种风险管理措施。

商业保险（commercial insurance）也叫自愿保险、任意保险，是指保险当事人双方以平等互利、等价有偿为条件，以风险转嫁和损害赔付为合同内容的货币交易行为，即投保人根据合同中的自愿约定向保险人支付保费，而保险人对合同约定的风险所导致的被保险人的经济损失承担赔偿责任，或当被保险人死亡、伤残、生病或者达到合同约定的年龄、期限时承担给付保险金责任。商业保险与社会保险相对应，一般实行自愿保险，按照市场规则运营。

政策保险（policy insurance）是政府出于实现某种经济政策的目的，委托商业保险公司或成立专门的保险经营机构，运用商业保险技术开办的一种保险。政策保险是国家为实现其某种经济政策目的而举办的一种保险，体现了公共利益和公共政策性，这就决定了政策保险在经营目标上与商业保险不同，其不以营利为目标。实际上，很多国家政府都对政策保险业务给予费用补贴或政策优惠。

（二）按保险的实施方式分类

按实施方式不同，保险可分为自愿保险和法定保险。

自愿保险（voluntary insurance）也称任意保险，是指保险双方采取自愿方式签订保险合同的保险。保险人可以根据情况决定是否承保，以什么条件承保。投保人可以自行决定是否投保，向谁投保，也可以自由选择保障范围、保障程度、保险金额和保险期限等。

法定保险（compulsory insurance）也称强制保险，是指保险人与投保人以法律、法规为依据而强制建立的保险关系。强制保险具有全面性和统一性的特点，凡是在法令规定范围内的保险对象，不论法人还是自然人，不管是否愿意，都必须依法参加保险。实施强制保险通常是为了满足政府某些社会政策、经济政策和公共安全方面的需要。

（三）按保险标的分类

按标的或对象不同，保险可分为财产保险和人身保险。

财产保险（property insurance）是以财产及其有关利益、责任和信用作为保险标的的一种保险。财产分为有形财产与无形财产。厂房、机器设备、运输工具、产成品等为有形财产，预期利益、权益、责任、信用等为无形财产。前者属于物质财产，后者属于有关利益、责任和信用。当保险财产遭受责任范围内的损失时，由保险人提供经济补偿。

人身保险（personal insurance）是以人的生命和身体为保险标的，并以其年老、伤残、死亡等人身风险为保险事故的一种保险。当被保险人遭遇保险事故时，由保险人根据保险合同给付一定保险金。根据保障范围不同，人身保险分为人寿保险（life insurance）、意外伤害保险（accidental injury insurance）和健康保险（health insurance）等。

（四）按承保方式分类

按承保方式不同，保险可分为原保险、再保险、重复保险、共同保险等。

原保险（original insurance）也叫直接保险，是指投保人与保险人之间直接签订合同所确立的保险关系。当被保险人在保险期内因保险事故遭受损失时，保险人对被保险人承担赔付责任。这里的投保人是指除了保险公司以外的其他经济单位和个人。广大企业、家庭、个人等与保险公司之间建立的保险关系就是一种原保险关系。

再保险（reinsurance）也被称为分保，是指保险人在原保险合同的基础上，通过签订分保合同，将其承保的保险业务部分转移给其他保险人的保险。《保险法》第二十八条规定："保险人将其承担的保险业务，以分保形式部分转移给其他保险人的，为再保险。"分出业务的一方是原保险人，接受业务的一方是再保险人。原保险人转让部分保险业务的动机是避免过度承担风险责任，目的是稳定自身业务经营。

重复保险（double insurance）是指投保人就同一保险标的、同一保险利益、同一风险事故与两个以上的保险人订立保险合同，且保险期限重复、保险金额总和超过保险价值的保险。在这种情况下，若发生保险事故并使得保险标的遭受损失，需按法律规定的方法在保险人之间进行赔款的分摊。

共同保险（coinsurance）是指由两个或两个以上的保险人联合起来对同一标的、同一保险利益、同一风险事故提供保险保障，且保险金额总和不超过保险价值的保险。发生保险损失时，则按照各自承保的比例进行赔付。数个保险人可能以某一保险人的名义签发保单，每个保险人按照约定的比例承担保险责任。虽然在保险实务上，投保人仅需与一个首席保险人而非所有保险人接洽，但在法律上，投保人仍然要与所有保险人直接发生关系，故属于直接保险。共同保险与再保险均为风险分散原则的具体应用。共同保险的产生早于再保险，但相对于再保险而言，共同保险存在明显的不足：一是要求共同保险人必须在同一地点，只有劳合社（Lloyd's）才能满足这个要求，其他保险市场难以办到；二是共同保险手续烦琐、费时费力，投保人必须与每个保险人商洽有关保险事项，而保险人之间的商洽也很繁杂费时，因而共同保险一般较少被采用。

（五）按经营性质分类

按经营性质不同，保险可分为营利保险和非营利保险。

营利保险（proprietary insurance）是指以营利为目的而经营的保险形式。商业性保险机构一般从事的是营利保险，它们按照利润最大化原则开展各种保险业务。

非营利保险（non-proprietary insurance）是指不以营利为目的的保险业务形式，包括社会保险、政策保险、相互保险及合作保险。

（六）按投保主体分类

按投保主体不同，保险可分为团体保险、企业保险和个人保险。

团体保险（group insurance）是指投保人为某一集体，由投保团体与保险人签订一份保险总合同的保险。团体保险一般用于人身保险。该保险使用一份总合同向一个团体的许多成员提供保险，保险费率一般低于个人保险。其业务程序不像个人保险那样烦琐，如团体人身保险一般不要求成员进行体检，而是发给每人一份保险证。

企业保险（business insurance）是以企业作为投保人与保障主体的保险。企业除了面临生产和经营风险外，还面临各种财产损失、营业中断、责任信用和人员损害的风险，因而需要购买各种保险。企业可以使用一揽子保单来满足自己的保险需要，也可以分别购买不同的险种，如企业财产保险、公众责任保险、产品责任保险、雇主责任保险等。

个人保险（individual insurance）是以个人名义向保险人购买的保险，其投保人是单个的自然人。个人保险是以家庭和个人为保障主体，家庭财产保险、私用汽车保险和个人意外险、年金保险等都属于个人保险。

（七）按保险金额占标的价值的比例或风险转嫁程度分类

按保险金额占标的价值的比例或风险转嫁程度不同，保险可分为足额保险、不足额保险和超额保险。

足额保险（full insurance）是指保险合同中约定的保险金额与保险标的出险时的保险价值等额，即保险金额刚好等于保险价值的保险。在足额保险的场合，当保险事故发生造成保险标的全部损失时，保险人应依据保险价值进行全部赔偿。如果保险标的存有残值，可以作价折给被保险人，并在赔款中扣除该部分价值。当保险事故的发生造成部分损失时，保险人按实际损失确定赔付的数额。

不足额保险（under insurance）也称部分保险，是指保险合同中约定的保险金额比保险标的出险时的实际价值低，即保险金额小于保险价值的保险。其产生的原因大致有以下三点：(1) 投保人仅以保险价值的一部分投保，其原因或者是为了少缴保费，或者是投保人认为标的发生全损的可能性较小，没有必要足额投保。(2) 投保人因没有正确估计保险标的的市场价值而产生不足额保险。(3) 在订立保险合同以后，因保险标的的市场价格上涨而产生不足额保险。由于不足额保险的保险金额低于保险价值，投保人并未将其差额部分的风险转嫁给保险人，因此，应将不足额部分视为投保人自保。当保险标的发生全损时，保险人按约定保险金额支付保险金；当发生部分损失时，保险人按保险价值的保障比例承担损失。

超额保险（over insurance）是指保险合同中约定的保险金额超过其保险价值的保险。其产生的原因有以下几点：(1) 投保人过高地估计了保险标的的价值，或不了解市场行情。(2) 投保人希望在保险事故发生后获得多于实际损失的补偿，或利用超额保险合同进行欺诈，牟取不正当的利益。(3) 保险合同成立后，因保险标的的市场价格跌落，导致保险事故发生时的保险金额超过保险价值。在超额保险情况下，保险事故发生后，保险人只按照保险标的的实际价值赔偿。如果投保人存在欺诈行为，则保险合同无效。

第三节　保险的产生与发展

一、古代保险思想与实践

一般认为，原始的保险思想最早出现在古代中国、古巴比伦等，是人们实践中智慧的积累。

形成于中国战国至秦汉时期的《礼记·礼运》中有记载："大道之行也，天下为公。选贤与能，讲信修睦。故人不独亲其亲，不独子其子，使老有所终，壮有所用，幼有所长，矜（同鳏）、寡、孤、独、废疾者皆有所养。"这体现了社会保险的思想。

公元前20世纪，古巴比伦王国国王命令僧侣、法官、村长等收取税款，作为救济火灾的资金。这与现在政府规定的强制保险功能类似，用平时积累的"保费"对因火灾给生产造成的损失进行补偿。这种税款包含了财产保险的思想。

公元前16世纪，古巴比伦王国商贸往来频繁。第六代国王汉谟拉比为了支持商业发展及保护商队，颁布了《汉谟拉比法典》。《汉谟拉比法典》增加了共同分摊补偿损失的条款。该法典规定一旦商队中的马匹、货物等在运输途中被劫或发生其他损害，如经宣誓并无纵容或过失等情况，可免除个人债务，损失由全体商队成员承担。这可被视为海上保险普遍适用的"共同海损"原则的由来。

这些保险思想和实践，都为后来保险的发展奠定了基础，为人类社会抵御和分担风险积累了丰富的经验。

二、保险业的产生

保险思想的起源并没有发展成真正意义上的保险。保险业是伴随着商品经济的发展而不断发展起来的。15 世纪末，美洲大陆和通往印度新航道的发展，促进了商品在世界范围内的交换，随着交易范围的扩大，商品所面临的风险也在增大，近代保险业就在这样的背景下产生了。从保险的发展历史来看，海上保险的发展先于陆上保险，财产保险的发展先于人身保险。

（一）海上保险

近代保险的发展是从海上保险开始的。有关海上保险的产生主要有共同海损说、合伙经营说、家族团结说和海上借贷说。[①] 其中，占主流地位的是共同海损说和海上借贷说。公元前 916 年在罗得岛上制定的《罗地安海商法》（Rhodian Law）规定："凡因减轻船只载重投弃入海的货物，如为全体利益而损失，须由全体分摊归还。"这一规定体现了共同海损分摊原则，被认为是海上保险的萌芽。

盛行于公元前 800 年至公元前 700 年的海上借贷或者船舶抵押贷款被认为是海上保险的雏形。海上借贷指的是船东或货物起航之前，向他人融资的行为。它规定：如果船舶安全到达，则偿还本利；如果船舶中途遇海难，则可免除部分或全部债务。由于债主承担了船舶航行安全的风险，因此此种借贷的利息就非常高，高出一般借贷利息的部分实质上就是最早形式的海上保险的保费。船舶抵押贷款方式起源于船舶航行在外急需用款时，船长以船舶和船上的货物向当地商人抵押贷款。如果船舶安全到达目的地，则本利均偿还；如果船舶在中途沉没，则债权宣告消灭。船舶中途沉没，意味着借款人所借的款项无须偿还，该借款相当于预先支付的赔款。船舶抵押贷款利息高于一般贷款利息，其高出的部分实际上等于海上保险的保费。在此项贷款中的借款人、贷款人以及用于抵押的船舶，实质上与海上保险中的被保险人、保险人以及保险标的相同。海上借贷的起源地是中世纪的意大利和地中海沿线城市，它被认为是海上保险的初级形式。

世界上最古老的保单是一个名叫乔治·勒克维伦（Gorge Leckviren）的热那亚商人在 1347 年 10 月开出的一张承保从热那亚到马乔卡的船舶保险的保单。14 世纪以后，现代海上保险的做法已经在意大利的商人中间开始流行。从形式到内容与现代保险几乎完全一致的最早保单，是 1384 年 3 月 24 日在佛罗伦萨处理的一张承保一批纺织品从意大利的比萨到法国南部的阿尔兹的航程保单，这是世界上第一份具有现代意义的保单。这张保单中列明了明确的保险标的及明确的保险责任，如"海难事故，其中包括船舶破损、搁浅、火灾或沉没造成的损失或海上事故"。在其他责任方面，该保单也列明了"海盗、抛弃、被捕、报复、突袭"等引起的船舶及货物的损失。

近代海上保险在英国获得了进一步发展。16 世纪，英国商人从外国商人手中夺回了海外贸易权，积极发展贸易及保险业务。16 世纪下半叶，英国在伦敦皇家交易所内建立了保险商会，负责制定标准保单和条款，专门办理保单登记事宜。1720 年，英国的"皇

---

① 傅安平，等. 中华人民共和国保险法实务全书. 北京：企业管理出版社，1995：28.

家交易”和“伦敦”两家保险公司正式成为经营海上保险的专业公司。同时，英国劳合社的成立进一步推动了海上保险的发展，在海上保险中占有重要地位。1906年，英国颁布了《海上保险法》，为解决海上保险纠纷、调整海上保险民事法律关系提供了法律依据，对世界海上保险的发展起到了非常重要的促进作用。

专栏2-2

劳合社的起源与发展

劳合社是由一个名叫爱德华·劳埃德（Edward Lloyd）的英国商人于1688年在泰晤士河畔塔街所开设的咖啡馆演变而来的。17世纪的资产阶级革命为英国资本主义的发展扫清了道路，使英国的航运业得到了迅速发展。当时，英国伦敦的商人经常聚集在咖啡馆里，边喝咖啡边交换有关航运和贸易的消息。由于劳埃德咖啡馆临近一些与航海有关的机构，如海关、海军部和港务局，因此这家咖啡馆就成为经营航运的船东、商人、经纪人、船长及银行高利贷者经常会晤和交换信息的地方。保险商也常聚集于此，与投保人接洽保险业务。后来这些商人们联合起来，当某船出海时，投保人就在一张纸即承保条上注明投保的船舶或货物以及投保金额，每个承保人都在承保条上注明自己承保的份额，并签上自己的名字，直至该承保条的金额被100%承保。

由于当时通信十分落后，所以准确可靠的消息对于商人们来说是无价之宝。店主劳埃德先生为了招揽更多的客人到咖啡馆来，于1696年出版了一张小报《劳埃德新闻》，每周出版三次，共发行了76期，使其成了航运消息的传播中心。约在1734年，劳埃德的女婿出版了《劳合社动态》，后易名《劳合社日报》，至今该报仍在伦敦出版。后来，咖啡馆的79名商人每人出资100英镑，于1774年租赁皇家交易所的房屋，在劳埃德咖啡馆原业务的基础上成立了劳合社。英国议会于1871年专门通过了一个法案，批准劳合社成为一个保险社团组织。劳合社通过向政府注册取得了法人资格，但劳合社的成员只限于经营海上保险业务。直至1911年，英国议会才取消了这个限制，批准劳合社成员经营包括水险在内的一切保险业务。

（二）火灾保险

继海上保险之后出现的是火灾保险。

火灾保险的起源可以追溯到12世纪初冰岛成立的互助社，该社对火灾及家畜死亡所致的损失承担赔偿责任。中世纪的欧洲手工业者们按各自行业组成的行会对其会员遭受的火灾损失给予补助，这可以被认为是火灾相互保险的开始。1118年，冰岛成立了“黑瑞普”社（Hrepps），对火灾损失相互负责赔偿。1591年，酿造业商人为重建烧毁的酿造厂组成了“火灾合作社”。17世纪初的德国北部成立了很多互助性质的火灾救灾协会，会员之间实行火灾相互救济。1676年，由46个协会合并成立了“汉堡火灾保险局”，开创了公营火灾保险的先河。1718年，柏林创立了公营火灾保险所。

近代火灾保险起源于英国的火灾保险制度。1666年9月2日，伦敦市皇家面包店由于烤炉过热而起火。火灾失去控制，燃烧了5天5夜，使13 000多户住宅被焚毁，20万居民无家可归，损失极其惨重！这场大火使人们认识到了火灾的危害性。有一个叫尼古拉斯·巴蓬（Nicholas Barbon）的牙科医生修建了一些简易房屋来安置那些无家可归的人。1667年，他又出资建立了世界上第一家火灾保险公司。由于业务发展迅速，巴蓬又与另外三个人合作成立了一家合伙形式的保险公司。1710年，查尔斯·玻文（Charles Povey）创立了伦敦保险公司，开始承保不动产以外的动产险，其经营范围遍及全国，它是英国最古老的保险公司之一。

（三）人身保险

近代人身保险是以基尔特制度、公典制度、年金制度等为基础形成的。

13—16世纪，日耳曼民族中兴起了一种基尔特（Guild）制度，后来逐渐普及到欧洲各国。它是由相同职业的人基于相互扶持的精神而组成的团体，其目的是保护职业上的共同利益，也对会员的死亡、疾病、火灾、盗窃等灾害损失共同出资救助，这是最初的人寿保险。后来，基尔特的相互救济职能逐渐分化，而专以保护救助为目的，从而产生了各种接近原始保险的组织，如英国的“友爱社”及德国的扶助金库等。这些早期的人寿保险具有互助的性质，对后来的人身保险有相当大的影响，但由于缺乏科学的计算基础，其发展受到一定的限制。

公典制度是15世纪后半期在意大利北部和中部各城市中的一种慈善性质的金融机构。为了对抗当时犹太人的高利贷对下层工人、商人及一般平民的剥削，该组织对这部分群体提供低利率资金的借贷。其资金的来源是接受捐赠，后因经营陷入困难，也开始吸收资金，存款者在最初一定期间内不计利息，经过一定时期后，可获得数倍于存入资金的本利。

年金始于中世纪，典型代表是1689年法国为募集公债缓解财政困难而实施的特殊年金制度——联合养老制。为使公债募集容易计算，法国规定将公债本金每年的利息分配给该年的生存者。按照这种方法，政府每年支付等额的公债利息，而向公债持有人中生存者收取的利息每年增加，到最后一人死亡时，利息停止支付，公债本金并不偿还，而是归政府所有。

人身保险的发展与死亡率的精确计算有密切的关系。1662年，英国数学家约翰·格兰特（John Graunt）编制了世界上第一张死亡表；1693年，英国数学家和天文学家埃德蒙·哈雷（Edmund Halley）编制了世界上第一张生命表，这是第一个根据市民年龄分类死亡数据编制的较完整的生命表，为寿险保费的计算提供了科学的依据；18世纪中叶，英国人托马斯·辛普森（Thomas Simpson）依照年龄差等计算保费，并提出了均衡保费理论，促进了人身保险的快速发展。1762年成立的伦敦公平保险社就是根据均衡保费理论建立的人身保险组织，标志着现代人身保险制度的形成。

（四）信用与保证保险

信用与保证保险是保险人对投保人或者被保险人信用的一种担保。信用保证保险是随着资本主义商业信用风险和道德风险的频繁发生而发展起来的。信用与保证保险起源于英国。1702年，英国创办了全球第一家专门经营信用与保证保险业务的保险公司——主人损失保险公司，开展诚信保证保险业务，主要承担被保险人因雇员的不洁行为，如盗窃、挪用公款等造成的经济损失。1840年和1842年，英国又相继成立了保证社和保证保险公司，经营保证保险业务。1876年，美国纽约也模仿英国开展了信用与保证保险业务。

（五）责任保险

相对于其他保险业务而言，责任保险的发展历史较短，只有近百年，主要对无辜受害者提供经济保障。责任保险萌芽于 19 世纪的法国，在《拿破仑法典》中已有了民事赔偿责任的规定。19 世纪中叶，保护劳工的法律通过，才使得替肇事者赔偿受害者的财产和人身伤亡损失成为合法的行为。1855 年英国的铁路乘客保险公司首次向铁路部门提供铁路承运人责任保障，开创了责任保险的先河。此后，各种责任保险被迅速开发出来。责任保险产生于 19 世纪的欧美，1970 年以后在工业化国家得到迅速发展。

三、保险产生的基础

（一）自然基础

风险的客观存在是保险产生的自然基础。在人类社会不断进步、发展的过程中，人们总会面临洪水、台风等自然灾害和各种意外事故，它们给人类造成了不同程度的财产损失和人员伤亡。这些灾难是客观存在、不以人的意志为转移的，往往不可避免。人们为了有效应对自然灾害和意外事故，就会想出很多办法，保险就是其中的一种办法。

（二）经济基础

商品经济的发展是保险产生和发展的经济基础。在原始社会里，生产力水平不高，人们自给自足，基本实现温饱，但没有更多富余可消费的产品，因此并不需要相互交换、合作。当人类社会发展到原始社会末期和奴隶社会时，社会生产力得到了很大发展，出现了部分社会剩余产品，一些经济较发达的地区或国家已经具备建立资金后备的可能，因此出现了保险的萌芽——救济后备制度。到了封建社会，尤其是封建社会后期，由于生产工具和技术的改进，出现了相当多的剩余产品，促进了商品的产生、交换和交易，这一时期开始出现一些互助合作性质的保险组织。

进入资本社会以后，商品经济高度发展，剩余产品极大丰富，生产逐步社会化。生产、分配、交换、消费成为社会生产总过程中不可分割的经济链条，每一环节都可能遭受自然灾害或意外事故的侵袭。处于各环节的众多经济单位都希望以较少的费用支出获得较大的安全保障，这就形成了风险分摊和损失补偿的经济环境，从而为商业保险的发展奠定了重要的经济基础。

（三）数理基础

大数法则及精算科学的产生是保险产生的数理基础。大数法则是用来说明大量随机现象由于偶然性相互抵消而呈现必然的数量规律的一系列定理的统称，主要包括切比雪夫大数法则、贝努利大数法则和泊松大数法则等。大数法则为保险经营利用统计资料来估算损失概率提供了理论基础，为保险活动中的损失分摊提供了合理、准确、科学的方法。

保险精算是将数学、统计学、金融学、保险学及人口学等相关学科的基础知识，与现实情况结合起来进行分析，从而解决商业保险中需要精确计算的现实问题。在保险经营管理中，每个环节都需要进行一系列财务管理决策，例如：指定的保险费率是否合理？应该提取多少准备金才合适？怎样确定自留风险和再保险的比例？如何保证保险公司资产和负债的平衡以维持必要的偿付能力？这些保险公司经营中的核心问题的解决，都需要保险精算提供更有力的支持。

四、现代保险的发展

商品经济的发展，使得生产逐步社会化，生产、分配、交换、消费的每个环节都有可能遭受自然灾害或意外事故的侵袭，这客观上刺激了众多经济单位对保险的需求，也促进了保险制度的发展和完善。19世纪以后，西方国家工业革命的完成更是导致了保险公司数量的剧增。保险公司的增加加剧了保险业的竞争，也促进了保险业的发展；同时，科学技术的发展也为保险的发展提供了新的条件和机会。虽然世界各国保险业的起步和发展并不完全相同，但仍呈现出一些共同特点。

（一）保险业发展的特点及趋势

1. 保险业发展迅速，在金融和经济中的地位不断提升

世界保险业发展迅速，1950年全球保费收入仅为210亿美元，1982年为4 660亿美元，1990年增加到1.406万亿美元，2010年增加到3.426万亿美元，2017年增加到4.892万亿美元，一直维持较高的增长速度。保险业的迅速发展，使其在国际金融业中的地位和作用快速提升，占金融资产的比例大幅提升。

2. 保险的业务范围不断扩大，保险险种更加多样化

随着科技的发展，各种新的风险不断产生，原来的传统险种已经不能满足需求，保险已经从水险、火险等险种扩大到卫星保险、核电站保险、航天飞机保险等。再保险理念、技术、产品等方面都出现了大量的创新，如专属自保、整合项目、期满中止解决方案、承诺资本解决方案、保险证券化等，风险保障的内涵和外延不断发生变化，一些传统不可保风险和新型风险正在变成可保风险。

3. 保险市场经营中介化趋势明显

随着保险的发展，保险中介在保险市场中所扮演的作用越来越显著。从世界各国保险营销的发展来看，加拿大90%的保费由保险中介实现；英国的这一比例为73%，美国为56%。保险中介在营销渠道中发挥着重要作用。

4. 综合化经营和专业化经营共同发展

目前，金融综合化经营已经成为一股蔓延全球的风潮，通过金融产品交叉销售、金融控股公司等形式，保险业与银行、证券等旧内容服务业的联系显著加强。但是，随着市场的深度发展，对产品创新能力提出了更高的要求，一些保险公司更关注专业化经营，对非核心业务实施战略性剥离，从而实现了对自身核心竞争力的培育和发展。例如，美国大都会、纽约人寿等公司都开始暂停或剥离长期护理保险业务，专注于寿险和资产管理业务的发展。

5. 保险监管由事前监管向事后监管转化，但监管更有针对性

从世界各国的监管趋势来看，监管机构对保险公司经营行为的监管逐渐放松，包括降低市场准入门槛、减少审批环节、简化审批手续；取消保险条款和保险费率的事前审批制度而代以事后备案制度，给予保险人更多产品开发和定价的自主权以鼓励自由竞争和产品创新；放宽保险资金的投资领域；等等。但同时，为了更好地保护消费者的利益，监管部门对保险公司的行为规制也在不断加强。例如，2007年9月日本实施的《金融商品交易法》对标识机构的行为准则提出了更高的要求。该法规定，金融机构的营业场所必须有明确的标识，在广告中必须发布其营业执照的编号，并且不得发表容易引起误解的广告语，禁止各种虚假诱导行为，也不得在顾客没有要求时推销产品等。

专栏2-3

2018年全球保险市场发展状况

衡量一个国家或地区保险市场发展水平的主要指标有保险深度和保险密度。

保险深度是指一个国家或者地区的保费收入与该国或该地区的GDP的比值，其计算公式是：保险深度=保费收入/GDP。

保险密度是指按照一个国家或地区的人口计算的人均保费收入，其计算公式是：保险密度=保费收入/人口总量。

这两个指标的数值越大，说明一个国家或地区保险市场发展水平越高，且二者均可按照不同的业务种类计算。表2-1列出了2018年全球主要保险市场数据。

表2-1　2018年全球主要保险市场数据

国家	寿险（不含健康险）			非寿险			合计（不含健康险）		
	总保费（亿欧元）	保险密度（欧元）	保险深度（%）	总保费（亿欧元）	保险密度（欧元）	保险深度（%）	总保费（亿欧元）	保险密度（欧元）	保险深度（%）
美国	5 562	1 702.3	3.2	5 586	1 709.5	3.2	11 148	3 411.8	6.4
中国	2 625	187.4	2.3	1 516	107.1	1.3	4 141	294.5	3.6
日本	2 575	2 025.0	6.0	710	557.9	1.7	3 285	2 582.9	7.7
英国	1 702	2 556.0	7.1	488	733.4	2.0	2 190	3 289.4	9.1
法国	1 346	2 063.2	5.7	678	1 038.9	2.9	2 024	3 102.1	8.6
德国	869	1 056.0	2.6	715	869.1	2.1	1 584	1 925.1	4.7
韩国	841	1 643.9	6.0	671	1 312.1	4.8	1 512	2 956.0	10.8
意大利	1 056	1 780.2	6.0	324	546.0	1.8	1 380	2 326.2	7.8
加拿大	475	1 284.5	3.3	383	1 037.8	2.6	858	2 322.3	5.9
印度	567	41.9	2.4	710	52.5	3.0	1 277	94.4	5.4

资料来源：Allianz Research.

从表中数据我们可以看出，保险密度与保险深度这两个指标呈现出与国民经济发展高度相关的特征。

（二）中国保险业的发展

中国保险业的发展也经历了一个曲折的过程。中国的第一家保险公司是1805年成立的广东保险会社，这是英国东印度公司开办的。中国第一家自办的保险机构是1865年在上海创办的华商义和公司保险行，这标志着中国近代民族保险业的正式诞生。而中国民族保险业的真正兴起，是从洋务派创办的保险招商局开始的。保险的真正立法是从中华民国成立以后。1937 年，当时的国民政府公布了修正后的《保险法》、《保险业法》和《保险业法实施法》。中华人民共和国成立以后，保险业的发展大致可以分为以下几个阶段：

1. 保险业的整顿与变动期（1949—1978 年）

1949 年中华人民共和国成立以后，政府对原来的保险业进行了全面的清理、整顿和改造：接管官僚资本保险企业、改造私营保险企业、令外国保险企业退出中国保险市场，并于 1949 年 10 月 20 日成立了中华人民共和国第一家国有保险公司——中国人民保险公司。但随着国内经济形势的变化，1958 年全国财贸工作会议决定全面停止国内保险业务，只保留很少的国外保险业务。从 1966 年到 1976 年，国内保险业务彻底停办。

2. 保险业的恢复期（1979—1996 年）

1979 年，中国人民银行全国分行长会议上提出恢复国内保险业务。1980 年，中国人民保险公司复业，开始经营财产保险业务，并逐渐恢复了人寿保险业务。中国保险行业进入全面恢复期，1986 年交通银行组建保险业务部门（中国太保的前身）；新疆生产建设兵团农牧业保险公司成立，打破了中国人民保险公司独家垄断经营的局面。此后，平安保险公司、中国太平洋人寿保险公司成立，美国友邦保险公司上海分公司成立。1995 年 6 月，我国通过了《中华人民共和国保险法》。

3. 保险业的竞争形成期（1997—2002 年）

1996 年，中国人民保险公司进行业务分拆，保险业开始进入分业经营期；1998 年，中国保险监督管理委员会成立，简称保监会。在此期间，太平洋、安康、安联大众、金盛人寿等中外合资寿险公司成立，保险公司的数量增加到了 23 家，竞争格局形成并加剧，保险费率由此不断下滑至 3.29%，保费收入年均增速小于 11%，慢于 GDP 增速。

4. 保险业的增长期（2003—2009 年）

2001 年中国加入世界贸易组织，开始正式履行其在保险市场方面的承诺。从 2003 年开始，保费收入进入高速增长期，车险、农险等一系列政策利好不断出台，再加上汽车销量的高速增长，至 2009 年保费收入增长至 2 875.83 亿元。

5. 保险业的规范化迅速发展期（2010 年至今）

2009 年 10 月 1 日，我国开始正式实施修订后的《保险法》，此后又相继发布了《保险公司信息披露管理办法》《保险资金运用管理暂行办法》《保险资金委托投资管理暂行办法》《农业保险条例》《关于加快发展现代保险服务业的若干意见》等法律法规。这一系列新的法律法规为中国保险业进一步快速发展奠定了基础。在此期间，商业车险条款费率改革试点开始启动，互联网保险开始发挥重要作用，中国保险业进入新的发展期。

专栏 2-4

中华人民共和国成立后中国保险业发展重大纪事

（1）1949 年 10 月，中国人民保险公司成立。这是中华人民共和国成立后第一家国有保险公司，标志着中国保险事业进入一个新的历史发展时期。

（2）1979 年 4 月，国务院做出重大决策，逐步恢复国内保险业务。停滞了 20 年左右的中国保险业开始复苏。随后几年间，中华联合保险公司前身新疆生产建设兵团农牧业保险公司、中国太保前身交通银行保险部、平安保险相继成立，打破了过去由中国人民保险公司独家经营的传统格局，开始出现多家保险公司共同经营的局面。1988年3月，平安保险公司成立，成为中国第一家股份制保险公司。

(3) 1992年，国务院批准在上海进行保险市场开放试点。同年10月，美国友邦保险公司上海分公司获准开业，成为改革开放后中国第一家外资保险公司，该公司为当时还在通过柜台被动售卖保险产品的中国保险业引入了代理人制度。这一制度的引入使得之后的几十年中中国保险业保费收入迅速增长，但也导致了销售误导等问题。

(4) 1995年6月，《中华人民共和国保险法》颁布，并于同年10月1日起施行，标志着中国保险业进入有法可依、依法经营、依法监管的新阶段。《保险法》确立了产险、寿险分业经营的原则，各保险公司开始实施产险、寿险分业经营体制改革。《保险法》颁布实施以来，先后经历了2002年修正、2009年修订、2014年修正和2015年修正。

(5) 1997年12月，永安财险由于存在严重违法、违规问题，被原保险监管机构中国人民银行接管。这也是我国保险业恢复经营18年来首家被接管的保险公司。之后，新华人寿与中华联合保险也因各种问题被保监会动用保险保障基金接管。2018年，安邦集团由于违反《保险法》的规定，可能严重危及公司偿付能力，成为被保监会接管的第三家保险公司。在延长了一年后，接管期至2020年2月22日止。2019年7月11日，大家保险集团有限责任公司成立，并受让安邦集团部分保险牌照的股权，“安邦时代”宣告落幕。

(6) 2000年6月29日，中保国际控股有限公司（后更名为中国太平）在香港联交所挂牌上市，这是第一家在境外上市的中资保险公司。2007年1月9日，A股市场第一只保险股中国人寿保险股份有限公司正式在上海证券交易所挂牌上市。目前，中国人寿、中国人保、中国平安、中国太保、新华保险5家保险公司在至少两地上市，人保财险、中国太平、中再集团、众安在线为在港上市，这9家公司组成了直接上市的中国险企“军团”。此外，还有分别通过天茂集团和西水股份实现曲线上市的国华人寿、天安财险以及在新三板挂牌的一些险企。

(7) 2001年，中国加入WTO，并对保险业做出了“高水平、宽领域、分阶段”的开放承诺，保险业在金融业中率先开放。美国纽约人寿、美国大都会、日本生命人寿3家外资公司获得业务执照，中国保险业进入全面发展的阶段。自2018年开始，金融业开始了新一轮的对外开放。2019年7月，最新的11条金融业对外开放措施落地，保险业独占多条，包括：缩短外资人身险公司外资股比限制从51%提高至100%的过渡期至2020年；放宽外资保险公司的准入条件，取消30年经营年限要求等。

(8) 2014年，国务院发布《关于加快发展现代保险服务业的若干意见》（即“新国十条”）。从2006年的“国十条”（《关于保险业改革发展的若干意见》）到2014年的“新国十条”，我国再次以“顶层设计”的形式明确了保险业在社会经济中的重要地位。“新国十条”提出：到2020年，基本建成保障全面、功能完善、安全稳健、诚信规范，具有较强服务能力、创新能力和国际竞争力，与我国经济社会发展需求相适应的现代保险服务业，努力由保险大国向保险强国转变。

(9) 2015年，险资举牌潮爆发。保险资金投资在这一年受到了前所未有的关注。由于部分激进的中小险企欲以万能险为代表的中短存续期产品进行“弯道超车”，其中尤以前海人寿所在的宝能系与万科的“宝万之争”最为令人瞩目，保监会发布了一系列限制中短存续期产品的监管规定，万能险规模断崖式下跌，中小险企的举牌潮告一段落，整个寿险业也随之进入了回归保障本源的转型期。

(10) 2018年4月，银保监会成立。中华人民共和国成立后，中国保险市场的监管曾先后归属中国人民银行（1949年10月至1952年12月）、财政部（1953年1月至1958年11月），后又重归中国人民银行（1958年12月至1998年11月）。1998年，为深化金融体制改革，进一步防范和化解金融风险，国务院决定成立中国保险监督管理委员会，并逐步形成偿付能力、公司治理、市场行为监管三支柱的现代保险监管框架。2018年3月，根据国务院机构改革方案，中国保监会和2003年4月成立的银监会进行职责整合，组建中国银行保险监督管理委员会（简称银保监会）。2018年4月8日，中国银行保险监督管理委员会举行揭牌仪式，中国保险业开启新的监管历程。

第四节　保险的功能与作用

一、保险的功能的含义

保险的功能是指由保险本质和内容决定的、内在的固有功能，是社会分工赋予保险的社会使命。保险的功能包括基本功能和派生功能。保险的基本功能是保险独有的原始功能，且不会随着时间和外部环境的改变而改变，是保险区别于其他事物的根本标志。保险的派生功能则是随着保险业的发展和客观环境的变化，在基本功能的基础上派生出来的非独有的功能。

二、保险的基本功能

现代保险的基本功能主要有集散风险功能和损失补偿功能。

（一）集散风险功能

集散风险功能即集合和分散风险的功能，是保险的内在功能，是通过保险人的展业与承保工作来实现的。现代保险机制是：具有同类风险的组织和个人（被保险人）被聚集，同时向聚集者（保险人）缴纳一定费用，被保险人约定的风险就转移给了保险人，即后者承担了前者的风险。而后者能够集中承担前者的风险，是以向众多投保人（或被保险人）收取一定保费为基础的。因此，实际上不是保险人承担了被保险人的风险，而是面临同类风险的所有被保险人通过保险机制，共同承担了少数人的风险，也就是通过多数人分散少数人的风险。

（二）损失补偿功能

损失补偿功能是保险的外在功能，即对保险责任事故造成的经济损失及时进行补偿，或者对约定的人身保险事件的发生进行保险金给付，这主要是财产保险等损害保险的功能。损害保险主要是以合同的形式向众多投保人收取保费，然后在少数被保险人发生约定风险事故所致损失时，根据合同约定进行经济补偿。这种经济补偿是不能超过保险标的损失的价值的，其目的是体现保险互助共济的精神，同时避免被保险人从保险中获益。而对于大多数人身保险而言，其基本功能是经济给付。因为在人身保险中，人的价值无法用货币来衡量，人所遭受的伤害也难以用货币进行补偿。因此，人身保险的保险金额是由保险双方当事人在订立保险合同时，按被保险人的需求通过协商确定的。

集散风险与损失补偿是手段与目的的统一，是保险的本质特征最基本的反映。

三、保险的派生功能

保险的派生功能包括融通资金功能、防灾防损功能及社会管理功能。

（一）融通资金功能

融通资金功能，是保险人将保险资金中的暂时闲置部分，以有偿返还的方式重新投入社会再生产过程，以扩大社会再生产规模的功能。保险公司从收取保费到赔付保险金之间存在一定的时间差和规模差，导致保险资金中始终有一部分资金处于暂时闲置状态，从而为保险公司的资金融通提供了可能性。保险公司通过保险资金的运用产生收益，在扩大社会再生产规模的同时，增大保险资金总量，降低保险经营成本，稳定保险公司的经营。损失赔付是保险人的负债业务，而利用保险资金进行的融资活动则是其资产业务。保险资金的运用已成为保险公司收益的重要来源。

（二）防灾防损功能

防灾防损是风险管理的重要内容，而保险经营的是风险，因此，保险本身也是风险管理的一项重要内容。保险对风险的管理，体现在防灾防损工作上。保险的防灾防损工作的最大特点在于积极主动地参与、配合其他防灾防损主管部门开展防灾防损工作。保险的防灾防损工作体现为：履行从承保到理赔的社会责任；增加保险经营的收益；提高投保人的风险管理意识，从而促使其加强防灾防损工作。保险人通过分析潜在的损害风险，评价保险标的的风险管理计划，提出费用合理的替代方案，采取损害管理措施等风险管理服务，来实现其防灾防损功能。防灾防损功能既具有社会效益，又具有自身经济效益和顾客效益，因此是多方互利共赢之举。

（三）社会管理功能

社会管理功能，是指保险业通过自身运作对社会发展进步及资源科学配置等所发挥的积极作用。随着经济社会的迅速发展，保险业已完全融入现代社会经济制度，渗透到各行业以及社会生活的各个方面。保险业不仅创造了更多更丰富的产品和服务，而且是一种有利于经济社会安定繁荣的制度设计和社会管理平台。在现代社会，保险业以风险管理手段为平台，积极为各级政府管理部门分忧，为社会稳定出力，为经济建设保驾护航。其社会管理功能主要表现在：

（1）社会保障管理。商业保险是社会保障体系的重要补充和重要组成部分，可以弥补社会保障的不足；同时，商业保险具有产品灵活多样、选择范围广等特点，可以为社会提供多层次的保障服务，提高社会保障水平，减轻政府在社会保障方面的压力。

（2）社会风险管理。保险公司不仅具有识别、衡量和分析风险的专业知识，而且积累了大量风险损失资料，为全社会风险管理提供了有力的数据支持。同时保险公司积极协同相关部门建立风险数据库，做好防灾防损工作，参与社会风险控制，承担风险管理功能。

（3）社会关系管理。保险公司介入灾害处理的全过程，参与社会关系的管理，逐步改变了社会主体的行为模式，为维护政府、企业和个人之间正常、有序的社会关系创造了有利条件，减少了社会摩擦，起到了社会润滑剂的作用，大大提高了社会运行的效率。

四、保险的作用

（一）含义

保险的作用是指保险在发挥其功能时所产生的客观社会经济效应，是保险发挥其保障功能的结果。保险既有重要的积极作用，又有一定的消极作用。其积极作用又分为微观经济作用和宏观经济作用。

（二）保险的微观经济作用

保险的微观经济作用，是指保险作为管理风险的财务手段而对保险消费者所产生的积极经济效应，主要表现在以下六个方面：

1. 有利于受灾企业及时恢复生产

企业在生产过程中不可避免地会遭受自然灾害或意外事故。灾害事故的发生尤其是重大灾害事故的不断出现，会破坏企业的资金循环，缩小其生产经营规模，甚至导致生产经营过程中断，使其蒙受巨大经济损失。而保险赔偿正好具有及时、合理和有效的特点，能够按照保险合同约定的条件，及时给予受灾企业保险赔偿，帮助它们尽快购置资产，迅速恢复生产经营活动，尽量减少受灾期间的各种间接损失。

2. 有利于企业加强风险管理

保险经营遵守损失补偿原则。因此，无论是保险公司还是投保企业都不希望保险事故发生，加强风险管理符合投保企业和保险公司的共同利益，有利于实现互利共赢。保险公司常年与灾害事故为伴，积累了丰富的风险管理经验，可以帮助投保企业有效消除潜在的风险因素，实现防灾防损的目的。保险公司还可以通过保险费率这一价格杠杆，调动企业防灾防损的积极性，共同搞好风险管理工作。

3. 有利于企业加强经济核算

通过保险方式转移风险是常用的财务型风险管理方式之一。如果企业参加了保险，就能够将其面临的不确定的大额经济损失，变为确定的定期的小额保费支出，并摊入企业生产成本或流通费用中，从而有效防止灾害损失意外地增加企业的经营成本，这既符合企业的经营核算制度，又保证了企业财务成果的稳定。如果企业不参加保险，就必须采用自行提取灾害准备金等自留风险方式应对风险，往往既不经济，难度也很大。

4. 有利于民事赔偿责任的履行

在日常生活及社会活动中，因致害人的过错或无过错，难免导致第三者遭受财产损失或人身伤亡，进而引起民事损害赔偿责任。具有民事赔偿责任的单位或个人可以通过缴纳保费，将这种责任风险转嫁给保险人。这样，既可以分散被保险人的意外责任风险，使其从法律纠纷中解脱出来，又能切实保障受害人的经济利益。有些民事赔偿责任由政府采取立法的形式强制实施，受害人则成为受益人，直接得到保险赔款。

5. 有利于人民生活安定

风险的发生对于个人及家庭而言是难以预料、不可避免的，参加保险则是个人及家庭风险管理的有效手段。各种家庭财产保险、交通工具保险、盗窃保险等，可以使受灾的家庭恢复原有的物质生活条件；责任保险可以将保险消费者从法律纠纷中解脱出来；人身保险可以转嫁被保险人的生、老、病、死、残等风险，对家庭的正常生活起到保障作用。可见，通过保险人的保险金赔付，可有效帮助保险消费者重建家园，使其家庭生活保持安定状态。

6. 有利于增强企业和个人信用

在市场经济条件下，每个企业或个人均有遭受责任风险和信用风险的可能，保险消费者通过购买责任保险便可为保险责任范围内的损失获得经济保障；而投保信用和保证保险则为义务人的信用风险提供了经济保障，从而增强其信用，使其获得更多的投资与商业机会。因此，企业和个人可通过购买相关保险来增强信用，提高其偿债能力。

（三）保险的宏观经济作用

保险的宏观经济作用，是指保险功能的发挥对全社会及国民经济总体发展所产生的经济效应。主要表现在以下五个方面：

1. 保障社会再生产的正常进行

社会再生产过程由生产、分配、交换和消费四个环节组成，要求在时间上连续，在空间上均衡。社会再生产连续进行的必要条件是，各生产部门之间必须保持合理的比例关系，但这种合理的比例关系以及再生产的连续性会因灾害事故的发生而被迫中断和失衡，导致连带损失甚至造成比例失调。如果参加了保险，受灾的生产部门就可以从保险公司获得损失补偿，及时恢复生产经营，这样就不会造成连带损失，从而保证了社会再生产的连续性和稳定性。保险带来的社会总效益将远远大于其补偿总额。

2. 促进商品的流通与消费

在市场经济中，保持商品流通的顺畅对社会再生产的持续进行及人民生活具有重要作用，但商品流通会因灾害事故而遭受各种经济损失。例如，商品在运输过程中会因装卸事故、交通事故、途中失火、遭受暴风雨等原因受损；商品在储存期间，会因仓库失火或遭受洪水而受损等。从社会再生产角度看，商品的损失不仅会直接造成商品流通规模的缩小（商品短缺），也会影响生产部门的正常运行。因此，保险保障机制能保持商品流通的正常规模，既满足了消费者的需要，又保证了商业部门对生产部门的需求不会因灾害事故的发生而下降。同时，保险的存在有利于改善人们对未来支出的预期，减少社会用于预防风险事故的财富总量，从而拉动消费。不同险种对刺激消费起到不同的作用。例如，车贷险和房贷险等险种可以为汽车贷款和住房贷款提供保险支持，促进消费信贷的发展；产品质量保证险不仅为消费者提供了对产品质量问题的经济补偿承诺，而且为企业的商品做了广告宣传；职业责任保险为医疗、法律等服务型商品消费中的民事责任赔偿提供了经济保证。

3. 促进对外经贸发展及国际收支平衡

保险本身就是伴随着国际贸易中转移风险的需要而产生的，并随其发展而发展。现代保险本身已融入了全球经济交往活动中，成为其中的重要环节。涉外保险业务的发展既可促进对外贸易，保障国际经济交往，又能带来无形贸易收入，平衡国际收支。截至2019年末，中国出口信用保险公司（简称中国信保）累计支持的国内外贸易和投资规模超过4.6万亿美元，为超过16万家企业提供了信用保险及相关服务，累计向企业支付赔款141.6亿美元，累计带动200多家银行为出口企业融资超过3.6万亿元人民币。根据伯尔尼协会的统计，自2015年以来，中国信保业务总规模连续在全球官方出口信用保险机构中排名第一。此外，我国保险业还为“三资”企业、原料加工、补偿贸易、技术引进项目提供各种保障，这一切都促进了国际经济贸易的发展。

4. 促进科学技术与新产业的发展

现代社会的商业竞争越来越趋向于高科技和新技术的竞争，技术附加值的比重越来越高，但对于熟悉原有技术工艺的经济活动主体来说，新技术的采用既可提高劳动生产率，又意味着新风险的出现。科学技术及新产业的发展与推广应用，需要保险业作为经济后盾。例如，我国核电站的发展、海上石油勘测与开发、航空航天事业的发展都需要保险提供相应保障。保险通过承保技术风险、保障研发人员人身风险等形式，为企业开发新技术、新产品以及专利保驾护航，由此推动企业创新，促进科学技术向现实生产力的转化。

5. 服务“三农”

农业在国民经济中的基础地位和农业的脆弱性决定了农业保险保障的重要性。农业生产不仅面临着各种自然灾害，而且面临着市场风险，农业保险可以帮助农民转移这方面的风险。同时，随着家庭小型化、人口老龄化和医疗费用增长等趋势的出现，农民的养老、医疗等人身风险日益增加。大力发展农业保险、农村小额人身保险等保险业务，积极服务“三农”，有利于完善农村风险管理体系，健全农村社会保障体系，促进农村经济与社会又好又快地发展。

思考与练习

1. 简述保险的定义及其本质。
2. 简述保险的构成要素和特征。
3. 简述保险的常见分类。
4. 简述可保风险和保险之间的关系。
5. 比较不同保险学说之间的区别。
6. 分析保险产生和发展的原因及条件。
7. 阐述世界保险市场发展的特点。
8. 分析中国保险市场发展的特点及发展趋势。
9. 简述现代保险的基本功能和派生功能。
10. 论述保险的宏观经济作用和微观经济作用。

第3章 保险合同

学习目标

1. 理解保险合同的概念与形式
2. 理解并掌握保险合同的特征
3. 明确保险合同的要素
4. 区分保险合同的订立、生效
5. 理解保险合同的变更及变更条件
6. 了解保险合同争议的处理方式

【本章引导】 保险合同的解除

湖北武汉的雍某（化名），在2013—2015年三年间，因肝硬化及多种肝部疾病在湖北多家医院多次住院治疗。

2017年3月底，雍某通过某保险公司业务员袁某投保分红型年金险以及报销额度60万元的医疗险。投保时，对于袁某依据投保单的健康询问，雍某均予以否认。2018年7—8月，雍某在湖北武汉多次住院，并于8月18日因病去世。家属找保险公司索赔去世前的医疗费以及身故保险金合计273 804元。

2018年9月18日，保险公司做出拒赔通知，理由是投保时未如实告知，因此解除合同，且不承担任何保险金赔偿。

保险公司是否有解除合同的权利？

资料来源：中国裁判文书网（https://wenshu.court.gov.cn/）.

该案例涉及保险合同的订立和解除的相关知识。保险合同是保险交易及理赔的基本依据。掌握保险合同的基本概念及特点，保险合同订立、生效及变更的基本条件和要求，是理解保险的基础。通过本章的学习，学生能够全面掌握与保险合同相关的事项和规定，重点掌握有关投保人、被保险人和受益人的权利和义务，明确保险合同关系的建立、变更和终止的具体规定和要求，以及保险双方发生争议的处理方法。

第一节　保险合同的特征与形式

所有的保险交易都建立在合同的基础上。从法律的意义来看，保险合同又称保险契约，它是保险关系双方之间订立的一种在法律上具有约束力的协议。英国学者约翰·伯尔兹认为，保险合同是当一个意外事故在未来不确定的时候发生时，给予经济补偿或给付，以保证被保险人在该事故中的利益。美国学者欧文·M. 泰勒将保险合同理解为一方当事人以另一方当事人缴纳保费为对价而对其风险损失承担责任的协议。美国纽约州《保险法》将保险合同理解为一方当事人（此处指保险人）承担给另一方当事人（此处指被保险人或受益人）货币价值的保险赔偿责任的任何协议或交易。承担责任的条件是偶然事故的被保险人或受益人，在这种偶然事故发生时，其物质利益遭受了这种事故的恶劣影响。中国台湾对保险有关的规定称："保险，为当事人约定，一方交付保险费于他方，他方对于因不可预料或不可抗力之事故所致之损害，负担赔偿财务之行为。根据前项所定之契约，称为保险契约。"

虽然有关保险合同的定义并不完全相同，但保险合同作为合同的一种，它具有所有法律上的有效合同的共同特点。

一、有效合同的要素

所有的有效合同都具备以下几个要素：要约与承诺、当事人行为能力以及合法动机。

1. 要约与承诺

当一方向另一方提出建议交换某价值物时，交易开始，提出交换建议的是要约，同意建议的是承诺。要约必须尽量确切，表达清楚；承诺必须是无条件、不含混、表达清楚的。双方当事人必须就同意条件达成协议，双方必须一致。

要约和承诺可以是口头或书面形式，这两种形式法律上都承认。

在购买保险时，一个人填完申请书时就相当于提出了购买保险的要约，如果保险人接受要约就是同意承保。值得注意的是保险代理人，尽管他们在招揽新业务，但法律上并不构成对出售保险的要约。从技术上分析，他们是在邀请被保险人提出要约。当保险人签发保单时，才意味着对要约的承诺。

2. 当事人行为能力

不是所有人都具有订立合同所需具备的合法能力。为了保护全社会的利益，未成年人、精神病患者和酗酒者不可签订有约束力的协议，这是一种规则。该规则的目的是避免一些人从那些没有行为能力来理解合同的人身上获得利益。

3. 合法动机

保险合同必须具备合法动机，即法律允许的意图或目的，否则不能得到法律的保护。以反社会为目的的保险合同在法律上是无效的，法律不会支持此类合同的当事人。

二、保险合同的特性

与一般合同相比，保险合同又是一种特殊类型的合同，有着自己的特点。

（一）双务性

合同可以分为双务合同和单务合同。单务合同是当事人一方只享有权利，另一方只承担义务的合同，如赠与合同、无偿借贷合同等都属于单务合同。而双务合同则是当事人双方都享有权利并承担义务，一方的权利即为另一方的义务的合同。在双务合同中，合同各方交换的代价是对价。对价即契约各方给对方的东西。对价可以是有形的，例如金钱；也可以是无形的，如承诺做某事或者不做某事。凡是有效的双务合同均必须存在对价的交换，但保险合同的双务性又不同于一般合同的双务性。在一般合同中，双方是同时给付；而在保险合同中，虽然投保人缴纳了保费，但只有在保险事故发生后，保险人才能履行保险金赔偿或给付义务。

（二）射幸性

保险合同是射幸合同。所谓射幸性，指的是保险合同履行的结果建立在事件可能发生、也可能不发生的基础上。保险合同的射幸性，来源于保险事故发生的偶然性，具有机会性的特点。这主要体现在财产保险中，也就是保险的赔付与否有赖于保险事故是否发生。但是需要指出的是，保险合同的射幸性是针对单个保险合同而言的，如果从全部承保的保险合同总体来看，保费与赔偿金额的关系以精确的数理计算为基础，那么从原则上来看，收入与支出保持平衡，所以总体来看，保险合同不存在射幸性的问题。

（三）诺成性

根据合同成立是否需要交付标的或完成其他给付标准，合同可以分为诺成性合同与实践性合同。所谓诺成性合同，是指当事人一方的意思一旦得到对方同意就能产生法律效力的合同，即当事人双方意思表示一致时合同即宣告成立。所谓实践性合同，是指除当事人双方意思表示一致外，还需要交付标的才能成立的合同。对于保险合同是实践性合同还是诺成性合同，实务界、学术界颇有争议。实务界认为，保险合同的成立必须以投保人交付保费为条件，因此是实践性合同。而学术界大都认为，保险合同是诺成性合同，理由如下：

(1)《保险法》第十三条规定："投保人提出保险要求，经保险人同意承保，保险合同成立。"依照该规定，保险合同成立与否取决于保险人是否同意，此外并无其他规定。可见保险合同应是诺成性合同。

(2)《保险法》第十四条规定："保险合同成立后，投保人按照约定交付保险费，保险人按照约定的时间开始承担保险责任。"保险合同成立后，保费是保险人可以请求履行的债权，如果投保人不履行，保险人可以通过诉讼的方式请求投保人履行。缴付保费是投保人履行保险合同应尽的义务，而不是保险合同成立的要件。

(3) 实务中大多数保单规定，投保人只有一次性缴清保费或者缴纳了保费后，保险合同才生效。这应被视为当事人约定的生效要件而不是保险合同成立的要件。

（四）附和性

根据订立合同时双方的地位来划分，合同可以分为议商合同和附和合同。议商合同是指当事人可以就合同条款进行充分协商而订立的合同。议商合同的特点是：当事人不仅有订立合同的自由，而且有选择相对人和决定合同内容的自由。附和合同又称标准合同或格式合同，是指合同的条款事先由当事人的一方拟定，另一方只有接受或不接受条款的选择，但不能就条款进行修改或变更的合同。其特点包括：一是附和合同的条款是由单方事先确定的，一般是由提供商品或服务的一方事先确定，相对人不参与合同条款的制定；二是相对人只有选择是否订立合同的自由，没有决定合同内容的自由，处于附从地位；三是附和合同以书面明示为原则。

保险合同就是这样的附和合同。保险人依照一定的规定，制定出保险合同的基本条款；投保人依照该条款，或同意接受，或不同意投保，一般没有修改某项条款的权利。如果有必要修改或变更某张保单的某项内容，通常也只能采用保险人事先准备的附加条款或者附属保单，而不能完全依照投保人的意思做出改变。

（五）非要式性

根据合同是否以一定的形式为要件，可将合同分为要式合同和非要式合同。所谓要式合同是指法律要求必须具备一定形式和手续的合同，如房屋买卖合同。而非要式合同是指法律不要求必须具备一定形式和手续的合同。要式与非要式的区别，不在于有无某种形式或程序，而在于法律是否要求具备特定的形式或程序，法律是否允许当事人自愿选择一定的形式并且是否以一定的形式作为合同成立或生效的要件。

对于保险合同的形式，各国一般规定保险合同为非要式合同。在英美法系国家，虽然实践中保险合同的主要内容被记载在保单上，但法律并没有要求保险合同采取这一特定形式。在大陆法系国家，一般也不要求保险合同采取特定形式，而多从保护投保人和被保险人的利益的角度出发，规定保险人应依其要求，提供有关保险合同的文件即保单。

我国保险立法对保险合同的形式经历了一个从要式合同到非要式合同的转变和发展过程。我国 1981 年颁布的《中华人民共和国经济合同法》第二十五条规定："财产保险合同，采用保险单或保险凭证的形式签订。"1983 年颁布的《中华人民共和国财产保险合同条例》第五条进一步规定了保险合同订立的程序："投保方提出投保要求，填具投保单，经与保险方商定交付保险费办法，并经保险方签章承保后，保险合同即告成立，保险方并应根据保险合同及时向投保方出具保险单或者保险凭证。"这种改动实质上将保险单证的法律效力从法定的保险合同形式改为证明保险合同存在的证据，请求给付保险单证也成为投保人的权利，从而从立法上确定了保险合同的非要式性。2009 年和 2015 年对《保险法》的修订增加了以下内容："当事人也可以约定采用其他书面形式载明合同内容。……投保人和保险人可以对合同的效力约定附条件或者附期限。"这一内容符合意思自治的原则，明确了保险合同可以约定生效条件，符合非要式合同的条件。

（六）个人性

保单是个人合同，因此保险合同不能随意转让给其他方。尤其要注意的是，在财产保险合同中，保险合同所保障的是遭受损失的被保险人本人，而不是遭受损失的财产。由于个人的禀性、行为等将极大地影响到风险标的发生损失的可能性和严重性，因此，保证人在审核投保人的投保申请时，必须根据各个不同的投保人条件以及投保财产的状况来决定是接受还是拒绝，抑或有条件地接受其投保。投保人在转让自己的财产的同时，不能同时转让其保险合同，除非经过保险公司的同意。

图 3-1 总结了保险合同的特点。

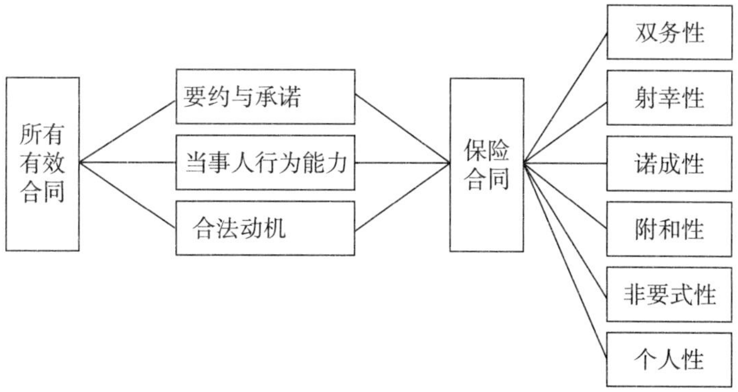

图 3-1 保险合同的特点

三、保险合同的形式

《保险法》并未对保险合同应采取何种形式做出直接规定，即没有明确规定必须采用书面形式，也没有禁止口头形式。在保险实务中，通常采用书面形式。保险合同的书面形式主要有以下几种。

（一）投保单

投保单，又称投保书、要保书、要保单，是投保人向保险人提出的订立保险合同的书面要约。投保单一般是由保险人准备的统一格式的书据，一般载有保险合同的必要条款，由投保人依其所列事项逐项填写，并签字盖章。在投保单中，投保人要向保险人如实告知保险标的的风险程度或状态等有关事项，保险人据此核实情况，决定是否承保。

在保险实务中，保险人为简化手续、方便投保，对有些险种也可不要求投保人填具投保单。投保人只需以口头形式提出要约，提供有关单据和凭证，保险人即可签发保单或保险凭证。

投保单一经保险人接受，即构成保险合同的组成部分，是保险合同成立的重要凭证。投保人在投保单上所填写的内容会影响保险合同的效力。投保单上如有记载，保单上即使有遗漏，其效力也会以投保单记载的内容为准。如果投保人在投保单中告知不实，在保单上又没有修正，保险人即可以投保人未遵守保险合同的最大诚信原则为由，在规定的期限内解除合同。

（二）暂保单

暂保单，又称临时保单，是指保险人或其代理人同意承保风险而不能立即出具保单或其他保险凭证时，临时向投保人签发的保险凭证。订立暂保单并不是订立保险合同的必经程序。暂保单与保单具有同等的法律效力，但有效期限较短，一般以 30 天为限。30 天过后若正式保单未签发，则暂保单自动失效，或者 30 天内正式保单签发时自动失效。保险人亦可在正式保单发出前终止暂保单，但必须提前通知投保人。

暂保单的签发适用于以下情况：（1）签订保险合同的保险分支机构受经营权限或经营程序的限制，需要经过上级管理部门批准，在批准之前以暂保单作为保险凭证。（2）保险人与投保人在洽谈或续订合同时，就合同事宜已达成协议，但还有一些条件尚未完成，这时可以向投保人开出暂保单。（3）保险代理人在争取到业务且暂时没办妥手续之前，以暂保单为保险证明。（4）为出口结汇需要，在正式保单或保险凭证出立前，以暂保单为证明进行结汇。

（三）保单

保单，又称保险单，是投保人与保险人订立保险合同的正式凭证。保单必须明确完整地记载保险双方的权利义务内容，通常由声明事项、保险事项、责任免除和条件事项四个部分组成，它是保险合同双方当事人履行合同的依据。一般而言，保单多属格式化文件，由保险人制作、签章，并由保险人或其代理人交付给投保人。

（四）保险凭证

保险凭证，又称小保单，也是保险合同的一种书面证明。与保单相比，保险凭证在内容和格式方面较为简化，它只记载投保人和保险人约定的主要内容，实际上是简化了的保单，与保单具有同等的法律效力。在保险实务中，保险凭证没有列明的内容，以同一险种的正式保单为准；保险凭证与正式保单的内容相抵触的，以保险凭证的特约条款为准。

第二节　保险合同的要素

保险合同的法律关系由主体、客体和内容这三个要素组成。

一、保险合同的主体

保险合同的主体指的是保险合同的当事人或者关系人。保险合同的当事人指的是投保人和保险人，它们是保险合同规定的权利和义务的承担主体。但保险合同当事人的特殊之处在于，当事人既可以为自己的利益订立合同，也可以为他人的利益订立合同。比如在人寿保险中，保险合同其实保障的是受益人的利益；在意外伤害险中，保险合同保障的是发生意外事故的人或财产的关系人，是与保险合同有着重要关系的被保险人。受益人、被保险人是保险合同的关系人。

1. 保险人

保险人一般指的是保险公司，即向投保人收取保费，在保险合同规定的保险事件发生时，对被保险人承担赔偿给付责任的法人。一般保险人要经过一定法定程序申请批准，取得经营资格，才能在规定的经营范围内经营。

保险人的成立需要符合三个条件：

（1）保险人必须具备法定资格。各国法律对保险人从业的法律资格都做出了专门规定。我国《保险法》对保险人所必须具备的法定资格做了较为严格的规定：第一，保险人必须依照法定条件和程序设立；第二，保险人应按照分业经营的原则在金融监督管理部门核定的业务范围内从事保险活动并接受监督。

（2）保险人必须以自己的名义订立保险合同。保险人只有以自己的名义订立保险合同后，才能成为保险合同的当事人。

（3）保险人必须依照保险合同承担保险责任。订立保险合同的目的在于使保险人在合同约定的保险期限内，对于发生的保险事故或事件承担赔偿或给付保险金的责任。这是保险人最基本、最主要的合同义务。

2. 投保人

投保人是对保险标的具有保险利益，向保险人申请订立保险合同，并有缴纳保费义务的人。投保人通常需要具备以下三个条件：

第一，具有完全的权利能力和行为能力。不管投保人是自然人还是法人或其他组织，均必须具有完全的权利能力和行为能力。未依法登记或未取得法人资格的组织和无行为能力的自然人都不能成为保险合同的投保人，限制行为能力人签订的保险合同，只有经其法定代理人追认，方为有效。

第二，对保险标的具有保险利益。投保人如不能对保险标的具有保险利益，则不能申请订立保险合同；已订立的合同也为无效合同，各国法律对此均有规定。

第三，附有缴纳保费的义务。保险合同为有偿合同，获得保险保障的对价就是支付保费。投保人承担支付保费的义务，保险人一方无权免除。不论保险合同是为自己的利益还是为他人的利益而订立，投保人均需承担缴纳保费的义务。在后一种情况下，如投保人未能按时履行缴纳保费的义务，则保险合同关系人可以代投保人缴纳保费，但这只是代付，而并非说保险合同关系人有缴纳保费的义务。保险人不能拒收关系人代付的保费。

3. 被保险人

被保险人指的是其财产、利益或生命、身体和健康等受保险合同保障的人。

必须在保险合同中明确规定被保险人，规定的方式有以下几种：

(1) 在保险合同中明确列出被保险人的名字。被保险人可以是一个，也可以是多个，但均须列明。当被保险人之一死亡后，其余被保险人仍可继续享受保险保障的权利，保险合同继续生效，直到期限届满。

(2) 以变更保险合同条款的方式确认被保险人。这是在保险合同中增加一项变更被保险人的条款，一旦该条款所约定的条件成立，补充的对象就自动取得被保险人的地位，这也是变更被保险人的方式。这一方式通常用于财产的承租人或受托人等场合。变更后的被保险人的资格应当与被保险人相同。

(3) 采取扩展被保险人的方式来确认被保险人。这种方式与第一种方式的不同之处在于，它不具体指明被保险人的姓名；与第二种方式的不同之处在于，它不是用排序的方式确定被保险人，而是采用扩展被保险人的办法。在这一方式中，每个被保险人都具有同等的地位。

4. 保单持有人

保单持有人指的是在保单签发之后，对保单拥有所有权的个人或企业。保单持有人的称谓主要适用于人寿保险合同的场合。财产保险合同大多是一年左右的短期合同，保单没有现金价值；并且由于绝大多数投保人都是以自己的财产作为保险标的进行投保(成为被保险人)，在保险事故发生时得到保险赔偿(成为受益人)的，因此，投保人、被保险人、受益人和保单持有人通常就是一个人，保单持有人在此没有太大的意义。但在人寿保险中，由于大多数人寿保险合同所具有的储蓄性特征，以及在许多场合，保单持有人与受益人并不是同一个人的事实，保单持有人的意义就显得十分突出和重要。保单持有人既可以是个人，也可以是一个组织机构；既可以与受益人是同一个人，也可以是其他的任何人，例如与投保人或者被保险人是同一个人。保单持有人所拥有的权利通常包括以下各种：

（1）变更受益人；

（2）领取退保金；

（3）领取保单红利；

（4）以保单作为抵押品进行借款；

（5）在保单现金价值的限额内申请贷款；

（6）放弃或出售保单的一项或多项权利；

（7）指定新的保单持有人。

5. 受益人

受益人也被称为保险金受领人，是指在保险事故发生后直接向保险人行使赔偿请求权的人。

受益人有两种形式：一种是不可撤销的受益人，保单持有人只有在受益人同意时才可以变更受益人；另一种是可撤销的受益人，保单持有人可以中途变更受益人或撤销受益人的受益权。受益人的撤销或变更不需要征得保险人的同意，但必须通知保险人。如果保单持有人在改变了受益人的情况下没有通知保险人，那么后者在向原受益人支付规定的给付后，不承担对更改后的受益人的义务。其构成要件是：

（1）受益人是享有赔偿请求权的人。受益人是有资格享受保险合同利益的人，但他不负缴纳保费的义务，保险人不得向受益人追索保费。而受益人与保险人的法律关系只有在被保险人死亡时才发生。

（2）受益人是由保单持有人指定的人。保单持有人可以在保险合同中明确规定受益人，也可以规定指定受益人的方法。例如，规定以继承人为受益人。注意：受益人与继承人都在他人死亡后受益，但是两者的性质是不同的。受益人享有的是受益权，是原始取得；而继承人享有的是遗产的分割权，是继受取得。受益人没有用其领取的保险金偿还被保险人生前债务的义务，但如果是继承人的话，则在其继承遗产的范围内有为被继承人偿还债务的义务。另外，投保人和被保险人必须对保险标的具有保险利益，但受益人不必如此。

案例 3-1

人身保险受益人变更

2018 年 7 月 11 日，王某到保险公司投保了保额为 10 万元的人寿保险，指定其妻子李某为受益人。后来，王某与李某离婚。不久，王某又与张某结婚。婚后，王某与张某办理了一份写有“自本日起受益人由王某的前妻李某变更为张某”的公证书，但王某并未将公证书变更受益人一事通知保险公司。2019 年 9 月 12 日，王某遭遇车祸身亡。张某以受益人的身份向保险公司提出领取保险金的要求。保险公司确认了张某与王某结婚后确实办理了变更受益人的公证书但未将变更受益人的情况以书面形式通知保险公司，认定该变更无效。保险公司按原合同的规定将保险金付给原受益人即王某的前妻李某。于是张某将保险公司起诉至法院。

请问：保险公司是否可以付给李某保险金？为什么？

二、保险合同的客体

保险合同的客体是保险利益。

（一）保险利益与保险标的

保险利益指的是投保人或者被保险人对保险标的所具有的法律上承认的利益。保险标的是保险合同中所载明的投保对象，是保险事故发生的本体，即作为保险对象的财产及有关保险利益或者人的生命、身体和健康。

在保险合同中需要明确保险标的。对投保人来说，保险标的明确了转嫁风险的范围；对保险人来说，它指明了对哪些财产以及哪些人的生命和身体承担保险责任。保险标的虽然是保险合同的必备内容，但订立保险合同的目的并非保障保险标的本身。换句话说，投保人将保险标的投保后并不能保障保险标的本身不发生损失，而只能保障在保险标的发生损失后，被保险人（受益人）能够从经济上得到补偿。因此，保险合同实际上保障的是被保险人对保险标的所具有的利益，即保险利益。

保险利益与保险标的的含义不同，但两者又是相互依存的。通常，在被保险人没有转让保险标的的情况下，保险利益以保险标的的存在为条件：保险标的存在，投保人或被保险人的经济利益也存在；保险标的遭受损失，投保人或被保险人也将蒙受经济上的损失。

（二）保险利益的要件

（1）必须是法律认可的利益。保险利益必须是合法的利益。如果投保人以非法利益投保，那么保险合同均无效。

（2）必须是可以用货币计算和估价的利益。发生保险事故后，保险人需要补偿投保人在保险利益上的损失，因此，保险利益必须在经济上是有价值的，是可以用货币计算的。

（3）必须是可以确定的利益。确定的利益指的是：一是指其利益已经确定，如已经取得的物的所有权或使用权等；二是在订立合同时利益尚未确定，但保险事故发生前或发生时必能确定的利益，如进口商已经签订购货合同，但货物尚未运输，物权尚未转移到进口商手中，但它可以将此项货物作为已拥有的保险利益与保险人签订保险合同，因为进口商对该项货物的利益在提单转手后即可确定。

三、保险合同的内容

（一）保险合同的主要内容

保险合同的内容是对保险合同当事人双方的具体权利义务的规定，也就是保险人与投保人或被保险人之间达成的对于保险标的及其利益予以保障的条款。保险合同的内容主要包括五个部分：

（1）声明事项。声明事项是保险合同的第一部分，是对保险标的基本情况的陈述和对保险标的事项的一般约定。

（2）保险责任。这是保险合同的核心部分，是保险人对被保险人予以赔偿或给付的承诺。保险责任在保险合同中以两种形式呈现：一种是列明保险责任范围，在保单中指出哪些原因导致的损失属于保险人赔偿或给付的范围。保险人通常将列明的保险责任范围分为基本保险责任范围和附加保险责任范围。另一种是一切保险责任范围，在一切险保单中只列明除外的损失原因及其损失，其他普通的损失原因及损失都属于保险责任范围。

（3）除外责任。除外责任主要规定哪些损失原因、哪些损失或哪些标的不属于保险责任范围。

（4）条件事件。条件事件主要规定被保险人的义务。只有被保险人履行了规定的义务，保险人才承担合同规定的保险赔偿或给付的责任，否则保险人可以拒绝承担保险责任或者有权解除和终止保险合同。

（5）其他事项。其他事项包括其他法定应记载事项和当事人约定的事项。前者指除上述事项外的法定应记载事项，如争议处理、签约时期等；后者指投保人和保险人在法定事项之外约定的其他事项（即处理保险人和被保险人之间关系的一些事宜）。

（二）保险条款

保险条款是规定保险人与被保险人之间的基本权利和义务的条款，它是保险公司对所承保的保险标的履行保险责任的依据。

1. 基本条款

基本条款是指规定保险合同双方权利义务基本事项的条款。我国《保险法》第十八条规定："保险合同应当包括下列事项：（一）保险人的名称和住所；（二）投保人、被保险人的姓名或者名称、住所以及人身保险的受益人的姓名或者名称、住所；（三）保险标的；（四）保险责任和责任免除；（五）保险期间和保险责任开始时间；（六）保险金额；（七）保险费以及支付办法；（八）保险金赔偿或者给付办法；（九）违约责任和争议处理；（十）订立合同的年、月、日。"

2. 特约条款

保险合同的特约条款是由保险双方当事人根据特定需要而共同约定的条款。特约条款可以包括附加条款、保证条款和协会条款。附加条款是指保险合同当事人在保险合同基本条款的基础上约定的补充条款，以增加或限制基本条款所规定的权利和义务。保证条款指的是投保人、被保险人就特定事项担保某种行为或事实的真实性条款。例如，某寿险合同约定，被保险人在保险合同订立前未曾患有某种疾病。保证条款是投保人、被保险人必须遵守的条款，否则保险人有权解除保险合同。协会条款是在长期实践中形成的保险行业间统一约定的条款。它是依据保险管理和行业发展的需要，对在一定地域或业务范围内使用的国别条款、地区别条款和险别条款的统称。

第三节　保险合同的运行

保险合同的正常运行包括保险合同的订立、履行、变更、终止、争议处理五个环节。本节将讨论前四个环节，争议处理将在下一节讨论。

一、保险合同的订立

保险合同的订立，指的是投保人与保险人就保险合同条款意思表示一致的法律行为。保险合同的成立必须经过要约和承诺这两个阶段。

（一）订立程序

1. 要约

要约又称订约提议或投保，是指当事人一方以订立合同为目的而向对方提出订立合同的意思表示。保险合同的要约通常由投保人提出，一般来说有效的要约应具备三个条件：（1）要约必须具备合同主要内容；（2）要约必须明确表示订约愿望；（3）要约在其有效期内对要约人具有约束力。

现实中，投保人填写由保险人事先拟定并印制好的投保单，并将其交给保险人的行为就是要约行为。

2. 承诺

承诺又称接受订约或承保，指的是当事人一方就要约方的提议而做出的意思表示。做出承诺的人即为承诺人或受约人，承诺一经做出，合同即告成立。承诺满足以下条件时被视为有效：（1）承诺必须由受约人或其合法代理人做出；（2）必须在要约的有效期内做出；（3）承诺不能附带任何条件。

需要注意的是，承诺人对要约不能完全赞同，只能部分同意或附有条件接受的，不能被认作承诺，而是被认作拒绝原要约。此时，承诺人可提出新要约，由原要约人选择承诺或拒绝。承诺一般采用书面形式。

保险合同的承诺一般由保险人做出。保险合同的定制过程可能是反复要约直至承诺的过程。做出承诺后，保险合同即告成立。

（二）保险合同的生效

保险合同的生效，指的是保险合同对当事人双方发生约束力，即合同条款产生法律效力。我国《保险法》第十三条明确指出："依法成立的保险合同，自成立时生效。投保人和保险人可以对合同的效力约定附条件或者附期限。"在保险实务中，附生效条件、附生效时间的合同很常见，也就是说，保险合同成立并非立即生效，只有当符合双方约定的条件和时间时，保险合同才生效。因此，在保险合同成立但并不立即生效的情况下，保险人的责任是不同的：保险合同成立后生效前发生保险事故的，保险人不承担保险责任；保险合同生效后发生保险事故的，保险人应按约定承担保险责任。

案例 3－2

上班途中意外死亡是否该赔?

相加公司于 2018 年 6 月 27 日为全体职工投保了团体人身意外伤害保险，按照程序，相加公司填写完投保单，经 P 保险公司审核无误，并以此为依据签发正式保险合同，双方签字盖章，P 保险公司收取了相加公司的保费，同时，在保单上约定保险合同有效期限从 2018 年 7 月 1 日零时起至 2019 年 6 月 30 日 24 时止。投保后，2018 年 6 月 30 日 15 时，相加公司一名在职职工在上班途中遭受意外车祸，当晚 22 时在医院抢救无效身亡。2018 年 7 月 1 日，相加公司有关部门负责人协调被保险人家属，持保险合同和相关索赔资料及死亡证明向保险公司提出索赔。保险公司经调查审核向被保险人家属发出拒赔通知书。

请问：保险人对此案的处理是否正确？为什么？

二、保险合同的履行

保险合同的履行，指的是保险合同成立后，投保人和保险人都依法全面完成合同约定的义务的行为。

(一) 投保人的义务

1. 缴纳保费的义务

缴纳保费是投保人最基本的义务。投保人必须按照约定的时间、地点和方法缴纳保费。根据险种不同，投保人可以采取不同的方式来缴纳保费。保费通常以现金缴纳为原则，经保险人同意，也可以以票据或其他形式缴纳。

缴纳保费与合同效力的关系，通常由当事人约定。如果投保人未能依照合同规定履行缴纳保费的义务，将产生下列法律后果：第一，在约定保费按时缴纳为保险合同生效要件的场合，保险合同不生效；第二，在财产保险合同中，保险人可以请求投保人缴纳保费及迟延利息，也可以终止保险合同；第三，在人身保险合同中，如果投保人未按约定期限（包括宽限期在内）缴纳保费，保险人可进行催告。投保人应在一定期限内缴纳保费，否则保险合同自动中止。

2. 通知义务

（1）“风险增加”的通知义务。

在保险合同中，风险增加指的是在订立保险合同时，当事人双方未曾估计到的保险事故风险程度的增加。保险事故风险程度增加的原因有两种：第一种是由投保人或者被保险人的行为所致，例如，财产的用途发生改变；第二种是由投保人或被保险人以外的原因所致，与投保人个人无关。在保险合同有效期内，若保险标的的风险程度显著增加，则被保险人应当按照合同约定及时通知保险人，保险人可以按照合同约定增加保费或者解除合同。

（2）保险事故发生的通知义务。

我国《保险法》第二十一条规定：“投保人、被保险人或者受益人知道保险事故发生后，应当及时通知保险人。”强调投保人、被保险人或者受益人履行保险事故发生的通知义务的目的在于：第一，方便保险人取证，迅速调查事实真相，明确事故责任；第二，方便保险人及时采取救助措施，避免损失扩大。

故意或者因重大过失未及时通知，致使保险事故的性质、原因、损失程度等难以确定的，保险人对无法确定的部分，不承担赔偿或者给付保险金的责任，但保险人通过其他途径已经及时知道或者应当及时知道保险事故发生的除外。

3. 避免损失扩大的义务

我国《保险法》第五十七条规定：“保险事故发生时，被保险人应当尽力采取必要的措施，防止或者减少损失。”这意味着，保险事故发生后，被保险人不仅应及时通知保险人，还应当采取必要措施进行积极施救，避免损失的扩大。这样既能减少保险赔款支出，又能减少社会财富损失。为了鼓励投保人或被保险人积极履行施救义务，《保险法》第五十七条还规定：“保险事故发生后，被保险人为防止或者减少保险标的的损失所支付的必要的、合理的费用，由保险人承担；保险人所承担的费用数额在保险标的损失赔偿金额以外另行计算，最高不超过保险金额的数额。”

（二）保险人的义务

保险合同成立后，一旦发生保险事故，保险人要按照合同的规定赔付或给付保险金，这就是保险人的义务，它具体可以分为确定损失赔偿责任、履行赔偿给付义务和为客户保密义务。

1. 确定损失赔偿责任

在保险条款中，关于保险人的损失赔偿责任和赔偿给付义务的规定称为“责任范围”。险种不同，保险人的责任范围也不同。对于责任范围的限定一般通过基本责任、附加责任和除外责任做出。

2. 履行赔偿给付义务

在责任范围内的保险事故发生后，保险人应向被保险人或受益人赔偿或给付保险金，这是保险人履行赔偿责任的行为，它主要涉及保险赔偿金的内容和支付方式。

保险人承担的保险赔偿金的内容主要包括赔付金额，合理的施救费用，为确定保险责任范围内的损失所支付的受损标的的检验、估价、出售的合理费用，以及在保险纠纷中产生的诉讼和辩护费用。

保险人通常以现金的形式赔付损失和费用，而不负责实物补偿或恢复原状，但双方在合同中有规定的除外。例如，在财产保险中，保险人按约定负责重建或修理；在健康保险中，保险人可以按约定负责医疗、护理等。

3. 为客户保密义务

在保险业务中，保险人掌握了大量有关投保人、被保险人、受益人或再保险分出人的业务、财务和技术的信息，甚至个人隐私，因此必须为客户保密，否则要承担相应的法律责任。

三、保险合同的变更

保险合同的变更指的是在保险合同有效期内，基于一定法律事实而对保险合同主体、内容及效力所做的修改。保险合同依法成立，便具有法律约束力，当事人双方必须全面履行合同规定的义务，不得擅自变更或解除合同，否则要承担相应的法律责任。但有些长期的保险合同，由于主客观情况的变化，会有变更的必要，各国法律一般都允许合同的主体和内容有所变化。

（一）合同主体的变更

合同主体的变更主要指保险合同当事人或关系人的变更。一般来说，这主要是指投保人、被保险人和受益人的变更，而不是保险人的变更（保险人的变更发生在保险公司依法被撤销、解散或宣告破产时）。

保险合同主体的变更通常又叫作保险合同的转让或者保单的转让。

在财产保险中，保单转让往往因为保险标的的所有权发生转移（包括买卖、让与和继承）而发生。关于保单转让的程序，有两种国际惯例：一种是转让必须得到保险人的同意。在这种情况下，保险标的所有权发生转移，则保险关系相对消灭。如果想继续保持合同关系，那么保险标的的转让必须通知保险人，经保险人同意后承保，保险合同才能继续有效。另一种是允许保险随着保险标的的转让而自动转移，不需要征得保险人的同意，比如货物运输保险保单可随货权的转移而背书转让。

在人身保险合同中，合同主体的变更主要体现为投保人或受益人的变更。投保人的变更需要经过被保险人的同意并通知保险人，经保险人核准批注后，方可变更。受益人的变更需经过被保险人的同意并书面通知保险人。保险人收到变更受益人的通知后，在保单或者其他保险凭证上批注或者附贴批单，受益人的变更才有效。在个人的人身保险合同中，一般不存在被保险人的变更。因为个人的风险状况不同，变更被保险人时需要订立新的合同。

（二）保险合同内容的变更

保险合同内容的变更，是指在主体不变的情况下改变合同中约定的一些事项。它包括：被保险人地址的变更；保险标的数量的增减、用途的改变或风险程度的变化；保险标的品种、价值或存放地点的变化；保险期限、保险金额的变更；保险责任范围的变更；货物运输保险合同中航程的变更、船期的变化等。

保险主体不变而内容变更的情况经常发生，各国保险法一般都有明确规定。保险合同订立以后，投保人可以提出变更合同内容的请求，但须经保险人同意，办理变更手续，有时还需要增缴保费，合同方才有效。

（三）保险合同效力的变更

1. 合同的无效

合同的无效指的是当事人订立不具有法律效力、国家不予保护的合同。按照不同的因素划分，合同的无效有以下几种情况：

（1）约定无效与法定无效。

根据原因的不同，无效分为约定无效与法定无效。约定无效指的是由合同当事人任意约定，只要双方约定的事项出现，则合同无效。法定无效由法律规定，只要法律规定的无效原因出现，合同就无效。各国的保险法通常都规定，符合下列条件之一的，保险合同无效：第一，保险合同当事人意思表示不真实，如合同系代理他人订立而不做申明；第二，保险内容不合法，如人身保险中未经被保险人同意并认可的死亡保险金额；第三，保险合同主体资格不符合法律规定，如人身保险中被保险人的真实年龄超过保险人所规定的年龄限额；第四，保险合同为损害国家利益或社会公共利益的合同，如为非法利益提供保障的保险合同。

（2）全部无效与部分无效。

根据范围的不同，无效分为全部无效与部分无效两种。全部无效指的是保险合同全部不发生效力，以上所讲的那几种情况就属于全部无效；部分无效指的是保险合同中仅有一部分无效，其他部分依然有效。如善意的超额保险，保险金额超过保险价值的部分无效，但在保险价值限额以内的部分仍然有效。

（3）自始无效与失效。

根据时间划分，无效分为自始无效与失效两种。自始无效指的是合同自成立起就不具备生效的条件，合同从一开始就不生效；失效指的是合同成立后，因为某种原因导致合同无效。如被保险人对保险标的失去被保险利益，保险合同即失去效力。失效不需要当事人做出意思表示，只要失效的原因一出现，合同即失去效力。

2. 合同的解除

保险合同的解除是指当事人基于合同成立后所发生的情况，使合同无效的一种单独行为。即，当事人一方行使解除权（法律赋予或合同中约定），使合同的一切效力消失并恢复到合同订立前的状态。

合同的解除与合同的无效不同。前者行使解除权而效力溯及既往；后者是根本不发生效力。解除权有时效规定，可因时效而丧失；而无效合同并不会因为时效而成为有效合同。

行使合同解除权的法律效力是，双方都恢复到合同订立之前的状态。因此，已经受领的给付应返还给对方；责任方对给他方造成的损失，必须承担损失赔偿责任。但如果保险合同的解除系投保人的不当行为所致，那么在这种情况下，要求保险人返还保费不利于行使解除权的保险人，因此，有时在法律或合同条款上明确规定，在上述情况下，保险人无须返还保费。

3. 合同的复效

保险合同的复效是指保险合同的效力在中止以后又重新开始。保险合同生效后，由于某种原因，合同效力中止。如果人身保险中投保人没有按时缴纳保费，那么保险合同的效力由此中断。在此期间，如果发生保险事故，那么保险人不负有支付保险金的责任。保险合同效力中止后投保人可以在一定的条件下，提出恢复保险合同效力的请求，经保险人同意，合同的效力即可恢复，即合同复效。已恢复效力的保险合同应被视为自始从未失效的原保险合同。

四、保险合同的终止

保险合同的终止是指当事人之间由合同所确定的权利义务因法律规定的原因出现而不复存在。

导致保险合同终止的原因有很多，主要有以下几种：

（1）合同因期限届满而终止。

保险合同关系是一种债权债务关系，任何债权债务都有时间性。保险合同订立后，若没有发生保险事故，但合同的有效期已经届满，则保险人的保险责任自然终止。这是保险合同终止的最普遍、最基本的原因。保险合同终止，保险人的保险责任亦宣告终止。

（2）合同因解除而终止。

保险合同的解除分为法定解除、约定解除和任意解除三种。

法定解除是指法律规定的原因出现时，保险合同当事人一方（一般是保险人）依法行使解除权，消灭已经生效的保险合同关系。法定解除是一种单方面的法律行为。从程序上说，依法有解除权的当事人向对方做出解除合同的意思表示，即可发生解除合同的效力，而无须征得对方的同意。

约定解除是指双方当事人约定解除合同的条件，一旦出现所约定的条件，一方或双方即有权解除保险合同。以约定方式解除保险合同对于合同的双方均做了限制性规定，尤其是对保险人的限制更严。

任意解除是指法律规定双方当事人都有权根据自己的意愿解除合同，但是并非所有的保险合同都是可以由当事人任意解除和终止的，它一般有着严格的条件限制。

我国的保险法规定，投保人或被保险人有下述行为之一者，可以构成保险人解除保险合同的条件：

①投保人故意隐瞒事实，不履行如实告知义务的，或者因重大过失未履行如实告知义务，足以影响保险人决定是否同意承保或者提高保险费率的；

②被保险人或受益人在未发生保险事故的情况下，谎称发生了保险事故，向保险人提出赔偿或者给付保险金的请求的；

③投保人、被保险人故意制造保险事故的；

④投保人、被保险人未按照约定履行其对保险标的的安全应尽的责任；

⑤在合同有效期内，保险标的风险程度增加，被保险人未及时通知保险人的；

⑥投保人申报的被保险人年龄不真实并且真实年龄不符合合同约定的年龄限制的（但合同成立后逾两年的除外）；

⑦自合同效力中止之日起两年内双方未达成协议的；

⑧因保险标的转让导致风险程度显著增加的，保险人可以按照合同约定增加保费或者解除合同。

（3）合同因违约失效而终止。

因被保险人的某些违约行为，保险人有权使合同无效。例如，终身人寿保险合同的缴费方式有一定的规定，如被保险人不能如期（包括宽限期在内）缴纳保费，则保险人可以使正在生效的合同中途失效，从而中止。但在一定条件下，中途失效的合同经被保险人履约并被保险人接受，还可以恢复效力，但并不是所有的保险合同在失效后都可以复效。

需要说明的是，合同自始无效与违约失效是不同的。前者是指这样一种情况：被保险人以欺诈、捏造或隐瞒真实情况等不诚实的手段，欺骗保险人签订保险合同，当其真相暴露时，合同的无效性应溯及过去，也就是说，合同从签订之时起就没有约束力。所以，合同自始无效，也就不存在效力终止的问题。

（4）合同因履行而终止。

保险事故发生后，保险人完成全部保险金额的赔偿或给付义务之后，保险责任即告终止。最常见的如终身人寿保险中的被保险人死亡，保险人给付受益人全部保险金额后；或被保险财产被火灾焚毁，被保险人领取了全部保险赔偿后，合同即告终止。

第四节　保险合同争议的处理

保险合同争议指的是保险合同成立后，合同主体就合同履行时的具体做法产生意见分歧或者纠纷。这种意见分歧有些是由合同双方对合同条款的理解互异造成的，有些是由违约造成的。不管什么原因，发生争议后都需要按照一定的程序处理和解决。

一、保险合同的解释原则

保险合同的解释是指当保险当事人由于对合同内容的用语理解不同而发生争议时，依据法律规定的方式或者约定俗成的方式，对保险合同的内容或文字的含义予以确定或说明。保险合同的解释原则通常有以下几种。

（一）文义解释原则

文义解释即按合同条款通常的文字含义并结合上下文来解释，它是解释保险合同条款的最主要的方法。

文义解释必须要求被解释的字句本身具有单一且明确的含义。如果有关术语本来就只有一种意思，联系上下文只可能具有某种特定含义，或根据商业习惯通常仅指某种意思，那就必须按照它们的本意去理解，如暴风、地震、泥石流等。

（二）意图解释原则

意图解释是指在无法运用文字解释方式时，通过其他背景材料进行逻辑分析来判断合同当事人订约时的真实意图，由此解释保险合同条款的内容。保险合同的真实内容应是当事人通过协商后形成的一致意思表示。因此，解释时必须尊重双方当时的真实意图。意图解释只适用于合同的条款不精确、不同的当事人对同一条款所表达的实际意思理解有分歧的情况。如果文字表达清楚，没有含糊不清之处，就必须按照字面解释，不得任意推测。

（三）有利于被保险人的解释原则

有利于被保险人的解释原则是指，当保险合同的当事人对合同条款有争议时，国际惯例通常是，法院或仲裁机关往往会做出有利于被保险人的解释。之所以如此，是因为保险合同是附和合同，有很强的专业性。在订立保险合同时，一般来说，投保人只能表示接受或不接受保险人事先已经拟定好的条款。有些专业性的术语不是一般人能够完全理解的，为了避免保险人利用其有利地位侵害投保人的利益，各国普遍使用这一原则来解决保险合同当事人之间的争议。鉴于此，保险人在拟定合同条款时应尽量使用语言明确的表述，在订立合同时向投保人准确地说明合同的主要内容。

需要指出的是，这一原则不能滥用。如果条款意图清楚，语言文字没有产生歧义，那么即使发生争议，也应当依据有效的保险合同约定做出合理、公平的解释。

（四）批注优先于正文、后加批注优先于先加批注的解释原则

为了满足不同的投保人的需要，有时保险人要在统一印制的保单上加批注，或增减条款或修改条款。无论以什么方式更改条款，如果前后条款内容有矛盾或相互抵触，后加的批注中的条款都应当优先于原有的条款。保险合同更改后应写明批注日期。如果由于未写明日期而使条款发生矛盾，手写的批注应当优先于打印的批注，加贴的批注应当优先于正文的批注。

（五）补充解释原则

补充解释是指当保险合同条款约定内容有遗漏或不完整时，借助商业习惯、国际惯例、公平原则等对保险合同的内容进行务实、合理的补充解释，以便合同的继续执行。

二、保险合同争议的解决方式

按照我国法律的有关规定，保险合同争议的解决方式主要有以下几种：

（一）协商

协商是指合同双方当事人在自愿互谅的基础上，按照法律、政策的规定，通过摆事实、讲道理，求大同、存小异来解决纠纷。自行协商解决方式简便，有助于增进双方的信任与合作，并且有利于合同的继续执行。

（二）调解

调解是指在合同管理机关或法院的参与下，通过说服教育，使双方自愿达成协议，平息争端。通过调解解决争议必须查清引致纠纷的事实、分清是非责任，这是达成合理的调解协议的前提。调解必须遵循法律、政策与平等自愿原则。只有依法调解，才能保证调解工作的顺利进行。如果一方当事人不愿意调解，就不能进行调解。如调解不成立或调解后

又反悔，则可以申请仲裁或直接向法院起诉。

（三）仲裁

仲裁是指争议双方依照仲裁协议，自愿将彼此间的争议交由双方共同信任、法律认可的仲裁机构的仲裁员居中调解，并做出裁决。仲裁方式具有法律效力，当事人必须予以执行。

（四）诉讼

诉讼是指争议双方当事人通过国家审判机关——人民法院——进行裁决的一种方式，它是一种最激烈的解决争议的方式。当事人双方因保险合同发生纠纷时，有权以自己的名义直接请求法院通过审判给予法律上的保护。当事人提起诉讼应当在法律规定的时效以内。

思考与练习

1. 如何订立保险合同？需要经过哪些程序？

2. 保险合同的形式有哪些？各种形式具有什么样的作用？

3. 保险合同的成立与生效有什么关系？保险合同成立与生效的要件是什么？

4. 李先生为一批货物投保了运输险。载货车辆在运输途中发生车祸，导致货物毁损。保险公司在实地勘察时发现该批货物属于走私物品。保险公司是否可以据此宣告保险合同无效？

5. 保险合同的特征有哪些？

6. 哪些原因可能导致保险合同终止？

7. 保险合同在满足一定条件的情况下可以复效。这一规定对保险公司和投保人而言各有什么好处？

8. 保险合同出现争议和纠纷时，该如何处理？

9. 案例讨论：2019 年 1 月 3 日，某保险公司的业务员到张某家为其汽车投保，张某表示同意，所投保险的保费为 6 522 元，保额为 120 000 元。业务员出具了保费收据，但张某表示要过几天再付清保费。2019 年 1 月 30 日，业务员到张某家验明保险标的后，在张某的要求下签发了保险证，张某又要求迟缴保费。业务员将保单交给张某，并在保单的备注栏中注明“未缴保费，本公司不负保险责任”字样，张某在保单上签了字。此后业务员多次催缴保费未果。2019 年 3 月 25 日上午 10 时，张某携款到保险公司缴纳保费，内勤人员在不明真相的情况下向张某开具了暂收条，并将日期误写为 24 日。25 日下午，保险公司业务员再次到张某家验车时，方得知汽车已于当日凌晨 3 时 30 分左右出险。保险公司拒赔，张某提起诉讼。请问本案应如何处理？

10. 周明和万方是一对恩爱恋人。2018 年 10 月 11 日，两人一起到保险公司，由周明支付保费为万方投保了一份保险金额为 10 万元、保险期限为 10 年的定期死亡保险。万方指定周明为受益人。2018 年 12 月 20 日中午，万方乘坐周明驾驶（有合格驾驶证）的轿车回家。在经过一座桥时，汽车突然失控翻进了河里，两人不幸双双身亡。交警部门经过现场勘查，做出了周明应对此事故负全部责任的结论。周、万两家父母分别向保险人提出赔偿请求，保险公司也立即展开调查。本案保险人是否应该承担保险责任？如果承担，究竟应该付给谁呢？（思考：恋人之间是否具有保险利益？被保险人的身故保险金能否作为其遗产分配？周明和万方同时死亡或者先后死亡对保险金给付处理是否有影响？）

第4章 保险的基本原则

学习目标

1. 理解保险利益及其性质
2. 理解最大诚信原则
3. 理解弃权与禁止反言
4. 理解并能识别近因，并会运用近因原则
5. 理解损失补偿原则的派生原则，明确重复保险及其分摊方法

【本章引导】　在被保险人死亡时没有保险利益：公司能否获得人寿保险收益?

一家公司为一位持股20%的管理人员购买了价值100万元的人寿保险。不久，这位管理人员卖掉了股票，并辞了职。两年后，他去世了，保险公司将该保单的死亡收益支付给这家公司。被保险人遗产的个人代表声称，这家公司的保险利益只是暂时的，而保险利益必须持续到被保险人死亡之时。但在被保险人死亡时，这家公司已经没有保险利益。那么，这家公司是否有权获得该笔保单收益?

资料来源：Buist M. Anderson. *Anderson on Life Insurance*：*1992 Supplement*. Boston，MA：Little，Brown，1992，p. 29.

资料中问题的核心是：在员工死亡之后，公司已经没有保险利益了，是否还能领取保单收益。这牵扯到保险利益的存在时间问题。保险利益是保险的基本原则之一，除此之外，保险的基本原则还有最大诚信原则、近因原则、损失补偿原则及其派生原则。这些原则是保险活动必须遵守的基本原则。本章将介绍这些原则的主要内容，重点介绍不同保险的保险利益确定及存在时间要求；最大诚信原则下的告知、保证、弃权与禁止反言；近因原则中近因的判定方法及近因原则的运用；损失补偿原则的基本内容及其派生原则的内容。

第一节 保险利益原则

一、保险利益及其成立要件

（一）保险利益的含义

保险利益（insurable interest）是指投保人或被保险人对保险标的所具有的法律上承认的经济利益，这种经济利益因保险标的完好、健在而存在，因保险标的被毁损、伤害而受损。例如，某人拥有一套住房，如果房子安全存在，那么他可以居住，或者出租、出售以获得利益，但是，如果房子被毁损，那么他不仅无法居住，而且谈不上出租、出售，经济上显然要遭受损失。又如，若某家庭的主要工资收入者身体健康，能正常上班，他就能为家庭带来一定的经济收入，但是，如果他不幸遭受意外事故而伤残或死亡，则不仅其家庭经济收入会减少，而且由于治疗还要增加其家庭的经济支出。所以，保险利益体现的是投保人或被保险人与保险标的之间的经济利益关系。

（二）保险利益的要件

并非投保人或被保险人对保险标的所拥有的任何利益都可成为保险利益，保险利益的构成必须具备下列条件：

1. 保险利益必须是合法利益

投保人或被保险人对保险标的的利益必须是法律认可并受到法律保护的利益，即在法律上可以主张的利益。违法行为所产生的利益，不能成为保险利益。例如，以盗窃、诈骗、贪污、走私等手段所获取的财物都不能成为保险合同的标的物，由此产生的利益不能构成保险利益。

2. 保险利益必须是确定的利益

确定的利益包括已经确定和能够确定的利益。已经确定的利益指事实上的利益，即现有的利益，如投保人已经取得财产所有权或使用权而享有的利益。能够确定的利益指客观上可以实现的利益，即预期利益，如货物运输保险的保险金额可以按货物到达目的地的销售价格确定，其中包括预期利润。又如，果农可以对自己种植的果树的未来收获量进行投保，这些均为预期利益。预期利益是基于现有利益在未来可能产生的利益，必须有客观依据，仅凭主观预测、想象可能会获得的利益不能成为保险利益。

3. 保险利益必须是经济上的利益

所谓经济上的利益是指投保人或被保险人对保险标的的利益价值必须能够用货币衡量，因为保险的目的是弥补被保险人因保险标的出险所遭受的经济损失，这种经济损失是以当事人对保险标的所拥有的经济利益为前提的。如果当事人对保险标的不具有经济利益或具有的利益不能用货币计量，则保险赔偿金或保险金的给付无法实现。所以，无法用货币衡量其价值的利益不能成为保险利益。

二、保险利益的意义

（一）规定保险保障的最高限额

保险的宗旨是补偿被保险人因保险标的出险所遭受的经济损失，但不允许被保险人通过保险获得额外的利益。所以，为了使被保险人既能得到足够的、充分的补偿，又不会由于保险而获得额外的利益，就必须以投保人或被保险人在保险标的上所具有的经济利益，即保险利益作为保险保障的最高限额。投保人或被保险人在保险标的上所具有的经济利益，即保险利益是保险保障的最高限额。投保人依据保险利益确定保险金额，保险人在保险利益的限额内支付保险赔款或保险金，这样就可以在确保被保险人得到充分补偿的前提下，有效避免被保险人不当得利。因此，保险利益为被保险人取得保险保障和补偿提供了客观依据。

（二）防止道德风险发生

保险赔偿或保险金的给付以保险标的遭受损失或保险事件的发生为前提条件，如果投保人或被保险人对保险标的无保险利益，那么该标的受损，对他来说不仅不会造成损失，相反还可以获得保险赔款，这样就可能诱发投保人或被保险人为获得保险赔款而故意破坏保险标的的道德风险。反之，如果有保险利益存在，即投保人或被保险人在保险标的上具有经济利益，这种经济利益因保险标的受损而受损，因保险标的存在而继续享有，那么投保人或被保险人就会关心保险标的的安危，认真做好防损防险工作，避免保险标的遭受损害。即使有故意行为发生，被保险人充其量也只能获得其原有的利益，因为保险利益是保险保障的最高限额，保险人只是在这个限额内根据实际损失进行赔偿，因此被保险人也无利可图。而在人身保险方面，保险利益的存在更为必要，因为如果投保人可以以任何人的死亡为条件获取保险金，那么由道德风险引发的后果是不堪设想的。

三、财产保险的保险利益

（一）财产保险的保险利益来源

财产保险的保险标的是财产及其相关利益，投保人对其拥有的法律保护且承认的所有权、占有权、债权等权利的财产及其相关利益具有保险利益。财产上的保险利益可以抽象概括为财产权利、合同权利和法律责任三类。财产权利包括基于财产权利而享有的财产利益，含所有权利益、占有利益、股权利益、担保利益等；合同权利为依照合同产生的债权、请求权；法律责任是由于合同或者法律规定的侵权行为而发生的责任。以下从现有利益、期有利益、责任利益和合同利益四个方面来说明财产保险的保险利益。

（1）现有利益。它指的是投保人对财产具有合法的所有权、抵押权、质权、留置权、典权等关系且继续存在的，均具有保险利益。现有利益随物权的存在而产生，但现有利益并不以所有利益为限，抵押人对于抵押物、质权人对于质押物、债权人对于留置物等都具有合法的经济利害关系，都属于现有利益。

第一，财产所有人、经营管理人的保险利益。每个财产所有人的保险利益仅限于他对共同财产所占有的份额。经营管理人虽然对财产并不具有所有权，但因拥有经营权、使用权而享有相应的利益并对财产的安全负有责任，所以他们也具有保险利益。

第二，债权人的保险利益。债权人因债权债务关系对财产有利害关系，故对财产有保险利益。如在抵押权关系中，债务人将自己的财产抵押给债权人作为清偿债务的担保，这里抵押人为债务人，抵押权人为债权人。抵押权人在其债权不能获得清偿时，可以依法将抵押财产变卖，并从中优先受偿。所以，债权人对其合法留置的财产具有经济利害关系，即有保险利益。

第三，财产受托人或保管人的保险利益。财产受托人或保管人对所保管的财产有保险利益，这种保险利益来自法律责任。如果受托人或保管人对某项财产的安全负有责任，若该财产受损，他就要负法律责任，那么他对该项财产就有保险利益。

（2）期有利益。它是指因财产现有利益而存在且确实可得的，以法律或合同产生的未来一定时期的利益。它包括利润、租金收入、运费收入等利益。没有现有利益就不可能存在期有利益。期有利益一般因为具有法律上的权利或利益而发生，受法律保护，属于财产利益的一种。由合同产生的利益为期有利益的一种。

（3）责任利益。它是指投保人或被保险人依据法律或合同约定对其所应承担的民事损害赔偿责任而产生的保险利益。如第三者责任、职业责任、产品责任、公众责任、雇主责任及各类专业人员等都具有责任利益。

（4）合同利益。它是指基于有效合同而产生的保险利益。例如，雇佣合同中雇员对雇主不忠、货运合同中买方拒收货物、债务人不履行支付义务等都可能使权利人遭受损失，所以权利人对义务人的信用存在保险利益。

（二）财产保险的保险利益的存在时间

财产保险的保险利益从保险合同订立到合同终止应始终存在。如果投保时没有保险利益，则保险合同无效。但在海洋货物运输保险中，其规定投保时被保险人对保险标的可以不具有保险利益，但在事故发生时必须具有保险利益。英国《1906 年海上保险法》规定，在保险合同订立时，被保险人对保险标的固然没有发生利益关系的必要，但在标的物发生灭失时，被保险人必须具有保险利益。

我国《保险法》第四十八条规定："保险事故发生时，被保险人对保险标的不具有保险利益的，不得向保险人请求赔偿保险金。"这说明保险利益原则会直接导致被保险人丧失保险金请求权的法律后果。《保险法》第四十九条还规定：保险标的转让的，保险标的的受让人承继被保险人的权利和义务。保险标的转让的，被保险人或者受让人应当及时通知保险人，但货物运输保险合同和另有约定的合同除外。因保险标的转让导致危险程度显著增加的，保险人自收到前款规定的通知之日起三十日内，可以按照合同约定增加保费或者解除合同。保险人解除合同的，应当将已收取的保费，按照合同约定扣除自保险责任开始之日起至合同解除之日止应收的部分后，退还投保人。被保险人、受让人未履行通知义务的，因转让导致保险标的的危险程度显著增加而发生的保险事故，保险人不承担赔偿保险金的责任。

四、人身保险的保险利益

人身保险的保险利益在于投保人与被保险人之间的利益关系。投保人为自己投保时，对自己的身体和生命是具有保险利益的。而当投保人为他人投保时，如何确定其是否具有保险利益，各国保险法的规定是不同的。美国、澳大利亚等国家的保险法对保险利益的规定是以利益主义为基础的。同意主义则是不论投保人与被保险人之间是否具有金钱或情感上的利益关系，只要被保险人同意投保人投保，就认为投保人对其具有保险利益，如韩国、德国的保险法。我国是采用同意原则和利益原则相结合的原则来确定人身保险的保险利益。这从我国《保险法》第三十一条的规定可以看出。该条规定："投保人对下列人员具有保险利益：（一）本人；（二）配偶、子女、父母；（三）前项以外与投保人有抚养、赡养或者扶养关系的家庭其他成员、近亲属；（四）与投保人有劳动关系的劳动者。”除前款规定外，被保险人同意投保人为其订立合同的，视为投保人对被保险人具有保险利益。

（一）人身保险的保险利益的形式

根据我国《保险法》的规定，我国人身保险的保险利益主要表现为以下几种形式：

（1）本人，即投保人自己。任何人对自己的身体或者寿命都有无限利益。

（2）配偶、子女、父母。依照一般原则，家庭成员相互具有保险利益。无论在英美法系还是大陆法系中，夫妻关系都具有法律上所承认的保险利益。但是，英美法系在判断父母子女之间是否具有保险利益时，具有与中国截然相反的规定或案例。无论按照英国《1774年人寿保险法》的规定还是英美众多案例确立的原则，父母对子女的生命都具有保险利益，但不是因为血缘，而是因为债权债务关系等。我国法律认为，家庭成员相互间有亲属、血缘以及经济上的利害关系，投保人以其家庭成员的身体或者寿命为保险标的订立保险合同，父母与子女之间应当具有保险利益。

（3）有抚养、赡养或者扶养关系的家庭其他成员、近亲属。家庭其他成员、近亲属主要有投保人的祖父母、外祖父母、孙子女及外孙子女等直系血亲，投保人的亲兄弟姐妹、养兄弟姐妹、有抚养关系的继兄弟姐妹等旁系血亲。抚养、赡养或扶养关系的法律依据是《中华人民共和国民法典》第一千零七十四条和第一千零七十五条的规定。

（4）与投保人有劳动关系的劳动者。投保人因为劳务关系而具有保险利益。这是2015年《保险法》相对于以往的版本所做的新规定。

（5）同意投保人投保的被保险人。不论投保人和被保险人之间有无其他利害关系，经被保险人书面同意订立人身保险合同后，便可视为投保人对被保险人有保险利益。

（二）人身保险的保险利益的存在时间

人身保险利益在订立合同时必须存在，否则合同无效。但保险事故发生时是否具有保险利益无关紧要。原因如下：其一，避免在合同订立时，投保人对被保险人无保险利益而引发道德风险问题，危及被保险人的生命安全；其二，在保险利益消失后即认为保险责任终止，对保单持有人不公平，因为人身保险合同可能期限很长，合同订立后虽然被保险人与投保人的关系发生了变化，但按合同约定的由被保险人及其受益人领取保险金，并不因投保人丧失保险利益而改变，合同效力也不应因此而受到影响。所以，人身保险是要求投保人在投保时具有保险利益。

案例 4-1

前妻与现任妻子，保险金归谁？

王先生2015年向某保险公司投保了一份人身保险，年缴保费8 000多元，缴费期为10年，受益人一栏填写“妻子”。2017年王先生与黄女士离婚，并于2018年与夏女士结合。2021年2月2日，张先生因意外去世。前妻和现任妻子均以受益人身份要求保险金。黄女士认为，这份保险是在她与王先生婚内购买的，受益人一栏所填的“妻子”是自己。而夏女士则认为，王先生在购买保险时没有在受益人一栏填写黄女士的名字，仅填写“妻子”，说明王先生明确的受益人应该是其发生保险事故时的合法妻子，所以自己才是受益人。

请问：保险金应该归谁呢？为什么？

五、责任保险的保险利益

在生产经营、业务活动以及日常生活中因疏忽或过失造成他人人身伤害或财产损失，按照法律规定对受害人应承担经济赔偿责任。有时被保险人虽无过失或疏忽，但按法律规定仍需要对受害人的损害负经济赔偿责任。这些责任一旦产生，便会给被保险人带来经济上的损失，因此被保险人对此也有保险利益。例如，根据劳动法或雇佣合同的规定，雇主对雇员在工作中的意外伤害需要承担赔偿责任。因此，雇主对雇员在工作中的人身安全有保险利益。

六、信用保险和保证保险的保险利益

信用保险和保证保险的保险标的是一种信用行为。在经济合同中因义务人不履行合同义务，致使权利人受到经济损失，可以通过投保信用保险和保证保险由保险人承担经济赔偿责任。在这种情况下，保险人承担的是一种信用风险，权利人或义务人对于这种信用具有保险利益。

第二节　最大诚信原则

一、最大诚信原则的含义及产生

（一）最大诚信原则的含义

最大诚信原则（principle of utmost good faith）是民法中的诚信原则在保险法中的体现，要求保险活动当事人向对方充分而准确地告知和保险相关的重要事实。保险活动中对当事人诚信的要求要高于一般的民事活动。

保险的最大诚信原则指的是保险合同当事人订立合同及在合同有效期内，应依法向对方提供足以影响对方做出订约与履约决定的全部实质性重要事实，同时绝对信守合同订立的约定与承诺。实践中，这一原则更多地体现为对投保人或被保险人的一种法律约束，当投保人违反该原则时，保险人可解除合同或请求确认合同无效。

（二）最大诚信原则的产生

最大诚信原则作为现代保险法的四大基本原则之一，最早起源于海上保险。在早期的海上保险中，投保人投保时作为保险标的的船舶或者货物经常已经在海上或在其他港口，在当时的条件下，其真实情况只能依赖于投保人的告知；保险人根据投保人的告知决定是否承保及估算保险风险、确定保险费率。因此，投保人或被保险人告知的真实性对保险人来说有重大的影响，即要遵守最大诚信原则。该原则在英国《海上保险法》1906 年中首先得到确定。该法第十七条规定："海上保险是建立在最大诚信原则基础上的契约，如果任何一方不遵守最大诚信原则，他方可以宣告契约无效。"这就是保险法中最大诚信原则的源头。此后，各国相继效仿，均在其保险法中做了相应的规定。这些规定要求保险合同的当事人不但要遵循诚实信用原则，而且要做到最大诚信。我国在 2002 年修正《保险法》时特别增加了一条，即第五条，单独就诚实信用原则做了规定："保险活动当事人行使权利、履行义务应当遵循诚实信用原则。"2009 年和 2015 年修订

的《保险法》继续沿用了这一条。

二、最大诚信原则的内容

最大诚信原则的内容主要通过保险合同双方的诚信义务来体现。最大诚信原则的主要内容包括告知、保证、弃权与禁止反言。

(一) 告知

如实告知义务又称据实说明义务、如实披露义务。告知是指在保险合同订立之前、订立时及在合同有效期内，投保人对已知或应知的风险和与保险标的有关的实质性重要事实据实向保险方做口头或书面的陈述。如实告知是保险人、投保人或被保险人应尽的法定义务。所谓重要事实是指能够影响一个正常的谨慎的保险人决定是否接受承保或者据以确定保险费率或者是否在保险合同中增加特别约定条款的事实。

1. 投保人的告知

(1) 告知内容。

其一，在合同订立时，被保险人必须根据保险人的询问，对重要事实做如实回答，包括被保险人的年龄、性别、健康状况、职业、嗜好等。保险法也规定，订立保险合同时，保险人就保险标的或被保险人的有关情况提出询问的，投保人应当如实告知。在具体操作中，保险公司通常会让投保人首先填写投保单，在投保单上列明投保人、被保险人、保险标的等详细情况。

其二，在保险合同有效期内，若发生保险标的危险增加、标的转让等有关情况，被保险人应通知保险人。我国《保险法》第五十二条规定："在合同有效期内，保险标的的危险程度显著增加的，被保险人应当按照合同约定及时通知保险人，保险人可以按照合同约定增加保险费或者解除合同。保险人解除合同的，应当将已收取的保险费，按照合同约定扣除自保险责任开始之日起至合同解除之日止应收的部分后，退还投保人。被保险人未履行前款规定的通知义务的，因保险标的的危险程度显著增加而发生的保险事故，保险人不承担赔偿保险金的责任。"第四十九条规定："保险标的转让的，保险标的的受让人承继被保险人的权利和义务。保险标的转让的，被保险人或者受让人应当及时通知保险人，但货物运输保险合同和另有约定的合同除外。……被保险人、受让人未履行本条第二款规定的通知义务的，因转让导致保险标的危险程度显著增加而发生的保险事故，保险人不承担赔偿保险金的责任。"

其三，有重复保险的投保人，应将重复保险的情况通知保险人。

投保人告知义务的立法形式有两种。一是无限告知义务，又称客观告知义务，即只要是事实上与保险标的的危险程度有关的任何重要事实，投保人都有告知的义务。目前，法国、比利时以及英美法系国家的保险立法采取这一形式。二是询问回答告知义务，又称主观告知义务。告知内容以保险人的询问为限，投保人对保险人询问的问题必须如实告知，对询问以外的问题，投保人没有义务告知。我国目前采用的是这种形式。

(2) 违反如实告知义务的法律后果。

投保人或被保险人、受益人违反告知义务的法律后果，在国际上通常分为两大类：第一，宣告保险合同无效。采用该规定的国家有法国、荷兰、比利时等。但随着保险技术的提高，这种做法开始得到修正。第二，保险人享有合同解除权，保险事故发生后，保险人对保险合同行使解除权的，对保险赔偿金无给付义务。目前，英国、日本和德国基本采用这种做法。

我国《保险法》第十六条规定："订立保险合同，保险人就保险标的或者被保险人的有关情况提出询问的，投保人应当如实告知。投保人故意或者因重大过失未履行前款规定的如实告知义务，足以影响保险人决定是否同意承保或者提高保险费率的，保险人有权解除合同。"投保人故意不履行如实告知义务的，保险人对于合同解除前发生的保险事故，不承担赔偿或者给付保险金的责任，并不退还保费。投保人因重大过失未履行如实告知义务，对保险事故的发生有严重影响的，保险人对于合同解除前发生的保险事故，不承担赔偿或者给付保险金的责任，但应当退还保费。

案例 4－2

是否履行了如实告知义务？

2010 年 5 月，某公司 42 岁的业务主管王某因患胃癌（亲属因害怕其情绪波动，未将真实病情告诉本人）住院治疗，手术后出院，并正常参加工作。8 月 24 日，王某经同事推荐，与其一起到保险公司投保了人寿险。王某在填写投保单时并没有申报身患癌症的事实，也没有对最近是否住过院及做过手术进行如实说明。2011 年 7 月，王某病情加重，经医治无效死亡。王某的妻子以指定受益人的身份，到保险公司请求给付保险金。保险公司在审查王妻提交的有关证明时，发现王某的死亡病史上，载明其曾患癌症并动过手术，于是拒绝给付保险金。王妻以丈夫不知自己患何种病并未违反告知义务为由抗辩，双方因此发生纠纷。

请问：王某是否履行了如实告知义务？

2. 保险人的告知

保险人的告知包括以下两个方面：第一，保险合同订立时，应主动向投保人说明合同条款内容特别是免责条款内容。第二，保险事故发生时，如果存在拒赔条件，应该及时发送拒赔通知书。保险人的告知形式包括明确列示和明确说明。

我国《保险法》也规定了保险人应该履行告知义务。《保险法》第十七条规定："订立保险合同，采用保险人提供的格式条款的，保险人向投保人提供的投保单应当附格式条款，保险人应当向投保人说明合同的内容。对保险合同中免除保险人责任的条款，保险人在订立合同时应当在投保单、保险单或者其他保险凭证上作出足以引起投保人注意的提示，并对该条款的内容以书面或者口头形式向投保人作出明确说明；未作提示或者明确说明的，该条款不产生效力。"

从以上法律规定可以看出，保险人的说明义务是法定义务，不允许保险人以合同条款的方式予以限制和免除。在任何情况下，保险人均有义务在订立保险合同前向投保人详细说明保险合同的各项条款，并针对投保人就有关保险合同条款的提问做出直接真实的回答，就投保人有关保险合同的疑问进行正确的解释。

（二）保证

保证是指投保人或被保险人对在保险期限内的特定事项作为或不作为，或担保某一事项的真实性。保证是保险合同的基础，是最大诚信原则的一项重要内容。保证一旦被违反，保险人就可以据此解除合同。保证分为明示保证和默示保证。

1. 明示保证

明示保证，是指以文字形式明确规定于保单之内或附属文件中的保证，包括确认保证与承诺保证。确认保证即认定事项保证，是投保人对过去或现在某一特定事项存在或者不存在的保证，如投保人保证从未得过某种疾病。承诺保证也叫约定事项保证，是指投保人对未来某种特定事项作为或者不作为，所保证的事项涉及现在与将来，如投保人承诺今后不从事具有高危险性的运动。

2. 默示保证

默示保证，是指虽未以条款形式列明，但是按照行业或国际惯例、有关法规以及社会公认的准则，投保人或被保险人应该作为或不作为的事项。如一般海上保险的默示保证有三条：(1) 适航性的保证。这是指被保船只在构造、性能、人员配备、装备给养方面均具备适合预定航线的能力。(2) 不改变航道的保证。这是指被保险船只不应驶离两港间的习惯性航线，除非合理地为了船舶和货物安全的需要，或为了拯救他船人命。(3) 合法性的保证。这是指被保险人从事的航运或贸易是合法的。

3. 违反保证的法律后果

投保人违反保证的法律后果包括：(1) 被保险人未履行保证义务的，保险人自违约之日起不负赔偿责任，也不退还保费。(2) 由于不可抗力的原因导致被保险人未履行保证义务的，保险人可以解除合同，也可修改保证条件，增收保费以继续承保。(3) 被保险人在违反保证以前已发生保险事故的，保险人应负赔偿责任；而违反后发生保险事故的，保险人不负赔偿责任。(4) 如果保证不真实，那么保险人不负赔偿责任。(5) 如果确认的情况因非被保险人的原因而发生变化，保险人应负赔偿责任。

专栏 4-1

保证与告知的区别

保证与告知的区别在于，告知强调的是诚实，对有关保险标的的重要事实如实申报；而保证则强调守信，恪守诺言，承诺的事项与事实一致。所以，保证对投保人或被保险人的要求比告知更为严格。此外，告知的目的在于使保险人能够正确估计其所承担的危险；而保证则在于控制危险，减少危险事故的发生。

(三) 弃权与禁止反言

1. 弃权

弃权是指保险人放弃因投保人或被保险人违反告知义务或保证条款而产生的解约权或抗辩权，保险人一旦弃权，则不得重新主张该项权利。弃权必须是权利人的真实意思表示，权利人因对方当事人的欺诈或因危难而未行使权利不构成弃权。

构成保险人的弃权必须具备两个条件：首先，保险人必须知道投保人或被保险人有违反告知义务或保证条款的情形，因而享有合同解除权或抗辩权。其次，保险人必须有弃权的意思表示，包括明示表示和默示表示。

一般认为，保险人知道投保人或被保险人有违背约定义务的情形，但仍然做出如下行为的，通常被视为默示弃权：

（1）投保人未按期缴纳保费，或违背其他约定的义务，保险人原本有权解除合同，但却在已知该种情形下仍然收受投保人逾期缴付的保费，则证明保险人有继续维持合同的意思表示，因此，其本应享有的合同解除权或抗辩权应被视为放弃。

（2）被保险人违反防灾防损义务，保险人可以解除保险合同，但在已知该事实的情况下并没有解除保险合同，而是指示被保险人采取必要的防灾防损措施，则该行为可被视为保险人放弃合同解除权。

（3）投保人、被保险人或受益人在保险事故发生时，应于约定或法定的时间内通知保险人，但投保人、被保险人或受益人逾期通知而保险人仍接受，则该行为可被视为保险人对逾期通知抗辩权的放弃。

（4）在保险合同有效期限内，保险标的的危险程度增加，保险人有权解除合同或者请求增加保费。当保险人请求增加保费或者继续收取保费时，则该行为可被视为保险人放弃合同的解除权。

（5）保险事故发生后，保险人明知有拒赔的抗辩权，但仍要求投保人或者被保险人提交损失证明，因而增加投保人在金钱上、时间上的负担，则该行为可被视为保险人放弃抗辩权。

我国《保险法》第十六条规定："投保人故意或者因重大过失未履行前款规定的如实告知义务，足以影响保险人决定是否同意承保或者提高保险费率的，保险人有权解除合同。前款规定的合同解除权，自保险人知道有解除事由之日起，超过三十日不行使而消灭。自合同成立之日起超过二年的，保险人不得解除合同；发生保险事故的，保险人应当承担赔偿或者给付保险金的责任。投保人故意不履行如实告知义务的，保险人对于合同解除前发生的保险事故，不承担赔偿或者给付保险金的责任，并不退还保险费。"该项法律规定明确了保险合同解除权的时效，有利于维护被保险人的利益。

2. 禁止反言

禁止反言是指保险人明知有影响保险合同效力的因素或者事实存在，却通过言辞或行为误导不知情的投保人或被保险人相信保险合同无瑕疵，则保险人不得再以该因素或者事实的存在对保险合同的效力提出抗辩，即禁止保险人反言。禁止反言以欺诈或者致人误解的行为为基础，本质上属于侵权行为。

保险人有如下情形之一，在诉讼中将被禁止反言：

（1）保险人明知订立的保险合同有违背条件、无效、失效或其他可解除的原因，仍然向投保人签发保单，并收取保费。

（2）保险代理人就投保申请书及保单上的条款做错误的解释，使投保人或被保险人信以为真而进行投保。

（3）保险代理人代替投保人填写投保申请书时，为使投保申请书容易被保险人接受，故意将不实的事项填入投保申请书，或隐瞒某些事项，而投保人在保单上签名时不知其虚伪。

（4）保险人或其代理人表示已按照被保险人的请求完成应当由保险人完成的某一行为，而事实上并未实施，如保单的批注、同意等，致使投保人或被保险人相信业已完成。

我国《保险法》第十六条规定："保险人在合同订立时已经知道投保人未如实告知的

情况的，保险人不得解除合同；发生保险事故的，保险人应当承担赔偿或者给付保险金的责任。”

第三节 近因原则

近因原则是通过判断保险事故与保险标的的损失的因果关系来确定保险责任的一项基本原则，该原则是确定公平合理的保险人归责机制的依据。

一、近因原则的含义

所谓近因，不是指在时间或空间上与损失结果最为接近的原因，而是指引发保险标的损失的直接且有效的原因。

近因原则的基本含义是，若引起保险事故发生、造成保险标的损失的近因是属于保险责任的，保险人应承担损失赔偿责任；近因不属于保险责任的，保险人不负赔偿责任。

近因原则是确定保险活动中损失原因与损失结果之间关系的原则，它对保险合同双方均有利益，既可以防止保险人不当拒赔，逃避合同义务；又能够阻止被保险人做出不合理的赔偿请求，滥用合同权利。近因原则是国际上通行的保险原则。

二、近因认定及保险责任的确定

（一）单一原因致损时近因的判定

若保险标的的损失由单一原因所致，那么该原因为近因。若该原因属于保险责任事故，则保险人应负赔偿责任；反之，若该原因属于责任免除项目，则保险人不负赔偿责任。例如，被保险人的车辆因车辆本身设备的原因，发生自燃导致毁损，自燃为近因。如果投保人只投保了机动车辆保险基本险，则自燃不属于保险责任，保险人不负赔偿责任；如果投保人加保了自燃损失险，则自燃属于保险责任，保险人就要负责赔偿。

（二）多种原因同时致损时近因的判定

多种原因同时发生而无先后之分，且均为保险标的损失的近因时，依据多种原因是否存在除外原因来区别对待。若同时发生导致损失的多种原因均属保险责任，则保险人应负全部损失赔偿责任。若同时发生导致损失的多种原因均属于责任免除，则保险人不负任何损失赔偿责任。若同时发生导致损失的多种原因不全属保险责任，则应严格区分，对能区分保险责任和责任免除的，保险人只负保险责任范围所致损失的赔偿责任；对不能区分保险责任和责任免除的，国际上的惯例是不予赔付，但在我国倾向于与被保险人协商解决，按比例分摊。

（三）多种原因连续发生致损时近因的判定

如果多种原因连续发生导致损失，前因与后因之间具有因果关系，且各原因之间的因果关系没有中断，则最先发生并造成一连串风险事故的原因就是近因。保险人的责任可根据下列情况来确定。

第一，若连续发生导致损失的多种原因不全属于保险责任，最先发生的原因属于保险责任，后因属于责任免除，但后因是前因的必然后果，那么近因属保险责任，保险人应负赔偿责任。如英国有个著名的案例。有一艘装载皮革和烟草的船舶遭遇海难，大量海水涌入船舱导致皮革腐烂。海水虽然没有直接浸泡包装烟叶的捆包，但是皮革腐烂发臭使得烟叶完全变质。当时被保险人以海难为近因要求保险人赔付，但保险人以烟叶包装没有水渍为由拒赔，最后法院判决本案的近因是海难，保险人应该负责赔偿。

第二，若最先发生的原因即近因属于责任免除，其后发生的原因属于保险责任，那么近因是责任免除项目，保险人不负赔偿责任。该情形也有一个著名的案例。第一次世界大战期间，利兰公司一艘货船被德国潜艇的鱼雷击中后严重受损，被拖到法国勒哈佛尔港，港口当局担心该船沉没后会阻碍码头的使用，于是该船在港口当局的命令下停靠在港口防波堤外，在风浪的作用下该船最后沉没。利兰公司索赔遭拒后诉至法院，审理此案的英国上议院大法官肖认为，导致船舶沉没的原因包括被鱼雷击中和海浪冲击，但船舶在被鱼雷击中后始终没有脱离危险，因此，船舶沉没的近因是被鱼雷击中而不是海浪冲击。

（四）多种原因间断发生致损时近因的判定

如果致损原因有多个且是间断发生的，在一连串连续发生的原因中，有一种新的独立原因介入，使原有的因果关系链断裂，并导致损失，则新介入的独立原因是近因。若近因属于保险责任，那么保险人应负赔偿责任；反之，若近因不属于保险责任，则保险人不负赔偿责任。例如，某人投保人身意外伤害保险，后在保险期限内发生交通事故并导致下肢伤残，但在康复过程中突发心脏病，导致死亡。在该例中，突发心脏病为新介入的独立原因，为本案例的近因，在人身意外伤害保险中不属于保险责任，保险人不承担死亡的保险责任。

从理论上讲，近因原则比较简单，但在实践中，要从众多复杂的原因中判定出某一事故的近因并非一件容易的事情。尽管《中华人民共和国保险法》和《中华人民共和国海商法》尚未对近因原则做出明文规定，但是我国法律界、保险界大多数专家学者均主张近因原则为保险理赔的基本原则之一。

案例 4-3

因火灾被搬出的货物遭哄抢是否应该理赔？

2018 年 6 月，张某为自己所经营的零售店铺及店内货物投保。店铺保险金额为 30 万元，店内货物保险金额为 7 万元，并在签单时一次性缴清了保费。2018 年 7 月 28 日下午，店铺因电线老化失火。张某在无法扑灭大火的情况下将店内的主要货物搬出，放置于街边，结果发生了群众哄抢事件。最后张某放在街边的货物基本被抢劫一空，仅剩 3 000 元余货，而张某的店铺已被全部烧毁。事故发生后，张某向当地保险公司提出索赔。保险公司认为对店铺损失 30 万元应当赔偿，张某未搬出店铺的那部分货物的损失 3 万元也应赔偿，但对因群众哄抢而遭受的 37 000 元货物损失拒绝赔偿，因为抢劫属于该保单中的免除项目，对这部分损失，保险公司无须赔偿。双方争执不下，只好上法院诉讼。

请问：此案应该如何处理？依据是什么？

第四节　损失补偿原则

损失补偿是保险的基本职能，也是保险制度的基础。损失补偿原则直接体现了保险的经济补偿功能，是贯穿于保险合同立法、司法以及当事人从订立到履行保险合同整个过程中的基本准则。

一、损失补偿原则的含义

损失补偿原则是指保险合同生效后，如果保险标的发生保险合同责任范围内的损失，那么被保险人有权按照合同约定获得全面充分的赔偿，以弥补其因保险标的遭受损失而失去的经济利益，但不能因保险赔偿而获得额外利益。保险的损失补偿原则与一般民事法律关系中的损害赔偿原则一致，包括两层含义：一是保险合同订立后，一旦发生保险责任范围内的损失，被保险人有权按保险合同的约定，获得全面、充分的赔偿，即有损失有补偿，无损失无补偿。二是保险人对被保险人的赔偿以被保险人的实际损失为限，恰好使保险标的恢复到保险事故发生之前的状况，被保险人不能因保险赔偿而额外获利。

损失补偿原则体现了保险的宗旨，即确保被保险人通过保险可以获得经济保障，同时又要防止被保险人利用保险从中牟利，保证保险行业的健康、有序发展。值得注意的是，损失补偿原则主要适用于财产保险以及其他补偿性保险合同。

二、损失补偿原则的基本内容

（一）被保险人请求损失补偿的条件

（1）保险人对保险标的必须具有保险利益。财产保险不仅要求投保人或被保险人投保时对保险标的具有保险利益，而且要求在保险合同履行过程中，特别是保险事故发生时，被保险人对保险标的具有保险利益，否则就不能获得保险赔偿。

（2）被保险人遭受的损失必须是在保险责任范围之内。这包括两个方面：一是遭受损失的必须是保险标的；二是保险标的的损失必须是由所投保的风险造成的。

（3）被保险人遭受的损失必须能用货币衡量。只有当被保险人所遭受的损失能用货币衡量时，保险人才能核定损失，支付保险赔偿。

（二）保险人履行损失赔偿责任的限度

损失补偿原则要求被保险人获得保险赔偿金的数额受到实际损失、保险金额、保险利益等的限制。

（1）损失赔偿以被保险人的实际损失为限。在补偿性保险合同中，保险标的遭受损失后，保险赔偿以被保险人所遭受的实际损失为限：全部损失时全部赔偿，部分损失时部分赔偿。在财产保险中，实际损失是根据当时保险标的损失的实际价值（市价）来确定的，所以，实际损失通常要根据损失标的当时的市价来确定，赔偿不能超过保险标的所遭受的损失当时的市价（定值保险与重置价值保险除外）。例如，某台机器设备投保时保额为100万元，发生保险事故造成全损，损失时该设备市价为80万元，保险人的赔偿金额按实际损失确定，则为80万元。保险人以发生损失时的市价来确定赔偿金额，不得超过实际损失金额，以防被保险人获得额外利益。

（2）损失赔偿以保险金额为限。保险金额是保险人收取保费的基础和依据，也是保险人履行赔偿责任的最高限额。在任何情况下，保险人的赔偿金额都不能超过保险金额。如果赔偿金额超过保险金额，则会使保险人处于不平等的地位。在通货膨胀情况下，仍以保险金额为限。如果某设备投保期内发生全损时市价为120万元，由于保险金额是110万元，那么被保险人只能得到110万元的赔偿。

(3) 损失赔偿以保险利益为限。保险利益是投保人对保险标的所具有的法律上承认的利益。被保险人对遭受损失的财产具有保险利益是其索赔的基础，其所获得的赔款不得超过其对遭受损失的财产所具有的保险利益。保险人对被保险人的赔偿以其具有的保险利益为前提条件和最高限额。例如，在银行抵押贷款中，如果银行将抵押物投保，则银行的保险利益以其贷款利益为限；如果该企业以价值200万元的厂房作为抵押物，贷款100万元，那么，若发生保险事故导致厂房全损，则保险人给银行的最高赔偿金额只能是100万元。

(4) 其他限制条款及赔偿方式。除用保险金额、保险利益与实际损失额来限制保险赔偿金额外，一般保险合同条款还设立了自负额条款、免赔条款、赔偿方式条款等限制性条款，来实现对保险赔偿金额的限制。

三、损失补偿原则在财产保险应用中的特例

(一) 定值保险

定值保险是指保险合同双方当事人在订立合同时就约定保险标的的保险价值，并以此确定保险金额的保险，它被视为足额保险。当保险事故发生时，保险人以约定的保险价值为基础，计算赔偿金额，无论保险标的在保险事故发生时的实际价值是大于还是小于保险金额，均按损失程度进行赔偿。其计算公式为：

保险赔款＝保险金额×损失程度

在此情况下，保险赔款有可能超过实际损失。因此，定值保险不适用损失补偿原则。各种货物运输保险通常采用定值保险，这是因为运输货物出险的地点不固定，货物在各地的市价不一样，如果按照损失当时的市价确定损失容易引起纠纷，故采用定值保险的方式。

(二) 重置价值保险

重置价值保险，是指以被保险人重置、重建保险标的所需费用或成本确定保险金额的保险。一般财产保险是按保险标的的实际价值投保，发生损失时按实际价值赔付，使得受损的保险财产恢复到原来的状态。但有些情况下，即使足额投保，保险赔款也不能满足进行重建或重置的需要，于是保险人允许投保人按超过保险标的实际价值的重置价值投保，发生损失时按重置费用或成本赔付。这就可能出现保险赔款大于实际损失的情况，因而重置成本保险也是损失补偿原则的一个例外。

四、损失补偿原则不适用于人身保险

由于人身保险的保险标的是无法估价的人的生命或者身体机能，所以其保险利益无法衡量。当被保险人发生伤残、死亡等事件时，给本人及家庭所带来的经济损失和精神痛苦是难以衡量的，保险金无法在数量上予以弥补，只能在一定程度上帮助其缓解保险事故带来的经济困难，尽快摆脱经济困境，并给予一定精神安慰。所以，人身保险合同是给付性合同，不适用损失补偿原则。人身保险的保险金额是根据被保险人的需要和支付能力来确定的，当保险事故发生后，保险人按双方事先约定的金额进行给付。所以，人身保险不适

用损失补偿原则及其派生原则。

第五节 损失补偿原则的派生原则

一、代位追偿原则

代位追偿原则是损失补偿原则的派生原则。代位追偿原则是指在财产保险中，保险标的发生保险事故造成推定全损，或者保险标的由于第三者责任导致保险损失，保险人按照合同的约定履行赔偿责任后，依法取得对保险标的的所有权或对保险标的的损失负有责任的第三者的追偿权。

坚持代位追偿原则首先是为了防止被保险人由于保险事故的发生，从保险人和第三者责任方同时获得双重赔偿而额外获利，确保损失补偿原则的贯彻执行；其次是为了维护社会公共利益，保障公民、法人的合法权益不受侵害。

代位追偿原则的主要内容包括权利代位和物上代位。

（一）权利代位

权利代位即追偿权的代位，是指在财产保险中，保险标的由于第三者责任导致保险损失，保险人向被保险人支付保险赔款后，依法取得对第三者的索赔权。我国《保险法》第六十条规定："因第三者对保险标的的损害而造成保险事故的，保险人自向被保险人赔偿保险金之日起，在赔偿金额范围内代位行使被保险人对第三者请求赔偿的权利。前款规定的保险事故发生后，被保险人已经从第三者取得损害赔偿的，保险人赔偿保险金时，可以相应扣减被保险人从第三者已取得的赔偿金额。"

1. 权利代位产生的条件

权利代位的产生必须具备以下三个条件：

（1）损害事故发生的原因、受损的标的都属于保险责任范围。只有保险责任内的事故造成的保险标的损失，保险人才负责赔偿，否则保险人无须承担赔偿责任。保险人无须承担赔偿责任的，也就不存在保险人代位追偿问题。

（2）保险事故的发生是由第三者的责任造成的，肇事方依法应对被保险人承担民事损害赔偿责任，这样被保险人才有权向第三者请求赔偿，并在取得保险赔款后将对第三者请求赔偿的权利转移给保险人，由保险人代位追偿。

（3）保险人按合同的规定对被保险人履行赔偿义务之后，才有权利取得代位追偿权。因为代位追偿是债权的转移，在债权转移前是被保险人与第三者之间特定的债权债务关系，与保险人没有直接的法律关系。保险人只有依照保险合同的规定向被保险人给付保险赔偿金以后，才依法取得对第三者请求赔偿的权利。

2. 保险人在代位追偿中的权益范围

保险人在代位追偿中享有的权益以其对被保险人赔付的金额为限。如果保险人从第三者责任方追偿的金额大于其对被保险人的赔偿，则超出的部分应归被保险人所有。

当第三者造成的损失大于保险人支付的赔偿金额时，被保险人有权就未取得赔偿部分向第三者请求赔偿。我国《保险法》第六十条第三款规定："保险人依照本条第一款规定行使代位请求赔偿的权利，不影响被保险人就未取得赔偿的部分向第三者请求赔偿的权利。”

3．保险人取得代位追偿权的方式

权益的取得方式一般有两种：第一种是法定方式，即权益的取得无须经过任何人的确认；第二种是约定方式，即权益的取得必须经过当事人的磋商、确认。在我国的实践中，保险人支付了保险赔款后，通常要求被保险人出具“权益转让书”。虽然我国《保险法》并未将“权益转让书”作为权益转移的要件，它也并不影响保险人取得代位追偿权，但这一文件能确认保险赔款时间和赔款金额，因此也就起到了确认保险人取得代位追偿权的时间和向第三者追偿所能获得的最高赔偿额的作用。

保险人支付保险赔款后即依法取得代位追偿权，但由于代位追偿权是被保险人转移其债权的结果，因此，被保险人与第三者之间的债权关系如何，对保险人能否顺利履行和实现其代位追偿权是至关重要的。所以，法律对被保险人放弃对第三者的请求赔偿权所应承担的责任做了规定。我国《保险法》第六十一条规定：“保险事故发生后，保险人未赔偿保险金之前，被保险人放弃对第三者请求赔偿的权利的，保险人不承担赔偿保险金的责任。保险人向被保险人赔偿保险金后，被保险人未经保险人同意放弃对第三者请求赔偿的权利的，该行为无效。被保险人故意或者因重大过失致使保险人不能行使代位请求赔偿的权利的，保险人可以扣减或者要求返还相应的保险金。”第六十二条规定：“除被保险人的家庭成员或者其组成人员故意造成本法第六十条第一款规定的保险事故外，保险人不得对被保险人的家庭成员或者其组成人员行使代位请求赔偿的权利。”第六十三条规定：“保险人向第三者行使代位请求赔偿的权利时，被保险人应当向保险人提供必要的文件和所知道的有关情况。”

（二）物上代位

物上代位是指保险标的遭受保险责任范围内的损失，保险人按保险金额全数赔付后，依法取得该项标的的所有权。

1．物上代位产生的基础

物上代位通常产生于对保险标的做推定全损的处理。所谓推定全损，是指保险标的遭受保险事故尚未达到完全毁损或完全灭失的状态，但实际全损已不可避免；或者修复和施救费用将超过保险价值；或者失踪达一定时间，保险人按照全损处理的一种推定性的损失。由于推定全损是保险标的并未完全毁损或灭失，即还有残值，而失踪可能是被他人非法占有而并非物质上的灭失，日后或许能够得到索还，所以保险人在按全损支付保险赔款后，理应取得保险标的的所有权，否则被保险人就可能由此获得额外的利益。

2．物上代位权的取得

保险人物上代位权的取得是通过委付。所谓委付，是指保险标的发生推定全损时，投保人或被保险人将保险标的的一切权益转移给保险人，而请求保险人按保险金额全数赔付的行为。委付是一种放弃物权的法律行为，在海上保险中经常采用。委付的成立必须具备一定的条件：

（1）委付必须由被保险人向保险人提出。委付通知是被保险人向保险人做推定全损索赔之前必须提交的文件。若被保险人不向保险人提出委付，则保险人对受损的保险标的只能按部分损失处理。委付通知通常采用书面形式。

（2）委付应就保险标的的全部。保险标的具有不可分性，委付就具有不可分性，所以委付就应该是保险标的的全部。如果保险标的是由独立可分的部分组成，其中只有一部分发生委付原因，那么可仅就该部分保险标的请求委付。

（3）委付不得附有条件。我国《海商法》第二百四十九条第二款明确规定："委付不得附带任何条件。"

（4）委付必须经过保险人的同意。被保险人向保险人发出的委付通知，必须经过保险人的同意才能生效。保险人可以接受委付，也可以不接受委付。

被保险人提出委付后，保险人应当在合理的时间内将接受委付或不接受委付的决定通知被保险人。如果超过合理的时间，保险人对是否接受委付仍然保持沉默，则应视其为不接受委付的行为，但被保险人的索赔权利并不因保险人不接受委付而受影响。在保险人做出接受委付的意思表示以前，被保险人可以随时撤回委付通知。但保险人一经接受委付，委付即告成立，双方都不能撤销，保险人必须以全损赔付被保险人，同时取得保险标的物的代位权，包括标的物上的权利和义务。

3. 保险人在物上代位中的权益范围

由于保险标的的保障程度不同，保险人在物上代位中所享有的权益也有所不同。按照我国《保险法》的规定，在足额保险中，保险人按保险金额支付保险赔偿金后，则取得对保险标的的全部所有权。保险金额低于保险价值的，保险人按照保险金额与保险价值的比例取得受损保险标的的部分权利。如果保险人在处理标的时所获得的利益超过所支付的赔偿金额，则超过部分归保险人所有；如有对第三者损害赔偿请求权，索赔金额超过其支付的保险赔偿金额，则超过部分也同样归保险人所有。在不足额保险中，由于保险标的的不可分性，保险人在依法取得受损保险标的的部分权利后，通常将该部分权利作价折给被保险人，并在保险赔偿金中做相应的扣除。

二、重复保险分摊原则

重复保险分摊原则也是损失补偿原则的派生原则，同样也只适用于财产保险等补偿性保险合同，不适用于人身保险。

重复保险分摊原则是指在重复保险的情况下，当保险事故发生时，各保险人应采取适当的分摊方法分配赔偿责任，使被保险人既能得到充分的补偿，又不会额外获得超过其实际损失的利益。

（一）重复保险

所谓重复保险是指投保人对同一保险标的、同一保险利益、同一保险事故，分别与两个以上的保险人订立保险合同，且保险金额总和超过保险价值的保险。重复保险必须同时满足以下四个条件：

（1）对处于同一危险的同一标的的相同保险利益投保。这里不仅要求是相同的保险标的，而且要求是相同保险标的的相同保险利益，并且投保的是同一危险。例如，一艘船舶，船东对该船具有所有权利益；如果他将该船进行抵押贷款，则贷款银行对该船舶具有抵押贷款人利益；船东和银行都可以就自己的利益进行投保，并不构成重复保险。此外，如果船东具有两张保单，一张投保了全损险，另一张投保了战争险，那么也不构成重复保险。

（2）存在两个或两个以上的保险人或两张以上的保单。这包括一个被保险人可以同时或先后向不同的保险公司对同一批货物或同一艘船舶投保，或者几个被保险人就同一批货物或同一艘船舶分别投保，取得几张保单。但同一被保险人对同一批货物或同一艘船舶投保了超过该标的保险价值的保险金额，只构成超额保险，并不构成重复保险。

(3) 几张保单的保险期间具有重叠性。保险期间的重叠分为全部重叠和部分重叠。全部重叠是指投保人与数个保险人订立的数个保险合同，保险的起讫时间完全相同；部分重叠是指投保人同数个保险人订立的数个保险合同，起讫时间虽非完全相同，但有时间上的重叠性，即时间上有交叉。保险起讫时间的全部重叠或部分重叠都可以构成重复保险的条件。应当注意的是，所谓时间上的重叠性，是指数个保险合同的“生效期间”的重叠，并非指“成立期间”的重叠。例如，某人就自己的爱车全价向A保险公司投保车损险，合同期限是1年，在该合同期满前一个月，又向B保险公司投保相同的车损险，并约定该合同自第一个车损险期满之日生效，则第二个保险合同“成立”之日虽然与第一个保险合同的有效期重叠，但因第二个保险合同只是“成立”，尚未生效，只有成立上的重叠性，因此不构成重复保险。但如果第二个保险合同约定从其订立起就生效，则两个合同有1个月的重叠期，在此期间构成重复保险。

(4) 几张保单的价值之和超过了保险价值。如果被保险人虽有几张保单，但其保险金额之和并未超过保险标的的保险价值，那么这种情况属于共同保险，而不是重复保险。

我国《保险法》第五十六条规定：“重复保险的投保人应当将重复保险的有关情况通知各保险人。重复保险的各保险人赔偿保险金的总和不得超过保险价值。除合同另有约定外，各保险人按照其保险金额与保险金额总和的比例承担赔偿保险金的责任。重复保险的投保人可以就保险金额总和超过保险价值的部分，请求各保险人按比例返还保险费。”

(二) 重复保险的分摊方式

在重复保险情况下，对于发生损失后保险人如何进行分摊，各国的具体做法有所不同。目前多数国家规定，被保险人必须向所有签订合同的保险人索赔，因为它们都许诺在发生损失时承担一定数额的赔偿。而保险人之间的分摊一般有以下三种方式：

(1) 比例责任制。这种分摊方式是按各家保险公司所承担的保险金额比例来分摊损失赔偿责任。计算公式为

$$\text{某保险人责任}=\frac{\text{某保险人的保险金额}}{\text{所有保险人的保险金额之和}}\times\text{损失额}$$

例如：某保险财产的保险金额总和是140万元，投保人与甲、乙保险人订立合同的保险金额分别是80万元和60万元。若保险事故造成的实际损失额是80万元，那么

甲保险人应赔付：80×80/140=45.71(万元)

乙保险人应赔偿：80×60/140=34.29(万元)

(2) 限额责任制。在这种分摊方式下，各家公司对于损失的分摊并不以其保险金额作为基础，而是按照在无其他保险的情况下单独应负的限额责任比例进行分摊。计算公式为

$$\text{某保险人责任}=\frac{\text{某保险人独立责任限额}}{\text{所有保险人独立责任限额之和}}\times\text{损失额}$$

例如：A、B两家保险公司承保同一财产，A公司保40万元，B公司保60万元，实际损失为50万元。A公司在无B公司的情况下应赔付40万元，B公司在无A公司的情况

下应赔付 50 万元。在重复保险的情况下，如以责任限额来分摊，则

A 公司应赔付：50×40/90≈22.2(万元)

B 公司应赔付：50×50/90≈27.8(万元)

(3) 顺序责任制。顺序责任制是指各家保险公司所负责任是依签单顺序而定，先出单的公司在其保额限度内负责赔偿，后出单的公司在损失额超过前一个公司的保额时，在自身保额限度内赔偿超出的部分。

例如：发货人为同一财产同时向甲、乙两家保险公司分别投保了 10 万元和 12 万元，甲公司先出单，乙公司后出单，被保财产实际损失 16 万元。按顺序责任分担方式赔偿，则

甲公司赔偿额为：10 万元

乙公司赔偿额为：16－10＝6(万元)

顺序责任制对有的保险人来说有失公平，因而各国在实务中多采用比例责任制或者限额责任制。我国《保险法》第五十六条规定："重复保险的各保险人赔偿保险金的总和不得超过保险价值。除合同另有约定外，各保险人按照其保险金额与保险金额总和的比例承担赔偿保险金的责任。"

思考与练习

1. 简述保险利益的性质及其构成要件。
2. 简述保险利益原则存在的意义，以及在财产保险和人身保险中的应用及区别。
3. 什么是最大诚信原则？为什么要规定这一原则？
4. 什么是近因原则？怎样判定近因？
5. 简述重复保险的构成要件。
6. 简述代位追偿产生的条件及保险双方在代位追偿中的权利、义务。
7. 王小菲花 20 万元购买了一整套餐厅家具，并根据实际现金价值为这套家具购买了保险。3 年后，这套家具在一场火灾中毁损。损失发生时，这些财产折旧了 40%。一套新家具的购置成本是 35 万元。如果不计算可扣除项，王小菲可以从保险人那里获得多少赔偿？请解释你的回答。
8. 一位醉酒司机闯了红灯并撞坏了刘华的汽车，修复该车的费用是 9 000 元，刘华为她自己的车购买了碰撞保险，免赔额为 500 元。请问：(1) 刘华能否从过失司机的保险人和她自己的保险人那里获得双重赔偿？解释你的回答。(2) 解释代位追偿如何运用损失补偿原则。

第5章 人身保险

学习目标

1. 掌握人身保险的含义及特征
2. 理解人身保险的基本条款
3. 掌握不同类型的人身保险的特征及保险责任
4. 掌握传统寿险与创新型寿险的主要内容
5. 掌握意外伤害保险的概念、种类及主要内容
6. 了解健康保险的主要特征及主要险种

【本章引导】 “东方之星”号客轮沉没事件的保险理赔

2015年6月1日21时30分，隶属于重庆东方轮船公司的“东方之星”号客轮，在从南京驶往重庆途中突遇罕见强对流天气，在长江中游湖北监利水域沉没。“东方之星”号客轮上共有454人，其中12人成功获救，442人遇难。此次事件中保险业共承保保险金额约9 252万元，主要包括四个部分：失事客船保险、旅行社责任保险、旅客自行投保的保险以及船员保险。

（1）失事客船保险1 570万元。失事客船保险的投保人是“东方之星”号客轮的所有者，即重庆东方轮船公司。失事客船保险为强制保险，442名遇难者每人获得赔偿1万元。

（2）旅行社责任保险1 200万元。此次事件中，旅行社责任保险主要来自上海协和旅行社和常州世友旅行社。上海协和旅行社给359名旅客投保的是每人50万元，但单次事故赔付限额为500万元，359名遇难旅客人均获赔1.39万元。常州世友旅行社给12名旅客投保的是每人50万元，但单次事故赔付限额为200万元，这12名旅客人均获赔16.67万元。另有71名未参加旅行社的散客，无法获得旅行社责任保险赔偿。

（3）旅客自行投保的保险6 169万元。除了上述两种保险外，共有138名旅客投保了

253 份个人保单。参保率为 31.22%，主要投保产品分布如表 5－1 所示。

表 5－1 旅客主要投保产品

类型	数量（份）	总保险金额（万元）	平均身故赔偿金额（万元）
人寿保险	201	1 313.62	6.53
意外险	22	287	13.05
健康险	23	56.55	2.46
年金保险	7	47.39	6.77

此外，还有一些旅客参与了政府、旅行社或单位为其投保的团体保险，具体情况见表 5－2。

表 5－2 旅客其他投保产品

类型	投保人	人数（人）	金额（万元）	平均身故赔偿金额（万元）
老年人意外伤害保险	上海、天津、青岛市政府	59	257	4.36
团体旅游意外伤害保险	上海协和旅行社	359	3 410	10（75 岁以下） 5（75 岁及以上）
其他团单		98	797	8.13

（4）船员保险 312.65 万元（见表 5－3）。

表 5－3 船员保险

类型	投保人	被保险人	保险金额（万元）	平均身故赔偿金额（万元）
个人保险	个人	8 名船员	72	9
团体意外伤害保险	重庆某酒店	12 名船上餐饮人员	240	20
其他团单	不详	1 名	0.65	0.65

此次遇难者最低能获得失事客船保险 1 万元的补偿金，旅客自动投保仅有 31.22% 的参保率，最高获赔也只有 58.13 万元。

可见，在“东方之星”号客轮沉没事件中，部分遇难者及其家属因为购买了相应的保险而获得了一定的补偿，仍有一部分遇难者因未购买保险而不能获得补偿。突如其来的灾难给个人及家庭造成了巨大的损失和伤痛，生命逝去，健康受损，亲人离去……在不能控制这些灾难的时候，尽量降低损失程度，让逝者安息，生者更好地活着，需要通过合适的保险安排实现。

本章主要学习和讨论人身保险的相关概念、特点及业务情况，并对人身保险中的人寿保险、人身意外伤害保险和健康保险的特点分别进行阐述，以帮助人们更好地识别并分散风险。

第一节　人身保险概述

一、人身保险的概念

人身保险是指以人的寿命和身体为保险标的的保险，即保险人和投保人双方签订保险合同，并由保险人向投保人收取保费，当被保险人遭受灾害事故或因疾病丧失工作能力、伤残、死亡或年老退休时，或当双方约定的其他事件发生时，保险人按约定的方式向被保险人或受益人给付保险金或年金。

相对财产保险来讲，人身保险的经营还有其特殊性。

（一）人身风险的客观性

人身风险不仅客观存在，而且符合理想的可保风险的条件：

1. 风险是可以预测的

虽然对于某个人来讲，很难确定他的死亡时间，但是根据精算原理，利用以往大量的死亡记录，可测算出各年龄死亡率，并根据死亡率计算人寿保险的保费。同样，伤残率、疾病率也可以用统计的方法测算出来。

2. 损失幅度不能过大，也不能过小

人身保险的死亡责任、残疾责任等是在订立合同时提前将保险金额确定好的，而在健康保险中，一般都规定了最高限额，因而可以人为地控制损失程度。

3. 有众多的同类暴露单位

每个人都面临生、老、病、死、残的风险。因此，每个险种、年龄阶段都会有众多的风险暴露单位。

4. 损失的发生是不可预料的

偶然和不可预料主要是指三个方面：①发生与否不可预料。不可预料是指事物的随机性或不确定性，与其对立的确定性事件是指事故肯定发生或肯定不发生。②知道风险会发生，但发生的时间不可预料。③事件发生的原因与结果不可预料。对于意外和健康类风险，损失发生与否是不可预料的。生命风险中，死亡是必然发生的，但何时发生是不可知的，都属于未来事件，所以生命风险是不确定的事件。

（二）损失均摊、均衡保费

损失均摊指的是将少数人的损失由多数人承担（均摊），这是保险经营的基本原理，但人身保险中的损失均摊具有特殊的含义。下面以人寿保险为例进行说明。

人寿保险的保费的计算基础是各年龄死亡率。而人的死亡率是逐年变化的，变化的幅度在不同的年龄不同，特别是老年以后死亡率的上升幅度更大。按照保险费率计算的一般原理，人寿保险的保险成本是逐年递增的，这种按照各年龄死亡率计算得出的逐年更新的保费称为自然保费。假设死亡支付发生在期末，则其计算公式为：某年龄自然保费×(1＋利率)＝保额×此年龄死亡率，即

$$\text{某年龄自然保费}=\frac{\text{保额}\times\text{此年龄死亡率}}{1+\text{利率}}$$

自然保费刚好用于当年的死亡给付，没有积累，从而使寿险经营每年达到平衡。由于死亡率是逐年递增的，因此自然保费也是逐年增加的，且增加速度越来越快，给寿险经营带来了困难，表现为：①削弱了人寿保险的社会效益。因为被保险人在年老的时候最需要保险保障，却无力负担保费，无法参加保险。②容易出现逆向选择。保费年年更新，会使身体好的人因负担过重而退出保险。

因此，人寿保险多采用均衡保费来替代自然保费。均衡保费指的是投保人在保险年度内每年所交保费相等。

表 5-4 中所示的死亡率来源于中国人寿保险业经验生命表 CL3，保费是按保额为 1 000 元、利率为 2.5%、35 岁投保的终身死亡保险计算而得。可见，均衡保费是将死亡风险所造成的损失均匀地分摊到整个保险期间，这是人寿保险具有的不同于其他保险的特性。

表 5-4　自然保费与均衡保费的比较

年龄（岁）	死亡率（‰）	自然保费（元）	均衡保费（元）
35	1.057	1.031 2	14.185 2
40	1.650	1.609 7	14.185 2
45	2.658	2.593 2	14.185 2
50	4.322	4.216 6	14.185 2
55	7.005	6.834 2	14.185 2
60	11.378	11.100 5	14.185 2
70	18.275	17.829 3	14.185 2
80	29.296	28.581 5	14.185 2
90	46.582	45.445 9	14.185 2
95	73.092	71.309 3	14.185 2
100	112.976	110.221 0	14.185 2
105	171.599	167.414 0	14.185 2

（三）风险同质性

风险同质性原理也可称为风险均等原理。风险同质性原理就是指每个危险单位发生损失的机会是相等的，也就是说，相同风险水平的人缴纳相同的保费，不同风险水平的人缴纳不同的保费。人的死亡率、疾病发生率因年龄不同而不同，因此不同年龄的人购买相同性质的保险时所缴纳的保费是不相同的。

影响风险同质性的因素有很多，主要有：①年龄；②性别；③职业；④健康状况；⑤体格；⑥居住环境；⑦家族病史；⑧生活习惯；⑨既往病史；⑩个人爱好。

二、人身保险的分类

人身保险从不同的角度有不同的分类。

（一）按保障范围划分

人身保险按保障范围可以分为人寿保险、健康保险和意外伤害保险。

1. 人寿保险

人寿保险是以被保险人的寿命作为保险标的，以被保险人的生存或死亡为保险事故（即给付保险金的条件）的一种人身保险业务。人寿保险所承保的风险可以是生存，也可以是死亡，也可同时承保生存和死亡。

2. 健康保险

健康保险是以被保险人的身体为保险标的，使被保险人在疾病或意外事故导致伤害时发生的费用或损失获得补偿的一种保险。

按照保险责任，健康保险分为疾病保险、医疗保险、收入保障保险等。疾病保险指以疾病为给付保险金条件的保险；医疗保险指以约定的医疗费用为给付保险金条件的保险；收入保障保险指以因意外伤害、疾病导致收入中断或减少为给付保险金条件的保险。

3. 意外伤害保险

意外伤害保险是指以意外伤害导致身故或残疾为给付保险金条件的人身保险。

（二）按投保方式划分

人身保险按投保方式可以分为个人保险和团体保险两类。

个人保险是指一张保单只为一个人提供保障的业务。

团体保险是指以一张总的保单为某一团体单位的所有成员或大多数成员（一般要求至少为总人数的75%）提供保障的业务。该保险要求被投保团体在投保前就合法存在，且符合一定的人数要求。

（三）按人身保险的作用划分

人身保险按其作用不同可以分为保障型人身保险、储蓄型人身保险和投资型人身保险三类。

保障型人身保险是指主要体现保险的保障功能，基本没有储蓄性的人身保险业务，如定期寿险、意外险和短期健康险等。

储蓄型人身保险是指主要体现保险的长期半强制性储蓄功能的人身保险业务，如年金保险、子女教育金保险等。

投资型人身保险是指在基本功能上凸显保险的投资功能，可以享受保险人经营业务的利润或投资利润的人身保险业务，如分红保险、万能保险和投资连结保险等。

三、人身保险的保险合同的常用条款

（一）不可抗辩条款

不可抗辩条款又称为不可争辩条款，在被保险人生存期间，从保险合同生效之日起，满一定期限之后，除非投保人停止缴纳续期保费，否则保险人不得以投保人在投保时误告、漏告和隐瞒事实等主张保险合同无效或拒绝给付保险金。合同生效一定期限内为可抗辩期，超过一定期限为不可抗辩期。

保险合同中规定不可抗辩条款的目的是避免保险人发生道德风险，这是人身保险合同常用的条款。我国《保险法》第十六条第三款对不可抗辩条款做了规定：“前款规定的合同解除权，自保险人知道有解除事由之日起，超过三十日不行使而消灭。自合同成立之日起超过二年的，保险人不得解除合同；发生保险事故的，保险人应当承担赔偿或者给付保险金的责任。”

（二）年龄误告条款

我国《保险法》第三十二条规定：“投保人申报的被保险人年龄不真实，并且其真实年龄不符合合同约定的年龄限制的，保险人可以解除合同，并按照合同约定退还保险单的现金价值。保险人行使合同解除权，适用本法第十六条第三款、第六款的规定。”

对于因年龄误告引起的索赔、退保处理涉及保费和保险缴纳调整的问题，按照《保险法》规定，投保人申报的被保险人年龄不真实，致使投保人支付的保费少于应付保费的，保险人有权更正并要求投保人补缴保费，或者在给付保险金时按照实际支付保费与应该支付保费的比例支付。其中，调整给付保险金的计算公式为：

实际给付的保险金＝约定的保险金额×实际支付保费/应该支付保费

另外，投保人申报的被保险人年龄不真实，致使投保人支付的保费多于应付保费的，保险人应当将多收的保费退还投保人。

（三）宽限期条款

宽限期是保险人给予投保人缴纳续期保费的延长期限，在宽限期内发生保险事故的，保险人承担给付保险金的责任，但是要从保险金中扣除当期应缴的保费和利息。如宽限期届满投保人仍未补缴保费，保险合同自宽限期满次日起效力中止。宽限期条款仅限于人寿保险合同分期缴费中的续期保费缴付情况。

我国《保险法》第三十六条规定：“合同约定分期支付保险费，投保人支付首期保险费后，除合同另有约定外，投保人自保险人催告之日起超过三十日未支付当期保险费，或者超过约定的期限六十日未支付当期保险费的，合同效力中止，或者由保险人按照合同约定的条件减少保险金额。被保险人在前款规定期限内发生保险事故的，保险人应当按照合同约定给付保险金，但可以扣减欠交的保险费。”

规定宽限期主要为防止投保人因疏忽、外出、经济变化等原因不能及时续缴保费而造成保单轻易失效，有利于维持保单续保率。

（四）复效条款

《保险法》第三十七条规定：“合同效力依照本法第三十六条规定中止的，经保险人与投保人协商并达成协议，在投保人补交保险费后，合同效力恢复。但是，自合同效力中止之日起满二年双方未达成协议的，保险人有权解除合同。保险人依照前款规定解除合同的，应当按照合同约定退还保险单的现金价值。”

但是，本复效条款仅对欠缴保费导致合同中止适用，其他原因导致合同失效并不受复效条款的保护。保险合同复效后，对失效期间发生的保险事故，保险人不予负责。

（五）保费自动垫缴条款

保费自动垫缴条款指当投保人过了宽限期仍未缴纳续期保费，而此时保单现金价值足以垫付应缴保费和利息时，保险人将自动垫缴保费，除非投保人事先以书面形式反对该条款。垫缴保费一直到累计本金利息等于保单现金价值时结束，此时保单失效。如果被保险人在垫缴期间发生保险事故，保险人给付保险金时应从中扣除已垫付的保费本金和利息。规定该条款的目的是减少保单失效，维持较高的续费率。该条款属于非法定条款，保险双方可以自由选择使用与否。

（六）不丧失价值条款

不丧失价值条款又称不没收条款，是指人寿保险合同的持有人享有的保单现金价值权利不因合同效力的变化而丧失。即，当投保人无力或不愿意继续缴纳保费维持合同效力时，保单的现金价值所有权仍归保单持有人，保险人不能没收，由保单持有人选择如何处理保单项下积存的责任准备金。保单持有人可以选择以下三种方式处理保单现金价值：（1）保单持有人退保，保险人退还现金价值；（2）将原有保单变更为减额缴清保险；（3）将保单变更为展期保险。

（七）自杀条款

自杀条款规定，在保险合同生效或复效后的一定时期内，被保险人自杀死亡属于除外责任，保险人不给付保险金，仅退还投保人缴纳的保费。保险合同生效或复效一定时期之后被保险人自杀死亡，保险人需要按照约定的保险金额给付保险金。

我国《保险法》第四十四条规定："以被保险人死亡为给付保险金条件的合同，自合同成立或者合同效力恢复之日起二年内，被保险人自杀的，保险人不承担给付保险金的责任，但被保险人自杀时为无民事行为能力人的除外。保险人依照前款规定不承担给付保险金责任的，应当按照合同约定退还保险单的现金价值。"

案例 5－1

被保险人自杀，保险公司应该承担赔付责任吗？

X市年龄为8周岁的周某是一名四年级学生，参加学生人寿保险（保险期限为10年、保险金额为3万元）。投保刚满半年，在保险期间的某一天，周某在放学回家后，为玩游戏与父母发生争执，情绪异常激动，赌气爬上所居住的15层高楼，纵身跳下，当场坠地身亡。

分析：法律意义上的自杀应具备两个条件：一是主观上有结束自己生命的意愿；二是客观上实施了足以使自己死亡的行为。本案中周某的行为符合第二条，但因其只有10周岁，按照我国《民法典》的规定，周某属于无民事行为能力人，对自己的行为所导致的后果缺乏判断能力，不能判断其在主观上有结束自己生命的意愿，所以不构成法学上的自杀。

请问：倘若被保险人系精神疾病患者，对于该被保险人自杀，保险公司要承担赔付责任吗？

第二节　人寿保险

人寿保险是人身保险中最早出现的险种，已有300余年的历史。在21世纪以前，人们一直认为，死亡是人类面临的最大人身风险。因此，早期的人寿保险专指死亡保险。随着社会的发展，人们希望生存，更希望长寿。由于维持生存和长寿需要支付相应的生活费用，故从该角度而言，生存和长寿也属于一种风险。为此，市面上又出现了生存保险以及把死亡保险和生存保险结合起来的两全保险。后来，又出现了年金保险以及许多创新型人寿保险。

一、人寿保险的特征

人寿保险除了具有人身保险的一般特点外，还具有以下特点：

（1）保险期限长。人寿保险大都属于长期性保险，其期限为几年甚至几十年，而非寿险的保险期限一般不超过一年。这种长期性的特点使得人寿保险具有特殊性，受到很多外界因素的影响，如利率因素、通货膨胀因素、预期偏差因素等。

（2）承保风险特殊。人寿保险承保风险的特殊性体现在：一方面，从整体上说，人寿保险的承保风险具有一定的稳定性；另一方面，从个体来说，风险又具有变动性。生命表的发明使人寿保险所承保的风险从整体来看具有相对稳定性。但从生命表又可以看出，每个人一生中在不同的年龄阶段，其死亡概率和生存概率是不同的。统计资料表明，人的死亡风险随着年龄的增长而逐年增加，因而从个体的角度看风险是具有变动性的。

（3）储蓄及投资性。人寿保险除提供保险保障外还兼有储蓄及投资性质。当保险合同期满时，被保险人或受益人可收回保险金额的全部或部分。人寿保险的纯保费一般由两部分组成：一是根据每年的风险保险金额计算出来的自然保费；二是储蓄保费，即投保人的储金，用以积存责任准备金。这种准备金实质上是投保人存放在保险人处的储蓄存款，保险人可将这笔保费进行投资、贷款，从而获得利息收益，使被保险人的保险准备金保值增值。

（4）保险利益特殊。其一，人寿保险不考虑保险利益的大小。在财产保险中，不仅要考虑投保人对财产有没有保险利益，而且要考虑保险利益的金额是多少，保险金额不能超过保险利益。而在人寿保险中，人的生命是无价的，不能用货币衡量，所以只考虑投保人有无保险利益，不考虑保险利益的金额是多少，即保险利益是无限的。其二，人寿保险的保险利益是依据人与人的关系来确定的。我国《保险法》对人寿保险合同保险利益的确定，主要是采取限制家庭成员关系范围并结合被保险人同意的方式。其三，人寿保险的保险利益只是保险合同订立的前提条件，不是维持合同效力、保险人给付保险金的条件。而在财产保险中，保险利益不仅是订立合同的前提条件，也是维持合同效力、保险人给付保险金的条件。

（5）保险金额特殊。由于人的寿命或身体价值不能用金钱来衡量，因此，人寿保险合同就无法通过保险标的的价值来确定保险金额。人寿保险合同的保险金额一般由投保人根据被保险人对人寿保险的需求和缴费能力，在法律允许的范围和条件下与保险人协商确定。因此，在人寿保险中一般没有重复投保、超额投保和不足额投保问题。

（6）保险理赔特殊。人寿保险属于约定给付的合同，人寿保险合同发生约定事件后，保险人依据合同中约定的金额给付保险金，而不是依据保险事故发生所造成的实际损失计算保险金，也不实行比例分摊和代位追偿，因为对于人的生命是无法从经济上衡量其实际损失额的。

二、人寿保险的主要类型

（一）普通寿险

普通寿险也叫传统寿险，是指 20 世纪 70 年代以前以大数法则为基础，保险金额和保费均不变，同时比较稳定和成熟的寿险业务。根据保障项目的不同，传统寿险可以分为死亡保险、生存保险和两全保险三类。

其中死亡保险可分为定期死亡保险和终身死亡保险，均是以被保险人的死亡为给付保险金条件的保险。定期死亡保险简称定期寿险，终身死亡保险简称终身寿险或终身保险。

1. 死亡保险

(1) 定期寿险。

定期寿险是一种以被保险人在规定期限内发生死亡事故为前提，由被保险人负责给付保险金的人寿保险。如期限届满，则保险人不再承担保险责任，也不退还保费。

定期寿险是人寿保险业务中最早产生也最简单的一个险种。它的特点是：第一，保险期限短，短则几个月，长则几年。第二，保险费率低。由于它的保险期限短，而且不是每张保单都必然发生给付，因而保险责任相对较小，费率相对较低。

定期寿险适合以下人群：一类是那些在短期内承担一项有可能危及其生命的临时工作，或期许保障的人；另一类是家庭收入较低、子女尚未成年的人，他们的生命对这个家庭非常重要，但他们的支付能力较弱，因此可以通过投保定期寿险获得保障。此外，定期寿险还适合一些私营企业主或合伙人。很多私人企业主往往将企业资产及个人资产合二为一，一旦企业主发生风险，将直接导致企业无法正常运转，并且会使家庭的生活水准下降。

专栏 5-1

定期寿险

某保险公司售出的定期寿险保单如下：

30 岁男性，保险期限到 60 岁，缴费期限为 30 年，保险金额为 100 万元

保费支出：5 900×30=177 000(元)

保险利益：

(1) 身故保障：1 年内因疾病身故给付 10.59 万元，因意外身故或 1 年后因疾病身故(保险期间内) 给付 100 万元。

(2) 意外残疾保障：根据残疾程度，累计给付 100 万元。

根据保险金额在整个保险期间是否发生变化，我们可以将定期寿险分为定额定期寿险、递减定期寿险和递增定期寿险三种。

①定额定期寿险。

大多数定期寿险属于定额定期寿险。这种保险的死亡保险金在整个保险期间保持不变。例如，李四投保了一份保额为 10 万元的 10 年期定额定期寿险，如果李四在未来 10 年内死亡，且保单仍然属于有效保单，则保险人将支付保单受益人 10 万元的死亡保险金。

②递减定期寿险。

递减定期寿险的死亡保险金在整个保险期间不断减少。这种类型的保单通常会给出一个初始的死亡保险金，然后根据保单规定的方法逐年减少死亡保险金。例如，李四购买了一份递减定期寿险，该保单第一年的死亡保险金为 5 万元，以后在每个保单周年日减少 1

万元，依此类推。递减定期寿险保单的续期保费在整个保险期间通常不变。递减定期寿险通常包括抵押贷款偿还保险、信用人寿保险和家庭收入保险。

抵押贷款偿还保险是一种死亡保险金与递减的抵押贷款未偿付额相对应的递减定期保险计划。如果贷款人购买了抵押贷款偿还保险，则保单的死亡保险金在任何给定的时间一般都等于对该抵押贷款的欠付额。抵押贷款偿还保险的期限由抵押贷款的期间决定，通常为15～30年。在整个保险期间，续缴保费一般不会改变。通常来说，寿险保单与抵押贷款是相互独立的，提供抵押贷款的机构并不是保险合同的当事人，合同也并不要求受益人一定用保险金来偿还抵押贷款。

信用人寿保险的基本含义是，如果被保险人在贷款偿清之前死亡，那么该项保险的保险金将用于支付这笔贷款的未偿余额。随着贷款余额逐渐减少，信用人寿保险规定的保额也逐渐降低。与抵押贷款偿还保险不同的是，一旦作为被保险人的借款人在保险期间死亡，信用人寿保险的保险金就会直接支付给相应的贷款人或债权人。而在抵押贷款偿还保险的场合，保险金通常是支付给被保险人或受益人。

家庭收入保险的含义是，如果被保险人在保险期间死亡，保险公司将对其在世的配偶提供约定的月收入保险金，直到保单规定的时期届满为止。家庭收入保险之所以是一种递减定期寿险，是因为被保险人在保险期间内活得越长，保险人需支付月收入保险金的时间就越短；保险金支付的时间越短，保险人支付的保险金额就越小。例如，李四购买了一份10年期的家庭收入保险，每月收入保险金为1 000元。合同规定：如果李四在10年内死亡，则收入保险金的领取期至少为3年；若李四在购买保险2年后死亡，则保险人将向其妻子王某按月支付1 000元的收入保险金，其总额为96 000元（=1 000元/月×12月/年×8年）；如果李四在保单签发6年后死亡，则保险公司将按月支付4年的收入金，其总额为48 000元（=1 000元/月×12月/年×4年）；如果李四在购买该保险9年后死亡，则保险公司必须按规定的最低年数支付3年的收入保险金，其总额为36 000元（=1 000元/月×12月/年×3年）；如果李四在11年后死亡，则保险公司不必支付任何保险金。

③递增定期寿险。

递增定期寿险规定了一个初始的死亡保证金，然后在整个保险期间按照约定的时间间隔递增。例如，初定的死亡保险金为10万元，然后在整个保险期间于每个保单周年日递增5%。递增定期寿险的保费一般随保额的增加而增加，但保单持有人通常有权在任何时候固定递增定期寿险保险金额。

（2）终身寿险。

终身寿险是指以死亡为给付保险金条件，且保险期限为终身的人寿保险。终身寿险是一种不定期的死亡保险，即保险合同中并不规定期限，自合同有效之日起，至被保险人死亡止。

终身寿险的特点是：①保费率较高。因为终身寿险的保险期一般较长，保险金对被保险人终身负有责任。不论被保险人的寿命长短，保险人都将支付一笔保险金。②投保人一般以均衡保费的形式缴纳保费。③保单具有现金价值，保单持有人可以享有保单上的现金价值。若投保人中途退保，则可以得到一定数额的现金价值（或称为退保金）。

终身寿险按照缴费方式可分为：①普通终身寿险，保费终身分期交付。②限期缴费终身寿险，其保费在规定期限内分期缴付，期满后不再缴付，但仍享有保险保障。缴纳期限可以是年限，也可以是到某一特定年龄。③趸缴终身寿险，在投保时一次全部缴清保费，它也可以被视作限期缴费终身寿险的一种特殊形态。

专栏 5-2

保监会调高未成年人保险死亡给付门槛

中国保监会曾于 1999 年规定，未成年人身故，保险金额总额不得超过 5 万元，但考虑到部分地区生活水平相对较高，于 2002 年将北京、上海、广州、深圳四地的这一保额上限提高至 10 万元。自 2011 年 4 月起，中国保监会再次做出修订，规定上述四地保险公司对全国未成年人身故保险金限额统一上调为 10 万元。自 2016 年 1 月 1 日起，未满 10 周岁的未成年人死亡保险金限额提高至 20 万元，已满 10 周岁但未满 18 周岁的未成年人死亡保险金限额提高至 50 万元。

2. 生存保险

生存保险是以被保险人在一定时期内继续生存为给付保险金条件的保险。如果被保险人在保险期限内死亡，则保险人不给付保险金。只有当被保险人一直生存到保险期限届满时，保险人才按照合同规定支付其生存保险金。生存保险中比较典型的有年金保险。

年金保险作为生存保险的一种，是现代社会中很重要的寿险品种。年金保险是以被保险人期满生存为保险金给付条件，按合同规定其保险金，同时在被保险人生存期间每隔一定周期（通常为一年）支付一定的保险金给被保险人，而非一次性给付的一种生存保险。

年金保险具有不同的形态。

（1）按缴费方式，年金保险可以分为趸缴年金保险和期缴年金保险。

趸缴年金保险指的是一次性缴清保费的年金保险，即年金保费由投保人一次全部缴清后，于约定的时间开始，按期由年金受领人领取年金的保险；期缴年金保险指的是在给付日开始之前，分期缴付保费的年金保险。

（2）按给付开始日期，年金保险可以分为即期年金保险和延期年金保险。

保险人给付年金的起始日称为年金保险的满期日或到期日。即期年金保险是指投保人在与保险人订立了年金保险合同并支付了所有保费以后，立即从保险人那里领取年金的保险。这个“立即”的长度因给付周期的不同而不同。如果给付周期为半年一次，则年金的领取人将在缴费半年之后领取年金；如果给付周期为一年一次，则年金的领取人将在缴费一年之后领取年金；如果给付周期为一月一次，则年金的领取人将在缴费一月之后领取年金。即期年金保险一般采用一次性缴清保费的形式。

延期年金保险是指投保人与保险人订立保险合同后，延迟一段时间，比如 5 年、10 年、20 年以后或者年金的领取者必须达到合同所规定的某一年龄，比如 65 岁时，才能从保险人那里领取年金的保险。延期年金保险既可以采取一次性缴清保费的方式，也可以采取分期缴清保费的方式。

延期年金保险涉及以下几个概念：

①年金累积期间。

从合同持有人购买延期年金保险之日起到开始领取年金之日的这段时间称为累积期

间。在延期年金保险的累积期间，保险人会将保费进行投资，延期年金会形成累积价值。年金的累积价值等于年金购买者缴付的净保费与已赚取的利息之和再减去提现金额，累积价值的增值方式取决于延期年金是固定给付年金还是变额年金。

②年金给付期间（年金清偿期）。

当年金保险期满时，保险就利用累积价值开始定期给付年金，这被称为年金给付期间或年金清偿期。

③提现条款。

提现条款允许合同持有人在累积期间提取全部或部分年金累积价值。很多国家的年金合同通常都有提现条款，大多数合同允许其持有人每年按累积价值的约定百分比提取现金而不收取费用。如果在一年内提现金额超过约定的百分比，保险人通常要收取一笔提现手续费。

④退保金。

许多年金合同都规定，在年金的整个累积期间，合同持有人有权解除合同并领取退保金。如果年金购买者在年金购买后的规定年限内退保，合同持有人必须缴付退保手续费。退保手续费通常随着保单持有时间的延长而减少。

⑤遗属给付。

延期年金保单通常提供遗属给付。如果年金领取人在年金开始给付之前死亡，那么年金的累积价值将由合同规定的受益人领取。当累积价值作为遗属给付时，保险人不收取退保手续费。

（3）按照给付的期限，年金保险可以分为定期年金保险和终身年金保险。

定期年金保险是指保险人在约定的期限内给付年金，约定期满给付终止的保险。如果被保险人在约定期内死亡，则自被保险人死亡时终止给付年金。例如，某人投保了一份10年期的定期年金保险，假定他从65岁开始领取年金，他可以领到75岁，但如果他在70岁时死亡，保险人就只给付年金到第五年，第六年不再给付。

终身年金保险是指保险人在指定个人的生存期间定期给付的年金，即保险人给付年金直至被保险人死亡时为止。当终身年金的领取人在给付期间死亡后，保险人的附加定期给付义务取决于年金保险的不同类型。常见的终身年金保险有以下三种：

①纯粹终身年金保险。

纯粹终身年金保险是一种仅在年金领取人生存期间定期给付的年金保险，保险人在年金领取人死亡后不负给付责任。由于年金领取人的死亡时间不确定，因此纯粹年金的购买者所缴纳的保费有可能大大超过定期给付总额。

②固定期间终身年金保险。

固定期间终身年金保险是指不论被保险人生存与否，保险人在规定时期内都需支付的一种年金保险。有的年金保险在约定期间给付，且给付时间的长短与年金领取人的寿命无关，这一约定期间称为固定期间。如果年金领取人在约定期间之内死亡，则给付停止。比如，固定给付期间为10年，但被保险人在第5年不幸逝世，则除了已经支付的4年的年金以外，保险人还必须向合同指定的受益人支付余下6年的年金。

③带返还终身年金保险。

带返还终身年金保险保证在年金领取人生存期间定期给付，还保证年金给付总额至少等于该年金保险的购买价格。后一项保证是指，如果年金领取人在给付总额尚小于年金购买价格时死亡，那么其差额由保单持有人指定的受益人领取。这样，其偿还额就等于年金购买价格与已支付年金的差额。

(4) 按年金领取人数，年金保险可以分为个人年金保险和联合生存年金保险。

个人年金保险是指只有一个年金领取人，也就是以一个被保险人作为年金领取人的年金保险。联合生存年金保险是以两个或两个以上的被保险人的生命作为给付年金的条件的年金保险。这种年金保险又有两种主要形式：第一种是联合生存年金保险。它指的是在保单中指明的两个或两个以上的人共同生存条件下提供规定金额的年金保险。如果其中一个被保险人死亡，就停止给付年金，因此，联合生存年金保险的价格相对较低，市场也很有限。联合生存年金保险大多是由共同生活的夫妻联合投保，由于到一定时期后，大多是在丈夫退休后，原有的经济收入只能维持一个人的生活，因此投保联合生存年金保险可以补充生活费的不足。第二种是联合和最后生存者年金保险。它规定只要两个或两个以上的人中还有一个人生存就继续给付年金，直到最后一个生存者死亡才停止给付。它非常适合一对夫妇和有一个永久残废子女的家庭购买。由于联合和最后生存者年金保险给付到最后一个被保险人死亡时为止，因此它与相同年龄和金额的单人年金相比要缴付更多的保费。实践中，大多数人寿保险公司在第一个受领者死亡之后，对生存的年金领取人的给付金额会减少到原金额的 2/3 或 1/2（假定只有两个年金领取人），理由是生存的年金领取人已不需要原来那么多的收入，并且可以降低费率。

(5) 按照年金价值和保费缴纳有无保证或者是否可变，年金保险可以分为固定年金保险和变额年金保险。

固定年金保险可以分为固定保费年金保险和固定给付年金保险两种，变额年金保险可以分为变额保费年金保险和变额给付年金保险两种。

固定保费年金保险是指被保险人每期缴纳保费的数量相同并且按时领取的年金保险。变额保费年金保险是指被保险人可以根据自己的经济状况改变每次缴纳保费的数量，或停止缴费，或在一段时间以后再恢复缴费的年金保险。

固定给付年金保险是指保险人保证对年金购买者所缴付的每一单位货币，至少按月给付某一约定金额的一种年金保险。大多数固定给付年金保险规定，合同自开始给付后其金额不能改变。少数固定年金保险规定，如果保险人的投资收益超过计算定期给付时的预期水平，那么给付金额也可以有所增加。

变额给付年金保险是指保险累积价值和每期给付金额随分立账户的业绩上下浮动的年金保险。由于保险人没有就投资收益或变额年金的给付额做出任何保证，保险人无须承担投资风险。购买变额年金保险的个人获得所有投资收益并承担可能的投资损失。

(6) 按照保费有无返还，年金保险可以分为无返还年金保险和返还年金保险。

无返还年金保险指的是，如果被保险人死亡，保险人即停止给付年金的年金保险，因为年金保险的保险责任是以生存为条件。返还年金保险指的是在年金领取人死亡的情况下，保险公司继续向其指定的受益人支付年金领取人没有用完的额度的年金保险。

返还年金保险又分为期限返还年金保险和保费返还年金保险两种。

期限返还年金保险是指，不论被保险人寿命长短，年金都给付至约定的保险期届满时为止的保险。例如，一个被保险人购买了一份终身加 10 年期返还年金保险，被保险人在 50 岁时开始领取年金。如果被保险人刚领取了 5 年年金就死亡了，那么他的受益人可以继续领取 5 年年金，直至第 10 年返还期满（如果仅仅是终身年金保险，那么保险人将立即停止支付年金）。如果这个被保险人活到 60 岁，他就可以自己继续领取年金直至死亡。可见，在返还期内，期限返还年金保险起作用；超过返还期，则终身年金保险起作用。与没有返还的年金保险相比，被保险人从期限返还年金保险中所获得的保障较为切实可靠。

保费返还年金保险是指，在年金的领取人死亡时，如果他所领取的年金数额还不到他所缴纳的保费，其指定的受益人可以领取这个差额的年金保险。

3. 两全保险

两全保险是指在保险期间内以死亡或生存为给付保险金条件的人寿保险，也称生死合险，是将定期死亡保险和生存保险（生存保险是指以被保险人在保险期满时仍生存为给付保险金条件的人寿保险）结合的保险形式。

两全保险是一种储蓄性极强的保险。两全保险的纯保费由危险保费和储蓄保费组成。危险保费用于当年死亡给付；储蓄保费则逐年累积形成责任准备金，既可用于中途退保时支付退保金，也可用于生存给付。

由于两全保险既保障死亡又保障生存，保障全面，因此保费较高，相当于定期寿险与生存保险两者保费之和。两全保险不仅使受益人得到保障，同时也使被保险人本身享受其利益，适合经济能力强的投保人购买。两全保险的业务种类很多，主要有普通两全保险、双倍两全保险、养老附加定期保险、联合两全保险等。

（二）新型寿险

新型寿险又称创新型寿险，是指 20 世纪 70 年代以来，寿险保险公司为了有效抵御通货膨胀，增强与其他金融机构的竞争能力，降低寿险经营的利率风险而开发设计出的一系列新型寿险产品的总称。新型寿险克服了普通寿险保额不变、保费不变的缺点，增加了寿险产品的弹性，使其保险金额可以随着市场上投资收益的变化而变化，或赋予投保人调整保费、保险金和现金价值的选择权。新型寿险产品不仅有保障功能，而且有投资理财的功能。其主要险种有分红保险、投资连结保险、万能保险等。

1. 分红保险

（1）分红保险的含义。

分红保险是指保险公司在为被保险人提供寿险保障的同时，在每个会计年度结束时，将上一会计年度该类险种的可分配盈余，按一定比例以一定形式分配给客户的一种人寿保险。投保该保险的客户既能得到保险保障，也可以分享寿险公司的盈余分配。

分红保险、非分红保险以及分红保险产品与其附加的非分红保险产品必须分设账户，独立核算。分红保险采用固定费用率的，其相应的附加保费收入和佣金、管理费用支出等不列入分红保险账户；采用固定死亡率的，其相应的死亡保费收入和风险保额给付等不列入分红保险账户。

（2）分红保险的主要特点。

①保单持有人享受经营成果。保险公司将分红业务当年度可分配盈余的 70%分配给客户，由投保人和保险公司共享经营成果，因此增加了投保人的获利机会。

②客户承担一定的投资风险。由于保险公司每年的经营状况不一，客户所得到的红利

也会随之变化，因此客户在一定程度上也承担了保险公司的经营风险。

③定价的精算假设比较保守。分红保险的精算假设比较保守，这既有利于保险公司在一定程度上规避风险，又有利于保护客户利益。

④保险给付、退保金中含有红利。

（3）保单红利。

分红产品从本质上说是一种保单持有人享有保单盈余分配权的产品，即将寿险公司的盈余按一定比例分配给保单持有人。分配给保单持有人的保单盈余，也就是我们所说的保单红利。

①红利来源。

分红保险可分配的红利主要来源于利差益、死差益和费差益三个方面。

利差益=(实际资金运用收益率－预定利率)×责任准备金

死差益=(预定死亡率－实际死亡率)×风险保额

费差益=(预定费用率－实际费用率)×保费

分红保险的红利除了上述盈余来源外，还有失效收益、投资收益及资产增值、残疾给付额、意外加倍给付额、年金预计给付额等与实际给付额的差额及预期利润。

②红利分配。

每一个会计年度末，由公司董事会讨论、决定当年分红保险业务的可分配盈余，并在分红保单持有人和公司股东之间进行分配。红利的分配应满足公平性和可持续性原则。按照中国保险监管机构的规定，保险公司每一会计年度向保单持有人实际分配盈余的比例不低于当年可分配盈余的70%。

红利分配有两种方式：第一，现金红利。现金红利分配指直接以现金的形式将盈余分配给保单持有人。保险公司可以提供多种红利领取方式，如现金、抵缴保费、累积生息及购买缴清保额等。采用累积生息的红利领取方式的，红利累计利率的有效期至少为6个月。第二，增额红利。增额红利分配指在整个保险期限内每年以增加保额的方式分配红利，增加的保额一旦作为红利公布，就不得取消。采用该种方式的保险公司可在合同终止时以现金方式给付终了红利。

分红保单每年派发的红利是不可预见和无法保证的，它会随保险公司的实际经营绩效而波动，与保险公司的业务经营水平相关，因而投保人与保险公司共担风险。分红保单由于可以提供高于非分红保单的收益，因而在寿险业务中的比重上升很快，成为我国寿险市场最大的险种。

2. 投资连结保险

（1）投资连结保险的含义。

投资连结保险也叫变额寿险，是指其保险金额随其保费分立账户中投资基金的投资绩效的变化而变化的一种终身寿险。该险种于20世纪70年代初出现在欧洲和加拿大，1976年首次在美国市场上销售。该险种目前已是国外保险市场上重要的销售品种。

我国该类型的产品均被称为投资连结保险。由中国平安保险公司于1999年10月推出的平安世纪理财投资连结保险，是我国市场上最先推出销售的该类寿险产品。中国监管规定中定义的投资连结保险是指包含保险保障功能并至少在一个投资账户拥有一定资产价值的人身保险产品。投资连结保险及投资账户均不得保证最低投资回报率。在实务中应这样理解：

①该投资账户必须是资产单独管理的资金账户。

②投资账户应划分为等额单位，单位价值由单位数量及投资账户中资产或资产组合的市场价值决定。

③投保人可以选择其投资账户，投资风险完全由投保人承担。

④除有特殊规定外，保险公司的投资账户与其管理的其他资产或其投资账户之间不得存在债权、债务关系，也不承担连带责任。

⑤投资连结保险产品的保单现金价值与单独投资账户（或称“基金”）资产匹配，现金价值直接与独立账户资产投资业绩挂钩，一般没有最低投资回报率保证。

⑥不同的投资账户可以投资在不同的投资工具上。

（2）投资连结保险的主要特征。

①投资账户设置。

保险公司收到保费后，按照事先的约定将保费的部分或全部分配给投资账户，并转换为投资单位。投资单位有一定的价格，保险公司根据保险项下的投资单位数和相应的投资单位价格计算其账户价值。保险公司应至少每周对投资账户中的资产价值进行一次评估，且投资连结保险及投资账户均不得保证最低投资回报率。

②保险责任和保险金额。

投资连结保险不仅有死亡、残疾给付、生存领取等基本保险责任，一些产品还加入了豁免保费、失能保险金、重大疾病等保险责任。

对于死亡给付金额的设计，有两种方法：一种是给付保险金额和投资账户价值两者中的较大者，这种死亡给付金额在保单生效前期是不变的，当投资账户价值超过保险金额后，随投资账户价值的波动而波动；另一种是给付保险金额和投资账户价值之和，这种方法下死亡给付金额随投资账户价值不断波动，但风险保额（死亡给付金额与投资账户价值之差）保持不变。

③风险保额。

死亡风险保额是指有效保额减去账户价值。有效保额是指被保险人因疾病和意外等事故死亡时，保险公司支付的死亡保险金额。《投资连结保险精算规定》规定：投资连结保险在保单签发时的死亡风险保额不得低于保单账户价值的5%，年金保险和团体投资连结保险的死亡风险保额可以为零。

④保费。

投资连结保险的缴费机制比较灵活，主要有两种方式：一种是在固定缴费基础上增加保费假期（premium holiday），投保人不必按约定的日期缴费，另外还允许投保人在缴纳约定的保费外，随时再支付额外的保费。另一种是取消了缴费期间、缴费频率、缴费数额的概念，投保人可以随时支取任意数额（有最低数额的限制）的保费。

⑤费用收取。

根据中国保险监管机构的规定，投资连结保险产品仅可收取以下费用：初始费用、买入卖出差价、风险保费、保单管理费、资产管理费、手续费和退保费用。

3. 万能保险

自1922年开始，精算学界不断有精算师推导公式、发表论文，逐步形成了设计万能寿险的成熟想法。同时，电脑科技的进步也为弹性保费保单创造了销售的条件。在1975年的第七次太平洋保险会议上，美国精算师安德生提出了万能寿险保单的设想方案。1979年，美国加利福尼亚寿险公司开始销售万能寿险保单。1985年，万能寿险保费收入一跃占到个人寿险新保费的38%，之后其比例逐步降至25%。

（1）万能保险的含义。

万能保险是一种缴费灵活、保额可调整、非约束性的寿险。保单持有人在缴纳一定的首期保费后可以按照自己的意愿选择在任何时候缴纳任何数量的保费，只要保单的现金价值足以支付保险的相关费用，有时甚至可以不再缴纳保费。保单持有人也可根据自身的需求提高或降低保额。

万能保险的经营透明度高。保单持有人可以得到有关保单的信息，如对保费、死亡给付、利率、死亡率、费用率、现金价值之间相互作用的各种预期结果的说明。万能保险具有较高透明度的一个重要原因是：其保单的现金价值与纯保险保额是分别计算的，即具有非约束性。保单现金价值每年随保费缴纳情况、费用估计、死亡率及利率的变化而变化。纯风险保额与现金价值之和就是全部的死亡给付额。

（2）万能保险经营的流程。

首先，保单持有人需要缴纳一笔首期保费，首期保费有一个最低限额，因为首期的各种费用支出要从保费中扣除。其次，根据被保险人的年龄、保险金额计算相应的死亡给付分摊以及一些附加优惠条件（如可变保费）等费用，这些要从保费中扣除。死亡给付分摊是不确定的，通常低于保单预计的最高水平。在进行了这些扣除之后，剩余部分就是保单最初的现金价值。这部分现金价值按照投资利率计息累积到期末，成为期末现金价值。

在保单的第二个周期（通常一个月为一个周期），期初的保单现金价值为上一个周期期末的现金价值。在此周期，如果首期保费足以支付第二个周期的费用及死亡给付分摊，保单持有人就可以不缴纳保费。如果前期的现金价值不足，保单就会由于保费缴纳不足而失效。本期的死亡给付分摊及费用分摊也要从上期期末的现金价值余额及本期保费中扣除，余额就是第二个周期期初的现金价值余额。这部分余额按照新投资利率累积至本期末，成为第二个周期期末的现金价值余额。这一过程不断重复，一旦现金价值不足以支付死亡给付分摊及费用，又没有新的保费缴纳，该保单就失效了。

（3）万能保险产品的主要特征。

①死亡给付方式。

万能保险提供两种死亡给付方式，投保人可以任选一种，并且可以变更给付方式。一种是均衡给付的方式（称为方式A)，另一种是直接随保单现金价值的变化而改变的方式（称为方式B)。

在方式A中，死亡给付额固定，风险保额每期都进行调整，使得净风险保额与现金价值之和成为均衡的死亡给付额。这样，如果现金价值增加了，则风险保额会等额减少；反之，若现金价值减少了，则风险保额会等额增加。这种方式与其他传统的具有现金价值的给付方式的保单较为类似。

在方式B中，规定了死亡给付额为均衡的净风险保额与现金价值之和。这样，如果现金价值增加了，则死亡给付额会等额增加（见图5-1)。

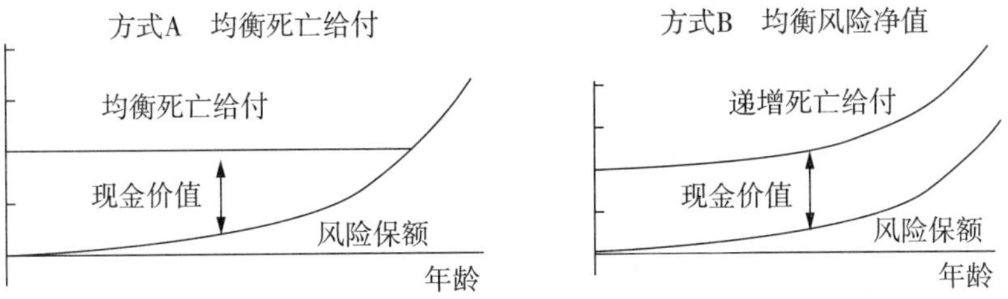

图 5-1 万能保险的死亡给付模式

②保费缴纳。

万能保险的缴费方式灵活，只要符合规定，投保人就可以在任何时间不定额地缴纳保费。大部分保险公司仅规定首期保费必须足以涵盖第一个月的费用和死亡成本，但实际上大多数投保人支付的首期保费都远远高于规定的最低金额。

灵活的缴费方式导致万能保险容易失效，为了解决这一问题，保险公司一般会根据保单计划所选择的目标保费，向投保人寄送保费通知书，提醒其缴费。另外，投保人一般也会同意签发其银行账户每月预先授权提款单据。

保险公司按投保人规划的保费金额向投保人寄送保费账单，投保人按账单金额缴纳保费。

③万能账户及结算利率。

《万能保险精算规定》中规定：万能账户应当提供最低保证利率，且不得为负；保险公司应当为万能保险设立万能账户，可为单独账户，也可为公司普通账户的一部分；保险公司应当为万能账户设立平滑准备金，用于平滑不同结算期的结算利率；平滑准备金不得为负，并且只能来自实际投资收益与结算利息之差的积累；当万能账户的实际投资收益小于最低保证利率时，保险公司可以通过减少平滑准备金弥补其差额。当金额不足时，保险公司应通过向万能账户注资补足差额。此外，保险公司不得以任何形式向万能保险账户注资；保险公司应尽量保持结算利率的平滑性。

④费用收取。

万能保险保单只可收取以下几种费用：初始费用、风险保费、保单管理费、手续费、退保费用。

4. 变额万能寿险

变额万能寿险，是将万能寿险的缴费灵活性和变额寿险的投资弹性结合起来的一种终身寿险。该寿险遵循万能寿险的缴费方式，保单持有人可以在规定的期限内自行决定每期保费支付金额，或在符合保单最低保额的条件下，任意选择降低或调高保险金额。变额万能寿险的投资与变额寿险一样，是多种投资基金的集合。保单持有人可以在一定时期内，将其现金价值从一个账户转移到另一个账户，但其死亡给付采取与万能寿险相同的方式，即由投保人选择。

专栏 5-3

万能保险在中国的发展

1979 年，美国加利福尼亚人寿保险公司推出了世界上第一款万能保险保单。由于其具有保费缴纳灵活、保额调整方便以及抵御通货膨胀等优点而受到美国保险市场的追捧，其保费收入在推出后的6年里已经达到美国寿险总保费收入的38%。之后，在经历了利率下跌、股市走强之后，美国人开始投资于具有更高收益的理财产品，万能保险的销售份额开始下降。但2000年以后，美国万能保险保费收入在寿险总保费收入中的比重仍维持在25%以上。

2000年，太平洋保险公司推出了我国国内首款万能保险产品。此后，保费规模飞速扩张，增长速度远超10%，特别是2007年发生的股市暴涨促使万能保险保费规模进一步提高至113%。在国际金融危机、新监管政策及新的会计准则的影响下，2008—2011年我国万能保险规模出现了明显的收缩，结算利率跌破4%，保险市场开始对万能保险的销售进行调整。2012年以后，保监会陆续发布保险资金运用新政策，不断放开不动产、股权、创业板、优先股、创业投资基金等投资行业和领域，万能保险进入了高速发展阶段。到2016年，我国万能保险保费规模占总保费的比例已经达到了31.4%。万能保险在2015年、2016年急速增长的同时，也引发了负债久期与资产久期错配、保险资金频繁举牌上市公司等一系列问题，促使监管部门加大了对万能保险的监管力度，直接导致了万能保险市场份额的明显下降。2017年万能保险保户（被保险人）储蓄金及投资款为6 363亿元，同比下降50.29%，占人身保险保费的比例为19.95%，下降了16.9个百分点。

第三节　意外伤害保险

一、意外伤害保险的概念

（一）意外伤害的含义

意外伤害保险中所称意外伤害是指，在被保险人没有预见到或违背被保险人意愿的情况下，突然发生的外来致害物明显、剧烈地侵害被保险人身体的客观事实，包含伤害和意外两层含义。

1. 伤害

伤害亦称损伤，是指被保险人的身体受到侵害的客观事实，由致害物、侵害对象、侵害事实三个要素构成。致害物即直接造成伤害的物体或物质，在意外伤害保险中，只有当致害物是外来的时，才被认为是伤害。侵害对象是致害物侵害的客体。在意外伤害保险中，只有当致害物侵害的对象是被保险人的身体时，才能构成伤害。侵害事实即致害物以一定的方式破坏性地接触、作用于被保险人身体的客观事实，如果致害物没有接触或作用于被保险人的身体，就不构成伤害。

2. 意外

意外是就被保险人的主观状态而言的。包含以下两个含义：

（1）被保险人事先没有预见到伤害的发生，可理解为伤害的发生是被保险人事先所不能预见或无法预见的，或者伤害的发生是被保险人事先能够预见的，但由于被保险人的疏忽而没有预见到。

（2）伤害的发生违背被保险人的主观意愿。主要表现为：被保险人预见到伤害即将发生但在技术上已不能采取措施避免；或在技术上可以采取措施避免，但由于法律或责任上的规定不能躲避。

3. 意外伤害的构成

意外伤害的构成包括意外和伤害两个必要条件。只有在意外的条件下发生伤害，才构成意外伤害。因此，意外伤害保险中的意外伤害可以定义为：在被保险人没有预见到或违背被保险人意愿的情况下，突然发生的外来致害物明显、剧烈地侵害被保险人身体的客观事实。

（二）意外伤害保险的含义

意外伤害保险简称意外险，是指在保险合同有效期内，被保险人由于遭受意外伤害造成死亡或残疾时，由保险人按照保险合同规定给付保险金的一类人身保险。

意外伤害保险通常包含以下三层含义：第一，必须有客观的意外事故发生，且事故原因是意外的、偶然的、不可预见的。第二，被保险人必须有因客观事故造成人身死亡或残疾的结果。第三，意外事故发生和被保险人遭受人身伤亡的结果之间有着内在的、必然的联系，即意外事故发生是被保险人遭受伤害的原因，而被保险人遭受伤害是意外事故的后果。

意外伤害保险的基本内容是，投保人向保险人缴纳一定量的保费，如果被保险人在保险期限内遭受意外伤害并以此为直接原因或近因，在自遭受意外伤害之日起的一定时期内造成死亡、残疾、医疗费支出或劳动能力丧失，则保险人给付被保险人或其受益人一定的保险金。

意外伤害保险的保障项目主要有：

一是意外死亡给付，即被保险人因遭受意外伤害造成死亡时，保险人给付死亡保险金。

二是意外残疾给付，即被保险人因遭受意外伤害造成残疾时，保险人给付残疾保险金。

意外死亡给付和意外残疾给付是意外伤害保险的基本责任，其派生责任包括医疗给付、误工给付、丧葬费给付和遗属生活费给付等。

专栏 5－4

意外伤害保险

2019 年 7 月 3 日，邓某在中国人寿保险公司桂林分公司为自己购买了一份“国寿安心意外伤害保险”，保费为 600 元，保额为 34 万元。当年 7 月 5 日，邓某驾驶一辆皮卡车行至云南弥勒市时不幸与一辆大货车相撞身受重伤，经医院抢救无效死亡。当亲属最近整理其遗物时，发现其生前在中国人寿购买了意外伤害保险，遂立即报案并申请索赔。该公司接到报案后多次派理赔员深入弥勒市交警部门和相关医院进行查勘，主动帮助受益人收集理赔资料，填写申请书，并开通理赔绿色通道，最终按保险条款责任及时将 34 万元保险理赔金送到了受益人手中。

二、意外伤害保险的特征

（一）保险金的给付

当保险事故发生时，死亡保险金按约定保险金额给付，残疾保险金多按保险金额的一定百分比给付。

（二）保费计算基础

意外伤害保险的纯保费是根据保险金额损失率计算的。这种方法认为被保险人遭受意外伤害的概率取决于其职业、工种或从事的活动，在其他条件都相同时，被保险人的职业、工种、所从事活动的危险程度越高，应缴的保费就越多。

（三）保险期限

意外伤害保险的保险期限较短，一般不超过一年，最多三年或五年。

（四）责任准备金

人寿保险的年末未到期责任准备金是依据生命表、利率、被保险人年龄、已保年限、保险金额等因素计算的。意外伤害年末未到期责任准备金按当年保费收入的一定百分比（如 40%、50%）计算，与财产保险相同。

三、意外伤害保险的可保风险分析

并非一切意外伤害都是意外伤害保险所能承保的。意外伤害按照是否可保，可分为不可保意外伤害、特约保意外伤害和一般可保意外伤害三种。

（一）不可保意外伤害

不可保意外伤害，也可理解为意外伤害保险的除外责任，即从保险原理上讲，保险人不应该承保的意外伤害，如果承保，则违反法律的规定或违反社会公共利益。

不可保意外伤害一般包括：

（1）被保险人在犯罪活动中所受的意外伤害。

（2）被保险人在寻衅斗殴中所受的意外伤害。

（3）被保险人在酒醉、吸食（或注射）毒品（如海洛因、鸦片、大麻、吗啡等麻醉剂、兴奋剂、致幻剂）后发生的意外伤害。

（4）由被保险人的自杀行为造成的伤害。

对于不可保意外伤害，在意外伤害保险条款中应明确列为除外责任。

（二）特约保意外伤害

特约保意外伤害，即从保险原理上讲虽非不能承保，但保险人考虑到保险责任不易区分或限于承保能力，一般不予承保，只有经过投保人与保险人特别约定，有时还要另外加收保费后才予以承保的意外伤害。

特约保意外伤害包括：

（1）战争使被保险人遭受的意外伤害。

（2）被保险人在从事登山、跳伞、滑雪、赛车、拳击、江河漂流、摔跤等剧烈的体育活动或比赛中遭受的意外伤害。

（3）核辐射造成的意外伤害。

（4）医疗事故造成的意外伤害（如医生误诊、药剂师发错药品、检查时造成的损伤、手术切错部位等）。

（三）一般可保意外伤害

一般可保意外伤害，即在一般情况下可承保的意外伤害。除不可保意外伤害、特约保意外伤害以外的意外伤害，均属一般可保意外伤害。

四、意外伤害保险的主要内容

(一) 意外伤害保险的保险责任

意外伤害保险的保险责任是保险人因意外伤害所致的死亡和残疾，不负责疾病所致的死亡。

只要被保险人遭受意外伤害的事件发生在保险期内，而且自遭受意外伤害之日起的一定时期内（在责任期限内，如 90 天、180 天等）造成死亡或残疾的后果，保险人就要承担保险责任，给付保险金。

1. 被保险人遭受了意外伤害

（1）被保险人遭受意外伤害必须是客观发生的事实，而不是臆想的或推测的。

（2）被保险人遭受意外伤害的客观事实必须发生在保险期限之内。

2. 被保险人死亡或残疾

（1）被保险人死亡或残疾的含义。

死亡即机体生命活动和新陈代谢的终止。在法律上发生效力的死亡包括两种情况：一是生理死亡，即已被证实的死亡；二是宣告死亡，即按照法律程序推定的死亡。

残疾包括两种情况：一是人体组织的永久性残缺（或称缺损）；二是人体器官正常机能的永久丧失。

（2）被保险人的死亡或残疾发生在责任期限之内。

责任期限是意外伤害保险和健康保险特有的概念，指自被保险人遭受意外伤害之日起的一定期限（如 90 天、180 天、一年等）。

在宣告死亡的情况下，可以在意外伤害保险条款中订有失踪条款或在保单上签注关于失踪的特别约定，规定被保险人确因意外伤害事故下落不明超过一定期限（如三个月、六个月等）时，视同被保险人死亡，保险人给付死亡保险金，但如果被保险人以后生还，受领保险金的人应把保险金返还给保险人。

责任期限对于意外伤害造成的残疾实际上是确定残疾程度的期限。

3. 意外伤害是死亡或残疾的直接原因或近因

（1）意外伤害是死亡或残疾的直接原因。

（2）意外伤害是死亡或残疾的近因。

（3）意外伤害是死亡或残疾的诱因。

当意外伤害是被保险人死亡或残疾的诱因时，保险人不是按照保险金额和被保险人的最终后果给付保险金，而是比照身体健康时遭受这种意外伤害会造成何种后果给付保险金。

(二) 意外伤害保险的给付方式

意外伤害保险属于定额给付性保险，当保险责任构成时，保险人按保险合同中约定的保险金额给付死亡保险金或残疾保险金。

死亡保险金的数额是保险合同中规定的，当被保险人死亡时如数支付。

残疾保险金的数额由保险金额和残疾程度两个因素确定。残疾程度一般以百分率表示，残疾保险金的计算公式是：

残疾保险金＝保险金额×残疾程度

在意外伤害保险中，保险金额同时也是保险人给付保险金的最高限额，即保险人给付每一名被保险人的死亡保险金、残疾保险金累计以不超过该被保险人的保险金额为限。

五、意外伤害保险的保费与责任准备金

（一）意外伤害保险的保费

在计算意外伤害保险的保险费率时，应根据意外事故发生频率及其对被保险人造成的伤害程度，对被保险人的危险程度进行分类，对不同类别的被保险人进行分类，分别制定保险费率。

一年期意外伤害保险的保费的计算一般按被保险人的职业确定，对被保险人按职业分类一般称为划分工种档次。

对不足一年的短期意外伤害保险的保险费率的计算，一般是按被保险人所从事活动的性质分类，分别确定保险费率。极短期意外伤害保险的保费的计收原则为：保险期不足1个月的，按1个月计收，超过1个月不足2个月的，按2个月计收，依此类推。短期保险费率高于相应月份占全年12个月的比例，对一些保险期限为几个星期、几天甚至几个小时的极短期的意外伤害保险来讲，保险费率往往更高。

（二）意外伤害保险的责任准备金

由于意外伤害保险业务是跨年度连续经营的，一方面，每一年度末决算时，都必须从当年的保费收入中提存一部分作为未到期责任准备金；另一方面，每一年度末决算时，应转回上年度末提存的准备金，作为当年的收入。

在计提一年期伤害保险的未到期责任准备金时，我们通常假设伤害保险事故的发生是服从均匀分布规律的，也就是在一年的保险期限内，每天发生保险事故的概率都是相同的，均为1/365。按照这种假设，每份一年期业务保险合同项下的保费收入都应该分为两部分，第一部分用于当年可能发生的保险事故，第二部分就是上年度末应提存的责任准备金，也是下年度末应转回的责任准备金。但实际中，还存在极短期意外伤害保险。保险人不可能对每一份意外伤害保险合同逐一提取责任准备金，因此应采用简便的方法估计年末应提存的责任准备金总额。为使一年期和极短期伤害保险责任准备金计提方法统一，对一年期及一年以内的人身保险业务均按当年保费收入的50%提存责任准备金。

第四节　健康保险

一、健康保险的概念与种类

健康保险是以人的身体为保障对象，保证被保险人在因疾病或意外事故所致伤害时发生的费用或损失获得补偿的一种保险。

健康保险中的疾病与伤害是两个完全不同的概念。健康保险所承保的疾病风险应符合以下三个条件：

第一，必须是由非明显的外来原因造成的。由外来的、剧烈的原因造成的病态被视为意外伤害，而疾病是由身体内在的、生理的原因所致。但若因饮食不慎、沾染细菌造成的

疾病，则不能简单视为外来因素，因为外来的细菌还是经过身体的抵抗以后，最后才形成疾病的。因此，要将是不是明显外来原因作为疾病和意外伤害的分界线。

第二，必须是由非先天的原因造成的。健康保险仅对被保险人的身体由健康状态转入病态承担责任。

第三，必须是由非长存的原因造成的。对于个人来讲，生理上长存的原因，比如衰老，不能称为疾病，不是健康保险的保障范围。

我国自 2019 年 12 月 1 日起施行的《健康保险管理办法》指出：健康保险，是指由保险公司对被保险人因健康原因或者医疗行为的发生给付保险金的保险，主要包括医疗保险、疾病保险、失能收入损失保险、护理保险以及医疗意外保险等。依法成立的健康保险公司、人寿保险公司、养老保险公司，经银保监会批准，可以经营健康保险业务。除此以外的保险公司，经银保监会批准，可以经营短期健康保险业务。

二、健康保险的主要特点

健康保险所承保的内容与一般人寿保险不同，其具有以下特点：

1. 承保风险复杂

健康保险承保风险的估测、保费的确定较其他险种复杂，其原因有两点：一是其风险变化快，规律很难把握，如医疗条件、人们的健康状况和医疗费用的不断变化都会增加其承保的风险；二是有人为因素发挥作用，在医疗费用中，医疗服务的数量和价格在很大程度上由医疗服务提供者决定，保险公司很难控制，导致其经营风险增加。

2. 承保条件严格

健康保险的承保条件一般比较严格，对影响疾病产生的因素需要进行相当严格的审查，一般是根据被保险人的病历来判断。另外，为防止已经患病的被保险人投保，保单中常规定了观察期。观察期多为半年，对于被保险人在观察期内因疾病支出的医疗费用或收入损失，保险人不负责任。观察期结束后，保单才正式生效。被保险人在体检中达不到标准条款规定的身体健康要求的，一般按照次标准体保单来承保，或提高保费，或重新规定承保范围。对于被保险人所患的特殊疾病，可单独制定特种条款、额外收费或列为责任免除。

3. 给付的特殊性

关于“健康保险是否适用损失补偿原则”问题，不能一概而论。费用型健康保险适用该原则，是补偿性的给付；而定额给付型健康保险则不适用，保险金的给付与实际损失无关。对前者而言，强调对被保险人因伤病所致的医疗花费提供补偿，这与人寿保险和意外伤害保险在发生保险事故时给付预先约定的保险金不同，而是类似于财产保险。因为它的这一特性，很多国家把健康保险和意外伤害保险列为第三领域，允许财产保险公司承保，我国财产保险公司也可以承保短期健康保险和意外伤害保险。

4. 损失费用共同分摊

对于健康保险，特别是其中的医疗费用保险，为了避免保险人在处理赔款时费用过高，健康保险保单通常通过规定免赔额条款、比例给付条款和给付限额条款，以达到被保险人和保险人费用共担的目的。其中，免赔额条款是规定保险人只负责赔偿超过免赔额的部分，未超过部分则需要被保险人自负。比例给付条款，是指对超过免赔额的医疗费用均按保险人与被保险人共同分摊的比例给付，如保险人承担80%～90%，被保险人承担其余部分。给付限额条款，是指在合同中规定最高保险金额，医疗费用实际支出超过部分由被保险人自己负担。

5. 承保期限较短，费率厘定复杂

健康保险通常是短期保险，除了重大疾病保险外，大多以一年为期。健康保险的保险费率的影响因素比一般寿险要复杂，主要包括患病率、发病率、残疾发生率、利率、费用率、死亡率等。此外，健康保险合同中规定的等待期、免赔额、共付比例、给付方式也会影响最终的费率。

6. 合同条款的特殊性

健康保险为被保险人提供医疗费用和残疾收入补偿，基本以被保险人的存在为条件，所以无须指定受益人，且被保险人和受益人常为同一个人。健康保险合同中，除适用一般寿险的不可抗辩条款、宽限期条款、不丧失价值条款等外，还采用一些特有的条款。

（1）观察期条款。观察期也称试保期，在健康保险保单中通常会规定一个观察期（如90天）。对于被保险人在观察期内因疾病或意外伤害所致收入损失和医疗费用支出，保险人不负责，即观察期内所患疾病推定为投保以前患有。待观察期结束后，其所患疾病为投保以后患有，由保险人负责，即观察期结束后保单才正式生效。

（2）免赔额条款。健康保险多采用绝对免赔方式。在约定的保险事故发生后，保险人只对被保险人医疗费用中超过免赔额的部分进行赔偿，免赔额以内由被保险人自己负担，目的是控制被保险人在接受治疗时的医疗费用总额，促进被保险人节省医疗费用。

（3）比例共保条款。比例共保条款也称共同分摊条款，是指按照医疗保险合同约定的一定比例由保险人与被保险人共同分摊被保险人医疗费用的保险赔偿方式。该规定可以使医生和病人在治疗过程中节约和减少医疗费用，避免医疗资源浪费。如果健康保险合同既有共保条款又有免赔额条款，则保险人对超出免赔额部分的医疗费用采用与被保险人按一定比例共同分摊的方法计算赔付。

三、健康保险的种类

（一）医疗保险

1. 医疗保险的含义

医疗保险是一种以保险合同约定的医疗行为发生为给付保险金条件，为被保险人接受诊疗期间的医疗费用支出提供保障的一种健康保险。医疗费用是病人为了治病而发生的各种费用，它不仅包括医疗费和手术费，还包括住院、护理、医院设备等方面的费用。医疗保险就是医疗费用保险的简称。

2. 主要业务种类

（1）普通医疗保险。

普通医疗保险是指保险人对被保险人因意外事故或疾病所致的一般性医疗费用承担给付责任的保险，主要包括门诊费、医药费、检查费等费用。由于医药费、检查费的支出难以控制，因此，该保险都有免赔额和共保比例的条款规定，保险人支付免赔额以上部分的一定百分比（如80%），保费每年规定一次。每次疾病所发生的费用累计超过保险金额时，保险人不再负保险责任。

（2）住院保险。

住院保险又称住院费用保险，指保险人承担被保险人因住院而发生的各项费用的疾病保险。住院费用主要包括住院床位费、住院期间的医生费用、使用医院设备费用、手术费、医药费等。由于住院时间的长短直接影响费用的高低，一般此险种都对每次住院的时间有所限制，并且对每日限额以及共保比例做出了规定，另外对住院津贴的保障项目也进行了限制。

（3）手术保险。

手术保险是指保险人对被保险人因疾病或意外事故需做必要的手术而发生的所有手术费用承担赔偿责任的保险，一般都有给付限额和给付期间的规定。

（4）综合医疗保险。

综合医疗保险是保险人为被保险人提供全面医疗费用保障的一种保险，其费用范围包括医疗费、住院费和手术费等一切费用。这种保单的保费较高，一般有免赔额和共保比例的规定。

3. 医疗保险的常用条款

（1）免赔额条款。

免赔额的计算方法一般有三种：一是单一赔款免赔额，即针对每次赔款的数额；二是全年免赔额，即按全年赔款总计，超过一定数额后才赔付；三是集体免赔额，这是针对团体投保而言的。

（2）比例给付条款。

比例给付条款又称共保比例条款。在大多数健康保险合同中，对于保险人医疗保险金的支出均有比例给付的规定，即对超过免赔额的医疗费用部分采用保险人和被保险人共同分摊的比例给付办法，既可按某一固定比例给付，也可按累进比例给付。

（3）给付限额条款。

保险人一般对医疗保险的最高给付有限额规定，以控制总支出水平。

专栏5-5

分项医疗保险的玄机

30岁的刘先生因病住院治疗，在此期间共花费医疗费用1万元，包括手术费3 500元、麻醉费600元、护理费300元、住院床位费2 000元、住院药费1 000元、膳食费600元、辅助检查费1 000元以及其他治疗费用1 000元。

由于年初投保了某寿险公司的费用型医疗保险，刘先生出院后就提交理赔申请，并在第一时间提供了诊疗单据、出院小结、病历卡等相关材料，但最终理赔结果却出乎刘先生的意料：仅理赔5 610元。刘先生表示不解，根据保险条款，理赔报销比例为85%，那么应该是8 500元，何以实际理赔额会相差那么多？

保险公司给出的解释是：根据保险条款，该医疗保险包含三大项保障：住院病房费用（包括床位费、膳食费、护理和诊疗费）保险金每日限额60元；住院手术费用（包括手术费和麻醉费）保险金每次限额2 400元；住院医疗费用（包括住院药费、治疗费、输血费及辅助检查费）保险金每次限额4 500元，报销比例均为85%，无免赔天数，不限于基本社保。因此，刘先生实际住院 20 天，实际理赔款项包括住院病房费用 1 020 元（=60 元/天×85%×20 天）、住院手术费用 2 040 元（=2 400 元×85%）、住院医疗费用 2 550 元（3 000 元×85%），总计 5 610 元。

（二）疾病保险

疾病保险是指以保险合同约定的疾病的发生为给付保险金条件的保险。通常这种保单的保险金额比较大，给付方式一般是在确诊为特种疾病后，立即一次性支付保险金额。在我国比较有代表性的疾病保险是重大疾病保险。

1. 疾病保险的基本特点

（1）个人可以任意选择投保疾病保险，作为一种独立的险种，它不必附加于其他某个险种之上。

（2）疾病保险条款一般都规定了一个等待期或观察期，观察期结束后保单才正式生效。

（3）为被保险人提供切实的疾病保障，且保障程度较高。

（4）保险期限较长。

（5）保费可以分期缴付，也可以一次性缴清。

2. 重大疾病保险

重大疾病保险又称重疾保险、特种疾病保险，是指以保险合同约定的疾病发生为给付保险金条件的保险，保险人仅以保险合同中订明的疾病为依据给付医疗保险金。重疾保险一般承保特种疾病，即那些较为严重的、难以治疗的疾病，如癌症、心脏病、重度烧伤、尿毒症、中风等。通常这种保险的保险金额较高，以满足特种疾病对各种医疗费用的需要。重疾保险的给付方式一般是在被保险人被确诊患有特种疾病后，保险人立即一次性支付保险金。

（三）护理保险

护理保险，是指以保险合同规定的、由日常生活能力障碍所引发的护理需要为给付保险金条件，为被保险人的护理支出提供保障的保险。

长期护理保险是为因年老、疾病或伤残而需要长期照顾的被保险人提供护理服务费用补偿的健康保险。长期护理保险的保险范围分为医护人员看护、中级看护、照顾式看护和家中看护四个等级，但早期的长期护理保险产品不包括家中看护。典型长期看护保单要求被保险人不能完成下述五项活动中的两项即可：①吃饭；②沐浴；③穿衣；④如厕；⑤移动。除此之外，患有阿尔茨海默病（俗称老年痴呆症）等影响认知能力的疾病的人通常需要长期护理，但他们能执行某些日常活动。为解决这一矛盾，目前所有长期护理保险已将阿尔茨海默病患者和阿基米得病患者及其他精神疾病患者包括在内。

长期护理保险保险金的给付期限有一年、数年和终身等几种不同的选择，同时也规定有 20 天、30 天、60 天、90 天、100 天或者 180 天等多种免责期。免责期愈长，保费愈低。

长期护理保险的保费通常为平准式，也有每年或每一期间固定上调保费者，其年缴保费因投保年龄、等待期间、保险金额和其他条件的不同而有很大区别。一般都有豁免保费保障，即保险人开始履行保险金给付责任的 60 天、90 天或 180 天起免缴保费。此外，所有长期护理保险保单都是保证续保的，还有不没收价值条款规定。

2006年6月15日，中国人民健康保险股份有限公司在全国范围内推出了“全无忧长期护理个人健康保险”，这是国内首个具有全面保障功能的长期护理保险，填补了该类业务在国内保险市场的空白。截至2014年底，我国共有10余家保险公司开办了长期护理保险业务，市场上在售的该类保险产品也已超过30种。随着社会经济的不断发展，人们对于长期护理保险的需求不断攀升。在我国，长期护理保险的保险期间不得短于5年。

专栏5-6

《2018—2019中国长期护理调研报告》

2020年，中国保险行业协会与中国社会科学院人口与劳动经济研究所联合发布了《2018—2019中国长期护理调研报告》（以下简称报告）。

报告以23个已开展长期护理保险制度试点的城市为调查框架，以居住于当地主城区的60岁及以上老年人和30～59岁成年人两个人群为调查对象，系统分析了老年人生活活动能力、失能老人“护理服务对象”、成年人对失能风险的认知偏差及护理规划意愿等问题。报告显示，调查地区有4.8%的老年人处于日常活动能力（即ADL）重度失能状态、7%处于中度失能状态，总失能率为11.8%。基本自理能力的衰弱也伴随着独立生活能力（即IADL）的退化。依赖程度最严重——ADL和IADL均重度依赖——的老年人占比达25.4%，即有四分之一的老人需要得到全方位的照料。

处于不同失能状态的老年人有着不同的护理服务需求。对于中度及重度失能老人，子女、亲属等非专业人员是主要的服务供给者，但服务重心随失能程度的加重逐渐朝专业机构转移。对重度失能老人来说，养老院或老年公寓的重要性显著加强。

中度及重度失能老人均面临较大的服务缺口和保障缺口。服务供给不足集中在协助服药、压疮护理、心理咨询等医疗护理服务方面，日常生活服务相对过剩。在费用支出方面，个人筹资水平较高，老人的支付意愿也远低于实际支付水平，保险保障尤其是商业保险的作用亟待提高。

报告发现，66%的受访成年人对自身失能风险持过于乐观的态度，低估了未来的护理服务需求。超过一半的成年人认为必须在年轻时就进行护理规划，但更多人认为规划的执行十分困难。护理规划的重要性和可行性之间的这一矛盾反映在商业人身保险配置组合上：与失能风险直接相关的长期护理保险在各类商业人身保险中的购买率最低。

（四）收入损失补偿保险

收入损失补偿保险也称失能收入补偿保险，是指以保险合同约定的疾病或者意外伤害导致工作能力丧失为给付保险金条件，为被保险人在一定时期内收入减少或者中断提供保障的保险。该保险分为两种：一种是补偿因伤害所致残疾而造成的收入损失；另一种是补偿因疾病所致残疾而造成的收入损失。该保险的给付具有以下特点：

（1）给付方式是按月或按周进行。收入损失补偿保险一般不按年或按次给付，而是按月或按周进行补偿，以便及时观察被保险人实际残疾状况的变化，同时更好地维持被保险人的生活开支。

(2) 给付期限可短可长。短期补偿的期限一般为一至两年；长期补偿通常规定给付到60岁或退休或被保险人死亡。

(3) 有推迟期的规定。残疾后的前期称为推迟期，在此期间不给付任何补偿，推迟期一般为3个月或半年。因为在短时间内被保险人有一些积蓄，还可以维持一定的生活，同时取消对短期残疾的给付可以减少保险成本。

(4) 实行比例给付。在完全残疾的情况下，残疾给付一般只补偿原来实际收入水平的75%～90%，以鼓励残疾人积极寻求力所能及的劳动，实现自我补偿；在部分残疾的情况下，按残疾前后收入的差额进行补偿。

四、健康保险的保险费率和准备金

(一) 保险费率

决定健康保险的保险费率的因素主要包括：疾病发生率、残疾发生率、疾病持续时间、利率、费用率、失效率、死亡率等。其他因素如展业方式、承保习惯、理赔原则及保险公司的主要目标等也会影响健康保险的保险费率。此外，医院管理和医疗方法、经济发展、地理环境等条件的变化同样会给我们对将来赔款的预测带来影响，但这些因素不容易被完整、准确地预测。这说明健康保险的保险费率的计算方式与一般寿险有明显的不同。健康保险的保险费率的计算方式有以下四种。

1. 统一费率

在这种方式下，保费的收取不随年龄的变化而变化，或在较大的年龄档间（如所有在职职工），所有被保险人适用同一费率。这种方式一般在赔付率与年龄关系不大的条件下被采用。

2. 阶梯费率

在这种方式下，规定被保险人在不同的年龄段内缴纳不同的保费。一般来说，保费在达到某个规定的年龄时，就会增加，例如费率每10年增加一次，随年龄段呈现阶梯形。

3. 逐年变动费率

在这种方式下，费率每年都发生变化，即每年都采用国内新费率。它一般适用于医疗费用保单，因为医疗费用的增加是一种不容易预测的因素。

4. 均衡保费

在这种方式下，每年收取相等的保费，这与一般寿险的平均保费原理相同，要求逐年建立准备金以备将来支付。

以上各种方式虽有各自的优势，但它们都必须同时考虑风险的估测、费用支付、利润等问题。对于身体健康状况不能达到标准条款规定但可以有条件承保的被保险人，可以按照次标准体保单来承保，在制定费率时往往采用以下方法：(1) 减少保单收益支付期，如限制住院天数等；(2) 减少保单收益，如支付金额等；(3) 延长等待期；(4) 规定除外责任或者进行限制保障。

(二) 准备金

对于一年期或短期健康保险往往采用非寿险方式计提责任准备金，而对于长期健康保险，其损失发生的概率与年龄有关，因此采用寿险方式计提责任准备金。

我国《健康保险管理办法》第五十条规定："对于短期健康保险业务，保险公司应当提取未到期责任准备金。短期健康保险提取未到期责任准备金，可以采用下列方法之一：（一）二十四分之一毛保费法（以月为基础计提）；（二）三百六十五分之一毛保费法（以天为基础计提）；（三）根据风险分布状况可以采用其他更为谨慎、合理的方法，提取的未到期责任准备金不得低于方法（一）和（二）所得结果的较小者。”《健康保险管理办法》第五十一条规定：“短期健康保险未到期责任准备金的提取金额应当不低于下列两者中较大者：（一）预期未来发生的赔款与费用扣除相关投资收入之后的余额；（二）在责任准备金评估日假设所有保单退保时的退保金额。未到期责任准备金不足的，应当提取保费不足准备金，用于弥补未到期责任准备金和前款两项中较大者之间的差额。”

专栏5-7

新的《健康保险管理办法》

原《健康保险管理办法》是2006年颁布实施的，对规范和推动我国健康保险发展发挥了重要作用。但近些年，我国健康行业内外部环境发生了深刻变化，这对健康保险的监管和经营提出了新的要求。2019年10月30日，银保监会正式发布了修订后的《健康保险管理办法》（以下简称《办法》）。

《办法》强调了“回归本源，保险姓保”的监管基调，指出健康保险是国家多层次医疗保障体系的重要组成部分，坚持健康保险的保障属性，鼓励保险公司遵循审慎、稳健原则，不断丰富健康保险产品，改进健康保险服务，扩大健康保险覆盖面，并通过有效管理和市场竞争降低健康保险价格和经营成本，提升保障水平。

《办法》强调了适应市场化的供给侧改革。明确长期医疗保险可以进行费率调整，以适应疾病谱变化、医疗技术进步和医疗费用变动情况；删除短期个人健康保险费率浮动的相关表述，将定价权交予市场决定，适应当前费率市场化方向。鼓励商业健康产品和服务模式创新，包括鼓励对新药品、新医疗机械和新诊疗方法提供保障，将康复性支出纳入费用补偿性医疗保险范围，将医疗意外险纳入健康保险范畴等要求，丰富了健康保险的保障范围和产品形态。

《办法》进一步规范了健康保险经营行为，从而保护了消费者权益：提出了保险公司销售健康保险产品时不得强制搭售其他产品、不得诱导重复购买保障功能相同或者类似的费用补偿型医疗保险产品等禁止性规定；明确保险公司不得要求投保人提供或者非法收集、获取被保险人除家族病史之外的遗传信息或者基因检测资料；吸收采纳近年来相关医改政策，如针对贫困人口给予倾斜支持等；明确了经营健康保险应当具备的条件，除健康保险公司外，要求其他保险公司、相互保险组织开展健康保险必须成立专门健康保险事业部，能够独立核算，推进健康保险专业化经营；坚持健康保险的保障属性，明确医疗保险、疾病保险和医疗意外保险产品不得包含生存保险责任，护理保险只能以生活能力障碍引发护理需求作为赔付条件等。

《办法》鼓励健康产业生态融合。《办法》增加了第六章“健康管理服务与合作”，鼓励保险公司将健康产品与健康服务结合起来，以实现降低健康风险、减少疾病损失的目标，并要求经营医疗险的保险公司加强与医疗机构、健康管理机构、康复服务机构等的合作，为被保险人提供优质、方便的医疗服务。

《办法》鼓励大数据和科技在健康保险行业的运用。一是明确在某些情况下，保险公司可以通过互联网对被保险人的数字化理赔材料进行审核，简化理赔流程，提升服务效率；二是鼓励保险公司与医疗机构、基本医保部门进行信息对接和数据共享；三是鼓励保险公司将大数据等新技术运用于产品开发、风险管理等环节。

思考与练习

1. 简述人身保险的基本特征。
2. 简述人身保险合同的主要条款。
3. 简述定期寿险的特征。
4. 简述新型人寿保险的特点和主要产品。
5. 简述年金保险的概念及种类。
6. 简述意外伤害及意外伤害保险的含义。
7. 考虑以下人群可能需要哪些类型的人身保险：(1) 你的父母；(2) 刚出生的婴儿；(3) 身体孱弱、经常住院的病人；(4) 退休后没有经济来源的老年人；(5) 刚参加工作的年轻单身男子；(6) 美国总统；(7) 战地记者。
8. 万能人寿保险产品与传统寿险产品相比有哪些优势与劣势？为什么健康保险通常采用短期合同，且费率的厘定主要使用非寿险精算技术？为什么一般来说健康保险面临的道德风险和逆向选择问题都比寿险严重？健康保险合同的设计可以从哪些方面防止这些情况的频繁发生？
9. 有人认为健康保险的存在会导致医疗费用的上升和医疗资源的不必要浪费。你是如何看待这个问题的？

第6章

财产保险

学习目标

1. 理解财产保险的概念及其业务体系
2. 掌握财产保险的基本特征
3. 了解火灾保险的基本内容及主要险种
4. 了解机动车辆保险及第三者责任保险的基本内容
5. 了解货物运输保险的基本内容及特点
6. 了解工程保险的特点

【本章引导】 电梯受损，保险人是否要赔偿？

某单位向A保险公司投保财产综合险，承保房屋建筑及附属机器设备。在保险期间，被保险人向保险公司报案，表示投保设备中有一部电梯线路起火，造成配电柜起火，导致两部进口电梯受损，索赔金额超过100万元。接到报案后，保险公司对事故现场进行查勘。现场查勘没有看到火灾的情景，只是在空气中有较重的胶皮气味，对损失标的进行检查后发现线路有烧焦痕迹，配电柜多处有熏黑痕迹，经检验该配电柜多处受损，需重新更换。

本案审核的重点是：该事故是否属于火灾保险范畴？财产综合险的责任范围和除外责任是什么？根据什么原则判定保险人是否要负责？

财产综合险是财产保险中的一类。财产保险所涉及的保险标的类型庞杂，所承保的风险种类较多，是保险市场的重要组成部分。本章介绍财产保险的基本类型、概念及不同险种的保险标的、保险责任范围和除外责任等。

第一节　财产保险概述

一、财产保险的概念

财产保险是以财产及与财产相关的利益为保险标的、以自然灾害及意外事故为保险事故的保险，它是保险人对被保险人的财产及其有关利益因发生保险责任范围内的灾害事故所遭受的经济损失给予补偿的保险。

财产保险有广义与狭义之分。广义财产保险是人身（寿）保险之外一切保险业务的统称，是以物质财产及有关利益、责任和信用等为保险标的的保险。它的保险标的可以是处于静止状态的财产，如建筑物、存货等，也可以是处于流动状态的财产，如汽车、船舶和运输中的货物；可以是有形的财产，如厂房、设备等，也可以是无形的财产，如信用、责任等。狭义财产保险亦可称为财产损失保险，它专指各种有形财产损失的保险，责任保险与信用保险、人身意外伤害保险与短期健康保险均不属于此列。

二、财产保险的特征

财产保险的共同特征主要有以下几点。

1. 保险标的具有广泛性

财产保险业务承保的范围非常广泛，承保对象既有法人团体，又有居民家庭和个人。保险标的不仅包括形态各异的有形物质财产，而且包括各种非物质形态的财产，如利润、运费、各种民事经济赔偿责任和商业信用。

2. 保险利益具有特殊性

财产保险不仅要求投保人在投保时对保险标的具有保险利益，而且要求保险利益在整个保险期间存在，特别是保险标的发生保险事故时，被保险人对其必须具有保险利益，否则保险人不承担保险赔偿责任。这一特点旨在防止投保人或被保险人放任、促使其不具有保险利益或仅低于保险金额的保险利益的保险标的发生保险事故而牟取保险赔偿。但根据国际惯例，在海上保险中可不要求投保人在投保时对保险标的具有保险利益，只要求被保险人在保险标的受损时具有保险利益。

3. 经营内容具有复杂性

财产保险经营内容的复杂性具体表现在以下几个方面：

（1）承保技术复杂。由于财产损失保险的标的种类繁多，需要保险人分门别类地做好风险调研、评估和费率测算等工作，涉及的技术门类和需要运用的知识多，从而在整体上呈现出复杂性。

（2）风险管理复杂。由于财产保险的风险相对集中，主要集中于自然灾害和意外风险，保险金额巨大，一旦发生巨型灾害，如台风、地震、洪水等，可能导致巨大损失，直接影响保险公司的财务稳定性，因此，除了做好常规的风险管理外，财产保险公司还需要安排再保险、巨灾风险准备金等风险分散及管理措施。

4. 防灾防损特别重要

各种财产损失保险不仅需要保前控制风险，而且尤其需要重视保险期间对风险的控制。因此对于经营财产损失保险的保险公司来讲，防灾防损是很重要的内容和经营环节，保险公司通常需要设置专门的防灾防损机构。

三、财产保险的业务分类

财产保险业务是一个庞大的体系，可以根据不同的标准划分不同的类型：按投保时是否确定保险标的的价值，可分为定值保险和不定值保险；按保险标的的内容，可分为物质财产保险、经济利益保险和责任保险；按实施方式不同，可分为强制保险和自愿保险；按保险标的的价值与保险金额的关系，可分为足额保险、不足额保险和超额保险等；按照保障的风险及范围，可分为财产损失保险、责任保险和信用保证保险（见表 6－1）。

表 6－1　广义财产保险的业务体系

第一层次	第二层次	第三层次
财产损失保险	火灾保险	企业财产保险
		家庭财产保险
	运输保险	运输工具保险
		货物运输保险
	工程保险	建筑工程保险
		安装工程保险
		科技工程保险
	农业保险	种植业保险
		养殖业保险
责任保险	公众责任保险	综合公共责任保险
		场所责任保险
		承包人责任保险
		承运人责任保险
	雇主责任保险	
	职业责任保险	医疗职业责任保险
		律师职业责任保险
		会计师职业责任保险
		建筑、工程技术人员职业责任保险
	第三者责任保险	工程第三者责任保险
		运输工具第三者责任保险

第一层次	第二层次	第三层次
信用保证保险	信用保险	商业信用保险
		出口信用保险
		投资保险
	保证保险	合同保证保险
		产品保证保险
		诚实保证保险

第二节　火灾保险

一、概念与特征

（一）概念

火灾保险，简称火险，是指以存放在固定场所并处于相对静止状态的财产物资为保险标的，由保险人承担保险财产遭受保险事故损失的经济赔偿责任的一种财产保险。

作为财产保险中最常见的一种业务来源，火灾保险因早期只承保陆地上财产的火灾风险而得名，但后来逐渐发展到了承保各种自然灾害与意外事故。因此，就保险责任而言，火灾保险早已超出了当初的承保范围，其名称是保险界对此类业务的传统叫法。

（二）基本特征

火灾保险具有如下三个特征：

（1）保险标的是陆地上处于相对静止状态下的各种财产物资。动态条件下或处于运输中的财产物资，不能作为火灾保险的投保标的。

（2）承保财产的存放地址是固定的，被保险人不得随意变动。如果被保险人随意变动被保险财产的存放地址或处所，将直接影响保险合同的效力。

（3）承保的责任风险很广泛，不仅包括各种自然灾害与多种意外事故，而且包括附加投保有关责任保险、信用保险、附加利润损失保险、附加盗窃保险等。可见，火灾保险的承保风险与附加险的组合实际上将保险责任扩展至大部分可保风险。

二、基本内容

（一）保险标的

火灾保险的可保财产非常广泛，就保险标的的范围而言包括以下几个方面：（1）房屋及其他建筑物和附属设备；（2）各种机器设备、工具、仪器及生产用具；（3）管理用具及低值易耗品、原材料、半成品、在产品、产成品或库存商品，以及特种储备商品；（4）各种生活消费资料等。对于某些市场价格变化大、保险金额难以确定、风险较为特别的财产物资，如古物、艺术品、道路、涵洞、矿井矿坑等，则需要经过特别约定的程序才能承保。

（二）适用范围

火灾保险是适用范围最广泛的一种保险业务。各种企业、团体、学校及机关单位等均可以投保团体火灾保险；而城乡居民家庭和个人均可投保家庭财产保险。

（三）保险责任与责任免除

我国火灾保险承保的保险责任分为财产基本险保险责任和财产综合险保险责任。

财产基本险的保险责任采取列明风险的方式来确定，保险人只承担列明风险所导致的保险标的的损失，包括三大类：一是因自然灾害或者意外事故而导致的损失；二是被保险人拥有财产所有权的自用供电、供水、供气设备因事故而造成“三停”引起的损失；三是抢救损失和施救保护费用。

财产综合险除承担基本险的保险责任外，还扩展了暴雨、洪水、台风、暴风、龙卷风、雪灾、雹灾、冰凌、泥石流、崖崩、突发性滑坡、地面突然坍塌共12种列明的自然灾害。责任免除是火灾保险中除外不保的风险，包括：战争；军事行动；核辐射或污染；被保险人的故意行为；被保险财产遭受保险条款所列明的自然灾害或意外事故引起的停工、停业的损失以及各种间接损失；被保险财产本身缺陷、保管不善导致的损失；被保险财产变质、霉烂、受潮、遭虫咬、自然磨损以及损耗导致的损失；堆放在露天或罩棚下的被保险财产以及罩棚由于暴风、暴雨造成的损失；其他不属于保险责任范围内的损失和费用。

（四）保险金额

我国的企业财产保险金额是根据被保险财产的性质确定的，固定资产和流动资产保险金额的确定方法也不一样。

固定资产保险金额的确定方法主要有三种：一是按账面原值确定保险金额；二是按账面原值加成数确定保险金额；三是按重置、重建价值确定保险金额。

流动资产保险金额的确定方法有两种：一是按最近月份的账面余额确定保险金额；二是按最近一年账面平均余额确定保险金额。

专项资产可以按照最近月份的账面余额确定保险金额，也可以按计划数确定保险金额。代保管财产由于保管人对其负有经济安全责任，也可以投保。对于有代保管登记的财产，可以根据账面反映的价值确定保险金额；对于账上不反映的账外财产，则可由投保人估价投保。

在家庭财产保险中，保险金额则需要分为房屋及其附属设施、家用电器、其他家庭用品等项来分别确定，分项越细越好。家庭财产保险的保险金额一般由投保人自己确定，且通常以千元为计算单位。

（五）保险费率

我国企业财产保险的费率主要有以下三大类。

1. 基本险费率

在企业财产保险经营中，保险人必须在同类财产总的平均费率的基础上，按照被保险财产的种类，分别制定级差费率。一般而言，影响企业财产保险级差费率的主要因素有：房屋的建筑等级、结构、占用性质、危险种类、安全设施、防火设备等。基本险费率又分为工业险费率、仓储险费率和普通险费率三类，每类均按占用性质确定不同的级差费率。

（1）工业险费率。凡从事制造、修配、加工生产的工厂，均按工业险费率计收保费。

工业险费率分为六个级别：第一级工业危险程度最小，保险费率最低；第六级工业危险程度最大，保险费率最高。各级工业险费率如表 6 - 2 所示。

表 6 - 2　工业险费率表（‰）

类别	序号	占用性质	基本险年费率	综合险年费率	
				费率 1	费率 2
工业类	1	第一级工业	0.60	1.60	1.00
	2	第二级工业	1.00	2.00	1.50
	3	第三级工业	1.45	2.40	2.00
	4	第四级工业	2.50	4.00	3.50
	5	第五级工业	3.50	6.40	5.00
	6	第六级工业	5.00	8.00	7.00

（2）仓储险费率。凡储存大宗物资的仓库、露堆、罩棚、油槽、储气柜、地窖等，都适用仓储险费率。根据仓储商品和物资的性质以及危险程度，仓储险费率可分为四个级别：一般物资、危险品、特别危险品、金属材料和粮食专储（见表 6 - 3）。

表 6 - 3　仓储险费率表（‰）

类别	序号	占用性质	基本险年费率	综合险年费率	
				费率 1	费率 2
仓储类	7	一般物资	0.60	1.50	1.00
	8	危险品	1.50	3.00	2.00
	9	特别危险品	3.00	5.00	4.00
	10	金属材料和粮食专储	0.35	1.00	0.50

（3）普通险费率。工业和仓储业以外的其他行业，适用普通险费率，可按照占用性质和危险程度分为三个等级：社会团体、机关、事业单位费率最低；石油化工商店、文化娱乐场所、加油站等费率最高（见表 6 - 4）。

表 6 - 4　普通险费率（‰）

类别	序号	占用性质	基本险年费率	综合险年费率	
				费率 1	费率 2
普通类	11	社会团体、机关、事业单位	0.65	1.60	1.00
	12	综合商社、饮食服务业、商贸、写字楼、展览馆、体育场所、交通运输业、牧场、农场、林场、科研院所、住宅、邮政、电信、供电高压线路、输电设备	1.50	2.40	2.00
	13	石油化工商店、液化石油气供应站、日用杂品商店、废旧物资收购站、修理行、文化娱乐场所、加油站	2.50	3.00	3.00

2. 综合险费率

综合险费率是经投保人和保险人协商扩大责任范围或者保险标的范围而增加的费率。综合险费率的类别与基本险大致相同，且通常要高于同级基本保险费率。另外，综合险年费率按照地域不同划分为费率1和费率2，费率1适用于华北、西北和东北地区，费率2适用于华东、中南及西南地区。

3. 短期费率

企业财产保险的费率通常是以一年为期限的年费率。为适应不到一年的短期保险的需求，财产保险有短期基本险和综合险的费率表，对保险期限不足一年或者被保险人要求中途退保的，保险人均按规定的短期费率收费或者退费（见表6-5）。

表6-5 短期费率表

保险期（月）	1	2	3	4	5	6	7	8	9	10	11	12
短期月费（%）	10	20	30	40	50	60	70	80	85	90	95	100

说明：不足一个月的部分按一个月计收。

（六）保险理赔

发生火灾保险理赔时，保险人需遵循财产保险的一般理赔程序和理赔原则开展赔偿工作。同时应注意以下事项：

（1）企业财产保险一般采用不定值保险方式。当企业保险的财产发生保险责任事故时，要分析合同是否为足额保险合同。如果是足额保险合同，那么当发生全部损失时，在保险金额范围内按实际损失赔偿，最高不能超过保险金额；如果是部分损失，则按实际损失赔偿。如果保险合同是不足额保险，则要求按保障的比例赔偿。

（2）固定资产赔款应根据明细账分项计算，其中每项固定资产的最高赔偿金额均不得超过其投保时确定的保额。保险事故发生后，为了减少保险财产损失，被保险人对保险财产采取施救、保护、整理措施而支出的必要、合理费用，保险人应给予合理赔偿，以上费用的最高赔偿金额，以不超过其保险金额为限。

（3）注意扣除残值和免赔额。在火灾保险理赔案中往往存在损余物资，保险人在赔偿时应当作价抵充赔款，同时扣除免赔额，以维护保险人的合法权益。

（4）对团体火灾保险一般采用比例赔偿方式进行赔偿，家庭财产保险按惯例使用第一危险赔偿方式，即在保险金额的范围内，按家庭财产的实际损失进行赔偿，但在有些业务中也交叉使用。

三、主要险种

（一）财产保险基本险

财产保险基本险，是以企事业单位、机关团体等的财产物资为保险标的，由保险人承担被保险人财产所面临的基本风险责任的财产保险，它是团体火灾保险的主要险种之一。

根据我国现行财产保险基本险条款，该险种承担的保险责任包括：

（1）因自然灾害或意外事故导致的损失，如火灾、雷击、爆炸等自然灾害造成的损失。

（2）飞行物体和空中运行物体坠落导致的损失。如该责任涉及第三方的责任，则保险人在赔偿后，可以依法行使代位追偿权。

（3）被保险人拥有财产所有权的自用供电、供水、供气设备因保险事故遭受破坏，引起停电、停水、停气以及造成保险标的的直接损失，保险人亦予以赔偿。

（4）必要且合理的施救费用。

（二）财产保险综合险

财产保险综合险也是团体火灾保险业务的主要险种之一，它在适用范围、保险对象、保险金额的确定和保险赔偿处理等内容上，与财产保险基本险相同，不同的只是保险责任较财产保险基本险有所扩展。

根据现行财产保险综合险条款的规定，保险人承保该种业务时所承担的责任包括：（1）火灾、爆炸、雷击；（2）暴雨；（3）洪水；（4）台风；（5）暴风；（6）龙卷风；（7）雪灾；（8）雹灾；（9）冰凌；（10）泥石流；（11）崖崩；（12）突发性滑坡；（13）地面突然塌陷；（14）飞行物体及其他空中运行物体坠落。

但在保险实务中，通常会在原有条款基础上，附加设计一些特定的责任，甚至单独的合同条款，以供投保人根据需要选择。例如，在财产险基本险的特约责任中，特约承保各种自然灾害的主要有附加雪灾、冰凌、泥石流、崖崩、突发性滑坡保险条款；特约承保意外事故的主要有附加水暖管道爆裂保险条款；特约承保外来原因的主要有附加盗抢保险条款；特约扩展承保保险标的的主要有附加计算机及其附属设备保险、附加装潢保险条款。在综合险基础上的特约责任条款主要有附加装潢险条款，附加罩棚、露堆财产保险条款，水暖管爆裂保险条款，计算机及其附属设备保险以及盗抢保险条款等。

（三）家庭财产保险

家庭财产保险是面向城乡居民家庭或个人的火灾保险。它是个人和家庭投保的最主要险种。凡存放、坐落在保单列明的地址，属于被保险人自有的家庭财产，都可以向保险人投保家庭财产保险。

家庭财产保险的特点在于：投保人是以家庭或个人为单位，业务分散，额小量大，风险结构以火灾、盗窃等风险为主，主要险种包括：

1. 普通家庭财产保险

它是专门为城乡居民家庭开设的一种通用型家庭财产保险业务，保险期限为一年，保险费率采用千分率，由投保人根据保险财产实际价值确定保险金额作为保险人赔偿的最高限额。

2. 家庭财产两全保险

该保险不仅具有保险的功能，还兼具到期还本的功能。即，被保险人向保险人缴付保险储金，保险人以储金在保险期内所生利息为保费收入；当保险期满时，无论是否发生过保险事故或是否进行过保险赔偿，其本金均需返还给被保险人。这种保险是在普通家庭财产保险的基础上衍生出来的，其他内容与其相同。

3. 房屋及室内财产保险

目前财产保险市场上该类保险分为三种：（1）一般的房屋保险；（2）除房屋外还包括室内财产的保险；（3）贷款抵押房屋保险，即保险公司以个人或家庭通过抵押方式购买的商品房为保险标的而推出的险种。

4. 安居类综合保险

该类保险是集房屋、室内财产和责任保险为一体的具有组合特征的综合型保险。被保险人可根据自身需要，选择投保包括房屋在内的一般家庭财产保险，还可投保现金、珠宝、有价证券甚至民事赔偿风险。该类保险可以满足消费者的基本需求及个性化需求。

5. 投资保障型家庭财产保险

它是集保障性、储蓄性、投资性于一身的新型家庭财产保险险种。此类险种一般既能使被保险人获得保险保障，又能使投保人（或被保险人）收回本金并确保获得高于银行同期存款利率的投资回报。

6. 专项家庭财产保险

专项家庭财产保险主要有家用液化气罐保险、家用电器保险、摩托车保险等，投保人可根据需要选择投保。

第三节　运输保险

一、运输保险的概念及特征

（一）概念

运输保险是指以处于流动状态的财产为保险标的的物质损失保险，包括运输工具保险和货物运输保险。这种保险的共同特点是，保险标的处于运输状态或经常处于运输状态，这与火灾保险不同。火灾保险要求保险标的存放在固定场所和相对处于静止状态。

在整个财产保险业务中，运输保险业务占有非常重要的地位，主要包括货物运输保险、机动车辆保险、船舶保险、航空保险、摩托车保险等业务。运输保险业务是各财产与责任保险公司非常重视的业务来源。

（二）运输保险的特征

运输保险与其他保险不同，其总体特征包括以下几点：

（1）保险标的的流动性强。在运输保险中，无论是运输工具保险还是货物运输保险，其保险标的都处于流动状态或者经常处于流动状态。此特点决定了保险标的及其风险很难受到保险人的控制，甚至很难受到被保险人的控制。

（2）保险风险大而复杂。相较其他物质财产保险而言，运输保险面临的风险要大得多，既存在于保险标的处于静止状态时，又存在于保险标的处于流动状态时。保险人在承保运输保险时，一方面需要承担该项标的在固定场所可能面临的各种风险，另一方面需要承担标的运行过程中所面临的特殊风险，例如碰撞、倾覆、出轨、触礁、搁浅、隧道坍塌等，这在无形中增加了保险人的风险。

（3）保险标的异地出险频繁。由于保险标的具有流动性，所以许多运输保险事故并非发生在保险合同签订地或者保险人所在地，而是发生在异地。如在上海投保的汽车可能在北京发生碰撞事故，在内蒙古投保的货物可能在运往深圳的途中受损，在本国投保的飞机甚至在异国出险等。运输保险异地频繁出险给保险人处理赔案带来了不便，并且会增加查勘定损费用，为解决这一问题，保险公司通常采用委托查勘理赔的方式处理异地发生的运输赔案。

（4）涉及第三者责任。在运输工具保险中，一旦发生事故，往往涉及损害第三者或公众的利益，如果受到损害的第三者的索赔属于保险责任范围，则保险人必须承担保险范围内对第三者的赔偿责任。在货物运输保险中，由于货物在运输中直接受承运人控制，所以一旦货物受损，一般首先就需要追究第三方，即承运人的责任。如果承运人有责任，则保险人通常要行使代位追偿权。因此，运输保险的关系虽然只存在于保险人与被保险人之间，但在实务中往往还涉及第三方。

二、运输工具保险

运输工具保险是专门承保各种机动运输工具（包括机动车辆、船舶、飞机、铁路车辆等各种以机器为动力的运载工具）的保险业务。因此，运输工具保险的适用范围相当广泛，客运公司、货运公司、航空公司、航运公司以及拥有上述运输工具的家庭或个人均可以投保运输工具保险类的不同险种，并通过相应保险获得风险保障。

（一）机动车辆保险

1. 保险标的及其特点

机动车辆保险是运输工具保险中的主要业务，它以陆上各种以机器为动力的运输工具为保险标的，包括各种汽车、摩托车、拖拉机等。机动车辆保险具有以下特点：

（1）保险风险具有不确定性与难以预测性。机动车辆在陆地上运行，流动性大，行程不固定，对保险人而言，这无疑增加了交通事故与保险损失的不确定性及难以预测性。

（2）扩大了保险利益。比如，只要是经被保险人允许的合格驾驶人员使用已保险的机动车辆，那么一旦发生保险合同中约定的保险事故并造成第三者的财产损失或人身伤亡，保险人就要负赔偿责任。保险人承担这项责任的条件是：驾驶员是合格的，驾驶的是已投保的机动车辆，且得到了被保险人的同意。不要求驾驶员对机动车辆拥有所有权、占有权或管理权等。这实际上是对保险合同中保险利益的一种扩大，同时也是保险责任的放大。

（3）注重维护公众利益。机动车辆第三者责任保险作为一种与机动车辆密不可分的责任保险业务，在绝大多数国家均采用强制原则实施，其出发点都是维护公众利益，即确保在道路交通事故中受害的一方能够得到及时、有效的经济补偿。

2. 机动车辆保险的分类

在财产保险经营实践中，机动车辆保险实际上是以机动车辆及与之密切关联的有关利益为保险标的的多项保险业务的统称。（1）按保险标的来划分，机动车辆保险可分为汽车保险、摩托车保险、拖拉机保险、特种车辆保险等。（2）按保险责任来划分，机动车辆保险可分为机动车辆损失保险、机动车辆第三者责任保险和车上人员责任保险、交强险等，其中机动车辆损失保险属于狭义财产保险范围，机动车辆第三者责任保险属于法定责任保险范围。（3）按实施方式来划分，机动车辆保险可分为机动车辆第三者责任保险和机动车辆自愿保险。前者的经营原则与赔偿处理均类似于其他责任保险。

3. 保险责任

（1）机动车辆损失保险。

机动车辆损失保险指的是以机动车辆为保险标的，对被保险人或其允许的合格驾驶人员在使用过程中，被保险车辆因碰撞原因和非碰撞原因引起的损失负责赔偿的保险。它的主要保险责任包括以下三种：

①碰撞责任：车辆与外界物体意外撞击造成车辆的损失；车辆按照规定装载货物，货物与外界物体意外撞击造成车辆的损失。

②非碰撞责任：自然灾害（雷击、暴风、暴雨、洪水、海啸、地陷、冰陷、崖崩、雪崩、冰雹、泥石流、山体滑坡、龙卷风、驾驶员随车照料时所乘坐的渡船遭受的自然灾害）导致的损失；火灾、爆炸、倾覆、外界物体倒塌、空中运行物体坠落、行驶中平行坠落等意外事故导致的损失。

③合理的施救和保护费用：发生事故时，为减少和避免车辆损失而进行抢救所导致的合理费用；事故发生以后，为防止车辆损失扩大和加重的施救行为导致的合理费用。

（2）机动车辆第三者责任保险。

机动车辆第三者责任保险主要承保被保险人或经其允许的合格驾驶人员在使用车辆时发生意外事故，从而导致第三者的财产直接毁损和人身伤亡的，应由被保险人支付赔偿责任。

其除外责任除了一般保险的绝对除外责任外，还有以下除外责任：保险车辆不合格；驾驶人员不合格；保险公司明确规定的除外损失和费用。

机动车辆第三者责任保险的赔款与赔偿限额和赔偿责任有关，其计算公式如下：

赔偿责任＝赔偿金额×事故责任比例

赔款＝赔偿责任×(1－事故责任免赔率)

或者

赔款＝赔偿限额×(1－事故责任免赔率)

其中，主要责任方所承担的事故责任比例为70%；同等责任方所承担的事故责任比例为50%；次要责任方所承担的事故责任比例为30%。

（3）附加险。①

①全车盗抢险。

它承保的是保险车辆或保险挂车在停放时被盗或在行驶途中被劫，向公安部门报案后，3个月以上仍未查到时，由保险人负责赔偿的保险。机动车辆全车盗抢险的保险责任为全车被盗窃、被抢劫、被抢夺造成的车辆损失以及在被盗窃、被抢劫、被抢夺期间受到损坏或车上零部件、附属设备丢失需要修复的合理费用。

②玻璃单独破碎险。

玻璃单独破碎险，即保险公司负责赔偿保险车辆在使用过程中，发生本车玻璃单独破碎的损失的一种商业保险。玻璃单独破碎，是指被保险车辆只有挡风玻璃和车窗玻璃（不包括车灯、车镜玻璃）出现破损的情况。

③车上人员责任保险。

车上人员责任保险又叫车上座位责任保险或车上责任保险，是一种车辆商业保险主

① 2020年9月2日，我国银保监会发布《关于实施车险综合改革的指导意见》，指出："在基本不增加消费者保费支出的原则下，支持行业拓展商车险保障责任范围。引导行业将机动车示范产品的车损险主险条款在现有保险责任基础上，增加机动车全车盗抢、玻璃单独破碎、自燃、发动机涉水、不计免赔率、无法找到第三方特约等保险责任，为消费者提供更加全面完善的车险保障服务。支持行业开发车轮单独损失险、医保外用药责任险等附加险产品。"该指导意见自2020年9月19日起施行。

险，负责赔偿保险车辆因交通意外造成的本车人员伤亡，主要包括司机责任保险和乘客责任保险。司机责任保险指的是车辆发生意外事故导致驾驶员伤亡造成的费用损失，由保险公司按合同赔偿。乘客责任保险指的是车辆因发生意外事故导致车上乘坐的客户或家人遭受人身伤亡，由保险公司按合同赔偿。

此外，机动车辆保险的附加保险还有车身划痕险、自燃损险、不计免赔特约险和车上货物责任险等。

4. 保险金额的确定

（1）保险金额由投保人和保险人选择以下三种方式之一协商确定。

①按新车购置价确定。新车购置价是指在保险合同签订地购置与保险车辆同类型新车（含车辆购置附加费）的价格。

②按投保时的实际价值确定。实际价值是指同类型车辆市场新车购置价减去该车已使用年限的折旧金额后的价格。折旧按每满一年扣除一年计算，不足一年的部分不计折旧。折旧率按国家有关规定执行，但最高折旧金额不得超过新车购置价的80%。

③保险当事人双方协商确定。保险金额不得超过同类型新车的购置价，否则超过部分无效。保险公司根据保险金额的不同确定方式，承担相应的经济赔偿责任。保险金额的确定方式不同，发生保险事故时保险公司计算赔偿的方式、支付赔款的多少和被保险人所获得的经济补偿程度会有所不同。当全部损失时，如果保险金额高于实际价值，则保险公司按出险时的实际价值计算赔偿；如果保险金额等于或低于实际价值，则保险公司按保险金额计算赔偿。当发生部分损失时，如果按新车购置价确定保险金额，则保险公司按实际修理及必要合理的施救费用计算赔偿；如果商定的保险金额低于新车购置价，则保险公司按保险金额与新车购置价的比例计算赔偿。

（2）第三者责任保险保额。

第三者责任保险保额即每次事故的最高赔偿限额，摩托车、拖拉机的最高赔偿限额一般为2万～20万元，分若干个档次；其他车辆最高赔偿限额一般为5万～1 000万元，分若干个档次。投保人按照《中华人民共和国道路交通安全法》和国务院制定的相关条例以及不同车辆的种类选择投保。

专栏6-1

资料引申——交强险

1. 概念

交强险的全称是机动车交通事故责任强制保险，是由保险公司对被保险机动车发生道路交通事故造成受害人（不包括本车人员和被保险人）的人身伤亡、财产损失，在责任限额内予以赔偿的强制性责任保险。

交强险是中国首个由国家法律规定实行的强制保险制度。其保费实行全国统一收费标准，由国家统一规定，但是不同的机动车辆型号的交强险价格也不同，主要影响因素是汽车座位数。

2. 保险责任和除外责任

被保险机动车辆发生道路交通事故造成本车人员、被保险人以外的受害人人身伤亡、财产损失的，保险人承担赔偿责任，但在以下情形下，保险公司可垫付抢救费，并有权向致害人追偿：（1）驾驶人未取得驾驶资格或者酗酒的；（2）被保险机动车辆在被盗抢期间肇事的；（3）被保险人故意制造道路交通事故的。

3. 赔偿限额和处理

2020 年 9 月 19 日以后，交强险的事故责任额按以下标准执行：死亡伤残赔偿限额 18 万元，医疗费用赔偿限额 1.8 万元，财产损失赔偿限额 0.2 万元。被保险人无责任时，死亡伤残赔偿限额 1.8 万元，医疗费用赔偿限额 1 800 元，财产损失赔偿限额 100 元。（以前的规定为：机动车辆在道路交通事故中有责任的，赔偿限额为 12.2 万元，其中包含死亡伤残赔偿限额 11 万元，医疗费用赔偿限额 1 万元，财产损失赔偿 2 000 元。机动车辆在道路交通事故中无责任的，赔偿限额为 1.21 万元，其中包含死亡伤残赔偿限额 1.1 万元，医疗费用赔偿限额 1 000 元，财产损失赔偿限额 100 元。）

4. 保费收入与费率优惠

最终保费＝基础保费×(1＋与道路交通事故相联系的浮动比率[①])

5. 交强险的特点

不同于商业机动车辆第三者责任保险采取的过错责任原则，交强险实行无过错责任原则，其赔偿责任远远大于商业机动车辆第三者责任保险。交强险不以营利为目的。

（二）船舶保险

1. 概念及保障范围

船舶保险是指以各种船舶、水上装置及其碰撞责任为保险标的的一种运输工具保险，包括海船、河船和其他可被视为船舶的水上移动或浮动的装置。一切船东或船舶使用人都可以利用船舶保险来转嫁自己可能遭遇的风险。船舶包括船壳和按照国家及行政管理部门有关规定应该配备的机器、设备、仪器和索具。船上的燃料、物料、给养、淡水等不属于保险标的的范围。对于建造或拆除中的船舶，则要求另行投保船舶建造保险或船舶拆除保险，并按照工程保险原则来承保；对于石油钻井船、渔船、用于军事目的的船舶等，不属于该保险标的的范围，可由专门的险种来承保。投保船舶保险者必须有港务监督部门签发的适航证明和营业执照等。

船舶保险的保障范围包括：

（1）船舶的物质损失，主要包括船壳、机器（包括引擎、发动机、锅炉）、导航设备、燃料、给养等。凡属于船舶本身以及附属于船上的财产，而且为船东所有的，均可以承保。对物质损失的保障，是船舶保险保障的主要内容。

（2）与船舶有关的利益。当船舶发生事故时，除了船舶本身遭受部分或全部损失外，还会因船舶停航、修理、沉没等使船舶所有人遭受各种利益损失，如运费、营运费用、贷款利息、利润、保费损失等，这些利益损失有相当大一部分是作为费用保险来加保的。

（3）与船舶有关的责任。这主要是指由于船舶事故应由船舶所有人负责赔偿的经济损

① 2020 年 9 月 2 日，我国银保监会发布的《关于实施车险综合改革的指导意见》提出：在提高交强险责任限额的基础上，结合各地区交强险综合赔付率水平，在道路交通事故费率调整系数中引入区域浮动因子，浮动比率中的上限保持 30%不变，下浮幅度由原来最低的－30%扩大到－50%，提高对未发生赔付消费者的费率优惠幅度。对于轻微交通事故，鼓励当事人采取“互碰自赔”、在线处理等方式进行快速处理，并研究不纳入费率上调浮动因素。

失，包括：①碰撞责任。碰撞责任作为船舶保险的基本承保责任是由各国保险公司规定的，但国际上的碰撞责任只负责船舶发生碰撞事故后造成对他船以及包括货物在内的船上财产损失的赔偿责任。我国的碰撞责任除了同国际上一样负责船舶发生碰撞事故后造成对他船以及包括货物在内的船上财产损失的赔偿责任外，还负责船舶碰撞码头、船坞及其他固定建筑物引起的损失、延迟或丧失使用和救助费用的赔偿责任，同时，我国对碰撞责任负全责。②法律责任。船舶失事后引起法律上应承担的义务，其中包括侵权行为应负的损失赔偿责任。例如，船舶沉在航道要隘，港口当局要求船东清除航道将沉船打捞起来。又如，船舶触礁引起油柜漏油，燃油污及海面，按照领海国的海上法规要求船东赔偿油污造成的损失。③契约责任。即运输契约规定船东对货主或者租船人对出租人应负的赔偿责任，例如，海洋运输提单都毫无例外地规定船东对托运人应负货损货差责任。以上三项责任中属于保险公司保障的是碰撞责任，而法律责任和契约责任主要是由船东保赔协会承担，保险公司只承保这类责任中的很小一部分，如货损货差责任。

2. 保险标的

船舶保险的保险标的包括运输船舶、渔业船舶、工程船舶、工作船舶、特种船舶及其附属设备以及各种水上装置。同时，船舶保险的承保人往往将上述保险标的的碰撞责任作为船舶保险的基本责任予以承保。

3. 保险责任与除外责任

船舶保险按责任范围分为全损险和一切险两个基本险别。

（1）全损险。全损险主要承担由下列原因造成的被保险船舶的全损：地震、火山爆发、闪电或其他自然灾害；搁浅、碰撞、触碰任何固定或浮动物体或其他物体或其他海上灾害；火灾或爆炸；来自船外的暴力盗窃或海盗行为；抛弃货物；核装置或核反应堆发生的故障或意外事故。全损险还承保由下列原因造成的被保险船舶的全损：装卸或移动货物或燃料时发生的意外事故；船舶机件或船壳的潜在缺陷；船长、船员恶意损害被保险人利益的行为；船长、船员和引水员、修船人员及租船人的疏忽行为；任何政府当局，为防止或减轻因承保风险造成被保险船舶损坏引起污染所采取的行动，但此种损失原因应不是被保险人、船东或管理人未尽职尽责所致的。

（2）一切险。一切险承保上述原因所造成的被保险船舶的全损和部分损失支出及下列责任和费用。

①船舶碰撞损失及责任。主要负责赔偿：因被保险船舶与其他船舶碰撞或触碰任何固定的、浮动的物体或其他物体而引发的被保险人应负的法律赔偿责任；当被保险船舶与其他船舶碰撞且双方均有过失时，除一方或双方船东责任受法律限制外，本条项下的赔偿应按交叉责任的原则计算；当被保险船舶碰撞物体时，亦适用此原则；本条项下保险人的责任（包括法律费用）是本保险其他条款项下责任的增加部分，但对每次碰撞所负的责任不得超过船舶的保险金额。

②共同海损和救助。共同海损是指船舶和船上所载货物遭遇共同危险时，为了共同安全，故意而合理地做出特殊的牺牲或额外支付的特殊费用。这种牺牲或费用应由同一航程中的船、货、运费三方按各自的获救价值进行分摊。救助是指被保险船舶遭受承保风险的袭击，单凭本身力量无法脱离其所处的困境，只好请第三者或第三者自愿前来提供帮助脱离危险的行为。由此引起的费用称为救助费用。该保险责任主要负责赔偿被保险船舶的共

同海损、救助、救助费用的分摊部分。被保险船舶若发生共同海损牺牲，那么被保险人可获得对这种损失的全部赔偿，而无须先行使向其他各方索取分摊额的权利；共同海损应该按照有关合同规定或适用的法律或惯例理算。

③施救费用。施救费用又称施救整理费用，属于单独海损费用。它只是为了保险标的的单方利益，由被保险人或其代理人、雇佣人等对受损标的采取各种抢救、防护措施所产生的合理费用。施救条款规定，被保险人在保险标的发生承保风险时，要像没有投保过船舶保险的人一样谨慎地采取各种合理的防止或减少保险标的进一步受损的措施。施救费用是船舶保险其他条款规定的赔偿责任以外的一项约定。它不受“碰撞责任”和船舶损失赔偿金额的限制，但不得超过船舶的保险金额。

（3）除外责任。

船舶保险全损险和一切险中，保险人的除外责任完全一致，保险人在该船舶保险中，对于下列原因造成的损失、费用和责任，不予负责：①由被保险船舶开航时不具备适航条件所造成的损失。我国船舶保险条款规定：“不适航，包括人员配备不当、装备或装载不妥，但以被保险人在船舶开航时，知道或应该知道此种不适航为限。”当被保险船舶在开航时不适航，而船东不知道的，保险人仍应承担保险责任。②由被保险人及其代表的疏忽或故意行为所造成的损失。被保险人通常是指船东或实际行使船东权利来调动和使用船舶的人（如船舶经营人），被保险人的代表则指负责专门业务，指挥船舶经营运输的人，如航运、调度、船技、海监部门的工作人员。由这些人的疏忽或故意造成的被保险船舶的损失，保险人不承担赔偿责任。③由被保险船舶的正常磨损、锈蚀、腐烂或保养不周，或材料缺陷，包括不良状态部件的更换或修理造成的损失。被保险船舶的正常磨损、锈蚀、腐烂等是船舶正常营运的必然现象，而保养不周是被保险人未尽职尽责，更换或修理被保险船舶是保持船舶适航的必要条件。④船舶战争、罢工险条款承保和除外的责任范围。

4. 保险期限和保险金额

保险期限通常为 1 年。船龄在 3 年（含 3 年）以内的船舶视为新船，按重置价值确定保险价值；船龄在 3 年（含 3 年）以上的船舶视为旧船，按实际价值确定保险价值，也可按协商价确定价值。

船舶保险的保险金额通常采取一张保单一个保险金额，分别承保船舶本身的损失、碰撞责任和费用损失等的做法，即上述三项损失均分别以船舶保险的保险金额为最高赔偿限额，属于高度综合的险种。

5. 保险费率

船舶保险的费率厘定，需要综合考虑船舶的种类和结构、船舶的新旧程度、航行区域、吨位大小、使用性质等因素，同时参照历史损失记录和国际船舶保险界的费率标准。其中，航行水域是十分重要的风险因素。

6. 赔偿处理

在进行赔偿处理时，根据实际损失情况进行赔偿。

（1）全部损失。按保险金额赔偿。

（2）部分损失。新船按实际发生的损失、费用赔偿，但保险金额低于保险价值时，按保险金额与该保险价值的比例计算赔偿。旧船按保险金额与投保时或出险时的新船重置价值的比例计算赔偿，以两者中价高者为准。

（3）船舶碰撞、触碰责任的赔偿。主要遵循“全过失全赔，无过失不赔，有过失分摊”的原则进行赔偿。

（4）共同海损、施救及救助费用、救助报酬的赔偿。保险船舶发生共同海损事故时，对施救、救助费用、救助报酬的赔偿，保险人只负责获救船舶价值与获救船、货、运费总价值的比例分摊部分。

（三）飞机保险

飞机保险又称航空保险，产生于20世纪初期，已成为一种重要的运输工具保险。飞机保险是以飞机及其相关责任风险为保险对象的一类保险，主要包括基本险和附加险。

1. 基本险

飞机保险基本险包括飞机机身保险、飞机第三者责任保险、航空旅客法定责任保险。

（1）飞机机身保险。飞机机身保险的承保对象包括机壳、机器设备、仪器和特别安装的附件等。它适用于任何航空公司、飞机拥有者、有利益关系者以及看管、控制飞机的人。

保险人对飞机机身通常以一切险的方式来承保，即除外责任以外的任何原因造成的损失或损坏，保险人均负责赔偿。飞机的损失分为飞行、滑行、地面、停航四个阶段的损失，保险责任包括地面及飞行在内的一切险、不包括飞行在内的一切险、不包括飞行或者滑行在内的一切险。

一切险的责任范围包括因火灾、雷击、爆炸、碰撞、跌落、失踪、风暴、偷窃等原因造成的飞机损失。

（2）飞机第三者责任保险。飞机第三者责任保险专门承保飞机在保险期间可能给第三者造成损失，且依法应由被保险人承担经济赔偿责任的风险，其性质类似于机动车辆第三者责任保险。该保险实行赔偿限额制。

（3）航空旅客责任保险。航空旅客责任保险是以飞机乘客为保险对象的一种飞机责任保险。其保险责任一般从乘客在起点验票后开始，到终点离开机场时为止。国际航空承运人对乘客的赔偿责任，需按照国际民航公约的规定执行。国内航空承运人对乘客的赔偿责任，一般由所在国家的航空法律具体规定。

2. 附加险

（1）飞机战争、劫持险。飞机战争、劫持险是以飞机为保险标的，以战争、劫持等特殊风险（飞机机身保险等不予承保的风险）为承保责任的一种保险。在西方国家，飞机战争险与飞机劫持险是两个险种；在中国，通常在一张保单项下予以承保。

它主要承保由以下原因造成的被保飞机的损失、费用以及引起的被保险人对第三者或旅客应负的法律责任：①战争、敌对行为或武装冲突；②拘留、扣押、没收，但这种赔案必须从损失发生日起满3个月后才能受理；③被保险飞机被劫持或被第三者破坏。

该保险有终止的规定：①被保险人或保险公司均可在48小时前通知对方注销本保险的保险责任；②当发生由于敌对袭击的原子弹、氢弹或其他核武器爆炸时，本保险责任即自动终止，保险公司不负责该项爆炸所引起的任何损失和费用。

（2）飞机承运人货物责任险。凡办好托运手续并装载在被保险飞机上的货物，如在运输过程中发生损失，根据法律、合同规定应由承运人负责的，由保险人给予赔偿。

以上附加险必须在承保基本险时给予加保。

3. 飞机保险的责任免除

（1）飞机机身保险的责任免除。包括：飞机不适航而飞行；被保险人及其代理人的故意行为；飞机任何部件的自然磨损、腐蚀和制造上的缺陷；飞机受损后引起被保险人停航、停运的间接损失；战争和军事行动；不合格驾驶员驾驶飞机。

（2）飞机第三者责任保险的责任免除。包括：战争和军事行动；飞机不适航而飞行；被保险人的故意行为；因飞机事故产生的善后工作所支出的费用；被保险人及其工作人员和本机上的旅客或其所有以及代管的财产。

（3）航空旅客责任保险的责任免除。包括非保险合同所称旅客的人身伤亡和财产损失；无有效驾驶执照的驾驶人员驾驶承运人的交通工具所造成的损失；旅客因疾病（包括乘坐交通工具感染的传染病）、分娩、自残、斗殴、自杀、犯罪行为所造成的人身伤亡和财产损失；旅客在交通工具以外遭受的人身伤亡和财产损失；旅客随身携带物品或者托运行李本身的自然属性、质量或者缺陷造成的损失。

4. 飞机保险的保险金额、保险费率与免赔额

机身保险最初属于不定值保险，保险人在保险金额限度内可选择现金赔付或换置相同类型的飞机。但面对机型不断更新、价格上涨，同时旧机型价格下跌的情况，被保险人按旧机型原价投保后所得到的保险赔付并不能满足其购买新机型的需要。因此，现在的机身保险一般采用定值保险方式，我国的机身保险也采用定值保险方式。飞机机身保险的保险金额可按净值确定，也可由双方协商确定；飞机第三者责任保险的赔偿限额按照不同的机型判定，以保单附表规定的最高赔偿额为限。

飞机保险的保险费率包括飞机机身保险的保险费率和责任保险的保险费率。这两种保险的保险费率的计算及收取方法是不同的。飞机机身保险的保险费一般按照保险金额的一定比例收取，而责任保险的保险费可以按照固定的金额收取，也可以按实际承担责任的一定比例收取。保险费率根据飞机种类、用途、航行范围、保险险种、保险金额和飞机维护保养情况而定。

为了减少小额赔款并促使被保险人加强责任感，飞机保险一般都有免赔额的规定，由航空公司自负一部分责任，损失在免赔额以下的不向保险公司索赔，保险公司只负担超过免赔额的部分。

三、货物运输保险

货物运输保险是以运输过程中的各种货物为保险标的，以运行过程中可能发生的有关风险为保险责任的一种财产保险。由于货物运输保险保障的是运输过程中货物的安全，所以该险种仅适用于收货人和发货人。在国际上，货物运输保险是由收货人投保还是由发货人投保，通常由贸易合同明确规定，而且往往包含在货物价格中。在我国，发货人与收货人均可投保。

（一）货物运输保险的分类

（1）货物运输分为海上、内河、航空、陆上和多式联运等多种方式，因此，货物运输保险亦可划分为水路货物运输保险、陆上货物运输保险和航空货物运输保险及联运险等。联运险是指货物需要经过两种或两种以上的主要运输工具联运，才能将其从起点运送到目的地的保险。

(2) 根据承保范围，货物运输保险可以划分为国内货物运输保险和涉外货物运输保险。前者系货物运输在国内进行，后者则是货物运输跨越了一国国境。

(3) 按保险人承担责任的方式，货物运输保险还可以划分为基本险、综合险和附加险三类。

(二) 保险责任与责任免除

一般而言，货物运输保险基本险的责任通常包括以下项目：一是因火灾、爆炸及相关自然灾害所导致的货物损失；二是因运输工具发生意外事故而导致的货物损失；三是在货物装卸过程中的意外损失；四是按照国家规定或一般惯例应当分摊的共同海损费用；五是必要合理的施救费用。货物运输保险综合险不仅承保上述责任，还承保由盗窃、雨淋等原因造成的货物损失。但无论是基本险还是综合险，保险人对下列原因导致的损失均不负责赔偿：(1) 战争或军事行动；(2) 被保险货物本身的缺陷或自然损耗；(3) 被保险人的故意行为或过失；(4) 核事件或核爆炸；(5) 其他不属于保险责任范围的损失。

(三) 保险金额的确定方式

货物运输保险一般采用定值保险方式，这样可以避免市场价格变动的影响。国内货物运输保险保险金额的确定依据包括起运地成本价、目的地成本价、目的地市场价等，由被保险人任选一种。涉外货物运输保险保险金额的确定依据包括离岸（Free on Board，FOB）价、成本加运费（Cost and Freight，CFR）价、到岸（Cost，Insurance and Freight，CIF）价等，由投保人根据贸易合同确定。

(四) 保险费率

货物运输保险的费率厘定，通常要考虑所选用的运输工具、运输路径、运输方式和所经区域以及货物本身的性质与风险，保险人据此综合评估风险，然后确定费率。

(五) 保险理赔

当运输货物发生损失时，需要对受损货物及时进行检验。在检验损失时，保险人或保险人的代理人与被保险人均应在场，以避免正式处理赔案时发生不必要的纠纷。被保险人在索赔时，必须提供符合保险合同规范的各种单证，并接受保险人的审核。如果损失是由承运人的原因造成的，则保险人还应当依法行使代位追偿权。

第四节　工程保险

一、工程保险概述

工程保险是指以各种工程项目为主要承保对象的一种财产保险。一般而言，传统的工程保险仅指建筑工程保险和安装工程保险，但进入 20 世纪后，各种科技工程发展迅速，因而它也成为工程保险市场日益重要的业务来源。

工程保险的意义在于：一方面，它有利于保护建筑主人或项目所有人的利益；另一方面，它也是完善工程承包责任制，有效协调各方利益关系的必要手段。

与传统的财产保险相比较，工程保险具有以下特点：承担的主要是技术风险；承保风险责任广泛而集中；涉及的利益关系人较多；按工期承保；属于一次性保险；各险种的内容相互交叉；保险费率的弹性大；等等。

二、建筑工程保险

（一）适用范围

建筑工程保险承保的是各类建筑工程，即适用于各种民用、工业用和公共事业用的建筑工程，如房屋、道路、桥梁、港口、机场、水坝、娱乐场所、管道以及各种市政工程项目等，均可以投保建筑工程保险。

建筑工程保险的被保险人大致分为三种：一是工程所有人，即建筑工程的最后所有者；二是工程承包人，即负责建筑工程项目施工的单位，又可以分为主承包人和分承包人；三是技术顾问，即由工程所有人聘请的建筑师、设计师、工程师和其他专业技术顾问等。当存在多个被保险人时，一般由一方出面投保，负责支付保费，申报保险期间的风险变化情况并提出原始索赔等。

（二）保险标的与保险金额

建筑工程保险的保险标的范围广泛，既有物质财产部分，又有第三者责任部分。为方便确定保险金额，在保单明细表中列出的保险项目一般包括三部分：（1）物质损失部分；（2）第三者责任；（3）特种风险赔偿。在此基础上再分别确定保额。

（三）保险责任与除外责任

该保险的保险责任分为物质部分的保险责任和第三者责任两部分。其中，物质部分的保险责任主要有保单上列明的各种自然灾害和意外事故，如洪水、风暴、水灾、暴雨、地陷、冰雹、雷电、火灾、爆炸等多项，同时还承保盗窃、工人或技术人员过失等人为风险，并可以在基本险责任项下附加特别保险条款，方便被保险人全面转嫁自己的风险。

该保险的除外责任包括：因错误设计引起的损失、费用或责任；因换置、修理或矫正标的本身，原材料缺陷或工艺不善所支付的费用；因机械或电器装置损坏或建筑用机器、设备损坏，以及停工引起的损失等。被保险人所有或使用的车辆、船舶、飞机、摩托车等交通运输工具，亦需要另行投保相关的运输工具保险。

（四）保险期限与理赔

建筑工程保险采用的是工期保单，即保险责任的起讫通常以建筑工程开工到竣工为期限。保险人承担的赔偿责任一般根据受损项目进行分项处理，并适用于各项目的保险金额或赔偿限额。如果保险损失是由第三者引起的，则适用于权益转让原则，保险人可依法行使代位追偿权。

三、安装工程保险

安装工程保险简称安工险，是建筑工程保险的姊妹险种。它专门承保新建、扩建和改建工矿企业的机器设备或钢结构建筑物在整个安装、调试期间，由责任免除以外的一切风险造成的保险财产的物质损失所产生的有关费用，以及安装期间造成的第三者的财产损失或人身伤亡而依法应由被保险人承担的经济责任。安装工程保险由地铁安装工程保险、建筑安装工程保险等险种组成。

（一）被保险人

安装工程保险的适用范围与建筑工程保险相同，主要适用于国有、集体企业，以及一切涉及、利用外资的项目。对安装工程的保险项目具有保险利益的有关方，均可成为安装工程保险的被保险人，主要包括：(1) 业主，即工程所有人。(2) 工程承包商，即负责安装该项工程的承包单位，含主承包商和分承包商。(3) 供货人，即负责提供被安装机器设备的一方。(4) 制造商，即被安装机器设备的制造人。(5) 技术顾问。(6) 其他关系方，如贷款银行等。实际情形往往是一方投保，其他各方通过交叉责任条款获得相应的保险保障。

（二）主要特点

安装工程保险与建筑工程保险有着重要的区别。

第一，保险标的的价值相对稳定。建筑工程保险的标的从开工以后逐步增加，保额也逐步提高；而安装工程一切险的保险标的一开始就存放于工地，保险公司一开始就承担着全部货价的风险，风险比较集中。

第二，试车、考核风险大。在机器安装好之后，试车、考核所带来的风险以及在试车过程中发生机器损坏的风险相当大，而这些风险在建筑工程保险部分是不存在的。

第三，人为事故损失大。在一般情况下，自然灾害造成建筑工程一切险的保险标的发生损失的可能性较大，而安装工程一切险的保险标的多数是建筑物内安装的设备（石化、桥梁、钢结构建筑物等除外），遭受自然灾害损失的可能性较小，遭受人为事故损失的可能性较大，这就需要督促被保险人加强现场安全操作管理，严格执行安全操作规程。

第四，保险费率比较高。安装工程在交接前必须经过试车考核，而在试车期内，任何潜在的因素都可能造成损失，损失率要占安装工期内总损失的一半以上。由于风险集中，试车期的安装工程一切险的保费通常占整个工期保费的三分之一左右，总的来讲，安装工程一切险的风险较大，保险费率也要高于建筑工程一切险。

（三）保险责任

安装工程保险的保险对象为各种工厂、矿山安装机器设备、各种钢结构工程以及包含机械工程因素的建造工程。

安装工程保险在许多方面（比如条款形式、内容）与建筑工程保险基本相同，都是承保各种自然灾害和意外事故以及外来原因和人为过失造成的损失，但在责任规定上与建筑工程保险略有不同。例如，建筑工程保险承担超负荷、超电压、碰线、弧花、走电、短路、大气放电及其他由电气引起的事故；安装工程保险却只负责由上述电气事故造成的其他财产损失，而不包括电器用具本身的损失。安装工程保险的责任免除与建筑工程保险相似，二者的区别是：建筑工程保险将设计错误造成的损失一概除外，而安装工程保险把因设计错误、铸造或原材料缺陷或者工艺不善引起的本身损失以及为纠正这些错误支付的费用除外，仅对这些缺陷引起的其他财产损失负责赔偿。

（四）保额的确定

(1) 安装工程项目。保险标的包括被安装的机器、设备、装置、物料、基础工程（地基、机座）以及工程所需的各种临时设施，如水、电、照明、通信设施。此项的保额为安装项目的承包合同价。

(2) 土木建筑工程项目。保险标的包括安装工程对厂矿的新建施工费、运杂费、保费、税款及其他费用。此项的保额不能超过安装工程保额的 20%，超过 20%时则按建筑工程保险计收保费；超过 50%的，则需单独投保建筑工程保险。

(3) 场地清理费。与建筑工程保险相同，大工程的此项保额一般不超过工程总价的 5%，小工程一般不超过工程总价的 10%。

(4) 工程所有人或承包人在工地上的其他财产。此项的保额按重置价值计算。

(五) 保险费率的确定

安装工程保险的费率主要涉及以下几个方面：①安装项目。对土木建筑工程、所有人或承包人在工地上的其他财产及清理费实行一个总的费率，整个工期实行一次性费率；②试车为一个单独费率，是一次性费率；③保证期费率，实行整个保证期一次性费率；④各种附加保障增收费率，实行整个工期一次性费率；⑤安装、建筑用机器、装置及设备为单独的年费率；⑥第三者责任保险，实行整个工期一次性费率。

四、科技工程保险

(一) 海洋石油开发保险

海洋石油开发保险服务于现代海洋石油工业，它承保从勘探到建成、生产整个开发过程中的各种风险。海洋石油开发工程的所有人或承包人均可投保该险种。

该险种一般被划分为四个阶段：普查勘探阶段、钻探阶段、建设阶段以及生产阶段。每一阶段均有若干具体的险种供投保人选择投保。每一阶段均以工期为保险责任起讫期。当前一阶段完成，并证明石油或有开采价值时，后一阶段才得以延续，被保险人也要投保后一阶段的保险。因此，该保险作为一项工程保险，是分阶段进行的。

海洋石油开发保险的主要险种有勘探作业工具保险、钻探设备保险、费用保险、责任保险、建筑安装工程保险。在承保、防损和理赔方面，该险种均与其他工程保险业务相似。

(二) 航天工程保险

航天工程保险是以火箭、卫星等为保险标的的科技工程保险，包括发射前保险、发射保险和运营寿命保险等险种，主要业务是卫星发射保险，即保险人承保卫星发射阶段的各种风险。

专栏6-2

中国航天工程保险发展

中国的航天工程保险的开端是20世纪90年代初期长征系列火箭开始提供对外发射服务。长征系列火箭的发射保险由中国人民保险公司和太平洋保险公司承保，并依据商业惯例将大部分保费分保给国际市场，自留份额一般在3%左右。

但1996年前后，长征系列火箭发射国外卫星时出现了几次失误，导致国际卫星保险界对长征系列运载火箭的可靠性存有疑虑，承保的信心降低，长征火箭发射投保遇到了很大困难。

为了解决这种过分依赖国际市场的局面，在中国人民银行和财政部的指导下，由中国人民保险公司牵头，联合太平洋保险、平安保险、华泰保险、新疆兵团保险等9家非寿险公司和一家再保险公司成立了中国航天保险联合体，建立了卫星发射保险专项基金，以支持长征系列火箭的发射保险。

在“风云一号D”气象卫星的保险中，国内经纪人首次介入了航天保险领域，卫星发射商——中国气象局——委托江泰保险经纪股份有限公司作为其保险经纪人安排有关保险事宜。其保险金额为 2 亿元，保费为 3 700 万元。

1. 发射前保险

该险种涉及的保险标的物包括卫星本身、运载火箭、发射场财产以及实施发射所必需的财产。它的保险期限是将卫星从组装车间运输到发射场、在发射场安装以及卫星和运载火箭对接这一全过程。如果发动机试车出现故障，那么用于卫星拆卸、检查和重新安装等方面的费用支出也属于保险赔偿的范围。发射前阶段是最为安全的阶段，保险费率最低，平均为被保险的财产价值的 0.01%～0.05%。

2. 发射阶段的保险（发射保险）

该险种所涉及的保险对象是从第一级火箭发动机点火时刻起到整个卫星进入预定运行轨道并开始履行下一个功能为止（一般这种状态是指正常运行 3～6 个月以后，并由专业检验证书来加以确认），投保人遭受的所有损失。该过程所包含的损失范围是发射过程中因运载火箭故障出现的卫星损坏、卫星失控和卫星未能进入预定轨道等。此类险种的保险费率根据运载火箭的不同而有很大差别，主要取决于具体运载火箭的可靠性、成功率和运行质量。

3. 运行阶段的保险（运营寿命保险）

该险种涉及的保险对象是卫星运营专业检验证书签发以后的一段时间（一般为 1～3 年）内因诸种原因给投保人带来的损失。如果卫星运营时间长于这个标准，那么保单将在原有条件的基础之上，或经双方约定进行一定修改后的条件的基础上续签。该种保险的保险范围包括卫星偏离运行轨道、燃料系统或卫星联络系统失灵以及其他导致卫星无法正常运营的故障等。它的保险费率一般为保险标的物价值的 1.2%。

（三）核电站保险

核电站保险是从 20 世纪 70 年代开始出现的，其基本原则在全世界都是通用的，各国的差别不大。核电站保险的常见险种包括建筑安装险、运行险、计划外核能损失险、放射性辐射及放射性污染险、第三者责任险（含财产损失和人身损失）等。核电站建设险和部分运行险都在公开的保险市场上进行承保和分保。在保险经营方面，保险人一般按照核电站的选址勘测、建设、生产等不同阶段为其提供相应的保险服务，从而在总体上仍然具有工期性。当核电站投产并正常运营后，则可以采用定期保单来承保。

思考与练习

1. 论述财产保险的基本特征。
2. 在确定火灾保险的费率时应考虑哪些因素？
3. 运输保险具有哪些特点？货物运输保险和运输工具保险的主要险种有哪些？
4. 工程保险具有哪些特点？
5. 什么是共同海损？其构成要件有哪些？
6. 船舶保险的主要保险责任有哪些？
7. 施救费用与救助费用的区别是什么？

第7章 农业保险

学习目标

1. 理解农业保险的概念及主要特征
2. 了解农业保险的基本内容及保险金额的确定
3. 了解农业保险的主要模式
4. 了解农业保险在中国的现状

【本章引导】 农业保险新启航

2019年9月19日，财政部、农业农村部、银保监会、国家林业和草原局联合印发了《关于加快农业保险高质量发展的指导意见》(以下简称《指导意见》)。《指导意见》提出："到2022年，基本建成功能完善、运行规范、基础完备，与农业农村现代化发展阶段相适应、与农户风险保障需求相契合、中央与地方分工负责的多层次农业保险体系。稻谷、小麦、玉米3大主粮作物农业保险覆盖率达到70%以上，收入保险成为我国农业保险的重要险种，农业保险深度（保费/第一产业增加值）达到1%，农业保险密度（保费/农业从业人口）达到500元/人。到2030年，农业保险持续提质增效、转型升级，总体发展基本达到国际先进水平。"

《指导意见》提出，要通过提高农业保险服务能力、优化农业保险运行机制、加强农业保险基础设施建设等多方面举措，推动农业保险高质量发展，更好地满足"三农"领域日益增长的风险保障需求，实现上述目标。

农业保险是我国保险业的重要组成部分，对我国农业发展及整个社会经济发展都有重要意义。本章主要介绍农业保险的概念及主要特征、农业保险的基本内容及保险金额的确定、农业保险的作用、农业保险的主要模式及农业保险在中国的现状。

第一节　农业保险概述

一、农业保险的概念及主要特征

（一）概念

农业保险是指专为农业生产者在从事种植业和养殖业生产的过程中因遭受自然灾害和意外事故而造成的经济损失提供保障的一种保险。因为主要承保种植业、养殖业，亦称两业险。种植业保险主要包括农作物保险、收获期农作物保险、森林保险、园林苗圃保险等；养殖业保险主要包括畜牧保险、畜禽保险、水产研制保险、特种养殖保险等。

农业保险也是为农业生产发展服务的一种风险管理工具。保险机构通过保险的形式，组织农业从业者集体互助，使受损单位或个人得到应有的补偿，以便及时恢复生产，保证农业生产的顺利进行。

（二）主要特征

农业是弱质产业，基于农业保险标的本身的特点，该类保险具有以下特征：

（1）业务面广量大。农业生产在野外进行，其场所和数量都非一般的财产保险标的那样有限，种植业保险往往是大面积成片投保，养殖业保险往往是大规模成批投保。面广量大的特点决定了保险人只有投入较多的力量才能开办这类保险业务。

（2）受自然风险和经济风险的双重制约。农业生产既受自然灾害（包括农作物病虫害等）造成的歉收的影响，又受农产品市场价格波动导致农民收入减少的影响。

（3）农业风险结构具有特殊性。它所面对的主要是气象灾害和生物灾害，尤其是水灾、冰雹、低温灾害、干热风、病虫等，这些灾害具有较强的季节性和区域性，且多数只对农业生产构成威胁，与其他财产保险所面临的风险结构具有较大的差异性。

（4）高风险、高费用与高赔付率并存。由于农业生产面临的风险大、损失率高，保险赔付率通常也很高，保险人想要通过农业保险赚取利润通常较其他的财产保险业务更难。

二、农业保险的地位

农业的稳定对于整个国民经济的发展至关重要，而农业保险又是确保农业生产稳定的重要措施。农业保险是国家对农业乃至整个国民经济进行宏观调控的具体政策，农业保险在农业中的地位主要表现在以下三个方面：

（一）农业保险是国家对农业投入的一条重要渠道，是国家扶持农业发展的一种重要方式

农业稳产与增收的最终受益者不仅仅是农业生产者，还有农产品的消费者。因此，对农业风险的投入应该是社会化、多元化的，既应该包括直接进行农业生产经营的农业部门，又应该包括间接使用农产品的社会成员和其他产业部门，只有这样，才能使以政府为调节中枢、投入主体多元化的农业风险投入机制得以实现。农业风险投入作为农业总体投入的重要组成部分，在市场经济中必须以特定的保险方式进行。国家对农业保险的投入和补贴主要基于以下几个原因：

第一，农业是弱质产业，需要国家扶持和保护，农业保险作为对农业风险进行分散和

管理的行业从属于农业，同样具有先天的弱质性，也需要国家扶持。

第二，农业的主体即广大农民对保费的承受能力不强。因此，帮助农民建立风险机制就必须补贴一部分保费。

第三，公平性。非农产业的保费大部分由国家或市场负担，企业或个人承担很小的部分，而由农牧民经营的农牧产业所缴保费不存在税前列支，这部分开支不可能进入成本，因此也就没有向市场转嫁的可能性，实际是由农民自己承担了。这显然不合理，所以需要提供补贴。

（二）农业保险是国家进行产业扶持、引导生产要素积极投入、调整产业结构的一项重要政策，是促进农业发展的一个重要手段

在市场经济条件下，生产要素总是流向具有较高生产效率和要素报酬的行业。农业由于其比较利益和比较劳动生产率均低于其他产业，因此在生产要素的市场化配置过程中处于不利地位。当农民在农业上的投入回报明显低于其他行业时，在市场机制的调节下，以资金、劳动生产力为代表的农业生产要素会不可避免地流出农业，从而导致农业缺乏后劲，发展受阻。为避免这一现象发生，政府可通过开办农业保险，为其提供经济补偿，以保障和鼓励其发展农业生产。

同时，自然风险和市场风险也会对农业生产产生不利影响。有关分析表明，自然灾害导致的粮食的减产幅度平均每年为5%（250亿千克），远远超过中国平均每年进口粮食150亿千克的水平。市场风险如市场比价和价格弹性均会对农业生产产生极为不利的影响。越是关系到国计民生的基础产品，其需求价格弹性就越小，生产得越多，遭受的市场风险就越大。因此，中国农业在市场机制面前无法与其他产业竞争，如果得不到政府的切实有效的保护与扶持，农业的萎缩甚至停滞将不可避免。20世纪90年代中期，在中央农村工作会议上，曾多次提出，对农业的保护政策除实行农业价格保护外，还有五项，其中一项就是实行农业保险，健全农业风险补偿机制。

（三）农业保险是国家对农业实施风险管理、保护农业发展的重要措施

在农村市场经济体系完善的进程中，中国农业保障制度的安排与创新至少应包括产权保障、耕地保障、价格保障、投入保障和风险保障五个方面。实践证明，只有形成模式建全、体系完整的农业保险制度，才能为农业的持续发展提供可靠的风险保障，从而有利于保障农业的持续性投入，推动农业的更进一步发展。

三、农业保险的作用

（一）农业保险有利于分散和化解风险，保证农业生产持续、稳定发展

《国营企业成本管理条例》规定，保费可以计入成本。因此，企业用于投保的保费，大部分由国家财政（税前记入成本）和社会（通过成本记入物价部分）负担了。真正由企业承担的只是很小一部分，而农业却缺少这种合理的扣除。

（二）农业保险可以稳定国家财政支出，促进保险资金流转

农业保险对农业的补偿作用体现在两方面：一方面，农业保险可以减少政府财政救灾支出，缓解政府资金压力；另一方面，农业保险可以减少被保险人的实际损失，使被保险人有能力恢复生产，通过税收形式为国家增加财政收入。同时，还可保证保险资金的归还和正常流转。

（三）农业保险有利于加强农业风险管理，减少农业灾害损失

农业风险管理通过核保、验险、防灾防损等措施，提高农民的风险意识，并通过保险公司的相关防损服务增强风险事前管理，以逐步提高农业抵御自然灾害的能力，减少灾害造成的损失。

（四）农业保险有利于调整农村产业结构，有利于国民经济协调发展

不同的农业保险政策可以引起保费支出与收益对比关系的改变，使享受不同农业保险政策的农产品收益率发生改变，从而促使和引导农民调整农产品的种类和规模，达到调整农村产业结构的目的。

四、农业保险的种类

（一）主要分类

农业保险按农业种类不同，可分为种植业保险、养殖业保险；按危险性质不同，可分为自然灾害损失保险、疾病死亡保险、意外事故损失保险；按保险责任范围不同，可分为基本责任险、综合责任险和一切险。

（二）主要业务险种

中国开办的农业保险险种很多，基本涵盖了种植、养殖两业的各个领域，险种达 200 多个，主要险种有：农产品价格指数保险，能繁母猪保险，生猪保险，牲畜保险，奶牛保险，耕牛保险，山羊保险，养鱼保险，养鹿、养熊、养蚕保险，养鸭、养鸡、养鹅等保险，对虾、蚌珍珠等保险，家禽综合保险，水稻、蔬菜保险，稻麦场、森林火灾保险，烤烟种植、小麦冻害、棉花种植、棉田地膜覆盖雹灾等保险，苹果、鸭梨、香蕉、柑橘保险，西瓜雹灾保险，以及香梨收获保险，等等。

五、保险金额的确定方法

农业保险的保险价值的确定比较复杂。一般财产保险的标的是无生命物，保险价值相对稳定，容易确定。农业保险的标的在保险期间一般都处在生长期，其价值始终处于变化中，只有当它成熟或收获时才能最终确定，在此之前，保险标的处于价值的孕育阶段，不具备独立的价值形态。因此，投保时的保险价值难以确定。在经营实践当中，农业保险主要采用以下方式来确定保险金额。

（一）保成本

保险人以各地同类标的投入的平均成本作为计算保险金额的依据，据此确定的保险金额即保险人承担责任的最高赔偿限额。它适用于生长期农作物保险、森林保险以及水产养殖保险。在保险标的全损的情况下，保险人按保险金额全额赔偿；在部分损失的情况下，保险人的赔偿责任是被保险人的收益与保险金额之间的差额。

（二）保产量

保险人以各地同类标的的平均产量作为计算保险金额的依据，据此确定的保险金额适用于农作物保险、林木保险和水产养殖保险。生长期农作物可以按照农作物的预期收益确定保险标的的价值，按照一定比例确定保险金额；林木保险的保险金额可以按照单位面积林木蓄积量确定；水产养殖保险则可以按照水产品养殖产量的一定比例确定保险金额。

（三）估价确定

投保标的的保险金额由保险人与被保险人双方协商确定。如大牲畜保险就可以根据投保牲畜的年龄、用途、价值等进行估价后按照一定的比例确定保险金额。此外，在农业保险中还可以采用定额承保方式或者根据投保标的的不同生长阶段来确定保险金额。

六、农业保险中需要注意的事项

（一）审慎选择风险责任

保险人需根据投保标的的风险状况及公司的承保能力与风险控制能力，确定农业保险险种的承保责任，一般可采用单一责任保险，也可采取混合责任保险。一切险保单只有在条件成熟的情况下才宜采用。通过对责任的适度限制，来控制保险风险。

（二）让被保险人分担相应的责任

农业保险所面临的巨大风险及其特性，决定了保险人承保时必须让被保险人分担相应的风险责任，即不足额承保农业保险业务，以增强被保险人管理的责任心，防止道德风险。

（三）适宜采取统保方式承保

统保是分散农业生产风险和稳定农业保险财物的基本要求。保险人在承保农业保险业务时，适宜采取统保方式承保，即投保人必须将同类标的全部向保险人投保，有的甚至可以要求多个被保险人同时投保某一险种。如水稻保险就必须成片承保，而不能只投保某一家的田地。这种方式可以防止农业保险中的逆向选择，同时为被保险人或更多客户提供更全面的风险保障。

（四）明确地理位置

无论是种植业保险还是养殖业保险，在保险合同中均需明确载明其地理位置，这是杜绝理赔纠纷、判定责任的重要依据。

（五）争取政府支持

农业保险对农业的稳定发展具有很大的积极作用，加上农业保险面临的风险极大，因此，农业保险的发展离不开政府的支持，包括提供财政税收、贷款政策等方面的支持，以及对农民投保农业保险进行引导。

专栏7－1

“保险＋期货”助力农业发展

2018年，由金瑞期货股份有限公司、中华联合财险鞍山公司联合开展的辽宁省海城市玉米“保险＋期货＋订单农业”项目顺利出单，该项目立足于保障农民实际收入，为参保农户定制了合理有效的农产品价格风险管理方案，在保险的设计开发上直接引入收入保险，不仅规避了玉米收割后价格下降带来的收入降低风险，而且降低了玉米在种植期间由于天灾造成的作物减产的风险。为全面解决农户售粮难问题，该项目还引入了基差收购模式，以“订单农业”形式进一步拓展并深化“保险＋期货”的保障范围。该项目以大连商品期货交易所玉米期货合约C1901为保险标的，运行周期为6月4日至10月31日，覆盖玉米种植面积4万亩，涉及玉米现货数量2.8万吨，惠及海城市南台镇、耿庄镇、望台镇、感王镇和腾鳌镇五个乡镇。

"保险十期货"模式是由保险公司为农民提供价格类保险产品，承接农民价格波动风险，实现风险第一次转移，保险公司基于期货市场价格确定保险中的预期价格和理赔价格；期货公司等专业机构为保险公司提供类似再保险的风险转移服务，实现风险第二次转移，最终通过保险公司和期货公司的合作，将农民面临的价格波动风险转移至期货市场。

第二节　国外农业保险的发展及主要模式

一、国外农业保险发展史

美国、日本等国的农业保险历经数十年的发展，建立了结构性的农业保险管理体系，完善的法律体系和风险控制机制，在农业保险品种、补贴项目和再保险机制等方面相较我国发展得更加完善。政府通过财政补贴机制联合相关机构和组织，使财政资金得到最大化利用，实现了农民和保险机构的利益最大化，同时通过再保险制度，建立了多重保险机制，有效控制了风险。

在农业保险发展较成熟的几个国家中，美国、日本、加拿大、法国的农业保险的历史沿革最具有代表性，所以本节以这些国家的农业保险发展历史沿革为例，介绍世界成熟农业保险市场的演变过程。

(一) 美国农业保险发展历程

美国的农业保险起源于19世纪末的农业雹灾保险。雹灾一般不会产生巨灾损失，而且雹灾损失容易鉴定和确定，因此美国保险业首先开展的是农业雹灾保险。

第一个阶段是初始发展时期（1938—1979年）。1938年，经美国《农业调整法》第五条授权，政府成立了联邦农作物保险公司（FCIC）专门负责经营，由农民缴纳保费，政府来承担经营管理成本。农作物保险政策开始在全美实施。政府初期投入了2 000万美元用于小麦作物的保险，但由于保险费率过高，大部分农户不愿意投保，1980年全国仅50%的县、2 600万英亩土地和26种农作物加入农业保险，全美农业保险的覆盖范围有限。

第二个阶段是快速发展时期（1980—1993年）。为提高农户投保的积极性，1980年修订的《美国联邦农作物保险法》增加了对农业保险保费的补贴比例，并首次将非国有商业保险公司引入农业保险经营过程，有效解决了农业保险运营、监管成本高的问题，在经过好几轮修订之后美国的农业保险项目终于实现了较大的覆盖面和较高的承保率，农业保险获得快速发展，1990年农业保险已覆盖全美所有县，保险品种增加至50个。

第三个阶段是全面发展时期（1994年至今）。20世纪90年代，农业保险承保范围未达到美国政府设计的可保面积的50%的目标，为此，1994年美国《农作物保险改革法》通过巨灾保险、附加保险、集体保险和非保险作物保障计划等一系列保险政策，彻底取代了政府救济计划。此外，在进一步提高保费补贴比例的基础上，对未参加农作物保险的个体不再提供农业贷款、农产品价格保护等政府福利，实施了强制性农业保险要求，带动了农业保险投保率的快速上升。据统计，1995年农作物保险承保面积达到2.2亿英亩，占当年可保面积的82%。2000年的《农业风险保障法》再次提高了保费补贴比例，降低了农户投保成本。美国政府从农业保险的直接经营过程中完全退出，其职责演变为制定规则、监督等，而商业性保险公司负责具体的承保、勘查与理赔。

美国农业保险的组织机构可分为管理机构与具体的保险执行机构两部分。1938年，美国国会通过了《美国联邦农作物保险法》，授权建立联邦农作物保险项目，并批准设立了隶属于农业部的FCIC负责实施该项目，政府通过FCIC参与农业保险经营，并予以资金支持。1996年，根据《联邦农业完善与改革法案》进一步设立了风险管理局（RMA），以监督和管理农业保险的具体工作，其具体职责包括：保险服务、产品管理和风险预测等。至此，美国农业保险管理机构就已经全部组建完成；而美国农业保险的具体执行与实施由商业保险公司完成，管理机构不直接参与具体的承保与理赔业务，只有经过RMA批准的商业保险公司才有负责全美农业保险业务的资格。

（二）日本农业保险发展历程

日本是实施农业保险最早的国家，在1929年就出台了《牲畜保护法》，又在1938年出台了《种植业保险法》，1947年将两法合并，于1948年正式实行具有强制性的《农业灾害补偿法》，规定种植面积达到一定规模的农户必须投保。开始效果很不明显，政府不得不几次提高保障水平以及补贴力度。1973年日本政府推出了覆盖面更广的大田作物保险，1979年又增加了温室设施及内部植物保险（自愿投保）。日本的农业保险项目是由政府和农民组织合作进行的。中央政府相关部门（农林水产省）制定规则、开发产品、厘定费率、提供各种补贴以及再保险服务。农民组织分为市町村（农业共济协会）和都道府县（农业共济协会联合会）两个级别。辖区内所有的农业共济协会均必须成为农业共济协会联合会的会员，联合会为众协会提供再保险并为它们出谋划策，提供经营、技术以及其他方面的支持。

（三）加拿大农业保险发展历程

加拿大地广人稀，幅员辽阔，但可用耕地面积比较集中。1939年，加拿大政府在西部实施了小麦救灾项目（类似于现在的地区指数保险），建立了农业保险的雏形，在这个阶段，加拿大政府秉持自由市场经济理念，并不愿意直接干预市场，对农业的支持主要是通过提供贷款优惠的方式进行的。1959年，加拿大政府颁布了《联邦农业保险法》，根据授权，真正的农业保险项目1960年才开始实施。1964年，联邦政府增加了再保险服务；到1967年，加拿大境内从原来的只有一两个省到全部10个省都参加了农业保险。在随后的几十年里，加拿大政府不断完善和创新农业保险服务。加拿大农业保险的模式是通过联邦政府与省级政府协同来完成的，联邦政府设计项目并提供资金保障、设计框架、完善合同和发放保费补贴等，省级政府根据区域内的特点设计产品并研发管理。

（四）法国农业保险发展历程

法国是最早崛起的资本主义大国之一，也是西欧农业最发达的国家。1840年，几家农户凑在一起自发成立了一个农业保险互助社，而且建立了互助保险基金，形成了农业互助保险的雏形。法国于1900年出台了首部关于农业保险的正式法律《农业互助保险法》。在这之后法国又陆续出台了多部法律来完善和修订农业保险体系，1976年颁布的《保险法典》确立了农业互助保险的地位，1982年出台了《农业保险法》，确定了法国农业保险的非营利性质。正是这些法律引导着法国农业保险的发展，同时也对市场起到了实时的调控和监管作用。法国农业保险的最高级管理机构是中央保险公司，下一级是地区或省级保险公司，最基层的运营机构是农业互助保险社，它们直接为农户提供保险服务。

二、国外农业保险的主要模式

目前世界农业保险的经营模式主要分为三种：一是中央和地方政府联合主办、政府直接经营的公营农业保险模式；二是私营商业或基金保险公司经营，没有政府支持的私营农业保险模式；三是政府资助、私营部门实施的公私合营的农业保险模式。但是根据政府参与程度的不同，公私合营的农业保险模式又分为：政府处于垄断地位的公私合营的农业保险模式、政府高度控制的商业经营的农业保险模式、政府较低级别控制的商业经营的农业保险模式。世界各国农业保险的主要模式如下。

（一）美国农业保险的制度模式

1. 管理制度

美国农业保险发展前期以政府为主导，后来改为双向财政补贴机制，是典型的政府资助、私营部门实施的公私合营的农业保险模式。它以 FCIC 为核心发挥农业保险市场监督、商业保险公司管理以及政策制定的作用，有效连接农民与其授权的商业保险公司，利用财政拨款给予农民保费补贴，给予商业保险公司税收优惠、补贴以及再保险保障，并要求保险公司按照 FCIC 规定的费率以及法律法规进入农业保险市场。美国农业保险管理体制有效改善了农业保险供需不足的局面，为美国营造了良好的保险市场环境，同时达到了风险控制的多重效果。

2. 财政补贴制度

美国实行差异化的财政补贴政策，针对不同险种给予差异化的补贴，对不同风险，采用不同保险费率。美国保险业务种类多、范围广，涵盖了农作物、家畜、果树等多个类别，向农民提供多种选择，以提高其投保积极性。农业保险都向农民提供了强制保险和自愿保险两种选择：对于国家重点农产品，要求农民强制投保；对于其他农产品，则按照农民自身需求来选择是否投保。

3. 保险覆盖率及理赔问题

美国的农业保险的广度已经达到 90%，未来美国的农业保险广度还会继续扩大，农户的基本收入会得到更好的保障。美国的农业保险深度也日趋稳定，达到了 60%的水平。除小麦、玉米和大豆这三种种植面积最广的作物以外，还有大麦、棉花、水稻、食用高粱、马铃薯、花生和烟叶等大田作物以及水果和蔬菜。

美国的农业保险项目赔付率变化大体可以分成三个阶段：20 世纪 30 年代到 80 年代是联邦政府单独经营农业保险阶段，也可称为国营阶段，这一阶段的赔付率将近 100%；20 世纪 80 年代到 20 世纪末，联邦政府开始尝试公私合营的方式，赔付率有所下降；1996 年开始，联邦政府又开始尝试新的经营模式：由私营保险公司经营农业保险，政府间接给予补贴以及政策法律的扶持。从这一阶段到现在，其农业保险经营状态有所好转，基本达到了盈亏平衡，赔付率也较为合理。

4. 法律法规

美国 20 世纪 40 年代颁布《农业调整法》，随后颁布《美国联邦农作物保险法》并先后修订数十次，后来颁布《农业风险法》等法律，农业保险法律法规建设较为完善。

5. 再保险

发达国家常使用再保险来应对大型或超大型农业灾害风险。再保险不仅能够有效地为直接保险公司分担风险，而且可以通过吸引市场中其他机构分散巨灾风险，同时，通过财政支持来为农业、农村和农民的健康发展保驾护航，对农业的可持续发展起到关键作用。

美国联邦政府通过 FCIC（联邦政府全额资助成立的政策性农业保险的再保险公司，1938 年成立之初经营农业保险，2001 年开始只负责再保险方面的业务）为直接保险公司提供再保险服务，为巨灾类赔付兜底。直接保险公司承担能力范围内的中小型农业灾害损失业务，然后通过再保险将一部分风险转移给 FCIC。政府也为各农业再保险公司提供税收优惠政策以及高额补贴。

（二）日本农业保险的制度模式

1. 管理制度

日本的财政补贴机制与美国类似：下发财政拨款，给予农民保费补贴，通过财政补贴替商业保险机构分担营业成本，以此激发农民和保险公司的积极性。但日本与美国不同的是，相较政府下设机构提供再保险保障，日本的再保险体系更具特色。日本实行共济制农业保险制度，由农业共济协会、农业共济协会联合会和政府组成三级式管理机构，由联合会与政府提供再保险，形成双重再保险机制，由农业共济协会集聚农民零散资金，建立农民共担风险的机制平台。这样的保险体系不仅降低了风险，而且推动了日本农业产业化的发展。

2. 财政补贴制度

日本的财政补贴制度与美国相似，实行差异化的财政补贴政策，且保险业务种类多、范围广。此外，日本提供了强制保险和自愿保险两种选择：对于国家重点农产品，要求农民强制投保；对于其他农产品，农民则可以按照自身需求来选择是否投保。

3. 保险覆盖率及理赔问题

日本政府将保险视为国家的经济政策，而且具有一定的强制性，只要是达到一定规模的农户都需要强制投保。日本的牲畜保险发达、历史悠久、保障深度比较稳定，大于保险广度。在农作物保险方面，水稻、小麦、甜菜和啤酒花四者的承保面积高达 90%，而且小麦和水稻的保险为强制性参保，另外两种作物的保险为自愿性质。

日本经过长时间的发展，在农业保险的灾后勘察定损和理赔方面已经比较成熟和有效率。灾害过后日本的赔付率水平非常高，由于政府财政补贴比例高，日本农户很快就能恢复生产力。特别是特大灾害出现后，政府将会承担 80%～100%的赔款金额。前面提到日本三级式管理机构的效率非常高，如果农户受到损失会先到代表农户利益的农业共济协会报案并等待定损，然后由农业共济协会相关人员向农业共济协会联合会报告。联合会可以自行处理损失较小的报案并做出批示或赔付；如果损失较大，联合会要向最高机构农林水产省报告，农林水产省相关部门做出权威定损报告后再逐级处理，最后把赔款交到农户手中。

4. 法律法规

日本分别于 1924 年和 1938 年颁布了《家畜农业法》和《农业保险法》，先后对相关法律法规修订 23 次。

5. 再保险

日本的农业共济协会为农民直接提供服务并向农业共济协会联合会分保。政府的农林水产省与农业共济协会联合会在 1952 年设置了农业共济基金，农业共济协会联合会资金不足时可以向农业共济基金申请再保险援助。日本政府将风险向全国范围分散，为农户提供了稳定的保障，农业再保险也是日本农业保险体系中的重要内容。

（三）加拿大农业保险的制度模式

1. 管理制度

加拿大联邦、省和农民之间形成三级缔约，联邦给予各省政府自主选择农业保险的权利，各省根据当地农业发展情况，自主颁布相关法律法规并进行规划。加拿大的农业保险由各省（地区）政府控制下的非营利性保险公司直接运营，且每个省（地区）的农业保险公司都必须与加拿大联邦政府（农业部代表联邦政府）签订协议。由联邦政府与省政府共同承担农业保险补贴，是典型的公营农业保险的例子。

2. 财政补贴制度

加拿大联邦政府保险法规定加拿大的保险产品为产量保险，政府有三项支出，分别是保费补贴、经营成本和超赔支出。对于农户的产量保险的保费补贴水平有 50%、60%、70%和 80%共计四个档次。

3. 保险覆盖率及理赔问题

加拿大农业保险中作物、蔬菜和水果的承保率都较高，其中粮食和油料的承保率高达 75%以上。农作物总体承保面积范围为 65%～70%，承保面积范围达 50%以上的作物有 48 种，其中有 10 种作物的承保面积范围达 90%。自 2009 年开始逐渐提供猪、牛价格保险，项目正在推进中。

4. 再保险

加拿大的省级政府主导成立公司进行经营，宪法规定商业型保险公司不能参与经营农业保险项目，联邦政府为省级政府提供一级再保险服务。联邦政府还成立了农作物保险基金，由省级机构缴纳保费，受灾时请求再保险援助。灾害发生后，省级保险储备金率先支付，超过能力范围时要向农作物保险基金申请再保险援助。如果仍不能完成赔付，还可以向联邦政府申请不计息贷款，但须尽快偿还。

（四）法国农业保险的制度模式

1. 管理制度

法国的农业保险采用由政府资助、各级互助保险公司经营的制度模式，是典型的政府较低级别控制公私合营模式。

法国的农业保险机构由政策性的农业保险机构、各级互助保险公司组成。政策性的农业保险机构由政府直接补贴，总额达保费的 20%～50%，用于保障农业保险机构业务的开展；各级互助保险公司负责各项保险和再保险业务，并具有互助救济、金融和生活福利三种功能。

2. 财政补贴制度

法国政府为了鼓励农业保险的发展，对农户以及保险公司实行“低费率高补贴”和减免税率的政策。政府对重要的牲畜和农作物实施强制性保险，并给予最高可达 65%的保费补贴，农户只需要自己支付 35%～50%的保费。法国法律规定农业保险不以营利为目的，政府对经营农业保险的机构实行资本、存款、收入和财产减免征税的政策，这些做法极大地提高了农户参保的积极性。

3. 保险覆盖率及深度

法国农业保险的保障范围覆盖农村、农业和农民，也就是除传统的种植险和养殖险以外还涉及农户财产和责任险以及农民的人身保险。法国地理位置特殊，一般不会出现很严重的灾害，所以种植业范围只有雹灾保险，近几年才开始出现旱灾、霜冻以及大风灾害保险。主要种植品种有小麦、玉米、葡萄和甜菜这些法国特色的农作物。

4. 制度特点

在法国，由于农业保险的非营利性，政府对所有农业保险部门都施行了对其资本、存款、收入和财产免征一切赋税的政策，通过法律形式给予保障，并制定了《农业保险法》。法国的农业保险具有以下特点：(1) 政府实行低费率高补贴的政策。农民只需缴纳保费的20%～50%，其余部分由政府承担，并由政策性农业保险机构保障农业保险机构业务的开展。(2) 建立民间性的农业保险合作基金组织。农民既是保险人，又是被保险人，从而达到互助、共济的目的。同时，合作基金组织还可以向官方的中央政府农业再保险和非官方的国家保险协会进行再保险，以分散风险，并获得一定补贴。(3) 建立政府控股、社会参股的农业相互保险集团。在业务规划和公司发展战略上，重点考虑内外部环境，掌握保户需求，不断完善保单要素；在发展策略上，不断加强风险管理，提高管理水平，降低成本，进一步保持和发展优势业务。

第三节　农业保险的中国实践

一、中国农业保险的发展与变迁

任何制度的形成、发展都不是自在自为的，而是总处在一定的历史背景之下，是特定时空政治、经济、文化、社会诸现象互动的结果。中国具有漫长的农业经济发展历程和深厚的农业传统，农业保险发展的历史也源远流长，农业保险制度问题的形成有其深刻的历史背景。放宽视角，从整个农业、农村经济发展历史的角度来考察中国农业保险制度的演变，在理论和实践上具有特别深刻的意义。

(一) 中国古代农业保险思想的萌芽

农业保险作为农村经济和农村金融系统的组成部分，其制度演进的方向与整个农村经济制度变迁密切相关。在中国，早期的农业保险思想正是根源于封建社会时期的小农生产方式。国家政权出于“贫则反，富则立”的统治哲学以及节约征税成本和保持适当财力的经济考虑，并不赞成经营地主的出现和扩张，而是怀有均田理想，希望农民不贫不富。这与农民“人人有其田”“温饱无忧”的理想呼应，使得小农生产方式在中国根深蒂固。

封建政府为了保障小农生产方式的延续以维系政权稳定，很早就建立了国家农贷制度，历朝历代国家“赈贷”不断，作为早期中国农业保险思想萌芽的“荒政思想和仓储制度”也相应产生。对于一个农业社会来说，“吃”乃首要问题，所谓“民以食为天”。因此，古代社会官方的保障思想就主要表现在“荒政”上。“高筑墙，广积粮”“备战备荒”

是历代帝王夺取政权后巩固政权的首要任务。中国古代的仓储制度作为一种救济后备制度，从组织形式看，是相当严密、完备的，但无论是官府的常平仓，还是民间的义仓，作为一种社会保障形式，其保障范围都是狭窄的，都存在不可克服的缺陷，与近现代保险制度不可相提并论，主要以应付天灾人祸为主。另外，小农生产方式也决定了农民个人抵御风险的能力非常弱，在官方支持不力的情况下，民间的风险保障主要表现为“养儿防老，积谷防饥”的自助思想与民间自发兴起的一些互助组织和一些互助的风俗制度。可以说，这是中国几千年封建农业社会积淀下来的最具代表性的风险保障思想，时至今日还在产生相当大的影响。

在自给自足的自然经济社会里，受小生产（而非社会化）方式和自给自足（而非商品交换）的消费方式的限制，剩余产品十分有限，人们抵抗“水旱饥荒”的能力十分低下，最有效的方式就是个人积累生活必需品。因而，“积谷防饥”的思想成为千百年来颠扑不灭的真理而深入人心。“养儿防老，积谷防饥”成为中国古代（以及现代农村）民间自助形式的风险保障的主流。作为补充，民间流行的各种各样的互助制度和风俗，比如“一家有难，万家来帮”，比较有效地解决了平民百姓在水旱灾荒之年的生活保障问题。

（二）中国近代农业保险制度的形成

19 世纪后期的中国，人口压力激增、农业经济商品化，传统的小农经济难以自然延续，这主要表现在两个方面：一是农业生产力停滞衰落，人口严重超负荷；二是土地制度极不合理，小农生产方式极度落后。此外，在中国农村较长时期地保留着小农业与家庭手工业相结合的农户经营特色，这种经营结构具有相当强的稳固性，对自然经济的解体有着巨大的排斥力。小农生产方式不仅为封建生产关系提供了社会基础，而且是中国农业生产力水平在特定阶段的必然表现，同时也决定了农民在抵御自然和市场双重风险时极度困难。

中国近代农业保险制度正是在当时农村经济发展极为困难的条件下逐步形成的。1923 年，华洋义赈救灾总会在河北省香河县创建了中国第一家农村信用合作社，其目的是通过信用社帮助农民应付重大灾害，发展农业生产，解决生活困难。同时，南京金陵大学受华洋义赈救灾总会委托，于 1923 年创立南京丰润合作社，1926 年成立安徽乌江农产买卖合作社等。这种早期的中国信用合作社，在很大程度上可以归为中国最早的民间正式农业保险和农业救灾机构，其基本特点有：①自发性。基本由社会团体组织推动，政府未直接干预，基本遵守合作制的原则。②救济性。由于农村经济枯竭，信用社股金和存款很少，主要靠向救灾会借款维持，变成另一种形式的社会救济团体。③阶级性。信用社主要由地主阶级及其代理人管理，农民不可能参与。但是，随着国民党政府的介入，农村信用社的性质发生了变化，逐步沦为“官办”的农村金融组织，成为国民党政府控制农村金融资源的工具。到了 20 世纪 30 年代，中国农村由于受军阀剥削及世界经济危机的影响，破产相当普遍。对于农民而言，一旦其生产用的耕牛及补助家庭收入的家畜发生意外伤亡，则不堪负担：农民要么缩小再生产，要么为维持生产能力而举债。为了尽快恢复和建设农村经济，有的地方举办了农业保险。但是，农业保险没有受到应有的重视。虽然有少数省份在个别地区试办过农业保险，然而试验的险种十分有限，主要包括：①乌江耕牛保险协会的尝试。乌江耕牛保险协会是中国现代保险史上最早由农民自发建立的相互保险的正规组织之一，属于互助合作团体。1933 年上海银行与金陵大学农学院将乌江镇开辟为农业试验区，为了保证试验区发放农业贷款资金的安全，力主农民组成耕牛保险协会，承办耕牛保险。1934—1935 年，该镇共有 15 个村成立了耕牛保险协会，入会会员 611 户，投保耕牛 63 头，保险金额为法币 3 267 元，投保后每头牛先缴部分保费，当年的死亡率超过 2%时再加收保费。由于农民对保险认识不足，保费负担过重，保障不足，投保标的太少，最终耕牛保险停办，乌江耕牛保险协会也不复存在。②北碚家畜保险社的建立。北碚家畜保险社是中国现代保险史上较早开办家畜保险的机构之一。1939 年，农本局（即国民党政府控制粮、棉、纱、布的机构）在重庆农业试验区设立家畜保险经营处，准备在所辖农业试验区的合作金库（农贷机构）的辅导下，建立家畜保险社办理家畜保险业务。首先成立的就是北碚家畜保险社，以猪为保险标的。保险社章程规定，每村有 50 户以上畜主入会方能成立保险分社，入保猪按每头重量价值的 3%收缴保费，猪死亡时，按死猪重量活值赔偿 80%，保险社承担其中 20%的赔偿责任，保险经营处承担 80%的分保赔款。1940 年，试验区家畜保险经营处接受保险的猪只有 810 头。自负盈亏的保险社因投保标的少、赔付率高而停办了养猪保险业务。保险经营处原计划向内江、荣昌、三台等县发展家畜保险业务的计划也因北碚家畜保险社的失败而成为泡影。③中国农业保险股份有限公司的创立。中国农业保险股份有限公司是旧中国官僚资本兴办的保险公司，初为中国农业银行信托处所属的保险科，1943 年独立，定名为中国农业保险特种股份有限公司；1945 年改组，由农林部投入资本；1947 年 6 月，更名为中国农业保险股份有限公司，最高权力机构是董事会，除在重庆北碚小面积试办了一些耕牛和猪保险业务外，主要经营茧纱保险、盐载保险等业务；中华人民共和国成立后，由人民政府接管。

（三）计划经济时期农业保险制度的演进

1. 中华人民共和国成立初期（1949—1957 年）农业保险的快速发展

当时农村经济制度安排的主要目的是促进农业生产的恢复，为整个国民经济的恢复和重工业倾斜发展战略的实施开辟道路。其主要路径与基本内容为：①改革土地制度；②促进农村合作经济及其产权制度的完善。伴随着农村经济整改的顺利进行，这一时期农业保险也得到了快速发展。1949 年 10 月 20 日，政府首先建立了中国人民保险公司，从此，中国人民开始独立自主地办保险，为经济建设和人民生活服务，后来相继在各地成立了分支机构。

2. 人民公社制度建立以后（1958—1978 年）农业保险的滑坡与停滞

由于受“左”的思想影响，全国各地相继刮起了“共产风”、“人民公社化”和“一大二公”，有些人头脑发热，认为保险已经完成了历史使命，没有存在的必要。1958 年 10 月，在西安召开的财贸工作会议认为，人民公社化以后，保险的作用已经消失，决定停办国内保险业务，所以农村保险业务又一次被迫停办，这一次停办一直延续到 1981 年。

（四）经济转型时期农业保险制度的重新培育

1. 市场化改革初期（1979—1992 年）农业保险的蓬勃发展

十一届三中全会以后，中国开始建立和普遍实行农业家庭联产承包责任制，同时农业、农村经济制度也逐步完善。改革政策为农业保险的恢复创造了条件。国家为发展农业保险做出了一系列重大决定。1982 年 2 月，国务院批转的中国人民银行《关于国内保险业务恢复情况和今后发展意见的报告》指出：“为了适应农村经济发展的新形势，保险工作如何为八亿农民服务，是必须予以重视的一个新课题。要在调查研究的基础上，按照落实农村政策的需要，从各地的实际情况出发，积极创造条件，抓紧做好准备，逐步试办农村财产保险、牲畜保险等业务。”中国农业保险体系又逐渐由国家救济转向农业保险的试点。中国人民保险公司于1982年恢复试办农业保险，从试办到1993年，是农业保险由低速增长到高速增长的发展过程。1982年，中国人民保险公司首先从畜禽保险开始积极试办。从1982年起到1983年11月，全国先后有25个省（自治区、直辖市）建立试点站或试点县、试点地区，农业保险险种不断增加，服务领域不断扩大。1986年，农业保险试点县已经有102个，试点县成立了救灾保险互济会，国家从救灾款中拨给每个县50万～100万元启动资金，这对推动农业保险事业的发展起到了积极有效的作用，并取得了一些有益的经验。

2. 市场经济体制确立时期（1992年至今）农业保险制度的探索与困扰

1992年春，邓小平南方谈话发表。同年10月，十四大召开，明确提出建立社会主义市场经济体制的目标。农业和农村经济制度沿市场经济方向变迁的速度加快。这一阶段，农村经济制度改革向纵深推进，然而，随着农村经济体制改革的不断推进，人们所期望的农业保险高速发展的局面并没有出现。虽然农业保险现已覆盖农业、林业、畜牧业、渔业各个领域，险种已从1982年恢复试办时的仅有生猪、大牲畜等几个险种，发展到棉花、水稻、烤烟、鸡、兔、羊、对虾养殖、扇贝养殖等近百个险种，而且不断开发了商品性农业、开发性农业、科技兴农等项目保险的新险种，如塑料大棚保险、海塘坝保险、地瓜脱毒保险等险种，大大促进了科技推广，部分险种，如麦场火灾保险、棉花保险、烟叶保险等已在全国大面积开展，但是从规模来看，1993年至今是农业保险由高速增长到低速增长的滑坡过程，这与整个保险业的迅猛发展势头显得格格不入。

2004年7月，保监会批准吉林省安华农业保险公司筹建；9月，批准我国第一家专业农业保险公司上海安信农业保险公司开业；10月，批准在农业保险方面有丰富经验的法国安盟保险公司成都分公司开业，希望通过引进国外的成功经验，带动我国农业保险的发展。2004年底，经国务院同意，中国保监会批准筹建阳光农业相互保险公司（以下简称“阳光公司”），这是我国第一家相互制农业保险公司，也是我国第一家相互制保险公司。阳光公司的筹建，填补了我国尚无相互制保险公司的空白，标志着我国农业保险发展迈出了重要一步，既有利于黑龙江垦区农业保险的持续稳定发展，又能为我国主要产粮区农业保险发展积累有益的经验。同时，保监会还积极研究了在新疆、内蒙古开展奶牛等养殖业保险试点，在江苏等地实行政策性业务由商业保险公司代办的试点。法国安盟保险公司也已经在四川等地区开展农业保险。保监会还明确指出，将重点批设经营农业险的外资保险牌照。自此，中国农业保险发展进入了新时期的制度创新阶段。

二、中国农业保险制度变迁的路径分析

新制度经济学认为，制度变迁的诱致因素是潜在利润（制度变迁的报酬或收益减去相应的成本），制度变迁的主体只有发现了巨大的潜在利润（报酬或收益大于成本），才会在收入增加的激励下改变制度。因此，潜在利润的大小决定了制度变迁主体进行制度变迁的动力强弱，即所发现的潜在利润越大，进行制度创新的动力就越强。

我国农业保险制度变迁是一个伴随着制度供求的均衡→非均衡→均衡的不断往复的过程，与此同时，农业保险制度则形成了孕育→创立试验→发展→成熟→实施→落后→淘汰→再孕育的不断循环往复的历史过程。在这一过程中有两种力量决定了农业保险制度变

迁的潜在利润，并由此决定着农业保险制度变迁的路线：一种是报酬递增。农业保险制度体系中，农业保险存在供给和需求双重的正外部性，无论从农民购买农业保险的制度体系来看，还是从保险公司提供农业保险的角度来看，边际社会收益都大于边际私人收益，即政府获得的潜在收益大于农民和保险公司，因而政府推动农业保险制度变迁的动力最强。而且农业保险制度的巨额初建沉没成本、组织的学习效应、正规制度和非正规制度的相互适应效率以及协作效应四种自我强化机制，会对政府获得的潜在利润产生巨大的递增效应。这种递增效应必然使制度一旦开始运行（哪怕是外部偶然性事件所导致的），就会沿着一定的路径演进，而且很难被其他潜在的甚至更优的制度替代。另一种是由复杂的交易费用所确定的不完全市场，使农业保险制度变迁具有路径依赖特征——以政府为主导的强制性制度变迁路径。农业保险业务中的信息不对称、不充分，交易的不确定性以及不完全政治市场产生的巨大交易费用，进一步决定了以政府为主导的强制性制度变迁的路径依赖是具有刚性的。

从我国农业保险制度变迁的过程可以发现，无论是国有政策性农业保险还是合作保险模式，其产生与发展都依赖于政府行政力量的推动，充分反映了农业保险制度变迁仍然受传统意识形态和文化的制约。这种依赖于传统意识形态和文化所导致的路径依赖的刚性，决定了在目前的经济发展阶段，如果没有政府的支持，想要促进农业保险的快速、健康发展是非常困难的。

现阶段创新已成为世界保险业发展的主要推动力，也是未来我国农业保险发展的助推器。当所有的制度创新都被实现之后，即当无论怎样改变现存制度都不能给创新者带来额外利益时，制度均衡就实现了。尽管这种均衡是短暂的，甚至是瞬间的，但促进制度创新的因素总是在活动，这也是制度不断完善的过程——一个从制度非均衡到制度均衡的周而复始的动态变化与发展过程。我国农业保险制度变迁和创新也必然沿着这一路径向前推进和发展，为此我国农业保险制度变迁必须建立新的逻辑起点——创新制度变迁的路径。而这一新的逻辑必须打破传统意识形态，树立市场理念与文化；同时，要充分发挥政府的作用，为农业保险的发展创造合适的政策环境和政策支持，通过政府和市场的有效结合引导农业保险制度变迁，逐步形成与当前农业、农村发展相适应的新路径。

三、中国部分地区农业保险经营实践

中国的农业保险始于20世纪30年代，历史较短。在20世纪30—40年代，先后出现了官僚资本、民族资本和保险合作互助社等组织形式开办的农业保险机构，但由于当时中国的政治经济局势极不稳定，农业保险的试验没有宽松的外部环境，因此最后均以经营失败告终。中华人民共和国成立后不久，中国开始筹办农业保险，当时的农业保险是强制参加的，由中国人民保险公司统一办理，但由于缺乏正确的理论引导，农业保险领导机构没有根据经济发展水平确定农业保险的发展方针与政策，因此导致了农业保险经营一哄而上、一哄而下的局面。到1959年，全面停办了农业保险业务。随着农村经济体制改革和保险业务在全国范围内的恢复，1982年中国又开办了农业保险业务，自此在20余年的探索中，中国初步形成了商业性保险公司独自经营农业保险、地方政府与商业性保险公司共同经营农业保险、农村保险相互会社或保险合作社经营农业保险、政府部门直接或间接经营农业保险四种经营模式。

（一）黑龙江阳光农业保险模式

1. 阳光农业相互保险公司的特点

黑龙江阳光农业相互保险公司采取的是相互制保险公司模式。相互保险公司是相互制与公司制相结合的一种特殊保险组织形式。它是投保人通过投保取得公司业主或东家的资格，用投保人缴纳的纯保费形成保险基金，以投保人之间互助共济的方式实现被保险人的人身或财产风险损失补偿，并采用公司经营制度。参保人根据保险合同和公司章程缴纳保费，同时也成为公司会员。公司按照约定提供风险防范服务和经济补偿，公司盈余由全体投保人享有，公司亏损也由全体投保人承担。

2. 阳光农业相互保险公司的经营方式

阳光农业相互保险公司的经营方式主要有三种：一是公司与保险社共保。采取公司经营为主导、保险社会经营为基础的统分结合的经营模式，先由保险社承保，再由公司与保险社按照五五的比例进行共保，实现风险共担、利益共享。二是垦区内业务与垦区外业务相结合。阳光农业相互保险公司在全力抓好垦区粮食作物保险、扩大养殖业保险的基础上，将保险规模向全省农村和全国粮食主产区扩展。在各级政府提供保费补贴和经营费用补贴的前提下，选择粮食作物种植规模较大的地区先行试点，取得成功后逐步扩大推广。三是防灾与救灾相结合。坚持“以防为主、防救结合”，通过增加投入，健全防灾减灾体系。

3. 阳光农业相互保险公司的具体做法

其一，以承保水稻、小麦、玉米、大豆等粮豆作物为主；保险金额按直接生产成本的60%～70%确定，一般为140～150元/亩，费率为10%。其二，保险责任包括旱、涝、风、雹、冻、病、虫七种自然灾害，相当于种植业保险的一切险。其三，保费三方承担，黑龙江垦区内农户只承担65%，其余的35%（其中国家财政补贴20%，黑龙江省农垦总局补贴15%）以保费的形式直接补贴给农户；黑龙江垦区外省政府补贴标准为省级财政承担保费的50%，县（市）级财政承担保费的20%，农户承担保费的30%。其四，实行大灾准备金制度。按保费收入的10%提取大灾准备金，用于平抑大灾风险，其使用基准以保险社为单位，当综合赔付率超过140%时，其超过的部分动用大灾准备金弥补。其五，公司与保险社共保。保费收入在提取大灾准备金后，公司与保险社各留存50%，赔付由公司和保险社按相同比例承担。其六，业务管理实现“三到户”“三公开”，即承保到户、定损到户、理赔到户，承保内容公开、损失测定公开、赔款兑现公开。其七，建立保险公估制度，实行“四方”核灾定损，即核灾定损员、保险分社、保险社与公司共同核灾定损，确保准确率达95%以上。

阳光农业相互保险公司坚持以农业保险为主、2005年农业保险与商业保险保费的结构比为96∶4，2006年为75∶25，2007年截至6月30日为70∶30，农业保险始终处于主导地位，保持着发展农业保险的方向。在商业保险的发展中，也是围绕“三农”来开展农村家庭财产保险、人身意外保险、农机保险、农用车辆保险等分散性业务，形成了具有自身特点的商业险业务结构。

4. 阳光农业相互保险公司的风险控制措施

阳光农业相互保险公司立足于灾前预防，建立了以人工增雨防雹为主的防灾减灾网络，现已配备高炮278门，火箭发射器95部，气象雷达8部，气象卫星云图接收机36

台，防控面积达 2 700 万亩，年均减损增效 4 亿元。公司实行大灾准备金制度，以防范大灾风险，同时公司还与国际再保险公司签订了种植业超赔再保险合约，将巨灾风险转移分散，有效控制经营风险。

（二）吉林安华农业保险模式

1. 安华公司的特点

吉林安华农业保险股份有限公司（简称安华公司）是中国保监会于 2005 年 7 月 12 日正式批准设立的东北首家农业保险公司。安华公司采取的是商业性农业保险公司代办政策性业务的经营模式，其经营特征表现在以下四个方面：一是综合经营，采用大农业保险战略，综合开发一揽子保险产品，为农户提供包括种养两业保险、财产保险、健康保险和人身意外保险等在内的全方位综合保险服务。二是服务农业产业化项目，充分发挥龙头企业的作用。提供覆盖龙头企业产业链各个环节的保险保障，以产业链延伸带动广大农户。三是多渠道、多形式为政府代办政策性农业保险业务。四是依托吉林省农村信用社、农机公司、专业代理公司等渠道，在将销售网络深入农村基层的同时，避免层层分设机构所带来的高额成本。

2. 安华公司的经营方式

安华公司从吉林省农业生产力水平、农业风险特点和农民保险需求的实际出发，本着“低费率、低保险、广覆盖”的经营原则，积极摸索适合吉林省特点的农业保险经营模式。在销售渠道和方法方面，安华公司着力探索以间接销售为主的渠道和模式，如将农业保险业务同农村信用社网络资源优势结合起来。在农村，信用社有网络、人员和社会优势，保险公司可以委托信用社代理业务，既减少保险公司运营成本，又增加信用社的经营收入。

3. 安华公司的具体做法

安华公司着力探索农业保险同新型农村合作医疗相结合、农业保险同农业机械化工作相结合、农业保险同农业产业化项目相结合、农业保险与订单农业相结合的试点。

4. 安华公司的风险控制措施

安华公司争取财政资金支持，在保费补贴的基础上，拓展、丰富和完善支持政策；建立防灾防损基金，支持参保地区开展防灾防损工作，防灾防损费用不低于政策性农业保险保费收入的 10%（从当年保费收入中提取 2%、中央财政按当年保费收入补贴 2%、从历年结余中按当年保费收入提取 6%）。

（三）湖南农业保险模式

1. 湖南农业保险模式的特点

湖南农业保险模式的特点体现在以下两个方面：一是保险费率。水稻种植保险主要包括基本险、旱灾险和综合险。基本险承保暴雨、洪水、内涝、风灾、雹灾和冻灾六种自然灾害责任，保险费率为 5%；旱灾险的保险费率为 3%；综合险承保上述基本险和旱灾险责任，保险费率为 7%。棉花种植保险承保暴雨、洪水、内涝、风灾、雹灾、冻灾和旱灾七种自然灾害责任，保险费率为 8%。二是理赔标准，分为分段计算、比例赔付和赔款封顶三种。(1) 分段计算。水稻种植保险分四个时期确定保额：苗期 140 元，分蘖拔节期 160 元，抽穗扬花期 180 元，成熟期 240 元。棉花种植保险分三个时期确定保额：苗期 120 元，蕾铃期 240 元，吐絮期 300 元。(2) 比例赔付。理赔起点为 30%，即承保的自然灾害造成水稻、棉花损失率在 30%～70%（含 30%）时，按该作物生长阶段保额和损失率计算赔款；损失率在70%以上（含70%）时，按该作物生长阶段保额全额赔付。（3）赔款封顶。投保水稻、棉花如遇多次灾害，则每季每单赔款累计不超过保险金额240元和300元。

2. 湖南农业保险的经营方式

中国人保湖南省分公司和中华联合湖南省分公司承担试点工作的经营业务，其试点品种为水稻和棉花种植保险。试点地区选择：综合洪涝、干旱等灾情多发区、粮棉主产区以及近三年播种面积和成灾情况，在全省14个市（州）共选择56个县（市、区、管理区）进行试点。其中，水稻种植保险试点县（市、区）51个、管理区5个，播种面积4 271万亩；棉花种植保险试点县（市、区）10个、管理区3个，种植面积193万亩。各试点地区水稻、棉花投保面积力争达到播种面积的40%以上。

3. 湖南农业保险的具体做法

湖南农业保险遵循政府引导、农户自愿、市场运作、共同负担、部门配合、稳步推进的基本原则，明确保险责任：政府补贴险种的保险责任为人力无法抗拒的自然灾害，包括暴雨、洪水（政府行蓄洪除外）、内涝、风灾、雹灾、冻灾和旱灾。保险金额：原则上以国家统计部门公布的农作物生长期内所发生的直接物化成本为依据，包括种子成本、化肥成本、农药成本、灌溉成本、机耕成本和地膜成本，不包括人力成本。全省统一确定物化成本为水稻每季每亩240元，棉花每亩300元。保费补贴：对纳入农业保险试点县（市、区）投保的水稻和棉花险种保费，中央和省财政补贴50%，市（州）、县（市、区）两级财政补贴不少于10%，其余由农户、龙头企业或合作经济组织承担。

4. 湖南农业保险的风险控制措施

湖南农业保险模式健全保费补贴资金管理：各级财政将承担的农业保险保费补贴资金列入同级财政预算，设立专门科目，实行专项管理，分账核算；保费补贴实行国库集中支付，财政部门根据保险经营机构的申请以及公司与投保对象签订的保险合同，审核保险公司保费收取情况，计算按比例应补贴的保费金额，通过国库集中支付到有关保险公司；定期对保费补贴资金使用情况进行监督和检查，确保专款专用。

四、中国农业保险最新相关政策

（一）天津出台农业保险高质量发展政策

为促进天津市农业保险高质量发展，推动强农惠农富农政策落地落实，更好地满足“三农”领域日益增长的风险保障需求，天津市财政局、市农业农村委、天津银保监局、市规划和自然资源局印发了《关于加快天津市农业保险高质量发展的实施方案》（以下简称《实施方案》）。

（1）明确主要目标。《实施方案》明确到2022年，基本建成功能完善、运行规范、基础完备，适应农业农村现代化发展阶段、满足农户多元化风险保障需求、各级财政共同支持、各部门分工负责的多层次农业保险体系。稻谷、小麦、玉米三大主粮作物农业保险覆盖率达到80%以上，收入保险成为全市农业保险重要险种，农业保险深度（保费/第一产业增加值）达到3%，农业保险密度（保费/农业从业人口）达到800元/人。

（2）明确重点工作。《实施方案》主要围绕实施乡村振兴战略，立足农业供给侧结构性改革，提出扩大农业保险覆盖面、提高农业保险保障水平、拓宽农业保险服务领域、落实便民惠民政策措施、鼓励探索开展“农业保险＋”、完善保险条款和费率拟订机制、完善风险防范和分散机制七个方面的政策内容，更好地保护农民利益。

(3) 明确保障机制。《实施方案》提出了建立健全协同推进机制、提升扶持政策整体效能、明晰政府市场权责边界、清理规范农业保险市场、建立农业保险信息共享机制、优化保险经办机构布局、努力营造良好市场环境七条保障措施，同时成立由市财政局等多部门组成的天津市农业保险工作小组，统筹规划、协同推进农业保险高质量发展。

截至 2019 年末，天津市农业保险保费规模达到 4 亿元，其中中央、市、区三级财政补贴资金达 3.1 亿元。财政补贴涵盖小麦保险、水稻保险、玉米保险、棉花保险等 11 个种植业险种；能繁母猪保险、育肥猪保险、奶牛保险等 6 个养殖业险种；农民房屋保险、农民家庭财产保险、农民人身意外伤害保险 3 个农村险种。

下一步，天津市四部门将共同抓好《实施方案》的落实工作，不断完善农业保险政策，有效提高农业保险服务能力，更好地推动农业保险高质量服务“三农”发展。

（二）山西省推出省级政策性农业保险试点

山西省出台《关于开展省级政策性小麦、玉米完全成本保险、产量保险、收入保险和未转移就业收入损失保险试点实施方案》（简称《试点实施方案》），推出了一系列省级政策性农业保险举措。

自 2008 年启动中央政策性农业保险工作起，经过 12 年的稳步推进和不断探索，山西省农业保险补贴品种从最初的能繁母猪保险 1 种增加至小麦保险、玉米保险、马铃薯保险、能繁母猪保险、育肥猪保险、奶牛保险、公益林保险等 15 种，基本涵盖省内大宗农畜林产品和省级特色产品，保障范围不断扩大，保障水平不断提升，省级政策性农业保险政策体系初步建立，形成了较为完善的“中央补贴＋省级补贴＋县级奖补”的政策性农业保险体系。

根据《试点实施方案》，从 2021 年起，山西省将在洪洞县开展小麦完全成本保险试点，在闻喜县开展小麦产量保险试点，在忻府区开展玉米完全成本（综合天气指数）保险试点，在朔城区开展玉米收入保险试点，在四县（区）同步开展未转移就业收入损失保险试点。试点期限为 2 年，完全成本保险、产量保险、收入保险保障对象为试点县（区）所有小麦、玉米种植主体，包括家庭农场、专业大户、农民合作社等规模经营主体及小农户，未转移就业收入损失保险的保障对象为试点县（区）年龄为 16～65 岁的农民。

试点将坚持“政府引导、市场运作、自主自愿、协同推进”的原则，通过探索开展完全成本保险、产量保险、收入保险和未转移就业收入损失保险，全面提升山西省主粮作物保险保障程度，实现稳粮增收、保障重要农产品有效供给和安全的政策目标。其中，完全成本保险的保障程度基本覆盖小麦、玉米种植户农业生产总成本；收入保险和产量保险保障程度基本覆盖农产品产量和单价；未转移就业收入损失保险进一步保障有能力外出务工但仍在农村开展主粮作物生产的种植农户不因自然灾害、意外事故和市场因素遭受种植收入的大幅减少。通过推进试点，有效降低小麦、玉米种植主体的生产经营风险，充分保障农户的物权收益和劳动力收益，确保农民收入稳定。

山西省将依托省农业保险协调机制的有效平台，整合资源、强化合力，指导、督促各有关试点县（市）履职尽责，扎实推动试点工作深入开展，确保政策落到实处、见到实效。同时，结合省农业风险保障需求，积极推动农业保险“扩面、增品、提标”，不断探索完善山西省农业保险政策体系和运行机制，推进全省农业现代化进程，助力乡村振兴。

（三）台州出台政策性农业保险新政

《台州政策性农业保险实施方案（2020—2022年）》（以下简称《方案》）指出：到2022年，力争全市农业保险深度达到1%，农业保险密度达到500元/人。

据统计，当前台州市政策性农业保险深度为0.28%，保险密度为107元/人，远低于中央的要求，总体处于全省中下游水平。2020年8月，在温岭登陆的台风“利奇马”造成该市农林牧渔业经济损失达50.65亿元，而政策性农业保险理赔额度占总体损失的比例非常低。《方案》明确，参保对象为农民和农业生产经营组织、村民委员会，保险品种包括创新试点险种、中央财政补贴的8个险种、省级财政补贴的13个险种、11个地方特色试点险种和县（市、区）政府根据产业特色并结合农户需求拟开办的新险种，希望通过三年努力，实现中央文件规定的保险深度和保险密度目标，力争达到全省中上游水平。

《方案》提出了“扩面、增品、提标”要求。“扩面”要以达到全省中上参保水平为目标，要求中央重点险种水稻、生猪、能繁母猪力争实现参保全覆盖，部分省定险种和地方特色险种参保率每年提高10%，各县（市、区）推进至少一个特色险种扩面；“增品”要求各县（市、区）以规模排名前三的产业推出新险种试点，同时探索开发农业机械综合保险、生猪强制扑杀保险等政策性新险种；“提标”要求关系国计民生的中央险种水稻、生猪和能繁母猪保额达到省定最高标准，在此基础上鼓励各地因地制宜探索保额分档设置，逐步提高保障水平。

同时，台州市支持鼓励各县（市、区）选择本地特色主导产业或规模较大的产业，自行开办地方特色农业保险新试点，力争实现各县（市、区）主导产业政策性农业保险全覆盖。在“保基础、保成本、保大灾”的基础上，力争2022年地方特色险种数量在原有基础上增加50%。

思考与练习

1. 简述农业保险的含义及农业保险的主要特征。
2. 简述世界上主要的农业保险模式。
3. 简述我国农业保险的发展现状和主要模式。
4. 思考中国农业保险的发展方向。

第8章

责任保险

学习目标

1. 理解责任保险的含义及基本特征
2. 掌握责任保险赔偿处理中的特征
3. 理解责任保险的承保与赔偿
4. 理解公众责任保险和产品责任保险
5. 理解雇主责任保险和职业责任保险

【本章引导】 是否应该对商场进行理赔?

案例一：顾客在A商场购物开车离开时，车轮轧到停车场内井盖。顾客的车轮陷进去出不来了。后经调查，井盖为该商场所有，商场应承担管理不善的责任。所幸车辆并无其他损失。最终，保险公司通过公众责任保险的赔付，将拖车费900元直接赔给客户。

案例二：B商场内，因大雨导致地下车库积水严重，顾客驾车离开车库时，车子打滑，车身不慎蹭到承重柱，导致车门被严重划伤。B商场与保险公司联系后，保险公司却给出拒赔结果。

请问：为什么保险公司对A商场进行了赔付，而对B商场却拒付?

要解答上述资料中的问题，需要知道什么是公众责任保险。公众责任保险是责任保险的一种。本章在论述责任保险基本概念和特征的基础上，分析了责任保险的承保方式及基础，并分别论述了主要的责任保险如公众责任保险、产品责任保险、雇主责任保险和职业责任保险的特点及承保责任。

第一节　责任保险概述

一、责任保险的概念及分类

（一）责任保险的概念

责任保险，是指以被保险客户的法律赔偿风险为承保对象的一类保险，它属于广义财产保险范畴，适用于广义财产保险的一般经营理论，但又具有自己的独特内容和经营特点，是一类可以独成体系的保险业务。

首先，责任保险与一般财产保险具有共同的性质，即都属于赔偿性保险，承保时需要遵循保险利益原则，索赔时需要遵循赔偿原则，当责任事故是由第三者造成的时适用于权利转让原则等，因此责任保险属于广义财产保险范畴。

其次，责任保险承保的风险是被保险人的法律风险。一般以法律规定的民事损害赔偿责任为承保风险，也可以根据保险客户的要求并经特别约定后，承保其合同责任风险。

最后，责任保险以被保险人在保险期内可能造成他人的利益损失为承保基础。这种利益损失在承保时是无法准确确定或预知的，因此被保险人的责任风险大小无法像其他财产保险或人身保险那样用保险金额来评价，只能以灵活的赔偿限额作为被保险人转嫁法律风险和保险人承担法律风险的最高限额。

（二）责任保险的分类

（1）按承保的险别，责任保险可以分为公众责任保险、产品责任保险、雇主责任保险和职业责任保险。

（2）按责任发生原因，责任保险可分为过失责任保险和无过失责任保险。

（3）按实施方式，责任保险可分为法定责任保险和自愿责任保险。

（4）按可否单独承保，责任保险可分为独立责任保险和附加责任保险。

（5）按保障程度，责任保险可分为基本责任保险和超额责任保险。

二、责任保险的基本特征

责任保险与一般财产保险类似，均以大数法则为数理基础，经营原则一致，经营方式相近（除部分法定险种外），均是对被保险人的经济损失进行补偿。其基本特征表现在以下五个方面：

（一）法制的健全与完善是其产生与发展的基础

各种民事法律风险的客观存在和社会生产力达到一定的发展阶段，以及人类社会进步带来的法制的不断完善，为责任保险的产业与发展奠定了基础，其中法制尤其是民法的健全与完善是责任保险产生与发展的最直接的基础。

（二）责任保险的补偿对象

尽管责任保险中承保人的赔款是支付给被保险人的，但这种赔款实质上是对被保险人之外的受害方即第三者的补偿，从而是直接保障被保险人利益、间接保障受害人利益的一种双重保障机制。

（三）责任保险的承保标的

责任保险承保的是各种民事法律风险，是一种无形保险标的。保险人在承保责任保险时，通常对每一种责任保险业务都要规定若干等级的赔偿限额，由被保险人自己选择，被保险人选定的赔偿限额便是保险人承担赔偿责任的最高限额，超过限额的经济赔偿责任只能由被保险人自行承担。

（四）责任保险的承保方式

责任保险的承保方式具有多样化的特征。在独立承保方式下，保险人签发专门的责任保险保单，它与特定的物没有保险意义上的直接联系，而是完全独立操作的保险业务。在附加承保方式下，保险人签发责任保险保单的前提是被保险人参加了一般的财产保险，即一般财产保险是主险，责任保险则是没有独立地位的附加险。在组合承保方式下，责任保险的内容既不必签订单独的责任保险合同，也无须签发附加或特约条款，只需要参加该财产保险，相应的责任风险便得到了保险保障。

（五）责任保险的赔偿处理

（1）每一起责任保险赔案的出现，均以被保险人对第三方造成损害并依法应承担经济赔偿责任为前提条件，必然要涉及受害的第三者，而一般财产保险或人身保险赔案只是保险双方的事情；

（2）责任保险赔案的处理也以法院的判决或执法部门的裁决为依据，从而需要更全面地运用法律制度；

（3）责任保险中因是保险人代替致害人承担对受害方的赔偿责任，被保险人对各种责任事故的处理往往关系到保险人的利益，因而保险人具有参与处理责任事故的权力；

（4）责任保险赔款最后并非归被保险人所有，而是实质上付给了受害方。

三、责任保险的承保与赔偿

（一）责任保险的承保范围

作为自成体系的一类保险业务，责任保险适合一切可能造成他人财产损失与人身伤亡的单位、家庭或个人投保。具体而言，其适用范围包括：一是各种公众活动场所的所有者、经营管理者；二是各种产品的生产者、销售者、修理者；三是各种运输工具的所有者、经营管理者或驾驶员；四是各种需要雇用员工的单位；五是各种提供职业技术服务的单位；六是城乡居民家庭或个人。此外，在各种工程项目的建设过程中，也存在许多民事责任事故风险。建设工程的所有者、承包者等亦对相关责任事故风险具有保险利益；各个单位场所（即非公众活动场所）也存在公众责任风险，有投保公众责任保险的必要。

（二）责任保险的保险责任范围

责任保险的保险责任和民事损害赔偿责任既有联系又有区别，不能完全等同。一方面，责任保险承保的责任主要是被保险人的过失行为所致的责任事故风险，即被保险人的故意行为通常是绝对除外不保的风险责任，这一经营特点决定了责任保险承保的责任范围明显小于民事损害赔偿责任的范围；另一方面，在被保险人要求并经过保险人同意的情况下，责任保险可以承保超越民事损害赔偿责任范围的无过错责任风险。这种无过错责任超出了一般民事损害赔偿责任的范围，但保险人通常将其纳入责任保险承保的责任范围。

责任保险的保险责任一般包括两项内容：（1）被保险人对造成他人财产损失或人身伤

亡应依法承担的经济赔偿责任。(2) 因赔偿纠纷引起的，由被保险人支付的诉讼、律师费用及其他事先经过保险人同意而支付的费用。

(三) 责任保险的承保方式及承保基础

1. 承保方式

责任保险的承保方式具有多样化的特征。

在独立承保方式下，保险人签发专门的责任保险保单，它与特定的物没有保险意义上的直接联系，而是完全独立操作的保险业务。

在附加承保方式下，保险人签发责任保险保单的前提是被保险人参加了一般的财产保险，即一般财产保险是主险，责任保险则是没有独立地位的附加险。

在组合承保方式下，责任保险的内容既不必签订单独的责任保险合同，也无须签订附加条款或特约条款，只需要参加该财产保险，相应的责任风险便得到了保险保障。

2. 承保基础

在责任保险中，承保基础主要有两种形式，即期内索赔式与期内发生式。

(1) 期内索赔式。

期内索赔式是指在保险索赔中，不论造成第三者人身伤亡或财产损失的事件或被保险人的过错行为在何时发生，只要受到侵害的第三者在保险期限内向被保险人第一次提出有效索赔即构成保险事故，保险人就要依照保险合同承担赔偿责任。

毫无疑问，采用期内索赔式承保，保险人判断是否应履行保险赔偿责任的重点是：保险事故中受损害的第三者是否在有效保险期限内向被保险人提出索赔。而保险事故本身既可以发生在保险期限内，又可以发生在保险期限之前。

(2) 期内发生式。

期内发生式是指以保险事故发生的时间为承保基础，保险人负责赔偿发生在保单有效期内应由被保险人负责的损失，保险人不考虑责任事故发现的时间或提出索赔的时间。

相较期内索赔式，期内发生式判断是否应履行保险赔偿责任的重点在于保险事故本身发生的时间是否处于有效保险期限之内。

(四) 责任保险的保险费率的厘定

责任保险的保险费率通常根据各种责任保险的风险大小及损失率的高低来确定。保险人在厘定责任保险的保险费率时，主要考虑以下几个影响因素：(1) 被保险人的业务性质及其产生意外损害赔偿责任可能性的大小；(2) 法律制度对损害赔偿的一般规定；(3) 保险赔偿限额的高低；(4) 承保区域的大小、每笔责任保险业务的数量；(5) 同类责任保险业务的历史损失资料。

(五) 责任保险的赔偿限额与免赔额

1. 赔偿限额

无论何种责任保险，都无保险金额的规定，采用的是在承保时由保险双方约定赔偿限额的方式来确定保险人承担的责任限额。从发展实践来看，赔偿限额作为保险人承担赔偿责任的最高限额，通常有以下三种类型：

(1) 每次责任事故或同一原因引起的一系列责任事故的赔偿限额，可以分为财产损失赔偿限额和人身伤亡赔偿限额两项。

(2) 保险期内累计的赔偿限额，可以分为累计的财产损失赔偿限额和累计的人身伤害赔偿限额。

(3) 保险人也可以将财产损失和人身伤亡两者合成一个限额，或者只规定每次事故和同一原因引起的一系列责任事故的赔偿限额，而不规定累计赔偿限额。

从国际发展趋势来看，越来越多的国家的责任保险保险人对人身伤亡不再规定赔偿限额，而仅规定一个综合性的赔偿限额。

2. 免赔额

在责任保险经营实践中，保险人除通过确定赔偿限额来明确其承保责任外，通常还规定免赔额，以达到促使被保险人小心谨慎，防止发生事故和减少小额、零星赔款支出的目的。

责任保险的免赔额通常是绝对免赔额，即无论受害方的财产是否发生全损或受害人是否死亡，免赔额以内的赔款均由被保险人自负。免赔额的确定一般以具体数字表示，也可以规定为赔偿限额或赔偿金额的一定比例。因此，责任保险保险人承担的赔偿责任是在免赔额之上且在赔偿限额之内的赔偿金额。

第二节 公众责任保险

一、公众责任保险的概念

公众责任保险又称“普通责任保险”或“综合责任保险”，主要承保被保险人在公共场所进行生产经营或其他活动时，因发生意外事故而造成他人人身伤亡或财产损失，依法应由被保险人承担的经济赔偿责任。

所谓公众责任，是指致害人在公众活动场所的过错行为致使他人的人身或财产遭受损害，依法应由致害人承担的对受害人的经济赔偿责任。公众责任的构成，以在法律上负有经济赔偿责任为前提，其法律依据是各国的民法及各种有关的单行法规制度。

此外，在一些并非公众活动的场所，如果公众在该场所受到了应当由致害人负责的损害，亦可以归属于公众责任。例如，某人到某企业办事，在该企业厂区内受到了依法应由企业负责的损害，即为该企业承担的公众责任。因此，各种公共设施场所、工厂、办公楼、学校、医院、商店、展览馆、动物园、宾馆、旅店、影剧院、运动场所以及工程建设工地等均存在公众责任事故风险。这些场所的所有者、经营管理者等均需要通过投保公众责任保险来转嫁其责任。常见的险种有场所责任保险、校方责任保险、电梯责任保险、展览会责任保险、承包人责任保险、承运人责任保险、环境污染责任保险等。

二、公众责任保险的一般内容

(一) 公众责任保险的责任范围

在公众责任保险中，保险人主要承担两部分责任：一是在被保险人造成他人人身伤亡或财产损失时，应依法承担的经济赔偿责任；二是在责任事故发生后，如果引起法律诉讼，由被保险人承担的相关诉讼费的支付责任。

公众责任保险的除外责任则包括：①被保险人故意行为引起的损害事故；②战争、内战、叛乱、暴动、骚乱、罢工或封闭工厂引起的任何损害事故；③人力不可抗拒的原因引起的损害事故；④核事故引起的损害事故；⑤有缺陷的卫生装置及除一般食物中毒以外的任何中毒；⑥由于震动、移动或减弱支撑引起的任何土地、财产或房屋的损坏责任；⑦被保险人的雇员或正在为被保险人服务的任何人所受到的伤害或其财产损失，他们通常在其他保单下获得保险；⑧各种运输工具的第三者或公众责任事故，由专门的第三者责任保险或其他责任保险险种承保；⑨公众责任保险保单上列明的其他除外责任等。

（二）公众责任保险的保险费率

公众责任保险承保业务时，通常视每一位被保险人的风险情况逐笔议定费率，以确保保险人承担的风险责任与所收取的保费相适应。按照国际保险界的习惯做法，保险人对公众责任保险一般按每次事故的基本赔偿限额和免赔额，分别议定人身伤害保险和财产损失保险两项保险的保险费率。如果基本赔偿限额和免赔额需增减，保险费率也应适当增减，但又非按比例增减。

公众责任保险保费的计算一般有以下两种情况：一是以赔偿限额（累计或每次事故赔偿限额）为计算依据，即应收保费＝累计赔偿限额×适用费率；二是对某些业务按场所面积大小计算保费，即应收保费＝保险场所占用面积(平方米)×每平方米保费。

（三）公众责任保险的赔偿

公众责任保险的赔偿限额的确定，通常采用规定每次事故赔偿限额的方式，既无分项限额，又无累计限额，仅规定每次公众责任事故的混合赔偿限额，它只能制约每次事故的赔偿责任，对整个保险期内总的赔偿责任不起作用。

公众责任保险的理赔程序包括七个步骤：第一，保险人接到出险通知或索赔要求时，应立即记录出险的被保险人的名称、保单号码、出险原因、出险时间与地点、造成的对第三者的损害程度及受害方的索赔要求等。第二，进行现场查勘，调查核实责任事故的相关情况，并协助现场施救。第三，根据现场查勘写出查勘报告，作为判定赔偿责任和计算赔款的依据。第四，进行责任审核，看事故是否发生在保险期限内，是否在保险责任范围内，受害人是否向被保险人提出索赔要求或起诉。第五，做好抗诉准备，必要时可以以被保险人的名义或同其一起出面抗诉。第六，以法院判决或多方协商确定的赔偿额为依据，计算保险人的赔款。第七，及时支付保险赔款。

三、公众责任保险的主要险种

（一）综合公共责任保险

综合公共责任保险是一种综合性的责任保险业务，它承保被保险人在任何地点因非故意行为或活动所造成的他人人身伤害或财产损失依法应负的经济赔偿责任。从国外类似业务的经营实践来看，保险人在该种保险中除一般公众责任外还承担着合同责任、产品责任、业主及工程承包人的预防责任、完工责任及个人伤害责任等风险。

（二）场所责任保险

场所责任保险承保固定场所因存在结构上的缺陷或管理不善，或被保险人在被保险场所进行生产经营活动时因疏忽发生意外事故，造成他人人身伤害或财产损失且依法应由被保险人承担的经济赔偿责任。

场所责任保险是公众责任保险中业务量最大的险种，主要包括宾馆责任保险、展览会责任保险、电梯责任保险、车库责任保险、机场责任保险以及其他各种公众活动场所的责任保险。

（三）承包人责任保险

承包人责任保险专门承保承包人的损害赔偿责任，它主要适用于承包各种建筑工程、安装工程、修理工程施工任务的承包人，包括土木工程师、建筑工、公路及下水道承包人以及油漆工等。

在承包人责任保险中，保险人通常对承包人租用或自有的设备、对委托人的赔偿及合同责任、对分承包人应承担的责任等负责，但对被保险人看管或控制的财产、施工的对象、退换或重置的工程材料或提供的货物及安装了的货物等不负责。

（四）承运人责任保险

承运人责任保险专门承保承担各种客、货运输任务的部门或个人在运输过程中可能发生的损害赔偿责任，主要包括旅客责任保险、货物运输责任保险等险种。依照有关法律，承运人对委托给它的货物运输和旅客运送的安全负有严格责任，除非损害货物或旅客的原因是不可抗力、军事行动及客户自己的过失等，否则承运人均需对被损害的货物或旅客负经济赔偿责任。

与一般公众责任保险不同的是，承运人责任保险保障的责任风险实际上是处于流动状态的责任风险，但因为运输路径是固定的，所以也可以视为固定场所的责任保险业务。

第三节　产品责任保险

一、产品责任保险与产品责任

产品责任保险，是指以产品制造者、销售者、修理者等的产品责任为承保风险的一种责任保险，而产品责任又以各国的产品责任法律制度为基础。

所谓产品责任，是指产品在使用过程中因其缺陷而造成用户、消费者或公众的人身伤亡或财产损失时，依法应当由产品供给方（包括制造者、销售者、修理者等）承担的民事损害赔偿责任。产品的制造者包括产品生产者、加工者、装配者；产品修理者指被损坏产品或陈旧产品或有缺陷产品的修理者；产品销售者包括批发商、零售商、出口商、进口商等各种商业机构，如批发站、商店、进出口公司等。此外，承运人如果在运输过程中损坏了产品并因此导致产品责任事故，就应当承担起相应的产品责任。

由此可见，产品责任保险承保的产品责任，是以产品为具体指向物，以产品可能造成的对他人的财产损害或人身伤害为具体承保风险，以导致或能够影响产品责任事故发生的有关各方为被保险人的一种责任保险。

二、产品责任保险的一般内容

（一）产品责任保险的责任范围

保险人承保的产品责任风险，是承保产品造成的对消费者或用户及其他任何人的财产损失、人身伤亡所导致的经济赔偿责任，以及由此导致的有关法律费用等。不过，保险人承担的上述责任也有一些限制性条件。例如，造成产品责任事故的产品必须是供给他人使用即用于销售的商品，产品责任事故的发生必须是在制造、销售该产品的场所之外的地点，如果不符合这两个条件，保险人就不承担责任。

责任保险的保险人承担的保险责任分为以下两个方面：一是产品发生事故引起的消费者或其他任何人的人身伤害、财产损失，依法应由被保险人承担的责任。其基本要求是：产品事故必须发生在保险有效期内；事故必须具有“意外”和“偶然”的性质；赔偿金最高不能超过保单中规定的赔偿限额。二是产品事故发生后引起的诉讼、辩护费用及其他双方事先约定的费用。

产品责任保险的除外责任一般包括：

(1) 根据合同或协议应由被保险人承担的其他人的责任；

(2) 根据劳工法律制度或雇佣合同等应由被保险人承担的对其雇员及有关人员的损害赔偿责任；

(3) 被保险人所有、照管或控制的财产的损失；

(4) 产品仍在制造或销售场所，其所有权仍未转移至用户或消费者手中时的责任事故；

(5) 被保险人故意违法生产、出售或分配的产品造成的损害事故；

(6) 被保险产品本身的损失；

(7) 不按照被保险产品说明去安装、使用或在非正常状态下使用时造成的损害事故等。

(二) 产品责任保险的保险费率

产品责任保险的保险费率的厘定主要考虑如下因素：(1) 产品的特点和可能对人体或财产造成损害的风险大小；(2) 产品数量和产品价格，它与保费正相关，与保险费率负相关；(3) 承保的区域范围大小；(4) 产品制造、维修、销售等有关方的技术水平和质量管理情况；(5) 赔偿限额的高低。

(三) 产品责任保险的赔偿

在产品责任保险的理赔过程中，保险人的责任通常以产品在保险期限内发生事故为基础，而不论产品是否在保险期内生产或销售。

赔偿标准以保险双方在签订保险合同时确定的赔偿限额为最高限额，它既可以每次事故赔偿限额为标准，也可以累计的赔偿限额为标准。生产、销售、分配的同批产品由于同样原因造成多人的人身伤害、疾病、死亡或多人的财产损失均被视为一次事故造成的损失，并且适用于每次事故的赔偿限额。

(四) 承保地区范围

承保地区范围由保险双方当事人根据具体需要商定，并在保单中列明。保险人仅对投保产品在规定地区范围内发生保险事故引起的赔偿责任负责。如果某种产品仅在某一国家或地区销售使用，则以该国家或地区作为承保地区范围；如果某种产品通过销售或转口可在世界各地的市场流通或使用，则承保地区范围应规定为全世界，并在保单中列明司法管辖权。

专栏 8-1

产品责任保险与产品质量保证保险的区别

产品质量保证保险又称产品保证保险，是指因被保险人制造或销售丧失或不能达到合同规定效能的产品给使用者造成经济损失时，由保险人对有缺陷的产品本身以及由此引起的有关经济损失和费用承担赔偿责任的一种保险。产品责任保险和产品质量保证保险这两种保险很容易被混淆，其区别主要表现如下：

（1）保险标的不同。产品责任保险的保险标的是产品责任。产品质量保证保险的保险标的是产品质量违约责任。

（2）业务性质不同。产品责任保险是保险人针对产品责任提供的替代责任方承担因产品事故造成对受害方的经济赔偿责任的责任保险；产品质量保证保险是保险人针对产品质量违约责任而提供的带有担保性质的保证保险。

（3）责任范围不同。产品责任保险承保的是因产品质量问题导致用户财产损失或人身伤亡依法应负的经济赔偿责任；对产品本身的损失不予赔偿；产品质量保证保险则承保投保人因其制造或销售的产品质量有缺陷而产生的对产品本身的赔偿责任，也就是承保因产品质量问题所应负责的修理、更换产品的赔偿责任。

（4）赔偿对象不同。产品责任保险的赔偿对象是生产商或者经销商，产品质量保证保险的赔偿对象是消费者。

（5）赔偿金额不同。产品责任保险的赔偿金额取决于生产商购买的保险金额和法律规定的赔偿责任，取两者中的最小值；产品质量保证保险的赔偿金额取决于消费者的实际损失。

由于产品质量保证保险和产品责任保险的赔偿责任是紧密联系在一起的，所以目前我国产品质量保证保险可与产品责任保险一起承保。

第四节 雇主责任保险

一、概念及特点

（一）雇主责任保险与雇主责任

雇主责任保险，是以被保险人即雇主的雇员在受雇期间从事业务时因遭受意外导致伤、残、死亡或患有与职业有关的职业性疾病而依法或根据雇佣合同应由被保险人承担的经济赔偿责任为承保风险的一种责任保险。

一般来说，雇主所承担的对雇员的责任包括雇主自身的故意行为、过失行为乃至无过失行为所致的雇员人身伤害赔偿责任。但雇主责任保险所承担的责任风险，将被保险人的故意行为列为除外责任，主要承保的是被保险人的过失行为所致的损害赔偿，或者包括无过失风险责任。

构成雇主责任的前提条件是雇主与雇员之间存在直接的雇佣合同关系，即只有雇主才有解雇该雇员的权利，雇员有义务听从雇主的管理从事业务工作，这种权利义务关系均通过书面形式的雇佣合同或劳动合同来规范。

以下情况通常被视为雇主的过失或疏忽责任：

（1）雇主提供危险的工作地点、机器工具或工作程序；

（2）雇主提供不称职的管理人员；

（3）雇主本人直接的疏忽或过失行为，如对有害工种未提供相应的合格的劳动保护用品等。

凡属于这些情形且不存在故意意图的均属于雇主的过失责任，由此而造成的雇员人身伤害，雇主应负经济赔偿责任。

（二）雇主责任保险的特点

该保险具有以下特点：

（1）契约责任保障，以雇主与雇员之间的雇佣合同为基础；

（2）承保责任单一，仅承保雇员从事与职业有关的工作时的人身伤亡，不负责任何财产损失；

（3）独立处理理赔，保险公司对索赔处理具有绝对的控制权。

二、雇主责任保险的一般内容

（一）雇主责任保险的责任范围

1. 基本保险责任

（1）被保险人所聘用的员工于保险有效期内在受雇过程中（包括上下班途中），从事与本保单所载明的被保险人的业务工作而遭受意外所致伤、残、死亡，被保险人根据法律或劳动合同应承担的经济赔偿责任。

（2）因患有与业务有关的职业性疾病，致使所聘用员工伤、残、死亡的经济赔偿责任。职业性疾病必须是与员工现在从事的工作有关的职业病，且系国家有关部门明文规定的法定职业病。

（3）被保险人应依法承担的医疗费。该项费用的支出以员工遭受前述两项事故而致伤残为条件，在该项赔偿限额内进行赔偿。

（4）应支出的诉讼费用，包括律师费用、取证费用以及经法院判决应由被保险人代所聘用员工支付的诉讼费用。此项费用的限额由被保险人与保险人约定，保险人按照实际发生的法律费用的金额，在该项赔偿限额内予以赔偿。

2. 除外责任

雇主责任保险的除外责任主要有：（1）战争、暴动、罢工、核风险等引起雇员的人身伤害；（2）被保险人的故意行为或重大过失；（3）被保险人对其承包人的雇员所负的经济赔偿责任；（4）被保险人的合同项下的责任；（5）被保险人的雇员因自己的故意行为导致的伤害；（6）被保险人的雇员由于疾病、传染病、分娩、流产以及由此而施行的内、外科手术所致的伤害。

（二）雇主责任保险的保险费率

雇主责任保险的保险费率，一般根据一定的风险归类确定不同行业或不同工种的不同费率标准，同一行业基本上采用同一费率，但对于某些工作性质比较复杂、工种较多的行业，则还须规定每一工种的适用费率。同时，还应当参考赔偿限额。

雇主责任保险的保费的计算公式如下：

应收保费＝A 工种保费（年工资总额×适用费率）＋B 工种保费（年工资总额×适用费率）＋…

其中：

年工资总额=该工种人数×月平均工资收入×12

如果有扩展责任，还应另行计算收取附加责任的保费，将它与基本保险责任的保费相加，即构成该笔业务的全额保费收入。

（三）雇主责任保险的赔偿

在处理雇主责任保险索赔时，保险人必须首先确立受害人与致害人之间是否存在雇佣关系。受害人与被保险人之间的雇佣关系的认定，是雇主责任保险保险人承担赔偿责任的基础。

确定雇佣关系的标准包括：一是雇主具有选择受雇人的权力；二是由雇主支付工资或其他报酬；三是雇主掌握工作方法的控制权；四是雇主具有中止或解雇受雇人的权力。

雇主责任保险的赔偿限额，通常是以每一雇员若干个月的工资收入作为其发生雇主责任保险时的保险赔偿额度，每一雇员只适用于自己的赔偿额度。在一些国家的雇主责任保险中，保险人对雇员的死亡赔偿额度与永久完全残疾的赔偿额度是有区别的，后者的标准往往比前者要高。但对于部分残疾或一般性伤害，则严格按照事先规定的赔偿额度表进行计算。其计算公式为：

赔偿金额=该雇员的赔偿限额×适用的赔偿额度比例

如果保险责任事故是由第三者造成的，则保险人在赔偿时仍然适用权益转让原则，即在赔偿后可以代位追偿。

三、雇主责任保险的附加险

为了满足不同保险客户的需要，保险人还可以根据需要推出若干附加险种。

（一）附加第三者责任保险

该项附加险承保被保险人（雇主）因其疏忽或过失行为导致雇员以外的他人人身伤害或财产损失的法律赔偿责任，它实质上属于公众责任保险范围，但如果雇主在投保雇主责任保险时要求加保，则保险人可以扩展承保。

（二）附加雇员第三者责任保险

该项附加保险承保雇员在执行公务时因其过失或疏忽行为造成的对第三者的伤害且依法应由雇主承担的经济赔偿责任。

（三）附加医药费保险

该项附加险种承保被保险人的雇员在保险期限内，因患有疾病等所需的医疗费用的保险，它实质上属于普通人身保险或健康医疗保险的范畴。

此外，雇主责任保险还可以附加有关战争等危险的保险和由疾病引起的雇员人身伤亡的保险。

专栏 8-2

加班后在家中突发疾病身亡是否属于雇主责任保险的责任范围?

2019 年 9 月，原告某公司向被告保险公司投保了总人数为 400 人的雇主责任保险，保险期限至2020年9月30日止。2019年12月25日，被保险人员工阿龙在加班到近21点回家后出现身体不适，凌晨送医终告不治。公司与死者家属达成补偿和解协议后，遂向被告提出理赔申请。

庭审中，被告保险公司辩称，原告投保的险种为雇主责任保险，该保险系基于《工伤保险条例》设立，即保险范围也应当参照工伤保险赔偿范围。原告员工在家因自身疾病死亡，系保险公司免责事由之一，保险公司无须承担赔偿责任。

法院调取证据查明，事发当日，阿龙20：21打卡结束加班后，在家中突发疾病，被急救送医，次日00：57抢救无效死亡，死亡原因为心跳呼吸骤停。另查明，阿龙死亡当日，于7：41上班、12：01下班；12：20上班、17：20下班；17：34上班、20：21下班，工作时间超过10小时。且在其死亡前两个月内，即2019年10月25日至2019年12月25日，除2019年10月27日、11月3日、11月12日、11月24日、11月29日、12月1日、12月8日外，阿龙每日工作时间均超过10小时。

法院认为，本案所涉雇主责任保险合同是当事人的真实意思表示，属合法有效。保险合同订立后，保险人按照约定的保险范围承担保险责任。本案所涉险种为雇主责任保险，按照保险条款的约定，保险范围为被保险人的雇员因从事保单所载明的工作而遭受意外事故或患与工作有关的国家规定的职业性疾病所致伤、残或死亡的保险事故。

“争议焦点就在于，阿龙的加班行为与其死亡结果之间是否存在因果关系。”承办人表示，根据已查明事实，阿龙死亡原因系心脏呼吸骤停猝死，虽然其死亡发生在非工作时间、非工作地点，但他死亡当日，工作时间超过10小时，且在死亡前两个月内，除去7个休息日，其每日工作时间均超过10小时。

法院认为，世界卫生组织对猝死的定义为“平素身体健康或貌似健康的患者，在出乎意料的短时间内，因自然疾病而突然死亡”，说明猝死系因患者的自身疾病死亡，但长时间内工作内容多、工作强度高、工作压力大以及不健康的生活作息会有损身体健康，亦是一般人均知晓的生活健康常识。

阿龙死亡前一年时间内，其工作时间已超过法律规定的上限，有密集的加班行为存在，死亡当日也是加班至20时21分才回家休息，因此根据现有证据，法院虽无法得出阿龙加班与其猝死之间存在必然直接因果关系的结论，但根据其工作时长、加班情况以及当日加班后回家猝死这一过程的紧密度，并结合日常生活经验法则，亦同样无法排除该因果关系。

综上，阿龙的死亡与工作具有一定因果关系，属于雇主责任保险合同约定的保险范围，法院对原告请求被告支付5万元保险理赔金的诉请予以支持。

法官认为，根据《工伤保险条例》，工伤认定须符合“在工作时间和工作岗位内，因工作原因受到事故伤害”两个基本条件，如果劳动者在工作时间和工作岗位内突发疾病死亡，还须符合在48小时之内经抢救无效死亡的条件。法官表示，法律对工伤认定设置了严格的标准，以防止工伤的认定过于草率，从而在更大范围内有效保护绝大多数工伤职工的合法权益，这完全有必要。不过，对工伤认定设置严格的法定条件，并不意味着工伤的认定只能机械适用法条。本案中，阿龙的死因为心脏呼吸骤停，原因不知，尸体已火化，不再具备鉴定条件。尽管其长时间加班与死亡结果之间的因果关系未能形成证据优势，无法得出阿龙加班与死亡结果之间存在必然直接的因果关系的结论，但亦无法排除该因果关系。所以法院认定其死亡与工作之间具有一定的因果关系，属于雇主责任保险合同约定的保险范围。

法官进一步指出，眼下随着时代发展和社会进步，人们的工作方式、工作时间和工作场所都处在不断的动态变化中，特别是线上工作模式的兴起，已在很大程度上改变了传统工作模式，这也给传统工作模式下的工伤认定标准带来了挑战。

资料来源：苏州市虎丘区人民法院.

第五节 职业责任保险

一、职业责任保险与职业责任

职业责任保险，是以各种专业技术人员在从事职业技术工作时因疏忽或过失造成合同对方或他人的人身伤害或财产损失所导致的经济赔偿责任为承保风险的责任保险。

职业责任保险所承保的职业责任风险，是从事各种专业技术工作的单位或个人因工作上的失误导致的损害赔偿责任风险，它是职业责任保险存在和发展的基础。

职业责任的特点在于：第一，它属于技术性较强的工作导致的责任事故；第二，它不仅与人的因素有关，而且与知识、技术水平及原材料等的欠缺有关；第三，它限于技术工作者从事本职工作时发生的责任事故。

二、职业责任保险的一般内容

（一）职业责任保险的承保方式

职业责任保险的承保方式有以下两种：

1. 以索赔为基础的承保方式

所谓以索赔为基础的承保方式，是保险人仅对在保险期内受害人向被保险人提出的有效索赔负赔偿责任，而不管导致该索赔案的事故是否发生在保险有效期内。这种承保方式实质上是使保险时间前置了，从而使职业责任保险的风险较其他责任保险的风险更大。

采用上述方式承保，可使保险人确切地把握该保单项下应支付的赔款，即使赔款数额在当年不能准确确定，也至少可以使保险人了解全部索赔的情况，对自己应承担的风险责任或可能支付的赔款数额做出较切合实际的估计。

同时，为了控制保险人承担的风险责任被无限地前置，各国保险人在经营实践中，又通常规定一个追溯日作为限制性条款。保险人仅对追溯日以后、保险期满日以前发生的职业责任事故且在保险有效期内提出索赔的法律赔偿责任负责。

2. 以事故发生为基础的承保方式

该承保方式是保险人仅对在保险有效期内发生的职业责任事故引起的索赔负责，而不论受害方是否在保险有效期内提出索赔，它实质上是将保险责任期限延长了。

它的优点在于，保险人支付的赔款与其保险期内实际承担的风险责任相适应，缺点是保险人在该保单项下承担的赔偿责任往往要经过很长时间才能确定，而且因为货币贬值等因素，受害方最终索赔的金额可能大大超过职业责任保险事故发生当时的水平或标准。在这种情况下，保险人通常规定赔偿责任限额，同时明确一个后延日。

从一些国家经营职业保险业务的惯例来看，采用以索赔为基础的承保方式的职业责任保险业务较多，采用以事故发生为基础的承保方式的职业责任保险业务较少。保险人规定的追溯日或后延日一般以前置三年或后延三年为限。

需特别指出的是，职业责任保险承保的对象不仅包括被保险人及其雇员，而且包括被保险人的前任与雇员的前任，这是其他责任保险所不具备的特色，它表明了职业技术服务的连续性和保险服务的连续性。

（二）职业责任保险的保险费率

从总体而言，制定职业责任保险的费率时，需要着重考虑下列因素：一是投保人的职业种类；二是投保人的工作场所；三是投保人工作单位的性质；四是该笔投保业务的数量；五是被保险人及其雇员的专业技术水平与工作责任心；六是赔偿限额、免赔额和其他承保条件；七是被保险人职业责任事故的历史损失资料以及同类业务的职业责任事故情况。

（三）职业责任保险的赔偿

在赔偿方面，保险人承担的是赔偿金与有关费用两项，其中保险人对赔偿金通常规定一个累计的赔偿限额；法律诉讼费用则在赔偿金之外另行计算，但如果保险人的赔偿金仅为被保险人应付给受害方的总赔偿金的一部分，则该项费用应当根据各自所占的比例进行分摊。

三、职业责任保险的主要险种

（一）医疗职业责任保险

医疗职业责任保险也叫医生失职保险，它承保医务人员或其前任由于医疗责任事故而致病人死亡或伤残、病情加剧、痛苦增加等，受害者或其家属要求赔偿且依法应当由医疗方负责的经济赔偿责任。

医疗职业责任保险以医院为投保对象，普遍采用以索赔为基础的承保方式。

（二）律师责任保险

律师责任保险承保被保险人或其前任作为一个律师在自己的能力范围内在职业服务中发生的一切疏忽行为、错误或遗漏过失行为所导致的法律赔偿责任，包括一切侮辱、诽谤以及被保险人在工作中发生的或造成的对第三者的人身伤害或财产损失。

律师责任保险的承保基础可以以事故发生或索赔为依据确定，它通常采用主保单（法律过失责任保险保单）和额外责任保险保单扩展限额相结合的承保办法。此外，还规定了免赔额，其除外责任一般包括被保险人不诚实、欺诈、犯罪、居心不良等行为责任。

（三）会计师责任保险

会计师责任保险承保因被保险人或其前任或被保险人对其负有法律责任的那些人，因违反会计业务上应尽的责任及义务，而造成他人遭受损失，依法应负的经济赔偿责任，但不包括身体伤害、死亡及实质财产的毁损。

（四）建筑、工程技术人员责任保险

建筑、工程技术人员责任保险承保因建筑师、工程技术人员的过失而造成合同对方或他人的财产损失与人身伤害并由此导致经济赔偿责任的职业技术风险。建筑、安装以及其

他工种技术人员、检验员、工程管理人员等均可以投保该险种。

此外，还有美容师责任保险、保险经纪人和保险代理人责任保险、情报处理者责任保险、电脑职业责任保险等多种职业责任保险，它们在发达的保险市场上同样是受到欢迎的险种。

专栏8-3

我国职业责任保险的发展

职业责任保险始于1890—1900年西方国家保险市场上的医生职业责任保险，之后又发展了独立的会计师职业责任保险等业务，但职业责任保险真正得到发展是在20世纪60年代以后。我国职业责任保险发展相对较晚，发展较为缓慢。2009—2018年责任保险保费收入整体呈现快速增长态势，同比增长率在2018年达到最大，为30.91%。2018年，责任保险的保费收入为590.8亿元，占财产保险业务原保险保费收入的5.49%，近几年我国责任保险保费收入占财产保险业务原保险保费收入的比重一直在4%左右，在整个保险业中所占的地位不高。2018年，我国责任保险赔付支出约为265.3亿元，同比增长31.66%。2009—2018年我国责任保险赔付支出整体呈现快速增长态势，同比增长率在2012年和2018年达到最高水平。2009年责任保险赔付率达到42.2%，后下滑至38.0%，之后又呈现逐年递增趋势，在2016年达到最大值45.9%之后呈现下降趋势，2018年责任保险赔付率又上升至55.82%。我国职业责任保险发展较慢的原因在于：(1) 目前我国责任侵权事件违法成本低以及公众的保险和维权意识较弱等因素导致我国责任保险的市场需求不足；(2) 责任保险的赔付率一直不高，也在一定程度上抑制了投保人的投保需求；(3) 保险公司对于责任保险产品的研发、技术创新、人才培养等都不够积极，导致我国保险市场对于责任保险的供给不足。

思考与练习

1. 简述责任保险与一般财产保险的区别。
2. 论述责任保险与法律之间的关系。
3. 简述责任保险为什么要规定赔偿限额和免赔额。
4. 简述期内索赔式和期内发生式的差异。
5. 试比较公众责任保险、产品责任保险、雇主责任保险和职业责任保险的异同。
6. 思考雇主责任保险的存在对于协调雇员与雇主的直接关系的用处。
7. 中建某公司中标了某市的体育场馆建设，在建设过程中需要设计方、承建方、施工方等多方的努力。试分析在建设过程中可能涉及的责任保险的类型。

第9章 信用保证保险

学习目标

1. 掌握信用保证保险与一般财产保险的区别
2. 掌握信用保险与保证保险的联系与区别
3. 理解出口信用保险的特征
4. 了解信用保证保险的主要险种
5. 区分产品保证保险与产品责任保险

【本章引导】 消费贷款的违约责任应该谁来付？

2017年12月，甲方（某银行）、乙方（某保险公司支公司）、丙方（某汽车经销公司）三方订立《机动车辆消费贷款保证保险业务合作协议书》。2018年1月6日，丙方与丁方（购车人）订立《贷款购车合同》，丙方向丁方销售大风牌汽车，车价为15万元，首付6万元，余款由丁方向甲方申请贷款，丙方为丁方提供保证担保并承担相关经济连带责任。2018年1月8日，甲方与丁方签订《汽车消费贷款借款合同》及补充协议，如丁方连续三个月没有履行还贷义务，甲方有权终止合同，并要求丁方担保人偿还欠款。2018年1月9日，丁方向乙方投保机动车辆消费贷款保证保险，该保险合同的被保险人为甲方，丙方承担保证保险责任。此后，甲方依约发放贷款，但从2019年6月起，丁方连续3个月未还贷款。甲方多次催要未果，于是甲方要求乙方承担保险责任，遭到乙方拒绝。乙方提出的理由是：投保人未将贷款所购机动车辆向保险人连续投保机动车辆损失险、第三者责任险、盗抢险、自燃险等保险。最终甲方以丁、乙、丙三方为被告，向人民法院提起诉讼。

请问：乙方是否要承担赔付责任？为什么要承担责任？

以上资料向我们介绍了一个新的险种——消费贷款保证保险。这是一种什么保险？它与信用保险之间有什么关系？投保这两种保险的条件是什么？理赔条件是什么？本章从理论角度对以上问题给出解答。

第一节 信用保证保险概述

一、概念

信用保证保险是一种以经济合同所规定的有形财产或预期应得的经济利益为保险标的的保险，是一种担保性质的保险。

按担保对象的不同，信用保证保险可分为信用保险和保证保险两种。

信用保险是权利人要求保险人担保对方（被保证人）的信用的一种保险。信用保险的投保人为信用关系中的权利人，由其投保他人的信用，例如卖方（权利人）担心买方不付款或不能如期付款而要求保险人保险，保证其在因遇到上述情况而遭受损失时，由保险人给予赔偿，如出口信用保险等。

保证保险是被保证人根据权利人的要求，请求保险人担保自己的信用的一种保险。保证保险的保险人代被保证人向权利人提供担保，如果由于被保证人不履行合同义务或者有犯罪行为，致使权利人受到经济损失，那么由其负赔偿责任。

二、信用保证保险与一般财产保险的区别

（一）承保的风险不同

信用保证保险承保的是信用风险，补偿因信用风险给权利人造成的经济损失；一般财产保险承保的是物质风险，补偿由于自然灾害和意外事故造成的保险标的的经济损失。因而，无论是权利人还是义务人要求投保，保险人都必须事先对被保证人的资信情况进行严格审查，认为确有把握的才能承保。

（二）保险利益不同

在信用保证保险中，实际上涉及三方的利益关系，即保险人（保证人）、权利人和义务人（被保证人）。当保险合同约定的事故发生致使权利人遭受损失时，只有在义务人（被保证人）不能补偿损失的情况下，才由保险人代其向权利人赔偿，从而表明这只是对权利人经济利益的担保。而在一般财产保险中，只涉及保险人和被保险人的利益关系，而且对于因约定保险事故发生所造成的损失，无论被保险人有无补偿能力，保险公司都予以赔偿。

（三）保费的精算基础不同

从理论上讲，保险人经营信用业务只是收取担保服务费而无盈利可言。因为信用保证保险是由直接责任者承担责任，保险人不是从抵押财物中得到补偿，就是行使追偿权追回赔款。两者保费的精算基础也不相同，一般财产保险的保险费率主要涉及自然风险因素，相对容易计算一些；而信用保证保险的费率主要涉及政治、经济和个人品德因素，所以相对难以计算一些。

三、信用保险与保证保险的联系与区别

（一）信用保险和保证保险的联系

（1）保险标的一致。两者的保险标的都是信用风险，信用保险承保的是被保险人交易伙伴的信用风险，而保证保险承保的是被保证人自身的信用风险。

（2）经营基础一致。两者在业务经营过程中都必须依靠信息奠定经营基础。在信用保险中，决定保险费率的不是以往的损失概率和大数法则，而是有关被保险人交易伙伴的信用资料，如财务状况、经营状况、经营历史、所在国家的政治与经济环境等。在保证保险中，保证人是否受理担保申请，完全取决于对被保证人的资信、财力及以往履约状况等信用资料的获得与核实。

（二）信用保险与保证保险的区别

（1）保险合同涉及的当事人不同。信用保险合同的当事人是保险人和权利人，权利人既是投保人又是被保险人；而保证保险合同的当事人为保险人、义务人（被保证人）与权利人三方，被保证人为投保人，权利人为被保险人。

（2）保险性质不同。保证保险属于担保行为，保险人出借的仅是保险公司的信用，不承担实质性风险；而在信用保险中，保险人承担的是实质性风险。

（3）保险人承担的风险不同。在保证保险中，由于保险人采取反担保，因而保险人承担的风险较小；而在信用保险中，保险人承担的是来自保险人和被保险人所不能控制的交易对方的信用风险，属于实实在在的风险。

（4）保费的性质不同。保证保险属于担保业务，被保证人缴付的费用是一种担保手续费，是对保险公司出具信用的一种报酬；而信用保险属于保险业务，因此，投保人缴付的保费是将被保证人的信用风险转移给保险人的价金，保险人收取的保费主要用于建立赔偿基金。

第二节　信用保险

一、信用保险的概念及内涵

信用保险，是指权利人向保险人投保义务人的信用风险的一种保险。信用风险，是指交易一方不履行或不全部履行义务而给另一方带来经济损失的可能性。通过投保该保险，权利人把义务人的保证责任转移给了保险人。当义务人的作为或不作为导致权利人遭受经济损失时，保险人按照保险合同的规定赔偿权利人的损失，然后获得向义务人代位追偿的权利。在信用保险业务运作中存在相互关联的两种责任关系：一是义务人对权利人履行义务的责任；二是保险人根据上述义务人的全部或部分责任设定的、向义务人追偿的保险赔偿责任。当义务人不按照保险合同中关于其责任的约定作为或不作为时，保险人将负责赔偿义务人对权利人造成的损失，其后保险人将从权利人处取得代位追偿权，可以就已向权利人赔偿的金额向义务人进行追偿。

二、信用保险的特点

相对于其他财产保险业务，信用保险具有以下特点：

（1）保险标的是信用风险。一般来说，财产保险是保障被保险人的物质财产及其有关利益，其承保的风险是由灾害事故造成财产及有关利益遭受损失的风险。但在信用保险中，保险人承保的是信用风险。保险人一般在事先对义务人资信情况进行严格审查的基础上，决定是否承保及确定保险费率，保险人只对其为义务人预先设定的责任限额内的损失承担保险赔偿责任。

（2）以代位追偿原则为赔偿基础。在信用保险业务中，代位追偿的权利非常重要。由于被保险人的任何损失都与指定的第三者（被保证人）存在直接或间接的关系，保险人必须以获得向第三者代位追偿的权利为履行赔偿义务的先决条件，通过向第三者进行追偿来减少损失，这是其业务流程的重要组成部分。而在一般财产保险中，除非是第三者造成的损失，否则保险人在赔付后不存在追偿问题。

（3）对第三者及其行为必须事先列明。普通财产保险业务所发生的代位追偿事件，只包括保险人及保险消费者两方，对第三者及其行为往往不能事先确定。但在信用保险业务中，保险人必须在保单中列明第三者，限定保险人承担的第三者可能造成被保险人利益损失的行为。如果造成损失的第三者不是保险合同所列明的，或者第三者对被保险人所造成的损失不是保险合同所列明的行为，保险人有权拒绝被保险人的索赔。

三、信用保险的产生及发展现状

信用保险是现代保险中的一类新兴业务，其产生历史并不长，且经历坎坷。信用保险一开始是由一些银行和商人承担信用风险。1850 年，法国的一些信用公司开始经营商业信用保险，但不久就失败了。1893 年，美国设立的信用保险公司则获得了成功。1919 年，第一次世界大战结束后，鉴于政治局势的变化，英国政府为了促进外贸发展而专门成立了出口信用担保局。1934 年，英国、法国、意大利、西班牙等国创立了伯尔尼协会，极大地促进了信用保险的发展。目前，对信用保险的研究已比较成熟，立法也日臻完善，许多发达国家都建立了一套较完善的信用保险制度体系。我国的信用保险发展较晚，改革开放以后才开始办理。1983 年，我国开始提供中长期出口信用保险。1986 年，我国开始试办短期出口信用保险和国内信用保险等业务。目前，我国的信用保险仍处于起步阶段，与它相关的法规也几乎是一片空白，信用保险业务主要由中国出口信用保险公司承办，且主要是出口信用保险业务。随着社会信用体系的逐步建立和发展，我国信用保险也逐渐发展和壮大。

四、信用保险的主要险种

（一）商业信用保险

商业信用保险又叫国内信用保险，是指在国内商业活动中，作为当事人一方的权利人要求保险人将另一方当事人作为义务人，并承担由于义务人的信用风险而使权利人遭受商业利益损失的保险。国内信用保险一般承保批发业务，不承保零售业务；承保 3～6 个月的短期商业信用风险，不承保长期商业信用风险。其险种主要有：赊销信用保险、贷款信用保险和个人贷款信用保险。

（1）赊销信用保险。赊销信用保险是为国内商业贸易的延期付款或分期付款行为提供信用担保的一种信用保险业务。

(2) 贷款信用保险。贷款信用保险是专门承保贷款人收贷信用风险的保险。其保险责任一般包括贷款人决策失误、政府部门干预和市场竞争等风险。通常，只要不是投保人或被保险人的故意行为和违法犯罪行为导致贷款无法收回，保险人就要承担赔偿责任。确定贷款信用保险的保险金额，应以银行贷出的款项为依据。贷款信用保险的保险费率厘定应与银行利率联系，并着重考虑以下因素：企业资信情况、企业的经营管理水平、市场竞争力、贷款期限、贷款用途和借款人所属经济区域。

(3) 个人贷款信用保险。个人贷款信用保险是以债务人不履行贷款合同从而使金融机构遭受经济损失为保险对象的信用保险。它是国外保险人面向个人承保的较特别的业务。由于个人的情况千差万别，且居住分散，风险不一，保险人要开办这种业务，必须对借款人贷款的用途、经营情况、日常信誉、私有财产物资等做全面的调查了解，必要时还需要借款人提供反担保，因此不能轻率地承保。

(二) 出口信用保险

1. 概念及内涵

出口信用保险也叫出口信贷保险，是各国政府为提高本国产品的国际竞争力，推动本国的出口贸易，保障出口商的收汇安全和银行的信贷安全，促进经济发展，以国家财政为后盾，为企业在出口贸易、对外投资和对外工程承包等经济活动中提供风险保障的一项政策性支持措施，属于非营利性保险业务。它是政府对市场经济的一种间接调控手段和补充，也是世界贸易组织（WTO）补贴和反补贴协议原则上允许的支持出口的政策手段。目前，全球贸易额的15%左右是在出口信用保险的支持下实现的，一些国家的出口信用保险机构提供的各种出口信用保险保额甚至超过本国当年出口总额的三分之一。

2. 承保对象

出口信用保险保障的是买家信用，承保对象是出口企业的应收账款，承保的风险主要分为商业风险和政治风险。

商业风险主要包括：买方破产或无力支付债务；买方拖欠货款；买方拒绝收货。

政治风险是指买方所在国（地区）颁布法律、法规、命令或采取行政措施，主要包括：禁止或限制汇兑；禁止买方所购的货物进口；撤销进口许可证。买方所在的国家（地区）或付款需经过的第三国颁布延期付款令；买方所在的国家（地区）发生战争、内战、叛乱、革命或暴动，导致买方无法履行合同。

在国际贸易中，商业性保险承保的对象一般是出口商品，承保的风险主要是因自然原因在运输、装卸过程中造成的对商品数量、质量的损害。有的商业保险也承保人为原因造成的风险，但仅限于对商品本身的损害。对于这些风险，可以计算其发生概率，再根据概率制定保费以确保盈利。

3. 保险业务种类

根据出口标的的性质、信用期限长短、保险责任起讫以及承保方式等不同需要，出口信用保险设计了不同的险种。

(1) 短期出口信用保险。短期出口信用保险适用于大批量、重复性出口的初级产品和消费性工业产品，且信用期不超过180天的出口合同。这是国际上出口信用保险适用性最广、承保量最大的险种。保险机构都制定了标准格式的保单及统一的保险条款和费率。

(2) 延长期出口信用保险。延长期出口信用保险专门承保180天到两年之间的出口贸易风险，适用于诸如汽车、机械工具、工业生产线等货物的出口，此险种也可被视为短期出口信用保险的延续。

（3）中长期出口信用保险。中长期出口信用保险专门承保两年以上、金额巨大、付款期长的信用风险，常见于建筑工业、造船业等领域的贸易服务。此外，也可以承保海外工程和技术服务项下的费用结算的收汇风险。

（4）特定出口信用保险。特定出口信用保险指在特定情况下承保特定合同项下的风险的一种信用保险。其承保对象一般是复杂的大型项目，如大型转口贸易、军用设备、出口成套设备（包括土建工程等），以及其他保险公司认为风险较大、需单独出立保单承保的项目。

（三）投资保险

1. 概念与发展

投资保险又称为政治风险保险，是以被保险人因投资引进国政治局势动荡或政府法令变动所引起的投资风险为保险标的的保险，其承保对象一般是海外投资者。投资保险的政治风险是指东道国政府没收或征用外国投资者的财产、实行外汇管制、撤销进出口许可证等政策变动，或东道国发生内战、绑架等事件，使得投资者遭受投资损失的风险。

投资保险源自第二次世界大战后欧洲复兴计划中的投资保证方案。1948年，美国根据《对外援助法》制定了《经济合作法》，开始实施欧洲复兴计划，对战后欧洲进行经济援助，并通过投资保证制度促进本国国民对欧洲的投资，投资保险制度由此初步形成。20世纪60—70年代，日本、法国、德国、加拿大、英国等许多经济合作与发展组织（OECD）国家，纷纷仿效美国的做法，通过本国的出口信用机构（ECA）或其他政府代理机构开展投资保险业务，以推动和保护具有本国利益的跨境投资活动。投资保险制度由此广泛建立。

进入20世纪90年代以后，全球经济一体化进程加速，跨国直接投资增长迅猛，国际资本流动加快，导致新兴市场风险日益显现，客观上形成了对投资保险的巨大需求，因而推动了投资保险业务的快速发展。

2. 适用范围

本保险主要适用于本国在外投资的公民或企业，原则上只承保新的直接的投资项目，包括：现金投入、机器设备投入、建筑物、技术专利。

3. 保险责任范围

（1）征用风险，也叫国有化风险，是指投资者在国外的投资资产被东道国政府有关部门征用或没收的风险。

（2）汇兑风险，即外汇风险，是指投资者因东道国的突发事故导致其在投资国与投资国有关的款项无法兑换货币转移出境的风险。我国投资保险承保的这一风险是“由于政府有关部门的汇兑限制，被保险人不能按投资契约的规定将应属被保险人所有并可汇出的汇款汇出”的风险。

（3）战争风险，又称战争、革命、暴乱风险，包括战争、类似战争行为、叛乱、罢工及暴动所造成的投资者有形财产的直接损失风险。

4. 责任免除

（1）由原子弹、氢弹等核武器造成的损失。

（2）被保险人投资项目受损后，造成的被保险人的一切商业利益损失，即间接损失。

（3）被保险人及其代表违背或不履行投资合同，以及故意违法导致政府有关部门征用或没收造成的损失。

（4）被保险人没有按照政府有关部门所规定的汇款期限汇出汇款所造成的损失。

（5）投资合同范围之外的任何其他财产的征用、没收所造成的损失。

专栏 9-1

中国出口信用保险公司简介

中国出口信用保险公司（简称中国信保）是由国家出资设立、支持中国对外经济贸易发展与合作、具有独立法人地位的国有政策性保险公司，于2001年12月18日成立，目前已形成覆盖全国的服务网络。公司的经营宗旨是：通过为对外贸易和对外投资合作提供保险等服务，促进对外经济贸易发展，重点支持货物、技术和服务等出口，特别是科技水平高、附加值大的机电产品等资本性货物出口，促进经济增长、就业与国际收支平衡。中国信保的业务范围包括：中长期出口信用保险业务；海外投资保险业务；短期出口信用保险业务；国内信用保险业务；与出口信用保险相关的信用担保业务和再保险业务；应收账款管理、商账追收、信息咨询等出口信用保险服务。中国信保还向市场推出了具有多重服务功能的“信保通”电子商务平台和中小微企业投保平台，使广大客户享受到更加快捷高效的网上服务。

中国信保在信用风险管理领域深耕细作，成立了专门的国别风险研究中心和资信评估中心，资信数据库覆盖7 000万家中国企业数据、超过2亿家海外企业数据、4.5万家银行数据，拥有海内外资信信息渠道超过400条，资信调查业务覆盖全球所有国家、地区及主要行业。截至2019年末，中国信保累计支持的国内外贸易和投资规模超过4.6万亿美元，为超过16万家企业提供了信用保险及相关服务，累计向企业支付赔款141.6亿美元，累计带动200多家银行为出口企业融资超过3.6万亿元人民币。根据伯尔尼协会的统计，自2015年以来，中国信保业务总规模连续在全球官方出口信用保险机构中排名第一。

第三节 保证保险

一、保证保险的概念及内涵

对保证保险的定义，目前学术界有以下几种不同的观点：一是保险说。其认为保证保险是以转嫁被保险人所面临的投保人不能履行债务的风险为目的的一种保险。保证保险只是财产保险的一种，是保险公司以保证的名义经营的一种财产保险业务。二是保证说。其认为保证保险是保险人为被保险人向权利人提供担保，对于由被保证人的不当行为导致权利人遭受的经济损失，保险人应负赔偿责任。其实质就是保险人对债权人的一种担保。三是二元说。其认为保证保险既具有保险的属性，又具有保证的属性，是保证与保险两种制度的结合。

根据中国原保监会对保证保险的定义，保证保险是财产保险的一种，是指由作为保证人的保险人为作为被保证人的被保险人向权利人提供担保的一种形式，如果由于被保险人的作为或不作为而不履行合同义务，致使权利人遭受经济损失，那么保险人要向被保险人或受益人承担赔偿责任。保证保险合同的当事人是债务人（被保证人）、保险人（保证人）和债权人（合同的受益人）。保证保险的被保证人（义务人或投保人）可以是自然人或者法人。

二、保证保险的产生及发展现状

（一）国外保证保险的发展现状

18 世纪末至 19 世纪初，随着现代商业信用的迅速发展，道德危机频繁发生，保证保险就在美国应运而生，最早出现的保证保险是诚实保证保险。随后保证保险业务在西欧、日本相继开办，业务种类也越来越多。目前，西方国家的保证保险体系已逐步趋于完善，可以对货物买卖、租赁、借贷、工程承包等各类型的合同提供保证保险。

在国际保险市场，保证保险的业务主要有以下三种类型。

（1）合同保证保险。它承保被保证人不履行各种合同义务而给权利人造成的经济损失，其中最普遍的业务是建筑工程承包合同的保证保险。

（2）忠实保证保险，也叫雇员忠诚保险。它承保雇主因雇员的故意不法行为，如盗窃、贪污、欺骗等而遭受的经济损失。这种保险一般由雇主投保。

（3）产品保证保险。它承保的是在产品责任保险保单下不承保的、被保险人因所制造或销售的产品有缺陷而产生的赔偿责任。

（二）国内保证保险的发展现状

我国的保证保险业务产生于 20 世纪 80 年代，最先是由中国人民保险公司开办并经营，此后，相继有中国太平洋保险公司等一些大型保险公司涉足该项业务，保险险种也日渐增多。尤其是加入世界贸易组织以后，我国的保险经营主体迅速增加，保证保险业务也得到了长足发展。

目前，我国开展的保证保险业务主要包括企业借款保证保险、分期付款购车履约保证保险、个人贷款抵押房屋综合保证保险、雇员忠诚保证保险、建筑工程施工质量保证保险、住宅质量保证保险和产品质量保证保险等险种，但市场急需的一些保证保险业务还未开展，比如公务员保证保险、建筑工程类保证保险（包括工程投标保证保险、工程预付款保证保险、工程履约保证保险和工程维修保证保险）、存款保证保险等险种。

由于保证保险在我国依然是一项新业务，在相关法律法规还不健全，保险公司缺乏相应管理经验的情况下，保险公司经营中存在一些违规现象，经营比较艰难。目前还存在以下主要问题：

（1）对保证保险的概念和性质的认识还很模糊。比如，保证保险与保证有什么区别？保证保险与担保有什么区别？由于缺乏经验，很难确定它们之间的确切分界线。

（2）保证保险的司法认定问题。此类问题主要表现在保证保险合同的从属性、诉讼主体、保险合同抗辩权和保证人的代位追偿权等方面。

（3）保险公司对保证保险所面临的各类风险认识不足，对市场需求研究还不够深入，目前开展的险种还不能满足市场需求，有待进一步完善。

(4) 保证保险的相关立法滞后。由于立法的滞后，保证保险业务在实际操作中产生了大量纠纷，一时难以解决。

三、保证保险的特点

保证保险作为一类非传统财产保险，其特点可概括为以下四点。

(一) 承保的是信用风险

保证保险承保的是信用风险，保险人负责赔偿因信用风险发生给权利人造成的经济损失。投保人一般是义务人（被保证人）。保险人在一般情况下承保此类保险时，应先对被保证人的信用状况进行严格审查，严控信用风险。

(二) 涉及三方利益关系

一般财产保险只涉及保险人和被保险人的利益关系，而在保证保险中，却涉及三方的利益关系：保险人（保证人）、义务人（被保证人）和权利人。当权利人遭受合同约定的经济损失时，由保险人代被保证人赔偿权利人的损失。保险人在该类保险业务中，实际起到了对权利人经济利益的担保作用。

(三) 经营风险较小

在保证保险经营中，义务人（被保证人）缴纳的保费只是为了获得保证人出具的保证书，作为向权利人保证履行义务的凭证。在保险人出具保证书作为担保的情况下，履约的全部义务还是由义务人（被保证人）自己承担，风险并没有转移。保险人（保证人）收取的保费只是凭借其信用向义务人（被保证人）收取的一种担保费，风险仍然由义务人（被保证人）承担，只有在义务人没有能力负担的情况下，才由保险人（保证人）代其履行义务，事后还要收回代为承担的赔偿款。与一般财产保险业务相比，该保险是建立在诚实守信、无风险损失的基础上，所以保险人经营保证保险业务的风险相对较小。

(四) 费率厘定难度大

从保险费率厘定时考虑的风险因素来看，一般财产保险的费率厘定主要考虑的是自然风险因素，有相关历史数据可参考，难度较小。而保证保险的费率厘定主要考虑的是个人品德因素以及经济政治因素，道德风险及经济政治环境等系统性风险均不好掌握。因此，保证保险的费率厘定难度相对较大。

四、保证保险的主要业务险种

(一) 雇员忠诚保证保险

雇员忠诚保证保险承保雇主因雇员的不诚实行为而遭受的经济损失，通常以雇主为该保险的被保险人。

1. 投保方式

雇员忠诚保证保险具有不同的投保方式。

(1) 指名保证保险。即指定某些雇员为保证对象，并对每个人单独约定其赔偿责任限额。

(2) 特定职位保证保险。在此合同中不列明被保证人的姓名，只列明承保的职位、每个职位的人数及每一职位的保证金额。若其中一名雇员离职并补上一名新雇员，则对新雇员的忠诚保险自动生效而无须变更保险合同，也无须通知保险人。但是，职位本身或被保证人人数发生变化时，用人单位应及时通知保险人。

（3）总括保险。即把所有雇员都列入保证范围，并按工种、直接或间接经管钱物的情况进行分类，对每类人员分别规定赔偿责任限额。其赔偿责任限额一般根据企业的业务量和雇员经手钱物的数量，由被保险人协商确定。

2. 保险责任

对于雇主因雇员的不诚实行为（盗窃财物、贪污财物、欺诈）而导致的损失，保险人在下列条件下履行赔偿责任：（1）雇员的不诚实行为发生在保险期内。（2）雇员的不诚实行为发生在其受雇用期间（该期间连续未中断）。（3）雇员的不诚实行为发生在其从事雇佣工作的过程中，即与其职业或职责有关。（4）由于雇员的不诚实行为一般不易立即被发现，所以本保险对雇员的不诚实行为规定了一个发现期，即在保险期限内从雇员退休、离职、死亡、脱离工作岗位日期起或保单终止之日起六个月，在此期间内发现雇员的不诚实行为给雇主造成的损失也属于保险责任范围。

除此之外，保险公司履行赔付责任还需满足以下规定：（1）雇主及代理人在发现雇员中有某种欺骗和不诚实行为可能造成钱财损失时，应随时通知保险人（保险人收到上述通知，并不意味着表示认可或已同意赔偿）；（2）保险人有权审查雇主提供的索赔说明书、财务报表及其他单证，以避免因上述资料不真实而使保险人遭受损失；（3）雇主变更雇佣条件或减少雇员报酬等情况，均应事先征得保险人的同意；（4）雇主除有责任向保险人提供有关情况外，还应积极协助保险人，向有欺诈等不诚实行为并造成雇主钱物损失的雇员进行追偿，或从雇主应付给雇员的报酬中扣回保险人在该单项下已支付的赔款。

3. 除外责任

（1）因雇主擅自降低雇员工资待遇或加重工作任务而致雇员不诚实行为所带来的损失；（2）雇主没有采取安全预防措施和尽责督促检查而造成的任何钱物损失；（3）雇主及代理人和雇员勾结造成的损失。

（二）履约保证保险

履约保证保险，是指保险公司向被保险人（权利人）承诺，如果投保人（义务人）不按照合同约定或法律规定履行其义务而造成经济损失，则由保险公司承担赔偿责任的一种保险。履约保证保险的目的是补偿由于义务人不履行约定或法定义务而给权利人的财产造成的实际损失。该保险不以人的生命和身体作为保险标的，而且在该种保险中保险人具有代位追偿权，即当义务人不能及时履行义务是由第三人的原因造成的时，保险人在赔付给权利人相应赔款后，可以在赔偿额度内取得义务人对第三人的赔偿请求权。值得注意的是，在履约保证保险业务中，一旦保险公司对债权人进行了赔付，它就取得了债务人的债权人地位。此时保险公司的权力很大，其对债务人的债权追偿权已经不再局限于债务人的债务，在法律允许的范围内，保险公司基于其债权人的地位，可以就被保险人（债务人）的一切财产行使其追偿权。

（三）产品质量保证保险

1. 概念

产品质量保证保险，亦称产品保证保险，它承保被保险人因制造或销售的产品丧失或不能达到合同规定的效能，而应对买主承担的经济赔偿责任。保险人对有缺陷的产品本身及由其引起的有关间接损失和费用承担经济赔偿责任。

2. 保险责任范围

（1）使用者因更换或修理有质量缺陷的产品所承受的损失和费用。

（2）赔偿使用者因产品质量不符合使用标准而丧失使用价值的损失，以及由此引起的额外费用。例如，运输公司因汽车销售商提供的汽车质量不合格所引起的停业损失，或为了继续营业而临时租用他人汽车所支付的租金等。

（3）被保险人根据法院的判决或有关政府当局的命令收回、更换或修理已投放市场的存有缺陷的产品所承受的损失和费用。

3. 产品质量保证保险与产品责任保险的区别

（1）保险标的不同。产品责任保险的保险标的是产品责任。产品质量保证保险的保险标的是产品质量违约责任。

（2）保险性质不同。产品责任保险是保险人针对产品责任提供的、替责任方承担因产品事故对受害方造成经济损失而应承担的赔偿责任的责任保险。产品质量保证保险是保险人针对产品质量违约责任提供的带有担保性质的保证保险。

（3）保险责任范围不同。产品责任保险承保的是因产品质量问题导致用户财产损失或人身伤亡依法应负的经济赔偿责任，产品本身的损失则不予赔偿。而产品质量保证保险承保的是投保人因其制造或销售的产品质量有缺陷而产生的对产品本身的赔偿责任，也就是说，承保因产品质量问题所应负责的修理、更换产品的赔偿责任。

思考与练习

1. 简述信用保证保险与一般财产保险的区别。
2. 简述信用保险和保证保险的联系与区别。
3. 简述出口信用保险的特征。
4. 简述保证保险的特征。
5. 简述保证保险的主要业务类型及各自的特点。

第10章

再保险

学习目标

1. 理解再保险的含义及再保险与原保险、共同保险的关系
2. 了解再保险的组织形式
3. 掌握再保险合同的主要形式
4. 掌握比例再保险和非比例再保险的含义及其分类
5. 了解再保险的运用与管理
6. 了解世界再保险市场的发展现状

【本章引导】 一份分保合同带来的争议

2013年7月，现代财险、人保财险、太保产险等五家公司共同承保了SK海力士的保险项目，其中现代财险占50%，为首席承保人，该保险合同于2013年8月1日开始生效，保险合同期限为一年。依据现代财险披露的2013年年报，该公司将该大单中所承保份额的98%（即整个项目份额的49%）进行分保，自留部分仅占该项目的1%，中华联合财险为再保部分业务的当事人。

双方接触再保业务合作的时间是2013年7月，在这期间双方就业务合作进行邮件沟通和前期邀约，在后面的时间里合作也在逐步推进。但就在合作还未完全落定的时候，一场变故突然发生。2013年9月4日，SK海力士无锡工厂发生大火，保险业估损达9亿美元。现代财险作为主要承保人，需对大火案进行理赔，但是现代财险和中华联合就再保险合同是否成立产生了分歧。

以上资料主要涉及再保险的业务。那么什么是再保险？再保险对保险公司而言意味着什么？再保险合同成立的条件是什么？分保对于保险公司的意义是什么？分保有哪些

流程？保险公司如何选择自己的分保方式？本章围绕再保险的基本理论展开，在阐述再保险概念的基础上，分析了再保险的功能和作用，并进一步介绍了再保险的业务种类和运营管理。

第一节　再保险概述

一、再保险的基本概念

再保险（reinsurance）也称分保，是保险人在原保险合同的基础上，通过签订分保合同，将其所承保的部分风险和责任向其他保险人进行保险的行为。我国《保险法》第二十八条对再保险的定义为："保险人将其承担的保险业务，以分保形式部分转移给其他保险人的，为再保险。"再保险是国际保险市场上通行的业务，被现代保险公司普遍运用。

在再保险交易中，分出业务的公司称为原保险人（original insurer）或分出公司（ceding company），接受业务的公司称为再保险人（reinsurer）或分保接受人或分入公司（ceded company）。

再保险转嫁风险责任支付的保费叫作分保费或再保费；由于分出公司在招揽业务过程中支出了一定的费用，由分入公司支付给分出公司的费用报酬称为分保佣金（reinsurance commission）或分保手续费。

如果分保接受人又将其接受的业务再分给其他保险人，则把这种业务活动称为转分保（retrocession）或再再保险，双方分别称为转分保分出人和转分保接受人。

二、危险单位、自留额和分保额

（一）危险单位

危险单位是指保险标的发生一次灾害事故可能造成的最大损失范围。

危险单位的划分既重要又复杂，应根据不同险别和保险标的来决定，如船舶保险以一艘船作为一个危险单位，车辆保险以一辆汽车作为一个危险单位，人寿保险以一个人作为一个危险单位等。火灾保险通常以一个独立的建筑物作为一个危险单位，但若数栋建筑物连在一起，则应根据其使用性质、间距、周围环境等因素决定划分一个或数个危险单位。

危险单位划分的关键是要和对每次事故的最大可能损失范围的估计联系起来考虑，而不一定和保单份数相同，但划分并非一成不变。例如，一个大型石油化工厂，面积很大，因主要车间与辅助车间之间有设备的连接，所以应划分为一个危险单位；但如果该厂生产区与生活区建筑物之间有一定的距离，则应划分为不同的危险单位。再如，不同货主的货物装载在同一艘船上，即使有数张保单，也属同一危险单位；两栋建筑原来属于不同的危险单位，但如果用一座天桥连通起来了，就变成了一个危险单位。

危险单位划分是否恰当，直接关系到再保险当事人的经济利益，甚至影响到被保险人的利益，因而是再保险实务中一个技术性很强的问题。我国《保险法》第一百零三条第二款规定："保险公司对危险单位的划分应当符合国务院保险监督管理机构的规定。"第一百零四条规定："保险公司对危险单位的划分方法和巨灾风险安排方案，应当报国务院保险监督管理机构备案。”

（二）自留额和分保额

对于每一危险单位或一系列危险单位的保险责任，分包双方通过合同按照一定的计算基础对其进行分配。分出公司根据偿付能力确定承担的责任限额称为自留额或自负责任额；经过分保由接受公司承担的责任限额称为分保额，或分保责任额或接受额。

为了确保保险公司的财务稳定性及偿付能力，许多国家都通过立法将再保险的自留额列为国家管理保险业的重要内容。我国《保险法》第一百零二条规定：“经营财产保险业务的保险公司当年自留保险费，不得超过其实有资本金加公积金总和的四倍。”第一百零三条第一款规定：“保险公司对每一危险单位，即对一次保险事故可能造成的最大损失范围所承担的责任，不得超过其实有资本金加公积金总和的百分之十；超过的部分应当办理再保险。”可见，当原保险人因风险过于集中，在遭受一次巨大事故并无法履行支付赔款的义务时，再保险可使其避免破产倒闭，还可使其避免因承保能力所限而放弃承保机会。因此，它对保险业务的经营起到了重要的稳定作用。

三、再保险与直接保险的关系

（一）再保险与原保险的关系

再保险的基础是原保险，再保险的产生正是基于原保险人经营中分散风险的需要。保险是投保人以缴付保费为代价将风险责任转嫁给保险人，实质是在全体被保险人之间分散风险，互助共济；再保险是原保险以缴付分保费为代价将风险责任转嫁给再保险人，在它们之间进一步分散风险、分担责任。因此，原保险和再保险是相辅相成的，它们都是对风险的承担与分散。再保险是保险的进一步延续，也是保险业务的组成部分。

再保险与原保险的区别在于：

（1）主体不同。原保险的主体一方是保险人，另一方是投保人与被保险人；再保险的主体双方均为保险人。

（2）保险标的不同。原保险的保险标的既可以是财产、利益、责任、信用，也可以是人的生命与身体；再保险中的保险标的只能是原保险人对被保险人承保合同的一部分或全部。

（3）风险转嫁不同。原保险是投保人与保险人之间的风险交易，是第一次风险转嫁。当保险事故发生后，原保险人承担向消费者赔付保险金的责任。而再保险是第二次风险转嫁，是对原保险人分出后的风险责任承担赔偿义务。

（4）合同性质不同。原保险合同既有损失补偿性合同，也有保险金给付性合同，原保险合同中的人身保险合同具有定额给付保险金的性质。而再保险合同是损失补偿性合同，只对原保险人分出的损失责任进行经济补偿。

再保险还具有以下两个重要特点：

第一，再保险只在保险人之间进行。原保险人可以充当再保险人，再保险人也可以充当原保险人，它们之间的法律地位可以互换。但再保险人与投保人和被保险人不发生任何业务关系，再保险人无权向投保人收取保费，被保险人对再保险人也没有索赔权。原保险人不得以再保险人不履行义务为借口拒绝、减少或延迟履行其对被保险人的赔偿或给付义务。

第二，再保险合同是独立合同。再保险合同是在原保险合同的基础上产生的，没有原保险合同就没有再保险合同。但是，再保险合同与原保险合同在法律上没有任何继承关系。再保险是一种独立的保险业务，独立于原保险合同。

（二）再保险与共同保险的区别

共同保险是由两家或两家以上的保险人联合直接承保同一标的、同一保险利益、同一风险责任而总保险金额不超过保险标的可保价值的保险。共同保险的各保险人在各自承保金额限度内对被保险人负赔偿责任。

共同保险与再保险均具有分散风险、提高承保能力、稳定经营成果的功效。但是，二者又有明显的区别。共同保险仍然属于直接保险，是直接保险的特殊形式，是风险的第一次分散，因此，各共同保险人仍然可以实施再保险。再保险是在原保险基础上进一步分散风险，是风险的第二次分散，可通过转分保使风险分散更加细化。

同时，共同保险有局限性：一是要求共同保险的保险人在同一地点；二是手续烦琐，投保人必须和每一个共同保险人洽谈有关保险事宜，保险人之间的商议也辗转费时。而再保险不受这些限制，在保险经营中运用较多。

四、再保险的作用

（一）再保险的社会作用

一是资本融通作用。再保险有力地支持了我国交通、通信、水利、能源、钢铁、电力等基础工业及设施的大规模投资，以及其他众多的大型项目建设，极大地推动了我国航天事业与和平利用核能事业的发展。

二是助推社会保障事业的发展。再保险积极协助直接保险公司推动医疗健康保险试点，在完善社会保障体系、推动医疗体制改革、参与新型农村合作医疗试点、服务“三农”、促进社会主义新农村建设等方面发挥了重要作用。

三是对遭受地震、台风等巨灾侵害较多的地区，再保险的及时赔付有效地弥补了直接保险公司的部分巨灾损失，极大地缓解了受灾地区灾后经济衰退的压力，为我国经济和社会的稳定发展起到了保驾护航的作用。

（二）再保险对保险业的作用

保险是经营风险的行业，再保险可对全行业累积的各类风险提供风险管理保障，并在整个行业的风险防控中发挥其独特作用。一是再保险对原保险人的管理水平是异常敏感的，再保险人和原保险人进行合作，在业务承保过程中，对原保险人的内部水平以及风险管控能力十分了解。出于经营的需要，原保险人也会寻求更高更好的内控水平，促进其自身治理结构的完善和内控治理水平的提高。二是再保险直接影响到原保险人的盈利指标，因此，加快发展再保险，可以帮助原保险人解决偿还能力不足的问题。总之，再保险对整个保险业的快速发展极其重要。

1. 分散风险

从理论上讲，可保风险条件所要求的同质风险应该包括大量相同或相似的风险。例如，一个从事大型机车保险的直接保险人，如果其业务量包括足够多的个体风险，那么大数法则将起作用，这意味着赔付率在各年之间应该只有极小的波动。然而，即使这样赔付率还是会受到诸如随机波动的风险或外部环境变化的风险等因素的影响。因此，这些业务需要通过再保险再一次分散风险。再如，核电站保险和航空保险等险种，或者针对海啸、地震等巨灾风险的险种因其业务量极端不均衡，或者业务量不够多，从而无法满足理论上可保风险条件的要求。如果过分拘泥于可保风险条件的要求，就有可能使保险人错失许多业务；如果承保了，又有可能使保险人的经营面临极大的风险。因此，解决这类矛盾较好的方式就是通过再保险将巨额风险转化为小额风险，分散给其他保险人，从而由多个保险人来共同承担风险。

2. 限制责任

在保险业务的经营中，赔款是保险成本的主要部分，而赔款的多少又取决于保险人对风险所承担的责任。因此，要控制成本，就必须限制责任，而通过合理运用再保险可以起到限制责任的作用。

如果保险人在制订分保计划时，首先确定每个危险单位的自留额，规定自己对该危险单位所承担的最高责任限额，然后将超出部分通过再保险方式分散出去，那么就可以将每个危险单位的责任限制在一个固定的范围内。保险人可以通过安排超额损失再保险将一年内发生的赔款控制在一定的限度之内。

3. 提高承保能力

世界各国的保险法都对原保险人的承保能力做出了规定。我国《保险法》第一百零三条规定："保险公司对每一危险单位，即对一次保险事故可能造成的最大损失范围所承担的责任，不得超过其实有资本金加公积金总和的百分之十；超过的部分应当办理再保险。"第一百零二条规定："经营财产保险业务的保险公司当年自留保险费，不得超过其实有资本金加公积金总和的四倍。"由此可见，原保险人的承保能力受到资本金的严格约束。有了再保险，对一些巨额保险标的，即便是资本金较小的原保险人也有了承保的机会，因而提高了其承保能力，增加了其业务量。

4. 增强竞争力

再保险业务扩大了原保险人的承保能力，增加了其业务量，自然增加了其保费收入，但其管理费用并没有按比例增加，故其经营成本降低了。同时，通过办理再保险业务，原保险人的责任减少了，还可获得再保险人的佣金补偿，因而原保险人的收益增加了，进而增加了资本积累，使企业具有了较强的竞争力。同时，小型保险公司可以通过再保险扩大自己的业务量，获得了更多的生存机会。多种类型的保险公司的存在促进了市场的竞争，有利于保险市场的良性发展。

5. 形成联合保险基金

通过再保险，可以将各个独立的、为数较少的保险基金联合起来，形成巨额保险基金。虽然这种联合并不是以正式明文规定的形式将多家保险公司的基金合并在一起，但是，通过再保险额的分出、分入业务，将超过自身承担能力的风险责任进行转移和分散，实际上就起到了一种联合保险基金的作用。随着巨额保险标的的显著增加，风险也更加集中。通过再保险，各自独立经营再保险业务的保险人就可以联合起来，形成一笔巨大的联合保险基金。

五、再保险的组织形式

目前，国际再保险市场的组织形式主要有：专业再保险公司、再保险集团、兼营再保险业务的保险公司、专属保险公司及前台公司、劳合社。

（一）专业再保险公司

专业再保险公司，是指专门接受原保险人分出的业务而不经营直接保险业务，同时也将接受的再保险业务的一部分转分给再保险人的保险公司。专业再保险公司是保险业激烈竞争的产物，由兼营再保险业务的保险公司独立发展而来。成立于1846年的德国科隆再保险公司，是全球第一家专业再保险公司，它于1852年开始经营再保险业务。截至2010年底，该公司的世界排名仍位于前五。目前，全球共有200余家专业再保险公司。在我国，中国财产再保险公司、中国人寿再保险公司、中国太平再保险公司、中国人保再保险公司、前海再保险公司等都属于专业再保险公司。

（二）再保险集团

再保险集团，是指由许多保险公司经共同协议联合组成的集团公司。目前，再保险集团的组织形式各不相同，既有国家性的再保险集团，比如2007年10月30日成立的亚洲最大、全球第五的中国再保险集团；也有地区性的再保险集团，比如亚非再保险集团、经济合作组织再保险集团等；还有跨区域性的再保险集团，比如由美国、日本和英国等组建的原子能再保险集团。

专栏10-1

亚洲再保险龙头——中国再保险（集团）股份有限公司

中国再保险（集团）股份有限公司（以下简称中再集团）由财政部和中央汇金投资责任有限公司发起设立，注册资本为361.5亿元人民币，两大股东各持14.5%和85.5%的股权，是目前亚洲最大、中国唯一的再保险集团公司。

中再集团源于1949年10月成立的中国人民保险公司。1996年，在中国人民保险公司再保险部的基础上成立了中保再保险有限公司，从而填补了新中国再保险公司的空白。1999年3月18日，中国再保险公司成立，实现了向现代商业再保险公司的历史性转变。2003年12月22日，中国再保险公司重组为中国再保险（集团）公司；2007年10月，改制为中国再保险（集团）股份有限公司，进而跨入专业化、集团化、国际化经营的全新时期。

目前，中再集团直接控股境内子公司包括中国财产再保险股份有限公司、中国人寿再保险股份有限公司、中国大地财产保险股份有限公司、中再资产管理股份有限公司、中国保险报业股份有限公司、华泰保险经纪有限公司；直接控股境外子公司主要包括中再UK公司、中再承保代理有限公司、中再香港有限公司等；间接控股境外子公司主要包括中再资产管理（香港）有限公司、桥社英国控股公司、中国再保险（香港）股份有限公司等；境外分支机构包括新加坡分公司、伦敦代表处、香港代表处和纽约代表处。中再集团拥有再保险、直接保险、资产管理、保险经纪、保险传媒等完整的保险产业链，形成了多元化和专业化的集团经营架构与管理格局。2015年10月26日，中再集团在香港首次公开发行境外上市外资股（H股）并在香港联合交易所主板挂牌上市。

中再集团的经营范围主要包括：（1）经营管理法定分保存续期间的法定分保业务及未了责任，经营管理商业分保业务及未了责任；（2）投资设立保险公司和再保险公司；（3）

经营管理国家法律法规允许的资金运用业务；(4) 经营经银保监会批准的政策性业务及国家有关部门批准的其他业务；(5) 实行集团化经营，经营管理公司资产，进行资本运作。2019 年，中再集团总保费收入达人民币 1 449.72 亿元，同比增长 18.58%。其中，下辖的财产再保险、人身再保险及财产保险直保业务的保费收入分别为 364.55 亿元、554.9 亿元及 530.28 亿元，净利润总计 76.75 亿元，各业务均取得四成以上升幅，市场份额保持领先地位。

（三）兼营再保险业务的保险公司

兼营再保险业务的保险公司是最早的再保险经营形式。随着再保险业的不断发展，这类保险公司专注于直接保险业务，很少承保再保险业务，并以相互交换的方式经营再保险业务。它们在分保市场上既扮演了原保险人的角色，又扮演了再保险人的角色。

（四）专属保险公司及前台公司

专属保险公司又称自保公司，是大型企业或财团主要为自身及其子公司设立的保险公司，提供保险业务和再保险业务，也可以承保外界风险，接受分入业务。为了在不同国家开展业务，专属保险公司会委托当事国中拥有执照的保险公司签发保单，并提供当地的服务，这种当地的保险公司即为前台公司。

（五）劳合社

劳合社是英国最大的接受再保险的保险组织，也是目前世界第一大再保险中心。劳合社是保险风险的最大承担者，拥有雄厚的资金和先进的再保险技术。几乎所有风险都可以在劳合社投保。劳合社具有社团性质，本身不承保业务，其分入业务必须由注册的劳合社经纪人提供中介服务。劳合社与中国保险市场的合作关系悠久，在过去的 40 多年时间里，它一直为中国的保险公司在水险和航空险方面提供境外再保险承保支持。2000 年，劳合社在北京成立了代表处。2007 年，劳合社破例以设立子公司的形式落地上海，直接经营再保险业务。

第二节　再保险的合同形式

再保险同原保险一样，也是通过合同确定原保险人和再保险人之间的权利和义务关系。合同的主要内容包括自保险项目、条件、期限和手续费等。再保险合同主要有三种形式。

一、临时再保险合同

临时再保险合同即原保险人和再保险人为了进行临时再保险而签订的合同。它是保险市场上最早出现的一种再保险方式。在商品经济发展的初期，生产力的发展水平很低，人们对保险标的的风险性质、风险程度、出险频率等规律都很难完全把握。在这种情况下，再保险合同一般都是临时约定的。它是原保险人与再保险人根据业务需要，通过洽商相关的再保险条件和费率而达成的将一些风险或责任进行临时分保的安排。

临时再保险合同的签订过程一般是这样的：先由分出公司或其经纪人向其选定的分入

公司提出分保建议，简要说明相关情况，包括保险标的的性质、保险期限、费率、险别、保险金额等，并且标明原保险人的自留额以及分出的数额；如果是火险，则要说明防灾设备等；如果是大的工程项目，还要介绍周围环境，并附送图纸。临时分保的建议可以通过电话、电报、电传或信件的形式通知对方。分入公司收到建议以后，对有关内容，包括保险利益，所保风险，双方的权利和义务，分出人的自留额、分保额等进行审查。如果同意，则由分入公司签署一式两份再保险单，一份给分出公司。只要分入公司签发了再保险单或正式用函电或文书对分出公司所提出的分保建议表示了接受，临时再保险即宣告成立。

临时再保险具有以下特点：(1) 协议双方都有自由选择权。原保险人可以根据业务风险责任累积程度和承保能力来决定是否需要再保险、分出保险金额为多少等；同样，再保险人也可以视分出业务的性质、自身的承担能力等，来决定是否接受、接受多少等。双方的决定不受任何限制。所以，临时再保险具有较大的自由选择权。(2) 为小保险公司提供了承保大额保险业务的机会。在一般情况下，小型保险人只能承保在其承担范围内的小额业务，而该种再保险方式为其提供了承保一些特定风险业务，如大型桥梁建设工程类保险和洪灾保险的机会。(3) 有较强的适应性。临时分保不仅对高风险业务，如地震、洪灾保险等适用，而且为新开办的数量少、不稳定的业务创造了分保条件。另外，在选择再保险方式时，既可选择比例再保险，也可选择非比例再保险，充分体现了其适应性。(4) 业务零散，要逐笔审查，手续烦琐且耗时。任何一笔再保险业务都是从原保险人提出分保需求开始，到获得再保险人答复，再等待再保险人仔细审核，最后确定分保协议，整套手续比较耗时。因为临时再保险是逐笔办理的，需要安排的人员也较多，所以手续比较烦琐，且承保的成本相对较高。

二、合同再保险合同

合同再保险也叫固定分保，是指原保险人与再保险人事先签订分保合同，规定原保险人将协议业务的相关风险或责任转让给再保险人的分保方式。合同再保险实际上是一种固定再保险，原因是双方通过签订合同，已经将业务的相关问题，比如业务范围、再保险手续费、自留额、最高限额等问题，都以书面形式明确告知了双方。所以，双方必须严格遵守合同条件以及各自的权利与义务。

合同再保险适用于各种分保方式。它具有以下特点：(1) 合作的长期性。合同再保险一旦签订，在一定时期内连续有效，如果一方终止合同，则必须根据合同规定在协议期限内通知对方，逾期后合同继续有效。在合同终止后，先前达成的再保险业务未满期的责任仍继续有效，直至自然满期为止。(2) 较大的灵活性。由于合同再保险的长期性，原保险人可扩大承保规模而无须逐笔洽商，因而其经营活动有了较大的灵活性。(3) 经营的稳定性。合同再保险的固定性有利于原保险人及时转嫁风险责任，为其提供承保数量较多、风险较为分散的整批保险业务机会，从而为原保险人提供了稳定的经营条件。同样，源源不断的分保业务也有利于再保险人的稳定经营。

在合同再保险下，分出公司不必向再保险人逐笔通知承保业务，分入公司可以自由接受业务，处理赔款。只要没有发现重大的疏忽和过失，分入公司就可以不加干预，因此，这种分保方式可以使再保险人获得大量业务。合同双方当事人的利益相关程度更高，因此，这是在国际保险市场上十分流行的一种再保险合同形式。

三、预约再保险合同

预约再保险也叫预约分保、半固定分保，是介于合同再保险和临时再保险之间的一种分保方式。预约再保险中的原保险人和再保险人对再保险合同条件可按每笔业务分别订立，原保险人对是否将合同范围内的业务进行分保具有选择权，假如需要对某业务进行分保，则应按预约再保险合同规定的办法及条件进行办理。再保险人对于原保险人合同中规定的业务没有选择权，只能接受。因此，预约再保险对原保险人来说具有临时分保的性质，分出人在遇到超过固定再保险限额的大宗业务时，可安排预约再保险，而无须与分入人逐笔联系。这样不仅有利于分出人对业务的自动安排，提高其承保能力，也有利于经纪人迅速安排业务。但对分入人来讲，其对业务质量不易掌握，稳定性较差，且具有强制性。因此，这类合同比较受分出人欢迎而不太受分入人欢迎。

预约再保险主要适用于对某些特殊性风险的保险业务，或者由于某种原因必须与其他业务分开的业务。例如，某个地区一年当中某个季节特别容易发生严重的火灾，对该地区这一季节的火灾保险就适用于预约再保险；对于某一段特别危险的航线的货物运输保险、对于从事某一特殊性质贸易的船舶的保险等都适用预约再保险。

专栏 10－2

离岸再保险人保证金制度

所谓离岸再保险人，是指在我国境外设立的、以再保险方式（包括以转分保方式）分入境内保险公司业务的再保险接受人，包括保险公司、再保险公司、自保公司、互助保险组织、再保险共同体、劳合社及辛迪加，以及保险监管机构认可的其他类型的保险机构。

由于离岸再保险人具有分布广、境内无机构、无法直接监管、信息不对称等特点，其信用风险是各国再保险监管的重点和难点。随着参与再保险市场的离岸再保险人不断增多，我国离岸再保险分出业务规模不断扩大，离岸再保险人的信用风险逐步显现。

2017 年 2 月 23 日，中国保监会发布《中国保监会关于离岸再保险人提供担保措施有关事项的通知》（以下简称《通知》），正式建立我国离岸再保险人保证金制度。这改变了我国再保险市场仅依靠国际信用评级防范离岸再保险人信用风险的不足。专家指出，建立离岸再保险人保证金制度，对国内的分出业务、原保单持有人、原被保险人的保护，以及对国内保险消费者和国内分出公司的保护都很有必要。监管实践表明，国际信用评级机构对再保险人信用风险的评估存在滞后性，仅依靠国际信用评级这一手段，无法有效防范离岸再保险人的信用风险。《通知》与《保险公司偿付能力监管规则》对接，主要从适用的对象和范围、担保的范围和形式、担保措施的具体要求和担保措施的使用等方面，对离岸再保险人提供担保措施的有关事项提出了规范性要求。《通知》规定，境内保险公司可以就应收分保款项和应收分保准备金等有关再保险信用风险暴露事项，要求离岸再保险人提供担保措施。其认可的担保措施是：存款资金、备用信用证和保监会认可的其他担保措施。另外，《通知》要求，作为担保措施的存款资金应存入再保险分出人在境内商业银行的账户，且至少一个季度之内不能转回再保险接受人的银行账户。《通知》规定，备用信用证应是不可撤销的、清洁的、无条件的，不受备用信用证以外的任何条件限制，其索赔和偿付应在中国境内进行。备用信用证的开证机构应为在境内依法设立的商业银行，其资本充足率不低于11%或信用评级不低于AA—，且与再保险分出人和分入人均不存在关联关系。在开证机构不满足《通知》规定的资质要求时，备用信用证应由满足上述要求的商业银行保兑。

第三节　再保险的责任分配方式

再保险按责任分配方式可分为比例再保险和非比例再保险两大类。

一、比例再保险

比例再保险（proportional reinsurance）是从共同保险制度演变而来的。比例再保险也叫金额再保险，是原保险人与再保险人相互订立合同，按约定的固定比例分配保险金额并分担相应保险责任的一种分保方式。该固定比例是相应的再保费计算、赔款分摊或给付的主要依据。比例再保险又可分为成数再保险、溢额再保险以及成数和溢额混合再保险。

（一）成数再保险

1. 成数再保险的含义

成数再保险（quota share reinsurance）是分出人以保险金额为基础，将每一危险单位划出一个固定比例即一定成数作为自留额，然后把其余的一定成数转让给保险接受人。保费和保险赔款金额按同一比例分摊。

例如，某一成数再保险合同共有A、B、C、D四个危险单位，保险金额分别是800万元、700万元、1 500万元、1 200万元。确定每一个危险单位的最高限额为1 000万元，自留额为40%，分出额为60%，即60%的成数订立再保险合同，分入公司在接受60%的分保额的同时，相应地收取60%的分保费，并承担60%的分保赔款。则合同双方的责任分配如表10-1所示。

表10-1　成数再保险责任分配表（1）　　单位：万元

危险单位	总额100%			自留额40%			分出额60%		
	保险金额	保费	赔款	自留额	保费	自负赔款	分保额	分保费	摊回赔款
A	800	8	0	320	3.2	0	480	4.8	0
B	700	7	10	280	2.8	4	420	4.2	6
C	1 500	15	30	600	6.0	12	900	9.0	18
D	1 200	12	50	480	4.8	20	720	7.2	30
总计	4 200	42	90	1 680	16.8	36	2 520	25.2	54

2. 成数再保险的特征

(1) 双方利益一致。在成数再保险中，原保险人和再保险人按固定比例承担每一危险单位保险金额的责任。所以，不论保险金额大小，经营结果盈亏与否，双方利益一致，基本上无争议。

(2) 办理手续简单。一旦双方签订了成数再保险合同，保险责任、保费分配以及赔款分摊或给付都按固定比例计算，账务相对简化，省时省力。

(3) 缺乏灵活性。对于原保险人来说，每笔业务都是严格按照成数再保险合同的固定比例进行分保的，导致了部分优质业务不能多留，部分较差业务也不能少留，原保险人失去了制订分保方案的选择权，所以成数再保险缺乏灵活性。

(4) 难以实现风险责任的均衡。因为是按照固定比例分出业务，所以自留下来的业务参差不齐，风险责任大小不一，难以实现风险责任的均衡。

3. 成数再保险的适用范围

成数再保险主要适用于以下八种情况：(1) 新创办的保险公司；(2) 新开办的险种；(3) 汽车险、航空险等风险较高、赔款频繁、数额巨大的业务；(4) 保额和业务质量比较平均的业务，比如船舶运输类保险业务；(5) 各类转分保业务；(6) 国际再保险业务交换；(7) 属于同一资本系统的子公司和母公司之间，以及集团再保险内部的分保业务；(8) 成数再保险与其他再保险方式混合运用的业务。

(二) 溢额再保险

1. 溢额再保险的含义

溢额再保险 (surplus reinsurance)，是由原保险人根据承揽的各类保险业务的危险性质以及自身承担能力，对每一个危险单位确定一个具体的自留责任限额，将超过确定的自留额的部分视为溢额，转让给再保险人，并以约定的自留额的一定倍数，作为分出额，然后按照自留额与分出额对保险金额的比例分配保费和分摊赔款。正是由于原保险人确定了自身所承担的自留额，再保险人的责任则是以自留额的一定倍数为计算原则，因此原保险人的责任自担数额与再保险人的责任分担数额就形成了一定的倍数关系，这就是溢额再保险属于比例再保险的原因所在。

溢额再保险的特点就是自留额与分出额呈倍数关系。分出额一般称为合同限额，它是按每一个危险单位可能发生的最高损失来确定的。合同的容量用线或单位表示，将自留额作为制定合同限额的基本单位。如原保险人确定的自留额是 100 万元，溢额再保险人确定的最高接受限额为 10 线 (即 10 倍)，那么再保险分出额即为 1 000 万元。溢额再保险关系确立后，原保险人与再保险人实际承担的比例不同于成数再保险合同的固定比例，而是随着每笔业务的保险金额而变动。例如，承接一笔保险金额为 200 万元的业务，原保险人自留 100 万元，再保险人承担溢额 100 万元，双方的责任比例关系为 1∶1；若承接的业务的保险金额为 1 000 万元，则原保险人自留 100 万元，900 万元就作为溢额转让给再保险人，双方的责任分担比例就变为 1∶9。

假定某保险公司共有 A、B、C、D 四个危险单位，确定的自留额是 100 000 万元，第一溢额是 10 线，第二溢额是 15 线，则这个分层溢额的分保计划如表 10-2 所示。

表 10-2　分层溢额分保计算示意

总额	保险金额	A 50 000	B 500 000	C 2 000 000	D 2 500 000	共计
	总保费	500	5 000	20 000	25 000	50 500
	总赔款	0	10 000	20 000	100 000	130 000
自留部分	保额	50 000	100 000	100 000	100 000	
	比例	100%	20%	5%	4%	
	保费	500	1 000	1 000	1 000	3 500
	赔款	0	2 000	1 000	4 000	7 000
第一溢额	分保额	0	400 000	1 000 000	1 000 000	
	分保比例	0	80%	50%	40%	
	分保费	0	4 000	10 000	10 000	24 000
	分摊赔款	0	8 000	10 000	40 000	58 000
第二溢额	分保额	0	0	900 000	1 400 000	
	分保比例	0	0	45%	56%	
	分保费	0	0	9 000	14 000	23 000
	分摊赔款	0	0	9 000	56 000	65 000

说明：除标明为“比例”的数据外，其他数据的单位均为万元。

2. 溢额再保险的特点

溢额再保险在具体运用上对原保险人而言灵活性较好，可根据不同险种的质量和风险情况自行确定自留额，在处理大额业务时具有更大的灵活性。通过溢额分保，既可以均衡风险责任，又可以获得一定的保费收入，但手续较烦琐，费时费力，往往也与其他分保方式并用。

3. 溢额再保险的适用范围

溢额再保险一般适用于以下分保业务：(1) 溢额分保常见于国际分保交往中；(2) 对危险性较小、利益较优且风险较分散的业务，原保险人多采用溢额分保方式，以保留充足的保费收入；(3) 对于业务质量参差不齐、保险金额不均匀的业务，也往往采用溢额再保险来均衡保险责任。

(三) 成数和溢额混合再保险

成数与溢额再保险都属于比例再保险，两者可以混合使用，因此形成了成数和溢额混合再保险。成数和溢额混合再保险，是指以成数再保险的合同限额作为溢额再保险的自留额，然后以成数再保险限额的若干线数作为溢额再保险的最高限额。该种再保险在实践中的应用也较普遍，它整合了成数再保险和溢额再保险的特点，既节省了费用，又简化了办理手续，因此更好地满足了多种需要。

例如，假定成数分保最高限额是 50 万元，溢额合同限额是 4 线，则成数与溢额混合再保险的责任分配见表 10－3。

表 10－3　成数与溢额混合再保险的责任分配　　单位：元

保险金额	成数分保			溢额分保	其他
	金额	自留 40%	分出 60%		
100 000	100 000	40 000	60 000	0	0
500 000	500 000	200 000	300 000	0	0
1 000 000	500 000	200 000	300 000	500 000	0
2 000 000	500 000	200 000	300 000	1 500 000	0
2 500 000	500 000	200 000	300 000	2 000 000	0
3 000 000	500 000	200 000	300 000	2 000 000	500 000

成数和溢额混合再保险合同并无一定的形式，可根据分出公司的需要和业务品质决定。这种混合合同只适用于转分保业务和海上保险业务，多在特殊情况下采用。如果某种业务若组织成数再保险合同则需要支付较多的分保费，而组织溢额再保险合同则保费和责任又欠平衡，这种情况下就可以采用成数和溢额混合再保险，从而协调各方的利益。

二、非比例再保险

非比例再保险（non-proportional reinsurance）又称损失再保险、超额赔款再保险，是一种以赔款为基础，计算自赔限额和分保责任限额的再保险。在该类保险方式中，凡损失在约定赔款限额以内的，由原保险人自己承担；超过原保险人承担赔款责任的部分，由再保险人根据合同规定履行赔款责任，其赔款责任可以不设立最高限额。在这一保险业务中，保险费率不按原费率计算，而是按协议费率计算。由于分出人的保费、保险赔款与保险金额之间没有固定的比例，故称为非比例再保险。

非比例再保险分为险位超赔再保险、事故超赔再保险和赔付率超赔再保险。

（一）险位超赔再保险

险位超赔再保险，是指以每次事故中每一个危险单位所发生的损失赔款来计算原保险人自留责任额和再保险责任额的分保方式。如果一个危险单位的总赔款金额在自担责任范围内，则全部由原保险人自行赔付；如果其总赔款额超过自担责任金额，则超过金额由再保险人负责赔付至约定的限额。险位超赔再保险在一次事故中的赔款计算方法主要有两种：一是按危险单位分别计算赔偿责任，无险位限制；二是再保险人对每次事故中发生的损失有赔款分摊限制，一般为危险单位限额的 2～3 倍，即再保险人对每次事故只赔付 2～3 个危险单位的损失。

例如，有一份 5 000 万元（超过 1 000 万元）的海上保险险位超赔再保险合同，在一次事故中有 3 个危险单位遭受损失，每个危险单位损失 2 000 万元。

（1）无险位限制时险位超赔再保险的赔款分摊情况（见表 10－4）。

表 10－4　无险位限制时险位超赔再保险的赔款分摊表　　单位：万元

危险单位	发生赔款额	原保险人承担赔款额	再保险人承担赔款额
A	2 000	1 000	1 000
B	2 000	1 000	1 000
C	2 000	1 000	1 000
合计	6 000	3 000	3 000

(2) 有险位限制（假设其为险位限额的 2 倍）时险位超赔再保险的赔款分摊情况如表 10－5 所示。在此情况下，再保险人只承担其中两个危险单位的赔款。

表 10－5　有险位限制时险位超赔再保险的赔款分摊表　　单位：万元

危险单位	发生赔款额	原保险人承担赔款额	再保险人承担赔款额
A	2 000	2 000	0
B	2 000	1 000	1 000
C	2 000	1 000	1 000
合计	6 000	4 000	2 000

(二) 事故超赔再保险

事故超赔再保险，是指以一次事故所引起的赔款总额，来计算原保险人自担责任与再保险人承担责任额的分保方式。该种分保方式常用于巨额和巨灾风险（如台风、洪水和地震）的再保险，因此又称为巨灾再保险。事故超赔再保险的责任计算，关键在于一次事故的划定。

一次事故的划定，一般是从时间和空间上来限定的。一是时间限制，如通常规定台风持续 48 小时的损失为一次事故，地震、火山爆发 72 小时的损失为一次事故；二是空间限制，即对受灾地区范围的划定。

由于巨灾的发生往往涉及面广、损失惨重，对任何一个保险人来说都是无法承受的，因而需要广泛分散风险。原保险人还可以根据需要分出若干层次的超赔再保险，层层分散风险责任。如原保险人的赔款自担责任额为 1 600 万元；第一层的超赔再保险人负责 1 600 万元以上、3 600 万元以下的部分，即 2 000 万元；第二层的超赔再保险人负担 3 600 万元以上的部分。如此层层分担，就可以有效控制双方的责任。当然，各个层次的再保险费率是不同的，一般来说，巨灾发生的概率越小，分散的层次越多，再保险费率就越低。

(三) 赔付率超赔再保险

赔付率超赔再保险，是指以原保险人全年某业务损失的赔付率为基础，来计算原保险人自留责任额和再保险责任额的分保方式。赔付率等于赔款与保费之比。该种分保方式的目的是将原保险人当年的亏损控制在自担能力范围之内，即在约定的某一年度内，当赔付率超过合同约定标准时，由再保险人负责赔付超出的部分。所以，在赔付率超赔分保合同中，原保险人的自留责任额和再保险人的再保险责任额都受到双方协议的赔付率标准的限制。

例如，赔付率超赔合同规定，赔付率在60%以下的部分由分出公司负责，赔付率为60%～100%的部分由分入公司负责，并规定了赔付限额为50万元，以两者中的较小者为准。各公司承担的责任如表10-6所示。

表10-6　赔付率超赔再保险的赔款分配表　　单位：万元

年份	保费收入（万元）	已发生赔付（万元）	赔付率（%）	分出公司自担赔款（万元）	分入公司分担赔款（万元）
1	200	150	75	200×60%=120	200×15%=30
2	200	200	100	150	50

（四）非比例再保险的特点

与比例再保险相比，非比例再保险具有如下特点：

（1）在比例再保险下，接受公司的所有保费及赔款，皆与分出公司保持一定的分配比例；而在非比例再保险下，接受公司并不分担任何比例责任，仅在赔款超过分出公司自负额时负担责任。

（2）比例再保险以保额为基础分配自负责任和分保责任；而非比例再保险以赔款为基础，根据损失额来确定自负责任和分保责任。

（3）比例再保险按原保险费率计收再保费，且再保费为被保险人所支付的原保险费的一部分，与再保险业务占原保单责任的比例保持一致；非比例再保险采取单独的费率制度，再保费以合同年度的净保费收入为基础另行计算，与原保险费并无比例关系。

（4）比例再保险通常都有对再保险佣金的规定；而在非比例再保险中，不必支付再保险佣金。

（5）比例再保险的接受公司对分入业务必须提存未满期责任准备金；而非比例再保险的接受公司不发生未满期保费责任。

（6）比例再保险赔款的偿付通常都通过账户处理，按期结算；非比例再保险对赔款多以现金偿付，并于接受公司收到损失清单后短期内如数支付。

专栏10-3

Employers再保险公司

Employers再保险公司是通用电气旗下的一家再保险公司。随着世界经济持续不景气以及“9·11”事件对保险业的冲击，Employers再保险公司逐渐陷入亏损。2002年10月，通用电气预计，Employers再保险公司2002年将亏损3.5亿～4亿美元，由于该公司的持续亏损，通用电气拟将其剥离并出售。然而外界买方迟迟不敢出手，主要是因为对该公司两个方面的担忧：一是准备金的充足程度；二是作为一家再保险公司，Employers再保险公司本身参加再保险的问题。

第一个方面的担忧是：随着诉讼费的不断增加，这对准备金的需求越来越大，对本就风险巨大的保险业来说是雪上加霜。

“9·11”恐怖袭击事件发生后，经营财产保险和意外保险的保险公司停止了长达10年的价格战，这场价格战将很多保险业务的保费推低至不合理的水平。很多保险公司吸取了因保单价格过低而造成损失的教训，已经在保单价格中计入和提高与赔偿准备金相关的支出。

第二个方面的担忧是再保险的问题。除了向其他一些保险公司提供再保险服务之外，Employers 再保险公司自己也一直购买保险，过去几年，它所购买的保险越来越多。这么做的目的是进行一种财务的再保险，从而稳定每年的收益并分散风险。

这两方面的原因都要求买方投入大量的资金，但对于在“9·11”恐怖袭击事件后遭受重创的同业保险公司来说，这项投资需要谨慎考虑。Employers 再保险公司这个案例有助于我们从两个方面认识再保险公司的实质。

从业务角度讲，案例反映出了再保险与原保险的密切关系，再保险以原保险为基础，为原保险人分散风险责任。“9·11”恐怖袭击事件造成的巨额赔偿不仅给各大保险公司造成了重创，也让接受了这些原保险公司分出业务的 Employers 再保险公司损失惨重，因为再保险公司要根据合同约定分担部分赔偿。但设想，如果没有再保险公司的存在，损失率的波动幅度将更大。换句话说，这也体现了再保险公司业务的基本职能：分散原保险人的风险责任，积聚资金，应付巨灾风险，稳定原保险人的经营。

而从防范风险、提取准备金方面来看，再保险公司接受分保业务后，有权向分出人收取再保费，同时，再保险公司也应遵循保险业的经营原则——从分保费中提取赔偿准备金，包括未到期责任准备金、未决赔偿准备金等，这样才能更好地防范巨灾风险，稳定经营。

分析：

首先，案例中提到，准备金的增加是由于诉讼费的增加，我们可以从再保险合同的共命运条款来理解这一现象。由于原保险人对分出业务的熟悉程度远远高于再保险人，所以该条款约定再保险人将有关法律诉讼或仲裁等事宜授权原保险人单独处理，因此而产生的一切权利和义务由双方按协议规定共同分担和分享。自然，再保险人就要承担部分诉讼费。

其次，我们看到，Employers 再保险公司不仅自己提供再保险，还向其他再保险公司购买再保险，原因很简单，再保险公司和其他保险公司一样也要分散自身承担的风险。如果两家原保险公司就同一个标的向同一家再保险公司分保，这家再保险公司在这一标的上积累的风险就更大，所以它也需要再保险，或称为转分保。

综上所述，再保险公司的经营需要大量的资金，它在分散其他保险公司风险的同时，自身也需要分散风险。

第四节　再保险的运营与管理

一、分出业务的运营管理

（一）分出业务运营管理的基本原则

1. 运营管理现代化原则

分出业务运营管理现代化原则，是指再保险业务的管理理念、管理手段和经营方法要现代化。同时，应建立先进良好的信息技术支持系统，充分利用网络科学技术为分出业务的经营管理提供优质服务。

2. 面向国际市场原则

面向国际市场原则，就是尊重经营再保险业务的国际惯例，坚定维护我国利益，在保险公司利益不受侵害的前提下，严格按照世界同业间共同遵循的分保原则来办事。

3. 最佳经济效益原则

要实现再保险经营的最佳经济效益目标，就必须对国际分保市场进行认真的调查研究。一是根据市场行情的变化，选择优质的分保经纪人和分保接受人；二是对分出业务的结构情况进行剖析，尽可能分出高风险业务，自留风险小、保费收入多的业务，调整自留比例以及合同分保与临时分保的比例；三是积极搜集国际保险市场的信息，使直接承保环节与国际市场尽快接轨。

（二）分出业务的运营管理人员构成及其职责

分出业务的运营管理人员（简称分出人员），一般由分保设计员、分保推销员以及辅助人员构成。（1）分保设计员。其主要职责是，对分出业务进行组织分析，及时制定及修改分保合同条款，努力维护本公司的利益。（2）分保推销员。分保推销员的任务是在分保业务计划完成后，立即将分出条件提供给愿意参加这项业务的保险公司，并尽量拉拢资信好的大公司积极参与分保。（3）辅助人员。其主要工作职责是：积极配合、协助分保设计员和分保推销员处理日常分保事务，管理好分出业务的所有信息、资料。

（三）分出业务的操作流程

分出业务的操作流程包括事前评估、分保建议、办理手续和赔款处理四个环节。

1. 事前评估

分出业务人员对将要分出的业务要有全面、充分的认识，比如业务的风险状况、累积责任、资本金、净资产、费率水平、风险分布状况，以及同类业务在国际市场上的费率、分保情况等。在充分衡量自身承保能力的前提下，安排好业务分出，包括自留额、分保额、保费收入、赔款状况、分保费支出、分保手续费、利息及其他开支等，并对业务的经营结果进行测算，由此确定分出的具体方案。

2. 分保建议

分出人员根据自身需求确定分出业务的数量后，搜集并拟定可供选择的再保险接受人（包括经纪公司）的系列名单，筛选出比较适合的再保险接受人；然后立即以最迅速、最准确的方式，将分保条件发送给选定的接受公司或经纪公司。分保建议一般应将分出业务的具体事实（分保条件、业务构成以及合同的承保范围等）详细地罗列出来，以便再保险接受人研究参考。为了尽快办理分出业务手续，分出公司应提供详细的分保业务信息，准备好充足的分保业务资料。这将有利于分保接受人在最短的时间里做出决定，以顺利达成分保协议。

3. 办理手续

在分出业务谈判结束后，分出人与接受人双方应尽快完备分保的缔约手续。一般情况下，分出人应将合同文本及摘要表或者修改条件的附件发送给接受人。每次发送的需签字的文件，应一式两份及以上。合同文本及其组成部分是分出人和接受人所签订的具有法律效力的正式文件。合同文本一旦签订，双方的权利和义务就有了法律依据。分保合同内容需要补充或修改的，必须经双方同意后方可进行，才受法律的保护；单方修改或变动合同内容的，一律无效。

4. 赔款处理

一般情况下，当分出人接到直接承保人的出险通知或赔款通知后，应先计算出分保合同项下的再保险接受人应承担的责任比例和金额，然后向再保险接受人发送出险通知。分出人的出险通知应包括以下内容：分保合同名称及业务年度；保险标的名称及坐落点；保险金额及分出比例；估计赔款金额及合同项下估计的摊赔金额；赔款发生的日期与地点；损失原因、是否委托检验人以及可能产生的相关费用等。

（四）分出业务的手续

分出业务的手续依据分保方法的不同，一般可分为临时分保手续、合约分保手续及预约分保手续。其业务流程分为三个阶段：第一个阶段是提出分保建议；第二个阶段是完备手续；第三个阶段是处理赔款。

1. 临时分保的一般手续

当某笔业务需要进行临时分保时，分出人根据所掌握的接受人的资格信息库，结合分出业务的性质及特征，选择理想的接受人，并及时发出分保建议。但在实务中，只有极少数分保接受人能在接到分保条件后立即明确表示接受，因此，常常有一个“讨价还价”的商议过程。如果分出业务能够按分保建议被分出，则不必更改条件。如果由于某些原因，按建议条件分保有难度，分出人可以对分保条件进行更改，直到双方都满意为止。在分保接受人表示承诺，双方达成分保协议后，双方都应留下书面凭证，以表明双方权利和义务开始生效。为完备手续，在临时分保完毕之后，分出人应向分保接受人发送正式分保条一式两份及以上，分别由双方签字后，各执一份或两份为凭。

2. 合同分保的一般手续

合同分保的手续与临时分保的手续基本相同。首先，应确定好可能的分保接受人、分出规模和经纪人。在确定好接受人后，再用电传、电报或信件将分保建议及有关资料通知或送给接受人，以供接受人参考并决定是否接受。然后，接受人和分出人双方要用函电书面形式来承诺和确认所接受的内容，并达成分保的协议。合同分保与临时分保的区别主要在于：合同分保以年度为期限进行分保，而临时分保则是逐笔进行分保。

3. 预约分保的一般手续

目前预约分保主要适用于火险和水险的比例分保业务。在合同分保限额不足的情况下，运用预约分保方式作为对合同分保的一种自动补充，如此就可提高分出人的承保能力。在再保险实务中，分出人常常会遇到大额业务，并且超过合同限额，有了预约分保，就可以很快解决分保问题，而不必与接受人临时磋商，逐笔进行分保。由于预约分保对于分出人具有临时分保性质，因此，对于放入预约合同的业务，分出人需每个月或每个季度向接受人提供业务清单，列明每笔业务的保户、保额、保费项目以及赔款清单，以便接受人清楚自己所承担的责任以及对赔款进行审核。

二、分入业务的运营管理

分入业务的运营管理，是指接受公司为平衡风险、增加保费收入、争取多盈利，而对分入业务过程进行计划、调节和控制，以及对分入业务的质量、分保分出人的资信情况进行调查审核的过程。

(一) 分入业务的运营管理原则

在分入业务的运营管理实践中，应重点按照以下原则来操作：

(1) 确定是在业务当地还是在其他地方接受分保业务；

(2) 充分了解市场和分出公司的情况，加强人员之间的往来和接触；

(3) 对分入业务的接受应综合考量，并采取谨慎的态度；

(4) 对分保经纪人进行详细的审查；

(5) 认真审核每笔赔款是否属于承保范围，是否符合承保年度等，不应盲从首席接受人的决定；

(6) 系统、清楚地进行统计和分析；

(7) 事先提存充足的分保准备金；

(8) 对分入业务，应有对超额赔款的分保安排；

(9) 对保险代理人承办的分入业务，应尽量拒绝接受；

(10) 对转分性质的分入业务，应尽可能少接受或不接受；

(11) 拒绝将承保权交由经纪公司、分出公司或代理人等承办；

(12) 严格审核合同文件的规定、严格控制批改和附约要求扩展的各项内容；

(13) 制订系统全面的年度业务计划，建立业务年度结束时进行核算的制度；

(14) 制定和建立较为完备的业务统计制度。

(二) 分入业务处理的内容

分入业务运营管理的涉及面较广，其内容主要包括承保前对分入业务的质量审核、资信情况分析和承保后对分入业务的成绩考核等。

1. 质量审核

接受分入业务时，接受人对分入业务的质量进行系统审核是再保险运营管理的重要环节。对分入业务的质量审核主要有十个方面：(1) 分入业务来源国家或地区的政治、经济和法律环境状况；(2) 业务所在地区的市场行情和趋势、保险费率等情况；(3) 分出业务的种类，分保的方式、方法和承保范围；(4) 分出人的自留额与分保限额；(5) 分保限额或责任限额与分保费之间的比率；(6) 支付分保费的保证条件；(7) 估计分入业务的收益；(8) 保费准备金和赔款保证金；(9) 首席承保人的条件；(10) 分出公司提供的有关该业务过去的资料。通过审核上述项目，接受人可以避免或控制风险因素大、风险较集中和潜在损失巨大的业务的大量分入。

2. 资信情况分析

对分出人和分保经纪人的资信情况进行分析，是再保险运营管理的又一个重要环节。分析的内容主要包括：(1) 分出人的资金实力与财务力量；(2) 分出人在当地市场的地位和声誉；(3) 分出人的业务经验、规模和分保策略；(4) 分出人经营管理的经验与业绩等。

3. 成绩考核

分入业务承保后，要加强对业务成绩的考核，严格检验接受业务的质量，核对和审查合同文本，做好分保摘要表，审好账单和结算情况，做好登记和业务统计，处理赔款并记录未决赔款与未了责任，建立信息数据库。如果是通过经纪人来办理结算，那么必须与经纪公司核对账务，特别是要注意账单寄送是否及时、有无截留保费和准备金等情况。此外，对开出的信用证也要加强管理，同时要密切关注通货膨胀对分入业务赔款计算的影响。如果影响较大，必须采取有效措施进行风险规避。

（三）分入业务的处理程序

当接到分出人或经纪人关于提出分保建议的函电时，分保接受人经仔细审核，若同意接受，应电告同意接受分保，并进行登记和填制分保摘要表；若不同意分保，则应复电并婉言拒绝。对于分出人或分保经纪人寄来的分保条、分保合同文本，接受公司一定要认真核对，并在签署后将一份归卷存档，其余则退还。接到有关修改分保合同条文和承保条件等的函电，经审核后，应电复证实，并对摘要表有关栏目进行更改和登录。对寄来的分保附约，经审核后自留一份，并与合同一起归卷备查，其余则归还对方。接受人收到业务账单，经审核无误后，要在统计表上及时登录，并送会计部门及时记账、结算。接受人为了争取在分保中的主动地位，应在合同到期前规定的期限内，向对方发出临时注销通知。若经洽商同意续转，可将临时注销通知撤回；若不同意续转，可将临时注销通知作为正式通知，并宣告分保合同终止。

第五节　再保险市场

一、再保险市场的概念

再保险市场是指再保险商品交换关系的总和。其构成要素有四个：一是卖方，即为再保险交易活动提供各类再保险商品的供给方；二是买方，即实现交易活动的各类再保险商品的需求方；三是分保交易对象，即各类再保险商品；四是中介，即为促成再保险交易提供辅助服务的保险中介。它们是构成再保险市场不可或缺的要素。

二、国际再保险市场

国际再保险市场主要分布在英国、美国、德国和瑞士等发达国家。世界上最发达的再保险市场是欧洲再保险市场、伦敦再保险市场、美国再保险市场以及日本再保险市场。比如，英国、美国、法国、瑞士和德国的再保险海外分支机构大约占外国公司的75%，年分保费收入约为1 000亿美元。

（一）欧洲再保险市场

国际上经营再保险业务的最大的20家公司中，欧洲市场就有7家。欧洲再保险市场主要是专业再保险公司，其再保险业务保费收入占全世界总保费收入的60%，其特点是完全自由化、商业化。

德国是欧洲最大的再保险市场，拥有慕尼黑再保险公司、汉诺威再保险公司、格宁环球再保险集团、安联再保险集团等一大批世界再保险巨头。其中，再保险行业的先驱慕尼黑再保险公司创立于1880年，总部设在德国慕尼黑，它在全世界150多个国家从事再保险业务，并拥有60多家分支公司。慕尼黑再保险公司在众多领域积累的专业知识和再保险经验，使它成为全球最大的再保险公司，连续多年被世界顶级评级机构评为最高信用等级公司。但在次贷危机中，慕尼黑再保险公司也遭受了5.48亿美元的次贷投资损失。

瑞士是欧洲第二大再保险中心，其再保险市场以专业再保险公司为主。其中，瑞士再保险公司成立于1864年，公司的发展以国际业务为基础。瑞士再保险公司在次贷危机中也未能幸免，并为次级贷款相关的衍生品撇账 10.7 亿美元。瑞士再保险公司的人寿保险部与健康险部是世界上最大的经营人寿保险与健康险再保险的子公司，其保费收入约占集团总保费收入的 30%。瑞士再保险公司的另一部分——瑞士再保险新市场部——向顾客提供非传统的风险转移方式，如对巨灾风险和大规模的风险提供再保险安排。此外，还有世界排名第八位的苏黎世再保险集团和排名第十六位的丰泰保险集团。

专栏 10－4

瑞士再保险公司将因日本强震及海啸遭受重大理赔损失

2011 年日本发生强烈地震并引发海啸及核电设施爆炸后，全球最大的三家保险和再保险集团的股价连日大幅下挫。地震发生后次日，慕尼黑再保险公司的股价暴跌了 6.3%，瑞士再保险公司和汉诺威再保险公司的股价也分别下跌 5.8%和 4.3%。据美国波士顿的灾难模型研究评估公司估计，日本东北部遭受强震侵袭区域距海岸 3 公里范围内的投保资产约为 240 亿美元，其中 1 公里范围内的投保资产约为 50 亿美元。另据瑞士再保险公司市场部披露，瑞士再保险公司在日本市场自然灾害再保险方面占有很大份额，数额大约为 6.88 亿美元，其中 4.69 亿美元为承接的财产保险。目前全球主要再保险业发行在外的非寿险灾难债券规模约为 121 亿美元，因此可以估算出这次日本地震影响到的灾难债券规模约占这一市场的 12.5%，而此次地震引发的全部理赔可能为 100 亿～250 亿美元。据此，瑞士再保险公司将会遭受其中相当大一部分理赔损失。

（二）伦敦再保险市场

经过近百年的发展，英国已经形成了立法严格、网络发达、承保能力强、专业技术人才集中的保险及再保险市场。英国的伦敦保险市场是世界再保险业务的运作中心，也是保险风险的首席交易中心。伦敦再保险市场由劳合社和保险公司市场两部分组成。劳合社类似于交易所的法人组织，由劳合社团体组织和会员进行市场管理。用来开展保险业务和再保险业务的资金均由投资者提供，这些投资者被称为劳合社会员，每个会员的资本金为 25 万英镑，众多会员可以组成一个承保集团，承保集团由经理人代表会员从事保险业务。其特点是所有再保险业务均需要经过经纪人，且业务多来源于国外。近年来劳合社再保险业务虽然供过于求，但在世界再保险市场上仍占有重要地位。

（三）美国再保险市场

美国再保险市场的发展时间相对较晚，再保险市场的发展偏重于业务交换、共同保险和联营方式，业务约占全球市场的 20%。世界知名的再保险公司主要有美国再保险集团公司、大西洋再保险公司、圣保罗再保险公司、通用再保险公司等，以上公司在中国都设有分公司或代表处。

（四）日本再保险市场

日本再保险市场上大部分是兼营的再保险公司，巨灾等风险主要采取共保和分保的方式来解决。日本是一个地震频发的国家，故在日本再保险市场上比较典型的再保险是地震再保险，其保险标的是居民住宅和家庭财产。居民向商业保险公司投保后，保险公司向日本地震再保险公司分保，然后日本地震再保险公司向政府进行再次分保，并由政府对再保险责任进行分担和提供支持。

日本国内直接保险市场巨大，但其再保险市场很小，两者很不相称。日本的非寿险业在世界上排名第二，仅次于美国，行业总资产高达9万亿日元；寿险业更是居世界榜首，两类业务之和占全球保险市场的20%以上。然而，日本的再保险业仅占世界市场的4%左右。

三、中国再保险市场

（一）中华人民共和国成立前的再保险市场

中华人民共和国成立前的再保险市场开始于20世纪30年代。1929年，由金城银行出资设立了太平保险公司，其分保业务的接受人主要是瑞士再保险公司；1931年，由中国银行出资设立了中国保险公司，其分保业务的接受人主要是英国的太阳保险公司。1933年6月，中国第一家专营再保险业务的公司华商联合保险股份有限公司在上海成立。两年后，由国民党中央银行投资成立了中央信托局保险部，该保险部属于兼营再保险业务的保险公司，也算是中国的第二家再保险公司。

抗日战争爆发后，中国的再保险市场受到了严重影响。其中，瑞士再保险公司为了操纵上海的保险市场，与日本的一些保险公司成立了东亚保险公司，企图垄断中国的再保险业务。在当时复杂的世界局势下，华商联合保险股份有限公司为了解决再保险问题，先后组建了大上海再保险集团、久联再保险集团、中国保险公司再保险集团、太平保险集团以及华商联合再保险集团五家再保险集团公司。1945年8月，抗日战争胜利后，外商保险公司重新营业，以美国的美亚保险公司为主的外商保险公司再次垄断了中国的再保险市场。

（二）中华人民共和国成立初期的再保险市场

1949年10月20日，中国人民保险公司成立后，主要与苏联和东欧一些国家办理再保险业务，并不办理国内分保。私营保险公司组成了上海民联分保交换处，参与经营该保险公司的互惠分保业务，同时与天津的华北“民联”订立分保合约，接受其预约分保。1953年后，逐步演变成由中国人民保险公司独家办理国际再保险业务。1959年，中国国内保险业务停办，由此对再保险业务造成了严重影响，国际分保业务变成了主要由中国人民银行国外业务管理局保险处统一负责。

（三）改革开放后的再保险市场

1979年，国内保险业务恢复后，再保险业务仍由中国人民保险公司经营。1996年2月，中国成立了第一家专业再保险公司——中保再保险公司，结束了我国无专业再保险公司的历史。1999年，中保再保险公司又改组成中国再保险公司，成为独立法人，经营各类再保险业务。2003年，中国再保险公司实施股份制改革，2003年8月18日更名为中再保险（集团）公司，由中再集团作为主要发起人并控股，吸收境内外战略投资者，共同发起并成立了中国财产再保险股份有限公司、中国人寿再保险股份有限公司、中国大地财产保险股份有限公司。

2001年，中国加入WTO以后，外资再保险公司开始进入我国再保险市场。2003年下半年，国际三大再保险巨头慕尼黑再保险公司、瑞士再保险公司、通用科隆再保险公司相继在中国开办分公司，中国再保险公司垄断再保险市场的局面彻底结束。

（四）WTO过渡期后的再保险市场

在加入WTO前，中国再保险市场一直是以法定分保为主。中国再保险集团作为国内唯一的专业再保险公司，每年有20%的法定分保业务进账。根据入世承诺，自2002年起法定再保险业务每年减少5%，直到2006年1月1日完全取消，至此，国内再保险业务全面实行商业运作。《保险法》进一步取消了境内优先分保的规定，全面开放了再保险市场。此后，中国再保险市场变成了完全开放和公平竞争的市场。

为了尽快适应国际再保险市场环境，提高自身竞争力，2007年10月，中国再保险（集团）公司改制为中国再保险（集团）股份有限公司，自此进入专业化、集团化、国际化经营的全新时期。截至2011年底，中国再保险（集团）股份有限公司保费收入达61.79亿美元，财务实力评级为“A级（优秀）”，晋级全球第八大再保险公司。其业务是：接受财产保险公司的分出业务；接受人身保险公司的分出业务；经中国保监会批准，接受境内保险公司的法定分保业务；办理转分保业务；经营国际再保险业务。

根据《中国再保险市场发展规划》的指导，按照集团化和专业化并重的原则，中国再保险业积极稳妥地增加再保险市场主体，形成以专业再保险公司为主导，再保险集团、兼营再保险的直接保险公司、从事再保险业务的专业中介机构、自保公司以及特殊风险保险联合体等多层次、多类型、多功能主体并存，中外资再保险公司公平竞争、共同发展的再保险市场新格局。2014年8月，国务院发布了《关于加快发展现代保险服务业的若干意见》（即“新国十条”），提出了增加再保险市场主体，发展区域性再保险中心，提升我国在全球再保险市场的定价权、话语权的建议。

中国银保监会数据显示，目前除了世界三大再保险公司外，在中国设立分公司或代表处的外资再保险公司主要有：劳合社再保险公司、德国汉诺威再保险公司、美国大西洋再保险公司、法国再保险公司、韩国大韩再保险公司、美国安裕再保险公司和新加坡再保险公司等。2013年，中国已成为全球第四大保险市场和最重要的新兴保险市场，但专业再保险保费收入仅为1 238亿元，占全球再保险市场的2%左右。2014年，全国再保险公司的总分保费收入为1 518.5亿元，同比增长55.7%；总分保赔款支出393亿元，同比增长11.2%。当年全国再保险公司共实现承保利润11.7亿元，实现净利润58.8亿元。从再保险的业务和利润构成来看，以中再集团业务机构为例，其旗下业务包括财产再保险、人身再保险、财产险直保和保险资产管理业务。2013年，中再集团财产再保险保费收入为291.36亿元，人身再保险保费收入为183.94亿元，2013年中国再保险集团所占市场份额只有38.4%，60%以上的再保险业务被国外再保险公司掌握。2014年末，全国共有1家再保险（集团）公司和9家专业再保险公司。此外，还有200多家通过离岸方式参与中国再保险市场的境外保险公司。2015年7月，中国民生投资集团宣布拟以22亿美元的价格收购白山保险旗下的再保险公司思诺国际保险集团100%的股权。2015年8月，泛海控股发布公告称，拟通过间接全资子公司武汉中央商务区建设投资公司作为主发起人，联合新华联等公司，共同投资设立亚太再保险公司。

（五）发展现状及创新展望

1. 发展现状

2016年，我国再保险市场竞争主体进入快速增长阶段。根据中国保监会的批复，太平再保险（中国）公司首先获准开业，注册资本为10亿元。随后，中国人保再保险公司、在深圳注册的前海再保险公司也很快获准开业。经营主体的增加使得过去国内再保险市场由中再集团、外资再保、国际市场“三分天下”的格局逐渐被打破，新的市场格局正在逐步形成。

受2016年实施的“偿二代”① 和“营改增”② 等因素影响，当年整个再保险市场，特别是外资再保险的保费是下降的，国内再保险市场续转量也整体有所下降。过去，对再保险的分入业务不征收营业税。但自从2016年财政部进一步明确全面推开“营改增”试点后，试点纳税人提供再保险服务（境内保险公司向境外保险公司提供的再保险服务除外），实行与原保险服务一致的增值税政策。再保险合同对应多个原保险合同，并且所有原保险合同均适用于免征增值税政策的，该再保险合同适用于免征增值税政策，否则该再保险合同应按规定缴纳增值税。但因为较难有进项抵扣，“营改增”后，再保险业务的税收会增加几个百分点，相比多年难以上调的再保险税率来说，这一增幅过大。这部分成本若由再保险人承担，其利润势必减少；若由直保公司承担，费用支出势必增大。“偿二代”政策和“营改增”的实施导致比例分保业务减少，但这并未影响相关主体的参与热情。

中国再保险市场显现出巨大的发展潜力，对国外再保险机构的吸引力不断增强，国外再保险机构纷纷加大对中国市场的投入，申请开设机构，增强资本实力，以适应中国市场发展需要，提升在华业务发展能力。2019年12月，中国银保监会批准大韩再保险公司上海分公司开业，境内外资再保险公司达到7家，超过中资再保险机构；2019年11月，批准德国通用再保险公司上海分公司注册资本由3亿元增加至4.39亿元；2020年4月，批准瑞士再保险公司北京分公司注册资本由3亿元增加至13.55亿元；2020年5月，批复德国汉诺威再保险公司上海分公司注册资本由25.45亿元增加至41.05亿元；2020年7月17日，银保监会发布公司名称变更批复，同意信利保险名称变更为信利再保险（中国）有限公司。变更完成后，该公司的业务范围变更为：财产保险的再保险业务，短期健康保险和意外伤害保险的再保险业务；上述再保险业务的服务、咨询业务；保险资金运用业务；经中国银保监会批准的其他业务。信利再保险（中国）有限公司成为首家在上海注册的再保险法人机构，同时也是中国首家外资再保险法人机构。

2. 创新展望

未来要想在激烈的再保险市场竞争中占有一席之地，就必须以注重综合风险管理能力、风险解决能力为目标，并高度重视创新业务。中外资再保险公司在谋求转变发展目标上均表现出两个趋势：第一，从过去的以追求保费规模为主要目标，转向以比拼综合风险管理能力、风险解决能力为目标；第二，因存量业务难度增加，各公司都把创新业务提上了战略新高度。例如，太平再保险（中国）有限公司考虑用轻资产的模式布局国内的寿险再保险业务，实现产寿险双轮驱动。

目前，我国再保险公司创新的方向有三个：

一是结合社会生活中出现的新风险、新问题，研究保险解决方案，比如对网络安全风险相关的保险解决方案的研究；

二是重视与国家政策相关的领域，比如“一带一路”及丝路基金、中国—中东欧基金等沿线国家的商业保险机会。2020年7月28日，在中国银保监会的支持下，中国“一带

① 中国保监会在2012年初发布《中国第二代偿付能力监管制度体系建设规划》，提出要用3～5年的时间，形成一套既与国际接轨、又与我国保险业发展阶段相适应的偿付能力监管制度体系，即“偿二代”，用来监控保险公司的偿付能力。相比以规模为导向的“偿一代”，“偿二代”以风险为导向。

② 营业税改增值税，简称“营改增”，是指以前缴纳营业税的应税项目改成缴纳增值税。

一路”再保险共同体在北京正式成立。“一带一路”再保险共同体由国内11家保险公司发起设立，由中再集团担任主席单位和管理机构。“一带一路”再保险共同体的成立，是保险业落实党和国家决策部署，服务“一带一路”的重要举措，能够有效聚集保险业力量，提升服务“一带一路”的能力和水平。

三是关注政府试点项目，如巨灾保险、指数保险、质量保证保险、车联网保险等的再保险创新。

表10－7列出了我国再保险市场行业相关政策文件。

表10－7　我国再保险市场行业相关政策文件

发布时间	政策文件	与再保险有关的内容
2005年10月	《再保险业务管理规定》	明确了再保险公司的相关定义与经营内容，同时规定优先向中国境内的保险公司发出要约。
2009年9月	《保险公司管理规定》	规定再保险公司，包括国外再保险公司分公司，可以直接在全国开展再保险业务。
2010年5月	《再保险业务管理规定》(2010)	删除了优先国内分保要约、法定再保险的规定；新增加了危险单位划分、巨灾再保险和审慎选择再保险接收人的规定；对同一笔寿险业务再保险分出和分入的准备金评估方面提出了新的要求。
2014年8月	《关于加快发展现代保险服务业的若干意见》	加快发展再保险市场；增加再保险主体；发展区域性再保险中心；加大再保险产品和技术创新力度；加大再保险对国家重点的大型项目、特殊风险的保险保障力度；增强再保险分散自然风险的能力；强化再保险对我国海外企业的支持保障功能，提升我国在全球再保险市场上的话语权、定价权。
2016年8月	《中国保险业发展“十三五”规划纲要》	发挥再保险对保险市场的创新引领作用，鼓励再保险公司与原保险公司在产品开发、服务网络、数据共享等方面开展深度合作，提高我国保险市场的承保能力；支持再保险公司参与行业数据平台、灾害管理、风险管理服务体系等基础设施建设，推动行业数据经验分析；完善再保险登记制度，研究制定离岸再保险人保证金制度，防范金融风险通过再保险业务跨境传递。
2019年1月	《上海国际金融中心建设行动计划(2018—2020年)》	明确提出要发展再保险市场，探索设立“一带一路”再保险承保共同体及营运平台。
2019年9月	《关于加快农业保险高质量发展的指导意见》	增加农业再保险供给，扩大农业再保险承保能力，完善再保险体系和分保机制；合理界定保险机构与再保险机构的市场定位，明确划分中央和地方各自承担的责任与义务。
2020年7月	《推动财产保险业高质量发展三年行动方案(2020—2022年)》	提出要提升保险行业对外开放水平和国际影响力，落实金融业对外开放重大举措，加快再保险市场发展。

思考与练习

1. 简述再保险与原保险之间的关系。

2. 简述再保险的基本职能和作用。

3. 再保险对于保险公司和投保人都有什么重要意义？对保险业的发展有什么意义？

4. 比例再保险与非比例再保险有什么区别？

5. 比较三种再保险合同的优劣，指出它们分别适合哪些情形下的分保要求。

6. Z保险公司的承保金额为800万元，保费为20万元，作为分出公司它选择了100万元的自留额。Z公司与分入公司甲签订了6线的第一溢额再保险合同，与乙公司签订了1线的第二溢额再保险合同。假定发生赔款200万元，请计算分出公司自留保费和自负赔款以及分入公司分入保险金额和应付赔款。

7. 非比例再保险有什么作用？在锁定损失超赔再保险合同中，若分出公司的自赔额为30万元，分入公司接受20万元的分入责任，实际赔款为45万元，则分出公司、分入公司各承担多少？

第 11 章
保险市场

学习目标

1. 掌握保险市场的概念、构成要素及特征
2. 掌握保险市场的主要模式
3. 区分保险人和保险中介人的各种组织形式
4. 识别影响保险市场供给和需求的各种因素

【本章引导】 互联网保险的发展

随着近年来互联网科技的不断发展，传统保险公司借助互联网不断创新销售渠道，积极开发新型保险产品。2014—2019 年，互联网保险业务保费收入总计达 11 853.4 亿元。2019 年，互联网保险保费收入达 2 696.3 亿元，同比增长 42.8%，高出保险市场同期增长率近 10 个百分点。

互联网人身保险的渠道经营模式呈现以第三方平台（渠道）合作为主，公司自营平台（官网）为辅的发展格局。2019 年第三方平台则依托其流量、结算和信用优势，实现业务保费规模累计达 1 619.8 亿元，较 2018 年同比增长 63.3%，占互联网人身保险总规模保费的 87.2%；人身保险通过自营平台累计实现规模保费达 237.9 亿元，同比增长 18.2%，占互联网人身保险总规模保费的 12.8%。

2019 年财产保险公司通过第三方网络平台合作的业务保费规模累计达 383.9 亿元，占比 45.8%。合作的主要保险产品有信用保证保险、意外健康保险和退货运费保险等。财产保险公司通过保险专业中介机构合作的业务保费规模累计达 193.8 亿元，占比 23.1%。保险公司自营平台财产保险保费规模累计达 260.9 亿元，占比 31.1%。

2019 年 8 月，国务院下发《关于促进平台经济规范健康发展的指导意见》，允许有实力、有条件的互联网平台申请保险兼业代理资质。这意味着可以有更多的企业参与到互联

网保险的发展中来。

资料来源：根据中国保险行业协会、智研咨询发布的相关资料整理。

互联网保险近年来发展迅速，已经成为我国保险市场上不可忽视的一支力量。互联网保险以保险市场供给主体或保险中介的形式，为保险市场贡献自己的力量。那么，什么是保险市场？保险市场的供给方及需求方是谁？保险人和保险中介都有哪些类型？各种类型有什么特点？它们在保险市场上发挥着怎样的作用？这些问题的解决，有赖于掌握保险市场的基本原理和知识。

第一节　保险市场概述

一、保险市场的概念

保险市场一般分为狭义的保险市场和广义的保险市场。狭义的保险市场是指保险商品交易的场所；广义的保险市场是指保险商品交易关系的总和，是保险商品供给与需求关系的总和，其中既包括保险商品交易的场所，又包括保险商品在交易过程中的需求与供给关系及其相关活动。本章研究的是广义的保险市场。保险人为保险消费者提供的是保险保障服务，即各类保险商品及其关联服务，保险商品就是保险市场的交易对象。保险市场主体由买卖双方和中介人构成。买方是具有保险需求的消费者，他们通过缴纳保费换取保险人向他们提供风险保障服务；卖方是提供保险保障的保险人，他们向社会提供风险保障服务。随着保险市场的逐渐完善与发展，保险中介人应运而生，主要包括保险代理人、保险经纪人和保险公估人。

从系统论角度来看，现代保险市场是以市场机制为主导进行保险经营活动的系统和体系。它是由保险组织系统、形式系统、保险运行和调控系统组成的有机体系。因此，保险市场为保险业的发展发挥了多种功能，是现代保险学研究的重要内容。

二、保险市场的特征

保险市场是金融市场的重要组成部分，它与普通商品市场或劳动力市场有所不同，具有以下特征。

1. 保险市场是无形的市场

在商品经济发展初期，科技不够发达，因此需要在固定场所和某一特定时间，由当事人双方当面进行商品交易活动，这就是有形市场。随着科技的不断发展进步，交易手段和方式从原有的面对面方式，发展为可利用电话、电信、电传、互联网等先进通信手段随时进行交易。现代保险经营，特别是再保险活动，基本上可以通过计算机网络设备随时进行交易。这种没有固定场所和时间的商品交易市场，就是典型的无形市场。保险活动从展业、投保、签单、索赔、理赔到追偿等各个环节，都可以通过现代化通信手段进行，几乎不受场所和时间的限制。可见，保险市场属于无形市场，既不受时间限制，又不会固定集中于某一场所。

2. 保险市场是直接的风险市场

尽管任何市场都存在风险，交易双方都可能因为市场风险的存在而遭受经济上的损失，但不同于一般商品市场的交易对象，保险市场的交易对象是保险商品，保险是对投保人转嫁给保险人的各类风险提供保障，其本身就直接与风险相关联。保险商品交易的过程，本质上就是保险人聚集与分散风险的过程。风险的客观存在和发展是保险市场形成和发展的基础和前提。所以，保险市场是一个直接的风险市场。

3. 保险市场是非即时结清市场

在商品经济发展的初期，普通商品市场的交易活动是当场成交，即时完成，属于即期交易。即便在现代发达的商品经济社会里，大部分商品市场的买卖活动也是采取钱货两讫的模式。保险属于特殊的金融商品，因风险的不确定性和保险的射幸性，交易双方不能立刻知道其交易和履行的程度。同时，保险的买与卖不是同时进行的，而是有一定的时间间隔，而且其时间间隔是不确定的。因此，保单的签发看似是保险交易的完成，实则是保险保障的开始，最终的交易结果则要看双方约定的保险事故是否发生。所以，保险市场是非即时结清市场。

4. 保险市场是受政府监管的市场

在市场经济环境中，政府很少干预企业活动。企业通过市场机制自动调整自身的行为，以维持业务发展的稳定。但保险因其广泛性在社会上具有巨大的影响力，保险市场的经营行为会直接影响到广大民众的切身利益，于是政府的监管就成为对投保人获得合理权益的重要保证。所以，各国政府都会对保险市场进行严格监督与控制，对保单格式、保险费率、免赔条款、各项准备金、保险投资渠道和比例等，都有严格的规定。政府的积极干预，是保险市场健康发展的必要保证。

三、保险市场的模式

目前世界保险市场上的模式主要有：完全竞争模式、完全垄断模式、垄断竞争模式和寡头垄断模式。

（一）完全竞争模式

完全竞争型保险市场，是指一个保险市场上有数量众多的保险公司，任何公司都可以自由进出市场。市场上存在大量的保险人，每个保险人所占的市场份额都很小，任何一个保险人都不能够单独左右市场价格，而由保险市场自发地调节保险商品的价格。在这种市场模式中，保险资本可以自由流动，价值规律和供求规律充分发挥作用。保险监管机构对保险公司的监管相对宽松，保险行业公会在市场管理中发挥重要作用。

一般认为，完全竞争是一种理想的保险市场模式，它能最充分、最适度、最有效地利用保险资源。保险业发展较早的西方发达国家大多较为接近这一类型。但自由竞争发展的结果必然是垄断，因此现实保险市场中存在的竞争往往是一种不完全的竞争（垄断竞争和寡头垄断）。

（二）完全垄断模式

完全垄断型保险市场，是指保险市场完全由一家保险公司操纵，这家公司的性质既可以是国营的，也可以是私营的。在完全垄断的保险市场上，价值规律、供求规律和竞争规律受到极大的限制，市场上没有竞争，没有可替代产品，没有可供选择的保险人。因而，这家保险公司可凭借其垄断地位获得超额利润。

完全垄断模式还有两种变通形式。一种是专业型完全垄断模式，即在一个保险市场上同时存在两家或两家以上的保险公司，各垄断某类保险业务，相互间业务不交叉，从而保持完全垄断模式的基本性质。另一种是地区型完全垄断模式，指一国保险市场上同时存在两家或两家以上的保险公司，各垄断某一地区的保险业务，相互间业务没有交叉。

（三）垄断竞争模式

垄断竞争模式下的保险市场，大小保险公司并存，少数大保险公司在市场上取得垄断地位。竞争的特点表现为：同业竞争在大型垄断公司之间、垄断公司与非垄断公司之间、非垄断公司彼此之间激烈展开。

（四）寡头垄断模式

寡头垄断型保险市场，是指在一个保险市场上，只存在少数相互竞争的保险公司。在这种模式的市场中，保险业经营依然以市场为基础，但保险市场具有较高的垄断程度，保险市场上的竞争是国内保险垄断企业之间的竞争，于是形成相对封闭的国内保险市场。

第二节　保险市场的组织形式

保险市场的组织形式是指在一个国家或地区的保险市场上，保险人采取的用于经营保险业务的组织形式。在保险市场上，按照不同的标准，保险人可以划分为不同的类型。

一、按经营主体划分

按照经营主体不同，保险人可以分为国营保险组织、合营保险组织、私营保险组织、合作保险组织和会员制保险组织。

（一）国营保险组织

国营保险组织是由国家或政府投资设立的保险经营组织。它们可以由政府机构直接经营，也可以通过国家相关法令规定由某个团体经营。前者称为直接国营保险组织，后者称为间接国营保险组织。

国营保险组织可分为三种类型：一是完全垄断型国营保险组织。即这些国家的国营保险组织完全垄断了国内所有保险业务，往往是“政企合一”组织，这样的组织既是保险监管机关，又是经营保险业务的实体。二是政策型国营保险组织。即有些国家为了保证国家某种经济社会政策的实施，将某些强制性或特定保险业务专门由国营保险组织经营。三是商业竞争型国营保险组织。在许多国家，国营保险组织同其他组织形式一样，可自由经营各类保险业务，平等参与竞争，并最大限度地追求利润。

（二）合营保险组织

合营保险组织有两种形式：一是公私合营保险组织，即政府与私人共同投资设立的保险经营组织，通常是以股份有限公司的形式出现，并具有保险股份有限公司的一切特征。二是中外合营保险组织，即本国政府或组织与外商共同投资设立的合营保险组织，我国称之为中外合资保险经营组织。

（三）私营保险组织

私营保险组织是由私人投资设立的保险经营组织。它多以股份有限公司的形式出现，也是现代保险企业制度下最普遍、最典型的组织形式。

（四）合作保险组织

合作保险组织是社会上具有共同风险的个人或经济单位为了获得廉价保险保障而共同集资设立的保险组织形式。在西方保险市场上，合作保险组织分为消费者合作保险组织与生产者合作保险组织。前者是由保险消费者组织起来，并为其成员提供保险的组织。它既可以采取公司形式，如相互保险公司；也可以采取非公司形式，如相互保险社与保险合作社。后者则大多是由医疗机构或人员为了向大众提供医疗与健康服务而组织起来的，如美国的蓝十字与蓝盾协会（Blue Cross and Blue Shield Association）。

（五）会员制保险组织

劳合社是当今世界上最古老，也最大的保险垄断组织之一。劳合社就其组织的性质而言，不是一个保险公司，而是一个社团组织，它不直接接受保险业务或出具保单，所有的保险业务都通过劳合社的会员，即劳合社承保人单独进行交易。劳合社会员通常要经过严格审查批准。在1995年以前，劳合社的承保人都是自然人，或称个人会员（individual member）。20世纪80年代末期，个人会员曾达到三万余人。但随后几年的巨额灾害赔付使得大量会员破产。1995年，劳合社制定了长达48页的计划纲要，重点是将过去的劳合社进行改造，放弃了已实行数百年的无限责任制，允许公司资本进入该市场，引入了公司会员（corporate member）。自此以后，个人会员的数量连年递减，而公司会员的数量逐年递增。

劳合社具有以下特征：第一，劳合社自身并不提供保险服务，其保险服务实际上是由属于劳合社的辛迪加组织提供。劳合社类似于证券交易所，只是为其成员提供交易场所。第二，每个辛迪加组织都由一位代理人代表会员对辛迪加组织进行管理，会员按照其在辛迪加组织中所占份额分享利润或承担损失。辛迪加组织可能从事专业领域（包括海洋、航空、巨灾、职业补偿和汽车）保险保障服务。劳合社还是再保险市场的主要参与人。第三，属于不同辛迪加组织的新的个人会员或名誉会员现在只承担有限的法律责任，而早期的劳合社承保人以个人名义对劳合社保单项下的承保责任单独承担无限责任。第四，会员必须达到严格的财务条件。每个会员，无论是个人还是公司，都必须提供资本以支持其在劳合社的业务。所有保费均进入信托资金，只有在索赔和发生费用时才能使用。如果保费无法支持索赔，那么会员必须投入额外资金，其风险就是蒙受损失。如果会员因为承保而破产，可以使用中央保障基金支付索赔。

二、按组织形式划分

按照组织形式，保险人可以划分为股份保险公司、相互保险公司、相互保险社和保险合作社。

（一）股份保险公司

股份保险公司（stock insurance company）是由股东所有的公司，其经营目标是为股东赚取利润。股份保险公司具有组织严密、健全等股份制公司的优势，是保险组织的主要形态。股份保险公司的形式大多是保险股份有限公司。保险股份有限公司具有以下特点：第一，保险股份有限公司是典型的资合公司，公司的所有权与经营权分离。该种形式有利于提高经营管理效率，增加保险利润，进而扩展保险业务，同时使风险更加分散、经营更加安全，对消费者的保障力度更大。第二，通常依靠发行股票（或股权证）筹集资本，从而提高其经营资本充足率。由于其财力雄厚，因而有利于扩展保险业务。第三，采取确定保费制。这比较符合现代保险的特征和投保人的需要，为业务扩展提供了便利条件。

（二）相互保险公司

相互保险公司（mutual insurance company）是由预想特定风险可能发生的多数经济单位为实现保险目的而共同组成的非营利保险组织。早期的很多保险公司都属于相互保险公司，在20世纪80年代，世界十大保险公司中，相互保险公司甚至占了一半。与保险股份有限公司相比，相互保险公司具有三个特点：(1) 相互保险公司的社员必须是保险加入者，社员与保险合同持有人是同一人，当保险关系终止时，社员资格也随之消失。(2) 相互保险公司不以营利为目的，在创立时必须由社员或非社员共同出资，用以支付创立费用及业务费用和担保资金。这种资金具有负债性质，于创立时借入，偿还时必须支付利息。(3) 其组织机构类似于股份公司，最高权力机构是社员大会或社员代表大会，经常聘用保险专业人士来经营。

相互保险公司保费的收取，早期采用不定额保费制，即在营业年度终了时，向各个社员分配摊收；现在，为避免保险金给付不足时向各社员临时征收的不便，改为事先缴纳保费的办法，并与股份保险公司一样采用定额保费制。

专栏11-1

日本的相互保险公司及其改制情况

相互保险公司在西方发达国家保险业发展初期占据着绝对重要的地位。据1962年美国人寿保险业统计，所有相互保险公司业务量占美国全部人寿保险业务量的60%。20世纪60年代末，日本有16家相互保险公司，占全部人寿保险公司的76%。

在20世纪90年代，世界最大的3家保险公司都在日本，并且都是相互制公司，分别是日本生命相互保险公司、第一生命相互保险公司以及明治生命相互保险公司。自从日本泡沫经济崩溃后，一再出现相互保险公司转变为股份制公司的事例。2002年，大同生命相互保险公司、大和生命相互保险公司顺利完成转制；2004年，太阳生命相互保险公司、三井生命相互保险公司也都完成转制并成功上市。目前日本的46家寿险公司中，相互制公司仅剩下日本生命保险、第一生命保险、明治安田生命保险、住友生命保险、富国生命保险和朝日生命保险6家，但它们的业务占据了日本寿险的半壁江山。2008年3月，日本寿险界爆出大冷门：具有百年以上历史、曾经数十年间位居世界第二的日本第二大寿险公司第一生命相互保险公司宣布将于2010年4月之前完成由相互制向股份制的转变，并一举上市。1997—2010年，日本寿险市场上有7家相互制公司破产、2家合并、5家转成股份制公司，相互保险公司的数量从1995年的18家减少到5家。日本相互保险公司减少的原因主要有外部原因和内部原因。

(1) 外部原因。进入20世纪90年代后，日本经历了被称为“失去的10年”的严重金融危机。经济长期低迷的状态导致国民对未来生活丧失信心，购买人寿保险的欲望降低，因此，作为相互保险公司主要收入来源的保费收入受到重挫。同时，在外界金融环境严峻的背景下，相互保险公司在投资方面也遭受了严重的损失。加之公司难以从外部快速募集到资本金，相互保险公司的业务发展受到了严重限制。在此期间，相互保险公司因投资回报率不断下降而面临财务困境，最终不得不以破产告终。另外，新保险公司接连成立，这些新公司因为不曾经历泡沫经济而展现出良好的财务状况，获得了客户的信任，由此在市场中赢得了一席之地。1995年，日本《保险业法》明确了相互制公司转成股份制公司的具体程序，2000年的修订条款中更是进一步解决了转成股份制公司的过程中出现的具体问题。法律的支持促使一些经历过泡沫经济考验的相互保险公司选择转型成股份保险公司。

(2) 内部原因。相互保险公司的经营决策必须根据保单持有人的意志来决定。在最终下达决策前，需要通过恳谈会、总代会、总代恳谈会三个环节，涉及保单持有人、总代会、董事会、经营执行者四个层面，通常耗时一年，效率低下。柳瀬典由指出：相互制公司的经营受外界环境变动的影响较小，公司的经营策略基本都由管理者定夺，然而相互制公司的所有者实质上是各投保人，这就导致了所有权与经营权分离，从而大大降低了公司管理的效率，而股份制公司不会出现这种情况。

资料来源：孙立娟，李莹蕾．日本相互保险公司的发展演变及其原因分析．现代日本经济，2013 (2).

(三) 相互保险社

相互保险社（mutual insurance association）指的是同一行业的人员为了应付灾害事故造成的经济损失，而自愿结合起来的集体保险组织。当其中某个社员遭受损失时，由其余社员共同分担这一损失。

相互保险社是最早出现的保险组织，也是最原始的相互组织形式，其保单持有人即为社员，社员不分保额大小均有相等的投票选举权。通常设一专职或兼职受领薪金的负责人处理业务并管理社内事务。其保费的收取采取赋课方式，即出险后由社员分担缴纳。

相互保险社具有以下特征：一是参加的社员之间互相提供保险。二是相互保险社无股本，其经营资本的来源仅为社员缴纳的分担金，一般在每年年初按暂定分摊额向社员预收，在年度结束计算出实际分摊额后，再多退少补。三是它的保费采取事后分摊制，事先并不确定。四是相互保险社的最高管理机构是社员选举出来的管理委员会。

(四) 保险合作社

保险合作社（cooperative insurance society）是一种特殊的相互组织形式，是由一些对某种风险具有同一保障要求的人自愿集股设立的保险组织。它要求社员加入时必须缴纳一定金额的股本，并且合作社与社员的关系比较持久。社员认缴股本后，即使不是保单持有人也具有社员资格，与合作社保持密切关系。保险合作社既非公司，也非个人合伙，是否具有法人资格由法律来规定。合作社由社员或社员代表大会选出合作社委员会作为决策机构，在其指导下，聘任理事来经营保险业务。每一个社员应缴纳的保费是其同意分摊的预期损失与经营费用的总和。盈余可以分到每一个社员的账户中，亏损则由社员就其分摊部分补缴，直至达到合同规定的最大限额。所以，保险合作社的资金来源有两个：一是社员缴纳的股金；二是合作社向社员或非社员借入的基金。保险合作社签订的保险合同通常局限于分红合同，理由在于保险合作社是社员结合形成的团体，其社员当然享有参与盈余分配的权利。

保险合作社的原理是互助共济，大家一起为自己提供经济保障，不以营利为目的。它的优点是可以有效降低成本，通过这种利益合作，实现相互监督，减少或避免道德风险的发生。保险合作社与相互保险社的差异表现在以下几个方面：

首先，保险合作社是由社员共同出资入股设立的，加入的社员必须缴纳一定金额的股本。社员即为保险合作社的股东，其对保险合作社的权利以其认购的股金为限。而相互保险社无股本。

其次，只有保险合作社的社员才能作为其被保险人，但社员也可以不投保。而相互保险社的社员之间是为了暂时的目的而结合的，如果保险合同终止，双方即自动解约。

再次，保险合作社的业务范围仅局限于其社员，只承保合作社社员的风险，合作社的社员可以不是保单持有人。而相互保险社的保单持有人即为社员。

最后，保险合作社采取固定保费制，事后不补缴。而相互保险社采取保费事后分摊制，事先并不确定。

全球具有影响力的保险合作社有美国的蓝十字与蓝盾协会等。这种组织形式分布于30多个国家，其中英国的数量最多。

三、其他类型的保险组织形式

（一）行业自保保险组织

行业自保保险组织，是指某一行业或企业依法设立专门机构，为本企业或本系统提供保险保障的组织形式，主要包括行业的自保公司或专属保险公司。它具有一般商业保险所具备的优点，但其适用范围有限制，无法像商业保险那样被普遍采用。

行业自保的优点是：（1）可降低消费者的保险成本。（2）能够增加承保弹性。自保公司承保业务的弹性较大，对于传统保险市场所不愿承保的风险也可以承保，以解决母公司风险管理上的困难。（3）有利于减轻税收负担。设立自保公司的重要目的就是获得税收方面的利益。（4）可加强损失控制。通过建立自保公司，可以降低商业保险引起的道德风险，母公司会更加主动地监督其风险管理方案。

行业自保的缺点是：（1）业务量有限。现今多数自保公司虽都接受外来业务，以扩大其营业范围，但在本质上其大部分业务仍以母公司为主要来源，危险单位有限，大数法则难以发挥作用。（2）风险品质较差。因自保公司所承保的业务多为财产保险，以及若干在传统保险市场不能或不易获得保障的责任保险，所以不仅风险过度集中，而且责任保险的风险品质较差，如损失频率颇高、损失额度大、损失补偿所需的时间常较久等，这些均增加了业务经营的难度。（3）组织规模简陋。因自保公司规模较小，组织较为简陋，不易招揽专业人才，亦无法采用各种损失预防或财产维护的措施，因此仅能获得税收方面的利益，难以创造良好的业绩。（4）设立的资本较小。自保公司大多财务基础薄弱，加之外来业务少，不易分散经营风险。

（二）专业自保组织

专业自保组织是指由非保险公司拥有或控制的保险公司，主要业务是对其母公司或关联公司的风险进行保险与再保险服务。它是某一行业或企业为本系统或本企业提供保险保障的组织形式，常以公司命名。很多跨国公司由于资产规模庞大，业务分布广，如果选择在当地购买商业保险很不经济，于是通常选择在税负较轻的国家或地区设立专业保险公司，以减免租税负担，还可承保传统商业保险市场不保的风险。专业自保的优点是能够增加承保弹性、节省保险成本、减轻租税负担，有助于加强损失控制等。但专业自保也有一定的局限性，比如业务量有限、风险品质有时较差、财务基础脆弱、技术与人才较缺乏等。

专业自保公司是在第一次和第二次世界大战期间首先在英国兴起的，到20世纪50年代，美国也开始出现这种专业自保公司。目前，专业自保公司已成为国际大型跨国公司进行风险管理的重要方式。

四、我国保险公司现行的组织形式

（一）国有保险公司

国有保险公司包括国有独资保险公司和国有控股保险公司。根据我国《公司法》的规定，国有独资公司是指国家授权投资的机构，或由国家授权的部门单独投资设立的有限责任公司。国务院确定的生产特殊产品或属于特定行业的公司，应采取国有独资公司形式。由于其股东只有一个，投资完全来源于国家，所以它是一种特殊形式的有限责任公司，是一种特殊的国有企业。国有独资保险公司作为国有独资公司的一种，是指由国家授权投资的保险机构或部门投资设立的保险有限责任公司。其基本特点是：（1）投资主体单一，股东仅有一个。（2）公司不设股东会，只设董事会和监事会。（3）公司的财产所有权归国家所有。目前，我国的国有独资保险公司仅有中国出口信用保险公司一家。国有控股保险公司有中国人民保险集团公司、中国人寿保险集团公司、中国再保险集团公司、太平保险集团公司和中华联合保险控股公司五家。我国的国有保险公司数量不多，但实力雄厚，控制了绝大部分保险市场，是市场的主导力量。

专栏 11-2

人保财险2019年经营情况

中国人民财产保险股份有限公司（简称人保财险）的前身是1949年10月20日成立的中国人民保险公司，总部设在北京，是中国人民保险集团股份有限公司（2019年美国《财富》世界“500强”排名第121位）的核心成员和标志性主业公司。中国人民保险集团股份有限公司持有人保财险股份15 343 471 470股，占公司总股本的69%。公司于2003年11月6日在香港联交所主板上市（股票代码为2328）。公司连续三年获得保险公司服务评价“AA”评级。穆迪投资者服务公司授予公司保险财务实力评级A1（评级展望：稳定），是国内保险公司获得的最高评级。

2019年，人保财险及其子公司实现原保费收入4 331.75亿元，同比增长11.4%。保费增速与市场增速的比值为1.05，市场份额为33.2%，同比提升了0.2个百分点。其中，机动车辆险实现总保费收入2 629.27亿元，同比增长1.6%；非车险实现总保费收入1 702.48亿元，同比增长31.1%，保费收入占比39.3%，同比提升5.9个百分点，业务结构更加均衡。年末总资产规模达到5 960.81亿元，较年初增长8.3%；总权益达1 699.54亿元，较年初增长20.1%。业务规模居全球财险第二、亚洲第一，占中国财险市场份额的1/3。公司法人客户和个人客户数量分别为327.5万个和9 573.4万个，较年初分别增长9.1%和15.6%；2019年，实现净利润242.79亿元，同比增长56.8%，位列国际财险公司前列；净资产收益率为15.6%，同比提升4.3个百分点，经营效益良好。其中，保险业务实现承保利润31.77亿元，综合成本率为99.2%；保险资金运用实现投资收益219.69亿元，同比增长14.7%；总投资收益率为4.9%，同比提高0.4个百分点；公司经营现金净流入258.45亿元，同比增加159.66亿元；百元保费现金净流入5.99元，流动性显著改善；核心偿付能力充足率为252%，综合偿付能力充足率为282%，综合实力稳步增强。

资料来源：中国人民财产保险股份有限公司2019年年度报告。

（二）股份有限保险公司

股份有限保险公司是我国保险市场上最普遍的组织机构形式，我国目前已拥有190多家股份有限保险公司，它们发展迅速，已成为行业发展的主要推动力。

（三）相互保险公司及相互保险社

在我国保险市场上，目前仅有黑龙江的阳光农业相互保险公司一家相互保险公司。

2005年1月，首家相互保险公司阳光农业相互保险公司开业，把服务“三农”作为发展的基本定位，开发出独具特色的“三农”保险产品140种，并创造了三方筹集保费的模式：由参保农户缴纳保费65%，由国家财政补贴20%，由地方财政补贴15%。农业相互保险使政府临时救灾的行政行为转变为公司与农户的经济契约行为，从而建立了由农民、地方政府和国家共同平抑自然风险的模式，有效地分散和平抑了农业自然风险，增强了生产自救能力。

2016年，中国保监会相继批准并筹建了信美人寿相互保险社、众惠财产相互保险社、汇友建工财产相互保险社三家相互保险社，填补了这方面的机构空白。

（四）专属保险公司

专属保险公司即自保公司，目前全国仅有6家自保公司，包括注册地在中国内地的中石油专属财产保险有限公司、中国铁路财产保险自保有限公司、中远海运财产保险自保有限公司，以及注册地在中国香港的中海油、中广核以及中石化自保公司。

1. 中石油专属财产保险有限公司

2012年10月10日，中国保监会核准同意中国石油天然气集团公司、中国石油天然气股份有限公司共同发起筹建中石油专属财产保险有限公司，注册资本为人民币50亿元，注册地为新疆克拉玛依市。此前，中国大型企业中仅有中海油在香港注册成立了一家自保公司，即2000年设立的中海石油保险有限公司。作为第一家在中国内地注册的自保公司，中石油专属财产保险有限公司拉开了我国专属保险公司发展的帷幕。

2. 中国铁路财产保险自保有限公司

中国铁路财产保险自保有限公司（简称“中国铁路保险公司”），是中国内地第二家保险自保公司，于2015年7月1日经中国保监会批准开业。它由中国铁路总公司独家出资设立，注册资本为20亿元人民币。该公司定位于中国铁路总公司的专业风险管理平台，全面认识和度量风险，加强风险防范、管理和控制，降低风险发生概率，补偿风险事故损失，提高铁路企业安全管理水平和风险防控能力，提升为国民经济和社会服务的水平。公司通过深入研究铁路生产、经营、建设过程中面临的各类风险，研发符合行业风险特征的保险产品，为铁路企业提供优质的风险控制管理服务和保险保障，同时创造自身价值，实现公司长远而稳健的发展。其业务范围为中国铁路总公司及所属单位内的下列保险业务：财产损失保险、责任保险、信用保险和保证保险；短期健康保险和意外伤害保险；上述业务的再保险业务；国家法律、法规允许的保险资金运用业务；经中国保监会批准的其他业务。

3. 中远海运财产保险自保有限公司

中远海运财产保险自保有限公司（简称“中远海运自保公司”），是由中国远洋海运集团有限公司独立出资发起设立的集团二级子公司，注册地位于上海。2017 年 1 月 25 日，中国保监会批准中远海运财产保险自保有限公司开业。公司注册资本为人民币 20 亿元；经营范围为中国远洋海运集团有限公司成员企业所承担的风险，承保险种包括船舶保险、货运保险、责任保险、企业财产保险、工程保险、家庭财产保险、车辆保险、短期意外及健康保险、信用保险、保证保险等。

第三节 保险市场的供给和需求

一、保险供给

（一）保险供给的含义

保险供给是指在一定的社会经济条件下，保险市场上各家保险公司所能提供并已实现的保险商品种类和保险总量。

保险供给可以用保险市场上的承保能力来表示，它是各家保险公司的承保能力之总和。保险供给的衡量方法，主要体现在质与量两个方面。质主要是指保险供给方提供的各类不同的险种，包括财产保险、人身保险、再保险等；量则是指所有保险人提供的保险供给的总量，即所有保险金额之和。保险商品的供给方是指在保险市场上提供各类保险商品，承担、分散和转移他人风险的各类保险人。

（二）影响保险市场供给的主要因素

有保险需求就有保险供给，保险需求是制约保险供给的核心因素，但在保险需求一定的前提下，保险供给也会受到较多因素的影响与制约。

1. 经营资本金因素

由保险公司和其他保险组织提供的保险供给，受到保险公司资本量的制约。保险公司经营保险必须有法定数量的经营资本金，以实现公司运作的基本要求，并按规定提取一定比率的责任准备金。在一定时期内，社会资本总量及其在国民经济各部门中的分配比例保持稳定，故用于经营保险业务的资本量会受到制约，不能无限扩大；而保险业资本量反过来也会制约保险供给的总体规模。保险需求越大，潜在业务利润就越大，会吸引一部分资本投入保险业；反之，会使得资本转移到社会其他部门去，影响到保险资本的总量。总的来说，保险业资本总量与供给总量正相关。

2. 保险从业者因素

保险经营活动主要是人的经济活动，保险供给要靠具体的人去实现。保险从业者数量和质量对保险业务的经营和发展、对保险供给有着重要影响。在一定时期内，社会劳动总量是不变的，从事保险经营活动的劳动力人数也会大体保持稳定，这就制约着保险供给的规模。同时，保险经营活动具有特殊的专业性，需要较高素质的人才来开展这些复杂的工作，因此保险从业者的专业素质也会影响保险供给总量。可以说，保险从业者的数量和质量与保险供给正相关。

3. 保险经营者的数量及质量

保险经营者的数量越多，保险供给量越大。保险业务的经营和管理，要求较高的技术水平和专业水平。尽管随着现代科学技术的发展，保险经营不再高深莫测，但经营者在风险管理、险种条款设计、费率厘定、准备金提存、再保险分出分入等方面的水平的高低，也会直接影响保险供给。规范化的保险管理制度和丰富的保险经营经验，有助于经营者在面对社会不断出现的新保险需求时，更加及时地推出新的保险产品，因而对增加保险供给的影响很大。因此，保险经营者的数量及质量（经营管理水平）与保险供给正相关。

4. 保险成本及保险利润率

保险成本是保险经营过程中一切实际和隐含的货币支出，是保险经营中的重要问题。一般来说，在保险经营中的一切支出，如赔款、佣金、工资、管理费用等都属于保险成本。保险成本与保险公司的管理水平及社会各种因素有很大关系。如果保险成本高，保险价格就会高，从而对投保人产生影响，而对保险人来说这就意味着低利润，从而会影响其保险供给。所以，保险成本与保险供给负相关。保险利润包括保险经营利润和保险投资利润两部分，等于保险公司当年保费扣除当年的赔款、税金、费用支出和提留各项准备金后的纯收入加上保险投资纯收入。在市场经济条件下，平均利润率规律支配着一切保险经济活动。如果保险公司的平均利润率高，流入保险业的资金就多，保险供给就多；反之，则相反。可以说，保险平均利润率与保险供给正相关。

5. 国家法律与政策因素

健全的法制能为保险业提供良好的经营环境，使保险供给维持在与经济发展相适应的正常水平，同时可直接增加责任保险、法定保险等业务的供给。而国家制定的宏观经济和保险行业发展政策在很大程度上决定了保险业的发展、保险公司的经营、保险市场的竞争，并直接影响保险供给。此外，政治和经济秩序的稳定、国家对保险的有效管理等，都会影响到保险供给。因此，国家的法律与政策和保险供给正相关。

6. 投保人的缴费能力

投保人缴纳的保费是保险供给的主要来源之一，通过将全体投保人缴纳的保费集中起来建立保险基金，保险人能够提供更多的保险供给。取之于面，用之于点，所以，投保人缴纳保费的能力直接决定了保险供给规模的大小。投保人缴纳的保费越多，保险人能够提供的保险就越充足；反之，则相反。所以，投保人的缴费能力与保险供给正相关。

7. 市场的竞争程度

保险市场的竞争会引起保险人数量的增加或减少。如果保险市场上的保险人数量增加，就会在总量上扩大保险供给；如果保险人数量减少，则分为几种不同的情况：若是由合并引起的数量减少，则并不会减少保险的供给总量；若是由破产或退出市场引起的数量减少，则会减少保险的供给总量。市场的无序竞争会抑制保险需求，从而减少保险供给；而保险人有序竞争、行为规范则会提高保险市场信誉，从而刺激保险需求，扩大保险供给。因此，规范的保险市场会促进保险供给扩大，而不成熟、不规范的保险市场则会使保险供给受到抑制。

二、保险需求

(一) 概念与内涵

保险需求是指在一定的费率水平上，保险消费者愿意从保险市场上购买并且有能力购买的保险商品数量。它是消费者对保险保障的需求量，可以用投保人投保的保险金额总量来计量。

与一般需求的表现不同，保险需求的表现形式有两方面：一是体现在物质方面的有形经济保障。即，希望因灾害事故发生而遭受的损失得到经济补偿或给付。二是体现在精神层面的无形心理保障。即，希望通过购买保险转嫁风险，由此获得心理上的满足感和安全感。对整个社会来说，保险需求中无形的精神保障是经常、大量存在的，而有形的经济保障则是在灾难来临、意外发生并造成损失时才会发挥作用。由于风险发生的概率问题，有形经济保障是局部的、少量的，但两者都是客观存在和同等重要的。有效的保险需求必须具备三个条件：（1）消费者有保险需求并愿意投保；（2）消费者具备一定的缴费能力；（3）保险标的符合保险人的经营技术要求。

(二) 影响保险需求的因素

保险需求是一个综合经济现象，影响因素很多，主要有风险、经济发展水平、保险价格、人口状况、科学技术水平、风险管理水平、利率与通货膨胀等。

1. 风险

风险是保险需求的首要条件，无风险就无保险。风险程度越高、范围越广，保险需求总量也就越大；反之，保险需求总量就越小。因此，保险需求与风险程度正相关。

2. 经济发展水平

社会生产力发展到一定水平，就会产生与之相适应的保险需求。经济发展既是刺激保险需求产生的因素，也是保险需求总量的重要影响因素。随着经济和生产力的不断进步，社会经济总产值中人们可以用于保险消费的支出不断增加，这是保险需求增长的决定因素。所以，保险需求总量与经济发展水平正相关。

3. 保险价格

保险商品价格越高，保险需求者需要缴纳的保费就越多。而人们总是希望用尽可能少的钱来获得尽可能大的保障。所以，当保险费率上升时，保险需求就会下降；而当保险费率下降时，保险需求则增加。可见，保险需求与保险价格负相关。

4. 人口状况

现代保险与社会环境联系紧密，人口状况对保险需求，尤其是对人身保险的需求有着重要影响。人口总量越大，保险需求的总量就越大。人口结构也会影响保险需求，如年龄结构、文化程度结构、职业结构等都会对保险需求产生影响。

5. 科学技术水平

科学技术是第一生产力。随着现代科学技术的不断进步，以及在人们日常生活中的广泛应用，出现了越来越多的新经济领域，从而创造出越来越多的新保险需求。同时，科学技术的进步，尤其是互联网的迅速普及，导致保险的宣传与业务运转速度越来越快，人们可以更快地了解保险，更多地接触保险，从而激发更多的保险需求。所以，保险需求总量与科学技术水平正相关。

6. 风险管理水平

风险管理水平能直接影响保险需求总量。一般来说，做好风险管理工作可以减少出险频率，防止灾难和意外的发生，从而减少了一部分不必要的保险需求；反之，保险需求会随之增加。所以，保险需求总量与风险管理水平负相关。

7. 利率与通货膨胀

现代保险中很大一部分属于投资性保险，特别是长期性人身保险业务。银行利率影响人们手中闲置资金的流向。当利率高于保险收益时，资金就会投向银行，导致保险需求减少；反之，则会投向保险公司，使保险需求扩大。因此，保险需求总量与利率高低负相关。通货膨胀也会影响并抑制保险需求，尤其是中长期的人身保险需求。通货膨胀率与保险需求总体上负相关。

此外，国家政策、民族习俗、文化水平、宗教信仰等对保险需求也会产生不同的影响。

三、保险市场供求平衡

（一）相关概念与内涵

保险市场供求平衡，是指在一定的保险价格水平下，保险供给与保险需求达到一致的状态，即保险供给等于保险需求。其中，保险价格是影响保险市场供求平衡的重要因素，是调节保险市场活动的经济杠杆。通过保险价格体现出来的保险市场供给和需求，还要通过保险价格来实现平衡。因此，保险价格是保险市场极为重要的影响因素。

保险价格，是指某种保险产品的单位保额应缴纳的保费，是保险商品价值的货币表现，也是保险人为了进行损害赔付、弥补经营支出而由投保人支付的货币额。在保险市场中，价值规律、供求规律、竞争规律共同发挥作用。价值规律发挥作用的表现形式是，价值决定价格，价格围绕价值上下波动。价格上下波动的原因有两个，一是供求关系的变化，二是竞争力的较量，两者都会对价格产生很大影响。保险价格由其内在价值决定，受保险市场供求关系的影响，并对保险市场的供给和需求产生反作用。当保险价格偏高时，就会刺激保险供给，抑制保险需求；反之亦然。

（二）保险价格的种类

保险价格有保险理论价格和保险市场价格之分，这两者并不完全一致。

1. 保险理论价格

保险理论价格，是在保险价值的基础上形成的价格。在考虑保险价值时仅考虑其内在因素，并不考虑影响它的外部因素。价值是价格的基础，价格是价值的货币表现形式，对保险理论价格的分析首先从保险价值开始。保险商品的价值是凝结在保险商品中的人类劳动，等于生产该保险商品所耗费的社会必要劳动时间。所以，生产保险商品的社会必要劳动时间决定了其价值量，进而决定了保险商品的理论价格。

保险价格就是保费，一般指毛保费，包括纯保费和附加保费两部分。保费是根据保险费率计算的，所以毛保费率也分为纯费率和附加费率。

（1）纯费率。

业界目前普遍采用的纯费率计算方法是：纯费率等于以往若干年的平均保额损失率加上一定数量的危险附加率。其中，一定时期（三年或五年）内的保险赔款总额与保险金额总和的比率称为平均保额损失率。公式如下：

$$平均保额损失率=\frac{保险赔款总额}{保险金额总和}\times 100\%$$

由此公式计算出来的平均保额损失率只是一个平均水平，现实发生的保险损失额与平均水平有一定的偏差。所以，必须在平均保额损失率的基础上增加一定的附加费率，以提高保险公司财务的稳定性。

（2）附加费率。

附加保费由营业费用、预期利润、异常风险费用三项构成，这三项之和与保险金额总和之比即为附加费率。公式如下：

$$附加费率=\frac{营业费用+预期利润+异常风险费用}{保险金额总和}\times 100\%$$

（3）毛费率。

毛费率由纯费率和附加费率构成，其计算公式为：

$$毛费率=纯费率+附加费率$$

保险理论价格，就是按照毛费率计算出来的保费，即毛保费。另外，除了通过价格实现的供求平衡外，保险市场供求平衡还包括总量平衡和结构平衡。当保险供给规模等于保险需求规模时，便达到了保险供求的总量平衡。当保险的供给结构与需求结构匹配时，则达到了保险供求的结构平衡。其中，保险结构包括险种、缴费能力及产业结构等方面的供求适应性。

2. 保险市场价格

保险理论价格是单纯从保险市场供求关系的角度进行分析的，没有考虑外部因素，它实际上是一个抽象价格，但在保险实践中通用的都是市场价格。由于受外部多种因素的制约和影响，市场价格与理论价格存在一定程度的偏离。保险市场价格是考虑了外部因素后最终形成的保险价格，它等于保险理论价格加上外部因素带来的费用成本。保险市场价格的基础是理论价格，而理论价格通过保险市场价格得以体现。影响保险市场价格的外部因素有货币价值波动、保险标的、国内外关联商品价格、国家有关保险的政策等。

（三）保险市场供求平衡

保险市场供求平衡，是指在一定时点上保险产品的需求和供给正好相等的状态，即保险需求与供给达到均衡点。保险市场的供求状况一般有以下三种状态。

第一，保险市场供求大致平衡。即在一定的保险费率下，保险供给等于保险需求，保险市场供求平衡。

第二，保险供给大于保险需求。当保险市场费率高于均衡费率时，保险需求就会减少，从而导致保险供给大于保险需求。

第三，保险需求大于保险供给。当保险市场费率低于均衡费率时，保险供给就会减少，从而导致保险需求大于保险供给。

保险市场的供求平衡，主要受到市场竞争环境和保险市场费率水平的制约。因此，保险市场竞争环境不同，保险供求水平就会出现差异。

第四节 保险中介

保险中介是指专门从事保险销售或理赔、业务咨询、风险管理活动安排、价值评估、损失鉴定与理算等经营活动，并依法收取佣金或手续费的组织或个人。保险中介的主体形式多样，但保险代理人、保险经纪人和保险公估人是三种最常见的保险中介形式，它们在保险市场上发挥着重要作用。

一、保险代理人

保险代理人是指根据保险人的委托，在保险人授权的范围内代为办理保险业务的单位和个人。其收入来源是在业务达成后向保险人收取的手续费。保险代理行为产生于保险人的委托授权，属于一种委托代理关系。保险代理人以保险人的名义进行保险业务代理活动，虽然其在授权范围内可以做出独立的意思表示，但只要保险代理人与投保人之间签订保险合同，由此所产生的权利义务就可视为保险人的民事法律行为，所有的法律后果均由保险人承担。保险代理人的分类有以下两种。

（一）按照代理方式分类

按照代理方式不同，保险代理人可以分为独立代理人、专属代理人和总代理人。独立代理人是指能同时代理多家保险公司的业务，并具有独立法人资格的保险中介人。独立代理人拥有终止保险和续保的权力，并可以为保险人代办小额赔款。专属代理人只能为一家保险公司或某一保险集团代理保险业务，也是独立的法人机构，但不具有终止保险和续保的权力。总代理人是受保险人委托，在指定区域范围内全权代理保险人所有保险业务活动的保险中介人。代理人可以雇用和训练分代理人，发展分支业务机构，扩展保险业务。

（二）按照组织形式分类

按照组织形式不同，保险代理人可以分为兼业代理人、专业代理人和个人代理人。

1. 兼业代理人

兼业代理人是在从事自身业务的同时接受保险人的委托，专门为其代办保险业务的机构或个人，主要是代售保险产品、代收保费。其主要形式包括以下几种：一是金融机构代理，即银行、信用社、证券等金融机构利用业务经办单位或者相关企业单位的职能作用和便利条件，为保险人代理与本身业务有直接关系或间接关系的保险业务。最常见的是银行代理，它起步于 1996 年，是兼业代理销售的主渠道。证券公司涉足保险代理业务开始于 2002 年 8 月，当时，经中国保监会批准，国泰君安上海分公司首先获得了兼业代理人的资格。银行一般代理销售保险产品中的分红保险等银行保险产品；证券公司营业部门一般代理销售投资连结保险等；业务经办单位一般也代理与其业务有直接联系的保险产品，例如车辆管理部门、4S 店代售机动车辆保险等。二是行业兼业代理，即利用某一行业对保险的特殊需求及该行业开展业务的便利条件为保险人代理保险业务，例如旅行社代售旅行意外伤害保险、铁路部门代理货运保险、民航部门代理民航旅客意外保险、客运公司代售意外伤害保险等。三是企业兼业代理，即企业的主管部门受保险人的委托兼办下属企业的保险业务，或企业代办企业内部职工的保险业务。例如，企业代理职工个人的各种人身保险、家庭财产保险业务等。

2. 专业代理人

专业代理人又称为保险代理机构，是专门从事保险代理业务的保险代理公司。其主要业务范围是：代销保险产品、收取保费、协助保险公司进行损失勘查和理赔，以及保险监管机构批准的其他业务。其组织形式可以是合伙企业、有限责任公司或股份有限公司。其业务相对规范，并按照保险人的要求建立健全公司规章制度，因而便于保险人进行管理。由于专业代理人是专门从事保险代理的机构，特别注重对员工的管理和培训，因此其开展业务比兼业代理人及个人代理人更具优势。

3. 个人代理人

个人代理人是指根据保险人的委托，向保险人收取代理手续费，并在保险人授权的范围内代为办理保险业务的个人。我国《保险法》第一百二十五条规定："个人保险代理人在代为办理人寿保险业务时，不得同时接受两个以上保险人的委托。"同时，个人代理人不得办理企业财产保险和团体人身保险业务。

二、保险经纪人

（一）含义及业务范围

保险经纪人是基于投保人的利益，为投保人与保险人订立保险合同提供中介服务，并依法收取佣金的法人组织和个人。其经营业务包括：为投保人拟订投保方案、选择保险公司以及办理投保手续；协助被保险人或者受益人进行索赔；再保险经纪业务；为委托人提供防灾防损或者风险评估、风险管理咨询服务；中国保监会规定的其他业务。保险经纪人的法律地位与保险代理人基本相同，都是具有独立代理权的中介机构，但保险经纪人在设计保险方案以及提供保险人资信背景信息等方面更胜一筹。

（二）保险经纪人与保险代理人的区别

保险代理人与保险经纪人都是凭借自身的保险专业知识和优势活跃于保险主体之间，故有时容易混淆。两者既有联系又有区别。

第一，保险代理人代表保险人的利益，而保险经纪人是基于投保人的利益。保险经纪人的独立性高于保险代理人。

第二，保险经纪人并非投保人的代理人，只是基于投保人的利益，为保险合同的达成起"穿针引线"的中间作用，它们还可向保险人索要酬金，并代理保险人收取保费。

第三，两者的法律地位不同。保险代理人的行为被视为保险人的行为，由保险人承担责任。若由于保险经纪人的过错或疏忽而使被保险人的利益受到损害，保险经纪人则要承担民事法律责任。

（三）保险经纪人的组织形式

保险经纪人的组织形式包括个人保险经纪人、合伙企业和保险经纪公司三种。大多数国家都允许个人保险经纪人从事保险经纪业务活动。英国等一些国家允许以合伙方式设立合伙保险经纪组织，并且要求所有合伙人必须是经注册的保险经纪人。保险经纪公司是所有国家都认可的保险经纪组织形式，一般采取合伙企业、有限责任公司或股份有限公司的形式，这也是我国所认可的形式。

根据委托方不同，保险经纪人还可以分为直接保险经纪人和再保险经纪人。直接保险经纪人是指保险经纪机构与投保人签订委托合同，基于投保人或者被保险人的利益，为投保人与保险公司订立保险合同提供中介服务，并按约定收取佣金的经纪人。直接保险经纪人可分为寿险经纪人和非寿险经纪人。而再保险经纪人是指保险经纪机构与原保险公司签订委托合同，基于原保险公司的利益，为原保险公司与再保险公司安排分保业务提供中介服务，并按约定收取佣金的经纪人。再保险经纪人是介于原保险人与再保险人之间的中间人。

三、保险公估人

（一）含义及业务范围

保险公估人是指接受保险合同当事人的委托，为其办理保险标的的勘查、鉴定、估损及赔款的理算等，并出具证明的人。其主要职能是进行损失评估，并做出公证。所以，保险公估人具有较强的独立性，是独立于保险人和被保险人的第三者，能够公正、公平地为客户提供服务。而保险公估机构是指依照相关法律、行政法规，经中国银保监会批准设立的，接受保险当事人委托专门从事保险标的的评估、勘验、鉴定、估损、理算等业务的单位。其经营的业务包括：保险标的承保前的检验、估价及风险评估；保险标的出险后的查勘、检验、估损及理算等。

（二）保险公估人的作用

保险公估人的主要作用体现在五个方面：第一，有利于解决专业性和技术性强的承保、定损、理赔等问题；第二，有利于实现保险定损、理赔的规范化；第三，有利于提高保险人理赔的效率；第四，有利于缓和保险双方在理赔方面的矛盾；第五，有利于避免扩大保险标的的损失。

（三）保险公估人的分类

我们可以根据不同的标准对保险公估人进行分类。

1. 按照执业环节分类

按照执业环节，我们可以将保险公估人分为核保公估人和理赔公估人。核保公估人主要从事保险标的的价值评估和风险评估，并出具公估报告，这是保险人评估是否承保的重要参考依据。而理赔公估人是在保险事故发生后，接受当事人的委托对保险标的进行检验、估损和理算的人。

2. 按照执业性质分类

按照执业性质，我们可以将保险公估人分为保险型公估人和技术型公估人。保险型公估人侧重于解决保险方面的问题，技术方面的问题只是作为辅助手段，英国的保险公估人多属此类；而技术型公估人则主要解决技术方面的问题，欧洲其他国家的保险公估人多属此类。

3. 按照执业内容分类

按照执业内容，我们可以将保险公估人分为三类：一是海上保险公估人，主要处理海上、航空运输保险等业务；二是火灾及特种保险公估人，主要处理火灾及特种保险业务；三是汽车保险公估人，主要处理与汽车保险有关的业务。

四、三者之间的差别

保险代理人、保险经纪人和保险公估人的主要区别表现在以下几方面：

第一，法律地位不同。保险代理人是保险人的代理人，其行为代表着保险人的利益；保险经纪人是基于投保人的利益；保险公估人既不代表保险人的利益，也不代表投保人的利益，它是站在第三者的地位进行公证。

第二，名义不同。保险代理人从事保险业务必须以保险人的名义；保险经纪人从事保险业务，若代投保人投保或代被保险人索赔，则以委托人的名义，若从事居间或咨询活动，则必须以自己的名义；而保险公估人从事保险公证活动时，只能以自己的名义。

第三，业务要求不同。一般保险代理人需要熟悉保险业务，但对保险经纪人的业务要求比保险代理人要高，对保险公估人的业务要求则更高，保险公估人必须是某方面的专家。

第四，行为后果的承担方不同。保险代理人根据保险人的授权代为办理保险业务，由此给被保险人造成损失的，其行为后果一般由保险人承担，而保险经纪人和保险公估人因其过错给当事人造成的损失则通常由自己承担赔偿责任。

在保险市场中，保险中介除了保险代理人、保险经纪人和保险公估人之外，还包括保险信用评级机构、律师事务所、会计师事务所、精算师事务所等其他机构。它们能够为交易双方提供更多有价值的信息，改善保险交易中信息不对称的状况，从而提高保险业务的交易效率。

思考与练习

1. 保险市场的构成要素是什么？
2. 简述保险市场的主要特征。
3. 比较并分析几种典型的保险人组织形式。
4. 保险中介有哪些主要类型？投保人和被保险人的构成要件是什么？
5. 比较保险代理人与保险经纪人的差异。
6. 影响保险需求和保险供给的主要因素有哪些？
7. 我国现行的保险公司组织形式主要有哪些？请举例说明。

第12章

保险公司的经营管理

学习目标

1. 掌握并理解保险公司经营管理的特点
2. 了解寿险及非寿险费率厘定的原理
3. 了解各种保险展业渠道的优缺点
4. 理解核保及承保控制
5. 理解保险防灾防损的特点及意义
6. 了解保险理赔的意义及流程
7. 了解保险投资资金的来源

【本章引导】 科技对保险经营管理的影响

Lemonade是一个没有任何保险代理人，完全依靠纯线上模式获客、投保、查询和理赔的保险公司。它在投保、理赔和客户服务中应用AI机器人代替人工服务，大大降低了保费成本。Lemonade的AI机器人CX. AI可以独立解决近1/3的客户需求，帮用户省下了68%的保费支出。

GoHealth通过大数据实现精准广告投放，完成引流后，用基于机器学习技术的Lead-Score系统为用户制订最佳医保计划，将潜在客户与已有产品库匹配。同时，通过Telecare团队对保单进行线上全流程服务，简化保险经办流程等。

EverQuote采用“引流+转化”的业务模式，在收到客户的保险请求后，通过大数据技术匹配系统在已有产品库中选择合适产品推荐给客户，能实现约20%的较高转化率。

EverQuote、GoHealth和Lemonade主要销售标准化产品，销售部分都可以通过科技手段来完成。SelectQuote销售复杂产品（老年健康险），虽然销售过程仍然主要由代理人完成，但科技还是大大提升了其运营效率。

国内的保险公司，也主要是将人工智能融入保险全流程，实现自动承保、自动核赔、自动理赔，提高用户投保和理赔的便捷性。同时通过大数据从更精准的保险场景获客，从而获得更快速的增长。例如：蚂蚁保险的运费险，水滴保险商城通过水滴筹、水滴互助等获客的健康险等，都是如此。这一科技化历程，SelectQuote 走了 21 年，Gohealth 走了 19 年，EverQuote 走了 10 年，Lemonade 也走了 5 年，而众安保险只走了 4 年。如今，众安保险的市值达 80 多亿美元，接近 Gohealth 的 2 倍、EverQuote 的 8 倍；蚂蚁金服估值高达 2 200 亿美元；水滴保险商城的估值也有 40 亿～60 亿美元。

科技及以科技为主要支持的科技保险公司的出现，对现有保险公司的经营活动产生了极大影响，但它影响的仅是保险经营活动的某个流程，还远没有到改变保险经营活动本质的程度。本章主要介绍保险经营活动的基本特点及基本环节，展现保险公司经营活动的基本面貌。

第一节　保险经营概述

一、保险经营的特点

保险是一种特殊商品，它以特定风险为经营对象，通过对自然灾害和意外事故所造成的经济损失进行补偿或给付保险金，实现分散风险、分摊损失，为企业、家庭及个人提供经济保障。与一般的企业经营相比，保险经营具有自身的特点。

（一）保险经营活动是一种特殊的活动

保险经营活动不是一般的物质生产和交换活动，它提供的是一种无形商品。它是以特定风险的存在为前提，通过集合众多危险单位、签订合同的方式，以概率论和大数法则为数理基础，以经济补偿或给付为基本职能。保险经营活动是在全社会范围内从事风险分散、损失分摊的活动，保险公司提供的是一种特殊的服务——风险保障服务。

（二）保险经营资产具有负债性

一般企业的经营资产主要来源于自有资本，这是因为一般企业的经营受其自由资本的约束，必须拥有雄厚的资本作为后盾。而保险公司的经营资产主要来源于投保人所缴纳的保费所形成的保险责任，它们是保险公司对被保险人未来履行赔偿或给付责任的负债。如果不能保证资金的安全性、流动性，保险人就不能实现其对被保险人的承诺，其保障经济的职能就不能正常发挥。因此，保险资金是专门用于对被保险人赔付给付的，必须首先保证其安全性和流动性，其次才考虑盈利。

（三）保险经营成本和利润计算具有特殊性

1. 保险经营成本具有不确定性

与一般商品成本计算相比较，保险经营成本不是取决于已经发生的实际成本，而是取决于未来的不确定性因素。保险商品的现时价格是依据过去的资料、历史的平均成本计算，现时价格的收入又是用来补偿将来发生损失时赔偿所需的资金，未来的保险赔付支出和保险经营费用一起构成了保险的经营成本。保险商品价格与最终的实际成本之间往往存在一定的偏离。

2. 保险经营利润的计算具有特殊性

一般公司只需从出售商品的收入中减去成本和税金，剩下的就是利润，而保险公司承保利润的计算除了要从当年的保费收入中减去当年的保险赔款、经营费用和税金外，还要减去保险公司提取的各项准备金和未决赔款。因此，除了保险成本计算的不确定性导致利润不确定外，当年计提的各项准备金对保险利润也会有较大的影响。

3. 保险经营过程具有分散性和广泛性

一般公司经营的产品，其生产和消费只涉及社会生产或社会生活的某一方面或某一领域，其经营失败只会影响某个行业或某个阶层。而保险公司经营承保风险范围广、经营险种多，被保险人来自社会各行各业和各个阶层，所以一旦保险公司经营失利，丧失偿付能力，将损害整个被保险人群体利益，甚至危及整个经济和社会的安定。所以，保险经营的过程，既是风险的大量集合过程，又是风险的广泛分散过程。

二、保险经营的原则

（一）风险大量原则

风险大量原则是指保险人在可保风险的范围内，应根据自己的承保能力，争取承保尽可能多的风险和标的。风险大量原则是保险经营的首要原则。这是因为：

第一，保险经营过程实际上就是风险管理过程，而风险的发生是偶然的、不确定的，保险人只有承保尽可能多的风险和标的，才能建立起雄厚的保险基金，以保证保险经济补偿职能的履行。

第二，保险经营是以大数法则为基础的，只有承保大量的风险和标的，才能使风险发生的实际情形更接近预先计算的风险损失概率，从而确保保险经营的稳定性。

第三，扩大承保数量是保险公司提高经济效益的一条重要途径。

（二）风险选择原则

风险选择原则要求保险人充分认识、准确评价承保标的的风险种类与风险程度，以及投保金额的恰当与否，从而决定是否接受投保。保险人对风险的选择表现在两个方面：一是尽量选择同质风险的标的承保；二是淘汰那些超出可保风险条件或范围的保险标的。

保险公司进行风险选择的方式有事先选择和事后选择两种。

事先风险选择是指保险人在承保前考虑是否接受承保。此种选择包括对“人”和“物”的选择。所谓对人（包括自然人和法人）的选择是指对投保人或被保险人的评价与选择，包括法律资格（如企业的合法性、自然人的行为能力等）、年龄、职业、保险利益、财务、信用等；所谓对物的选择，是指对保险标的及其利益的评估与选择，包括标的所处位置、结构、性能、使用状况、数量、价值、包装、运输航线、气候等。通过各方面的调查了解，若发现标的已超过可保风险的范围，保险人就应拒绝承保。

事后风险选择是指承保后保险人对保险标的物的风险超出核保标准的保险合同予以淘汰（如解除合同）。保险合同的淘汰通常有三种方式：第一，等待保险合同期满后不再续保。第二，按照保险合同的规定注销合同。如我国远洋船舶战争险条款规定：保险人有权在任何时候向被保险人发出注销战争险责任的通知，通知在发出后 7 天期满生效。第三，保险人若发现被保险人有明显的误告或欺诈行为，可以中途终止承保，解除保险合同。

总之，无论保险人是采取事先风险选择还是事后风险选择的方式，都是通过风险管理避免风险，可见保险经营与风险管理的关系甚为密切。

（三）风险分散原则

风险分散是指由多个保险人或被保险人共同分担某一风险责任。保险人在承保了大量风险后，如果所承保的风险在某个期间或某个区域内过于集中，那么一旦发生较大的风险事故，就可能导致保险公司偿付能力不足，从而损害被保险人的利益，也会威胁到保险公司自身的生存和发展。因此，保险人除了有选择地承保风险外，还要遵循风险分散原则，尽可能地将已承保的风险加以分散，以确保保险经营的稳定性。保险人对风险的分散一般分为核保时的风险分散和承保后的风险分散两种。

1. 核保时的风险分散

核保时的风险分散主要表现在保险人对风险的控制方面，即保险人对承保的风险责任要适当加以控制。控制风险是为了减少被保险人对保险的依赖性，同时也是为了防止因保险而可能产生的道德风险。保险人控制风险的方法主要有以下几种：

（1）控制保险金额。即保险人在核保时对保险标的要合理划分危险单位，按照每个危险单位的最大可能损失确定保险金额。例如，对于市区密集地段的建筑群，应按照风险相对独立的情况分成若干地段，并科学估测每一地段的最大可能损失，从而确定保险人对每一地段所能承保的限额。如果保险金额超过保险人的承保限额，那么保险人对超出部分不予承保。这样一来，保险人所承担的保险责任就能被控制在可承受的范围之内。

（2）规定免赔额（率）。即对一些由保险风险造成的损失规定一个额度或比率，由被保险人自负这部分损失，保险人对于该额度或比率内的损失不负责赔偿。例如，在机动车辆保险中，对机动车辆每次发生的事故规定免赔额，只有超过免赔额的部分才由保险人承担赔偿责任。

（3）实行比例承保。即保险人按照保险标的实际金额的一定比例确定承保金额，而不是全额承保。例如，在农作物保险中，保险人通常按平均收获量的一定比例确定保险金额，如按正常年景平均收获量的60％～70％承保，其余部分由被保险人自己承担责任。

2. 承保后的风险分散

承保后的风险分散主要指保险人与其他保险公司共同分担风险责任，主要采用再保险和共同保险等方式。再保险是保险人将其所承担的业务中超出自己承受能力的风险转移给再保险人来承担。共同保险则是由两个或两个以上的保险人共同承保某个风险较大的保险标的。通过这样的安排，保险人将自己所承担的风险在空间上和时间上加以分散。

三、保险公司经营管理的环节

从管理的视角来看，保险公司经营管理是指对保险公司经营过程各环节的工作进行计划、组织、协调和控制，通常可以分为保险承保经营管理和保险投资经营管理。其中，保险承保经营管理主要包括险种开发、展业、承保、分保、防灾防损和理赔管理；保险投资经营管理是指保险资金的运用，简称保险投资。本章重点介绍险种开发、营销管理、核保与承保管理、防灾防损管理和理赔管理。

第二节 险种开发及费率厘定

一、保险险种开发

(一) 保险险种开发的内涵

保险险种开发是指保险人根据保险目标市场的需求变化，进行调研，组织新险种设计和老险种更新改造的系列活动。新险种设计包括针对财产保险市场需求承保新的保险标的、提供新的保险责任和尝试新的承保方式；而老险种更新改造则是对已经实施的险种进行部分条款更换的行为。

(二) 险种开发的意义

1. 险种开发是保险公司经营活动的基础

险种开发对于保险经营具有重要意义，它是保险经营的起点。保险是经营危险的，但并非所有危险它都可经营，这要受营利目的的限制。在有利可图的前提下，对何种标的提供经济保障，承保什么危险，不承保什么危险，承保多大程度的危险，保险费率如何测算与制定，如何规定保险期限等有关保险的重要内容都有赖于险种开发。因此，险种开发是进行展业、承保等其他经营活动的前提条件。

2. 险种开发能够提高保险公司的经营效益和技术水平

受各种客观因素的影响，保险需求的变化往往呈现多样性、快速性，其变化的程度和特性决定着险种的兴衰，关系着保险经营者在竞争中的成败。如果险种衰退，则表明该险种已不适应需求的变化，不能满足保险需求，倘若不重新加以更新改造，该险种将失去市场，保险经营者将处于劣势；反之，如果保险经营者能根据保险需求的变化不断进行险种开发，投放适应需求的保险商品，就可以把握保险市场，从而在竞争中占优势。可见，险种开发是保险经营者在竞争环境中求生存、谋发展的重要战略和手段。新险种设计往往涉及经济学、大数法则、概率论、保险法律及灾害学、心理学等多方面的知识，具有很强的技术性。要开发高水平、有吸引力的险种，必须有较高水平的人才和技术手段，所以险种开发有利于提高保险公司的技术管理水平。

(三) 险种开发的方法

1. 希望列举法

该法需要事先对社会大众进行保险需求的调查分析，再运用保险原理和技术，对社会各界人士的希望和要求进行分类，区分可保与不可保的风险目录，再从可保风险目录中选择具有必要性和市场潜力的项目作为设计新险种的基础。此法可以收集社会大众的保险需求，为设计新险种打下基础。

2. 缺点列举法

该法是通过对目前正在销售的老险种的缺点展开分析，然后在寻求完善方案的基础上进行险种的重新构思。它是从保险公司的角度出发，在已有险种的责任、费率、承保方式等当中寻找不足之处，目的是修改完善条款，使其更符合大众的需求。

3. 调查设问法

该法是针对客户需求或现行保险业务提出问题，然后寻求解决办法，提炼险种设计思想。此法是在调查研究的基础上，对现行的险种设计提出问题，再对问题产生的原因进行分析，继而寻找解决问题的方法，最终完成险种设计。这种方法是站在投保人的立场重新审视条款的设置，以期发现不足，并逐步予以完善。

4. 择优组合法

该法是建立在对国外或外地所开办的险种进行分析的基础上，取各险种之所长，组合构思设计新险种，即通过搜集样本险种，进而解剖诸险种，分析各险种的结构、特性和优缺点，继而选择诸险种的长处，作为险种设计素材，并根据社会需求进行新险种的构思与设计。

5. 创新法

该法是指保险人根据特定投保对象的特殊风险，独立自主地开发设计新险种的一种方法。该法适用于与其他险种的共性少，标的与风险特殊，且技术性要求高的特殊险种的设计，如气象指数保险、记忆力保险、绑架保险、爱情保险等。其设计要求是：要深入市场调研，掌握足够的信息资料，拥有较高水平的专业技术。

（四）险种开发的流程

险种开发是保险公司的一项营销策略及风险投资，一般遵循以下流程进行。

1. 新险种构思

新险种构思是险种开发与改造的第一步，也是关键的一步。要搜集到新颖而有开发价值的新构思，就必须深入调研，认真听取各方面的意见和建议。新险种构思主要来源于顾客、保险业务员及保险中介人、竞争对手、保险市场开发人员与高层管理者。

2. 评价和筛选

第一阶段搜集到大量构思后，接着便是对其进行评价和筛选。评价的标准是：（1）构思的来源；（2）目标市场的预期规模；（3）销售渠道及费用；（4）预期赔付水平；（5）竞争者的营销策略。一个好的构思必须既符合顾客需求，又与保险公司的营销能力相适应，从而形成规模效益。在综合评价的基础上，即可结合企业情况，筛选出最佳构思报请批准。

3. 设计新险种方案

最佳构思获得批准后，即可进行险种方案的设计。该项工作通常由保险精算师或相关专业技术人员来进行，主要是解决新险种的名称、保险对象、保险责任与责任免除、保险金额、保险费率、赔付方式、被保险人的义务、保险期限等问题，进而以文字形式予以详尽表达，最终形成保险条款；然后再根据条款内容及有关要求，设计有关保险单证。

4. 新险种方案的分析评估

分析评估是对方案的综合评价和论证，包括自我验证和系统评价两个阶段。自我验证是指设计人员给予方案一个合理的搁置期，并在此期间进行反思，力求对方案的不足之处进行全面修改，从长远角度来估计、验证新险种的可行性，并起草可行性报告。在自我验证完毕后，应将方案正式提交公司，进行系统评价。系统评价一般由公司组织有关专家从技术可靠性、经济效应和社会效益角度进行。系统评价应坚持定性与定量相结合的原则，并公正合理地进行。对鉴定未通过的方案应予以改进和完善，直到通过，否则予以放弃。

5. 新险种的报批与试行

新险种通过论证评估后，应及时上报上级公司或中国银保监会审批，待审核批准后即可试行。试行是指在事先选定的部分地区、部分顾客中进行小面积推行，以观察顾客的反应。试行效果好的，可组织大面积推广；效果欠佳的，可以重新修订方案、完善条款，然后再试行或停止推行；效果较差的，可放弃原方案。

6. 确定上市营销策略，全面开展销售

在新险种全面销售前，开发人员应协助营销部门拟定营销策略书，即把新险种推向市场各阶段的行动纲要。其内容包括：(1) 目标市场与营销目标；(2) 上市销售的时机、地域及如何上市；(3) 销售渠道与营销预算；(4) 未来销售额、利润目标及营销战略等。营销策略书定好后，即可按计划全面开展销售工作。

二、保险费率及其结构

(一) 保险费与保险费率

保险费，简称保费，是投保人为获得经济保障而缴纳给保险人的费用或保险人为承担约定的保险赔付责任而向投保人收取的费用。保险费是建立保险基金的主要来源，也是保险人履行赔付义务的基础。在计算保险费时，主要考虑三个因素：一是保险金额；二是保险费率；三是保险期限。这三个因素均与保险费成正比，即保险金额越大，费率越高；保险期限越长，应缴纳的保险费越多。由于保险金额一般根据保险标的的实际价值或由保险双方协商确定，保险期限在具体险种中也是事先规定好的，两者的弹性都比较小，因此，保险费的问题也就转化为保险费率的问题。

保险费率又称保险价格，是保险费与保险金额的比率，通常以每百元或每千元保险金额的保险费来表示。

保险金额×保险费率＝保险费

(二) 保险费率的结构

保险费率由纯保险费率和附加费率两部分构成。

1. 纯保险费率

纯保险费率是保险费率的基本部分。用纯保险费率计算出来的那部分保费被用来建立赔偿基金。纯保险费率由保险额损失率加稳定系数组成。

保险额损失率是一定时期内保险赔款总额与总保险金额的比率，它是保险人根据概率论中的大数法则，将以往若干年度（一般为5年）的统计资料在平衡年度间风险的基础上整理计算出来的平均值。保险额损失率可用公式表示为：

保险额损失率＝保险赔款总额/总保险金额×100%

保险额损失率反映了正常的、稳定的损失率，是制定纯保险费率的依据，根据它计收的保险费可以保证正常损失的赔偿或给付。

2. 附加费率

附加费率是保险公司经营保险业务的各项费用和适当的利润与纯保险收入总额的比率。各项费用主要包括办公费、水电费、宣传费、印刷费、防灾防损费、员工工资、手续费等各种管理费用和业务费用。保险利润受政策和市场竞争的影响，一般不能低于社会平均利润。附加费率在保险费率中居于次要地位。

在实际中，纯保险费率和附加费率共同组成毛费率（或称总费率）。

三、非寿险费率的厘定

保险费率的厘定关键在于纯费率的确定。而纯费率的确定通常有两种方法：一是依据统计资料计算保额损失率，进而确定纯费率；二是在损失分布和赔款条件已知的情况下用赔款金额的期望值 E 除以保险金额 I 得到 r，即 $r=E/I$。

在财产保险实务中，厘定保险费率并不仅仅是计算理论上的费率，而是要确定一定条件下的实用费率。在实务中确定保险费率的方法主要有判断法、分类法和增减法。

（一）判断法

判断法（judgement rating）又称个别法或观察法，是就某一被保险风险单独厘定费率的方法，费率在很大程度上取决于承保人的判断。当损失风险形式多样且多变，不能使用分类法时，或者当不能取得可信的损失统计资料时，就会采用这种方法。一般在海洋货物运输保险和一些陆上货物运输保险中使用判断法。

（二）分类法

分类法（class rating）是依据某些重要标准，对危险进行分类，并据此将被保险人分成若干类别，把不同的保险标的根据危险性质归入相应群体，分别确定费率的方法。分类法的基本假设是：被保险人将来的损失在很大程度上由一系列相同的因素决定。这是一种常见的也是最主要的保险费率厘定方法，广泛运用于财产保险、人寿保险和大部分人身意外伤害保险中。确定分类费率有两种基本方法：

1. 纯费率法

首先计算出纯保费：

$$纯保费=\frac{已发生的损失总额和理赔费用}{保险单位数}$$

其中，已发生的损失总额包括会计期间所有已付赔款和同期已发生但尚未赔付的损失准备金。假定在汽车保险中，某承保类别下的 50 万辆汽车在一年期内已发生的损失和理赔费用之和为 3 000 万元，那么使用上式计算的纯保费是 60 元，即

$$纯保费=\frac{30\ 000\ 000}{500\ 000}=60(元)$$

下一步是加上附加费用、承保利润和意外准备金。附加费用一般包括佣金、期初承保费用、管理费和保险费税。附加费用、承保利润和意外准备金一般以毛费率的一个百分比表示，称为费用率（expense ratio）。计算毛保费的公式是：

$$毛保费=\frac{纯保费}{1-费用率}$$

2. 损失率法

在分类过多，每一类包含的标的过少，不符合大数法则的前提条件下，无法运用纯费率法。这时需要结合其他团体的损失资料对保险费率进行调整。

损失率法指根据实际损失比率调整费率。例如，机动车辆保险的预期损失比率为 60%，即总保费的 40% 为费用比率。而实际损失比率为 70%，则保险费率应提高

16.7%，即

$$费率调整比例=\frac{A-E}{E}=\frac{70\%-60\%}{60\%}\times100\%=16.7\%$$

其中，A 为实际损失比率；E 为预期损失比率。

（三）增减法

增减法（merit rating）是指在同一分类中，对投保人采用变动的费率。它是在依分类法确定基本费率的基础上，根据实际情况进行细分所测定的费率。增减法下厘定出来的费率有可能高于或低于由分类法确定的费率。增减法主要分为表定法、经验法和追溯法。无论哪种方法，均适用于规模较大的投保人，这是因为：第一，对小规模投保人而言，费率的少许变动对其影响不大，但对大规模投保人而言，由于保险金额高，费率稍微发生变动就会产生较大的影响。第二，增减费率所花的成本较大。只有在保费经调整会存在较大变动的情况下，调整保费的成本才可能得到弥补。

1. 表定法

表定法以每一个危险单位为计算依据，在基本费率的基础上参考标的的显著危险因素来确定费率。使用表定法，首先要在分类中就各项危险单位因素设立客观标准，因为典型的被保险人的危险既可能比被保险人的平均风险高，也可能比被保险人的平均风险低。

2. 经验法

经验法又称为预期经验法。它是根据被保险人过去的损失记录，对按分类法计算的费率加以增减，即以过去数年的平均损失来修订未来年份的保险费率，故当年的保费并不受当年经验的影响。经验法的理论基础是：凡能影响未来的危险因素，必已影响过去的投保人的经验。其计算公式为：

$$M=\frac{A-E}{E}\times C$$

式中，M 为经验调整数；A 为经验期间被保险人的实际损失；E 为被保险人适用某费率的预期损失；C 为可靠度。

例如，某投保人在过去 3 年经验期间预期损失 5 万元，实际损失 4 万元，可靠度为 80%，则经验调整数为：

$$M=\frac{4-5}{5}\times80\%=-16\%$$

3. 追溯法

追溯法与经验法相对，经验费率是以过去一段时间保险标的的平均损失为基础，而追溯费率是以保险期内保险标的的实际损失为基础，并据此计算被保险人当期应缴的保费。由于保险标的当期损失的实际数额要到保单期满后才能得知，因此，在使用追溯法时，在保险期限开始前，以其他类型的费率确定预缴保费，在保险期满以后，根据实际损失对已缴保费进行增减变动。

由于追溯法的制定程序比其他任何费率的制定程序都要烦琐，不利于保险人大规模地开展业务，因此，这种方法很少被采用。只有规模极大的企业在经营自保业务时，才会为提取保险资金而运用这种方法。

四、寿险费率的厘定

（一）生命表

人寿保险费率与财产保险费率一样，由纯费率和附加费率构成。在确定纯费率时，必须遵循收支平衡的原则，即保险人收取的纯保费加上利息等于今后应给付的保险金或年金。生命表是费率厘定的科学基础。

生命表又称为死亡表，是根据以往一定时期内各种年龄的死亡统计资料编制的，由每个年龄的死亡率组成的汇总表。生命表可分为国民生命表和经验生命表。前者是根据全体国民或特定地区人口的死亡统计数据编制的生命表。它主要来源于人口普查的统计资料。后者是根据人寿保险、社会保险以往的死亡记录（经验）编制的生命表。保险使用的是经验生命表，主要是因为国民生命表是全体国民生命表，没有经过保险公司的风险选择。

在生命表中，寿险要选择初始年龄且假定在该年龄生存的一个合适的人数，这个人数称为基数，一般选择0岁为初始年龄，并规定此年龄的人数，通常取整数如10万人、100万人、1 000万人等。在生命表里还规定了最高年龄，用ω表示，满足$l_{\omega+1}=0$。一般生命表中都包含以下内容：

x表示年龄；

l_x表示生存数，是指从初始年龄至满岁尚生存的人数。例如，l_{25}表示在初始年龄定义的基数中有l_{25}人活到25岁。

d_x表示死亡数，是指x岁的人在一年内死亡的人数，即指x岁的生存数l_x人中，经过一年死亡的人数。已知在$x+1$岁时生存数为l_{x+1}，于是有$d_x=l_x-l_{x+1}$。

q_x表示死亡率，表示x岁的人在一年内死亡的概率。显然，

$$q_x=\frac{d_x}{l_x}=\frac{l_x-l_{x+1}}{l_x}$$

p_x表示生存率，表示x岁的人在一年后仍生存的概率，即到$x+1$岁时仍生存的概率。计算公式为：

$$p_x=\frac{l_{x+1}}{l_x}$$

所以

$$p_x+q_x=1$$

e_x表示平均余命或生命期望值，表示x岁的人以后还能生存的平均年数。假设死亡发生在每一年的年中，则有：

$$e_x=\frac{1}{l}(l_{x+1}+l_{x+2}+\cdots+l_{\omega})+\frac{1}{2}$$

在寿险的数理计算中，还会遇到一些其他符号。

用${}_tp_x$表示x岁的人在t年末仍生存的概率，则有：

$$_tp_x=\frac{l_{x+t}}{l_x}$$

用$_tq_x$ 表示 x 岁的人在 t 年末仍生存的概率，则有：

$$_tq_x=\frac{l_x-l_{x+t}}{l_x}=1-{}_tp_x$$

用$_{t|u}q_x$ 表示 x 岁的人生存 t 年后在 u 年内死亡的概率，则有：

$$_{t|u}q_x=\frac{l_{x+t}-l_{x+t+u}}{l_x}$$

当 u 等于 1 时，用$_{t|}q_x$ 表示 x 岁的人在生存 t 年后的那一年（$t+1$ 年）死亡的概率，则有：

$$_{t|}q_x={}_tp_x-{}_{t+1}p_x={}_tp_x\cdot q_{x+t}$$

（二）趸缴纯保费

趸缴保费是指投保人在保险开始时向保险公司一次性缴清其全部应缴的保费。

在计算寿险保费时遵循以下假设：（1）被保险人的生死遵循预定生命表所表示的生死规律；（2）同一种类的保险合同，全部于该年龄初同时订立；（3）保险金于每年度末同时支付；（4）保费按预定利率复利生息，并假定年利率为 i；（5）保险金额均为 1 元（有特殊说明的除外），因为所求得的纯保费就是纯费率；（6）生命表中某一年龄的人都向保险公司投保了某种保险。

1. 定期人寿保险的纯保费

假定保险期限为 n 年。按照定期人寿保险的承保条件，如果被保险人在保险期间内死亡，则由保险公司按保险金额给付；如果被保险人生存至期满，则保险公司无须给付。

假定被保险人的年龄为 x 岁，年初每个投保人应缴的纯保费为 $A^1_{x:n}$ 元，则保险公司收取的纯保费总额为 $l_xA^1_{x:n}$。

依据生命表的规律，第 1 年有 d_x 人死亡，每人支付 1 元，共 d_x 元，给付额的现值为 vd_x 元；第 2 年有 d_{x+1}人死亡，给付额的现值为 v^2d_{x+1}元；第 n 年有 d_{x+n-1}人死亡，给付额的现值为 v^nd_{x+n-1}元。

依据收支相等原则，保险公司支付的保险金的现值总和与期初纯保费的总和应相等，即有：

$$l_xA^1_{x:n}=vd_x+v^2d_{x+1}+\cdots+v^nd_{x+n-1}$$

式中，$v=\frac{l_x}{1+i}$为贴现率。如果令 $C_x=v^{x+1}d_x$，$D_x=v^xl_x$，则可得：

$$A^1_{x:n}=(C_x+C_{x+1}+\cdots+C_{x+n-1})\frac{1}{D_x}$$

2. 终身人寿保险的纯保费

终身人寿保险的保险期间贯穿被保险人的一生，仅在被保险人死亡时给付保险金。各个国家的生命表都有一个最终年龄，因此，终身人寿保险可以看作一种长期的定期人寿保险，故其趸缴纯保费的计算只需将一般定期人寿保险的纯保费中的年做相应的变化即可。假设生命表中所规定的最终年龄为 ω 岁，则有：

$$A_x^\omega=(C_x+C_{x+1}+\cdots+C_\omega)\frac{1}{D_x}$$

如果令 $M_x=C_x+C_{x+1}+\cdots+C_\omega$，则定期人寿保险和终身人寿保险的纯保费可以分别表示如下：

$$A_{x:n}^1=\frac{M_x-M_{x+n}}{D_x}$$

$$A_x=\frac{M_x}{D_x}$$

3. 纯粹生存保险的纯保费

生存保险以被保险人在一定时期内继续生存为条件，由保险人承担给付保险金的责任。若被保险人不幸在期内死亡，则合同终止，保险人不做任何给付。生存保险给付多少，由到期时尚生存的被保险人的数量决定。

假定 x 岁的人投保 n 年定期生存保险，所缴的纯保费为${}_nE_x$ 元，投保时共有 l_x 人，则保费总额为 $l_x\times{}_nE_x$ 元。n 年后的生存人数为 l_{x+n}人。考虑利息因素，依据收支相等原则有：

$$l_x\times{}_nE_x=v^n\times l_{x+n}$$

整理后可得：

$${}_nE_x=\frac{D_{x+n}}{D_x}$$

4. 两全保险的纯保费

两全保险即被保险人不论生存还是死亡，到达一定时间后，保险人均需给付定额保险金的保险。这种保险可以看作定期保险与生存保险的组合。如果把保险期限为 n 年的混合保险的纯保费记为 $A_{x:n}$，则应有：

$$A_{x:n}={}_nE_x+A_{x:n}^1=\frac{D_{x+n}+M_x-M_{x+n}}{D_x}$$

（三）年金保险的纯保费

年金保险的过程可分为两个阶段：从趸缴年金现价时起或分期缴费的第一次缴费时起，直至给付周期开始以前，为第一个阶段，称为现价积累期；从给付周期开始至期满停付或死亡停付时止，为第二个阶段，称为年金给付期。

年金有即期年金与延期年金之分。从保险合同成立后，立即开始支付年金者，叫即期年金。在保险合同成立后，需要等待一段时间或要到某个年龄才开始支付年金者，叫延期年金。以下保费计算的假设是：无论是即期年金还是延期年金，都是在期初进行支付。

1. 即期年金

假定 x 岁的人投保期限为 n 年的年金保险。保险公司每年年初支付的保险金分别为

l_x，l_{x+1}，…，l_{x+n+1}。设投保人应缴的纯保费为 $a_{x:n}$，将支付的保险金折算成现值，则依据收支相等原则应有：

$$a_{x:n}=\frac{D_x+D_{x+1}+\cdots+D_{x+n+1}}{D_x}$$

如果将给付周期改为终身，则可得到：

$$a_x=\frac{D_x+D_{x+1}+\cdots+D_\omega}{D_x}$$

令 $N_x=D_x+D_{x+1}+\cdots+D_\omega$，则可将上面两个公式分别变成：

$$a_{x:n}=\frac{N_x-N_{x+n}}{D_x}$$

$$a_x=\frac{N_x}{D_x}$$

仍假定 x 岁的人投保期限为 n 年的年金保险，但保险公司每年年初支付保险的条件改为在年末支付，则保险公司每年年末支付的保险金分别为 l_{x+1}，l_{x+2}，…，l_{x+n}。

用与上面同样的方法可以得到期末支付定期年金的纯保费为：

$$a'_{x:n}=\frac{N_{x+1}-N_{x+n+1}}{D_x}$$

同理，不难推出期末支付终身年金的纯保费为：

$$a'_x=\frac{N_{x+1}}{D_x}$$

2. 延期年金

与即期年金不同，延期年金在保险合同成立之后，保险人要在一定时期或被保险人达到一定年龄后才开始给付年金。因此，相应的延期年金的纯保费的计算，仍需按照对应的即期年金纯保费的计算方法，对每一次给付金额的现值进行修改即可。

x 岁的人投保期限为 n 年的年金保险，m 年后开始（在期初）给付，即延期 m 年。用$m|a_{x:n}$表示 n 年期初支付的定期延期年金的纯保费，根据收支相等原则有：

$$l_x\cdot m|a_{x:n}=v^m l_x+v^{m+1}l_{x+m+1}+\cdots+v^{m+n-1}l_{x+m+n-1}$$

整理后可得

$$m|a_{x:n}=\frac{N_{x+m}-N_{x+m+n}}{D_x}$$

用同样的方法可以得到期末支付定期延期年金的纯保费为：

$$m|a'_{x:n}=\frac{N_{x+m+1}-N_{x+m+n+1}}{D_x}$$

期初支付延期终身年金的纯保费为：

$$m|a_{x:n}=\frac{N_{x+m}}{D_x}$$

期末支付延期终身年金的纯保费为：

$$m|a'_{x:n}=\frac{N_{x+m+1}}{D_x}$$

（四）年度纯保费

前面讨论的是被保险人趸缴保费的情形。但趸缴纯保费的金额往往较大，可能成为投保人的经济负担。保险公司一般允许投保人在购买保险时将保费按年、季、月或每半年分期缴付，以一年缴付一次的方式最为普遍。按年缴付的保费即为年度保费。

假定 n 年定期死亡保险的纯保费分 m 年付清，用 $mp_{x:n}$ 来表示年度纯保费，则保险公司各年收取的纯保费分别为 $l_x \cdot mp_{x:n}$，$l_{x+1} \cdot mp_{x:n}$，…，$l_{x+m-1} \cdot mp_{x:n}$。不难理解，年度纯保费的现值之和应与一次付足的纯保费的现值相等，即应有：

$$l_x \cdot A^1_{x:n}=l_x \cdot mp_{x:n}+v^m \cdot mp_{x:n}+\cdots+v^{m-1} \cdot mp_{x:n}$$

整理可得：

$$mp_{x:n}=\frac{M_x-M_{x+n}}{N_x-N_{x+m}}$$

第三节　保险营销

一、保险营销的概念与意义

保险营销有广义和狭义之分。狭义的保险营销是指保险产品推销和向客户提供服务，通过各种沟通手段挖掘人们对保险商品的需求，使投保人接受保险商品并从中获得风险保障服务。广义的保险营销是指在保险市场上以保险商品为交换对象、以满足客户需求为目的、实现组织经营的一系列经营活动，包括保险推销、保险市场的选择、产品的开发研究、产品的定价、销售渠道的选择、销售策略的制定、保险人与客户的沟通和服务等一系列内容。

保险营销的目的是通过满足消费者的保险需求来获取利润，提高保险公司的市场地位和市场占有率，对于保险经营具有重要意义，主要表现在以下几个方面：

1. 唤醒消费者的潜在保险需求

保险经营的是无形商品，本质上是对被保险人未来经济损失或人身死亡提供经济补偿或给付保障，为被保险人或受益人的未来提供保障。但风险发生的不确定性决定了投保人即使购买了保险商品，也不能立即获得效用，这就造成人们对保险的需求比较消极，表现出强烈的非自主需求性特征。因此，必须通过保险展业过程唤醒潜在需求，促使人们购买保险，满足其现实需求，同时实现保险人的可持续经营目标。

2. 实现对保险标的和风险的选择

保险公司的经营行为主要包括营销、投资和管理。这三个方面分别对经营利润产生不同程度的影响，其中为了完成营销任务所占用的人力和费用成本最高。保险展业的本质也是甄别风险、规避投保人道德风险与被保险人逆向选择的过程。这一过程远比其他一般商品的销售重要。

3. 争夺市场份额，提高经济效益

保险公司之间的竞争直观表现为市场的争夺，本质上是客户资源的争夺。展业环节的意义在于通过积极有效的营销活动，获取投保人的信任，建立保险合同，收取保费，建立起充足的保险基金和可靠的运营资金，从而保证整个经营活动的顺利进行。展业面越大，签订的保险合同越多，由保费形成的责任准备金就越多，保险经营的风险便越低，这也为进一步降低保险价格、吸引更多的保户创造了条件。因此，保险展业的顺利开展可促使保险经营进入良性循环，各保险公司无不强调展业人力资源的开发、展业技能的培训等，以切实提高展业效率。

4. 培育和提高民众保险意识

在现代经济社会中，民众的活动方式、活动内容、活动时间、活动空间等都在不断变化，其所面临的风险也不断增加且更加复杂。广泛周到的保险展业工作，能带来新客户和增加保费收入，实现保险基金的持续增长，也能够唤起民众的风险管理及保险意识，并树立保险业的良好形象。当然，保险展业应注意所使用的方式和方法，尽量做到文明礼貌、有技巧、有素质地销售，而非采取低俗推广、骚扰推销、虚假宣传等损害行业形象的做法。保险展业是保险业与社会大众直接接触的基础业务，因而在展业中应全面细致地做好各项工作。

二、保险的营销管理程序

保险的营销管理程序包括分析保险营销机会、对保险市场进行调查与预测、进行保险市场细分与目标市场选择、制定保险营销策略、组织实施和控制营销计划等几项工作。

1. 分析保险营销机会

分析市场环境，寻找营销机会，是保险营销活动的立足点。保险营销机会是营销环境中存在的对保险公司有利的因素。应结合本公司的目标和资源，分析各种保险营销机会，使本公司能在保险市场上扬长避短，发挥竞争优势。

2. 对保险市场进行调查与预测

在分析营销机会的基础上，保险公司要对保险市场进行调查和预测。市场调查就是要弄清楚各种保险产品的需求及其发展趋势，其程序包括确定调查目的、调查计划、调查方法、对掌握的数据进行分析及撰写调查报告等。

预测保险市场，特别是预测目标市场的容量，有利于不失时机地做出相应决策。保险市场预测一般要经过六个步骤：明确预测目标；确定预测计划；确定预测时间和方法；收集预测资料；分析预测结果；整理预测报告。

3. 进行保险市场细分与目标市场选择

保险市场细分就是依据保险购买者对保险商品需求的偏好以及购买行为的差异性，把整个保险市场划分为若干个需求愿望各不相同的消费群，即“子市场”。在市场细分的基础上，保险公司可以根据自身的营销优势选择合适的目标市场。保险公司选择目标市场的策略有三种，即无差异性市场策略、差异性市场策略和集中性市场策略。

4. 制定保险营销策略

保险营销策略主要有险种策略、费率策略、销售渠道策略和促销策略。险种策略是根据保险市场的保险需求制定的，包括新产品开发策略、险种组合策略、产品的生命周期策略等内容。费率策略包括定价方法、新险种费率开价等，保险公司应该根据不同险种制定不同的保险费率。销售渠道策略是有关将保险商品送到保险消费者手中的途径的决策。销售渠道策略有两种，即直接销售和间接销售。促销策略是指促进和影响人们的购买行为的各种手段和方法，如人员促销、广告促销和公共关系促销等。

5. 组织实施和控制营销计划

营销管理程序的最后一项工作是组织保险公司的所有营销资源，根据本公司在保险行业中的竞争地位，制定相应的营销战略和战术，以实施和控制保险营销计划。保险营销战略和战术的制定必须考虑自己在市场上的竞争地位，保险营销战略和战术的具体化就是保险营销计划，包括长期计划和短期计划。为了保证营销计划和战略的实施，必须建立相应的营销组织部门。为了及时发现和处理计划实施过程中出现的各种问题，必须建立相应的营销控制系统，以便及时反馈和控制营销计划。

三、保险营销渠道及特点

保险营销渠道是指保险商品从保险公司向保险客户转移的过程中所经过的途径。按照有无保险中介人参加，保险营销渠道可以划分为直接营销渠道与间接营销渠道；按照采取的具体形式，保险营销渠道可以划分为传统营销渠道与新型营销渠道。

（一）直接营销渠道与间接营销渠道

1. 直接营销渠道

直接营销渠道，又称为直销制，指的是保险公司在各区域设置自己的服务机构网络，由保险公司的外勤员工直接向投保人提供保险商品和服务，不需要依靠任何保险中介人，没有任何中间环节，由起点直达终点。直接营销渠道的具体营销形式有外勤人员上门销售、设店销售、接受团体保险、邮寄营销、电话营销、网络营销等。

直接营销渠道的优势主要表现在以下几个方面：

（1）由于保险公司的业务人员工作稳定性强，又比较熟悉保险业务，因而由保险公司的业务人员直接营销有利于控制保险欺诈行为的发生，不容易引发因不熟悉保险业务而欺骗投保人的道德风险，给保险消费者增加了安全感。

（2）保险公司的业务人员直接代表保险公司开展业务，具有较强的公司特征，从而有利于保险公司在客户中树立良好的外部形象。

（3）如果保险公司的业务人员能完成或超额完成预期的任务，则维持销售系统的成本较低，因为公司员工享有固定的工资和福利，其收入不会因业务超额完成而大量增加，同时员工的培训费用也少于代理人员的同类费用。但随着保险业的发展，保险公司仅靠自己的业务人员和分支机构进行展业远不能满足需求。

直接营销渠道的缺点包括：

（1）不利于保险公司争取更多的客户，因为保险公司有限的业务人员只能提供有限的服务，无法与所有客户建立较为密切的关系。因此，许多客户的潜在保险需求无法转化为现实的购买能力，使保险公司失去了很多潜在的客户。

（2）不利于扩大保险业务的经营范围。由于直销人员有限，他们只能侧重于进行某些大型险种，如企业财产保险、团体人身保险的营销活动，对于某些极有潜力的业务领域，如个人寿险、家庭财产保险等无暇顾及，导致保险公司对市场需求的变化不能做出充分合理的预测，因而错失发展良机。

（3）不利于发挥业务人员的工作积极性，因为在直接营销渠道下，业务人员的收入与其业务量之间没有必然的联系，当其超额完成预定工作任务后，没有业务提成或提成过低。

2. 间接营销渠道

间接营销渠道又称为中介制，是指保险公司通过保险代理人和保险经纪人等中介人向投保人提供保险商品和服务，在从销售起点到达终点的过程中，必须经过若干中间环节。间接营销渠道主要依靠保险代理人和保险经纪人的专业服务。

（1）保险代理人。

保险代理人是根据保险人的委托，向保险人收取代理手续费，并在保险人授权的范围内代为办理保险业务的单位和个人。这是我国保险展业的主力军，其保费占比超过85%。保险代理人营销的优势具体表现在以下几个方面：

①有利于降低保险成本，提高保险公司的经济效益。保险公司由于资金有限，要在短期内迅速达到自身营业机构与人员的合理配置是不现实的。由于保险代理人是按劳取酬，所以保险公司只需向代理人支付代理手续费，这样就节约了在直销制下必须支付的各项费用，如员工管理费、宣传费、防灾费和员工福利等，从而大大降低了保险成本。可见，保险代理人的参与提高了保险公司的经营效率。

②有利于增强保险供给能力，促进保险业务的发展。保险代理人拓展了保险公司在保险市场上的业务空间，弥补了保险公司营业网点少、展业人员不足的缺点，通过“多渠道、广代理”的方式，扩大了保险的承保范围，满足了社会的保险需求，从而也就在客观上提高了保险公司的供给能力，既方便了保险消费者购买保险，又促进了保险业务的发展。

③有利于提高保险的服务质量，增强保险公司的竞争实力。保险代理人往往具有自身独特的优势，如熟悉某些客户的行业技术，在某个特定的范围内具有良好的业务背景，具有较大的影响力等。保险公司利用保险代理人的行业特点和服务优良的优势，可以弥补自身在保险服务方面的欠缺，全面提高保险公司的服务质量。

保险代理人营销也存在一定的缺点，主要表现在以下几个方面：

①保险公司核保与保险代理人推销之间的冲突难以解决。保险代理人的目标是推销更多的保单，以获取更多的代理手续费；而保险人要根据保险公司的整体情况来决定对个别风险是否承保，以提高承保质量，控制保险公司的整体风险。两者之间存在目标和利益的冲突。

②保险代理人的代理权滥用会损害保险人的利益。例如，保险代理人擅自变更保险条款，提高或降低保险费率，或挪用、侵占保费等，都是有损于保险人利益的行为。尤其是有的保险代理人出于恶意，与投保人或投保人以外的第三人做出虚假申报，骗取高额赔偿金，不仅会给保险公司造成经济损失，还会损害保险公司的信誉。

③缺乏规范化管理的代理人市场比较混乱。例如，对保险代理人缺乏严格的业务培训和资格要求，会造成保险代理人业务素质低下；某些兼职代理的主管部门利用其对下属客

户的制约关系，强迫客户在指定的保险公司投保；个人代理人队伍庞大，业务素质良莠不齐，管理难度大。

（2）保险经纪人。

在保险市场上，尽管保险经纪人是基于投保人的利益，但是在开展业务、订立保险合同时，保险经纪人同样发挥了招揽保险业务的作用。

根据委托方的不同，保险经纪人可分为人寿保险经纪人和非人寿保险经纪人。人寿保险经纪人必须熟悉保险市场行情、保险标的（被保险人）的情况，掌握较深厚的保险专业知识，懂得法律，能指导计算人寿保险费率。非人寿保险经纪人主要为保险人介绍财产保险、责任保险和信用保证保险等非寿险业务。他们比人寿保险经纪人更为活跃。

再保险经纪人是指专门从事再保险业务的特殊保险经纪人，他们不仅要提供再保险信息，而且在再保险合同有效期间继续为再保险公司提供服务。由于再保险业务具有较强的国际性，事实上，每个国家的许多巨额再保险业务都是通过再保险经纪人之手促成的。

保险经纪人营销的优势在于：

①保险经纪人提供服务的专业性强。保险经纪人一般具有较高水平的业务素质和保险知识，以及丰富的保险方面的经验，可以帮助投保人及时发现潜在风险，能够提出消除或减少这种风险的各种方法，帮助投保人选择最合适的保险公司。

②保险经纪人独立承担法律责任，且不增加投保人（被保险人）的经济负担。根据法律规定，保险经纪人应对投保人或被保险人负责，有义务利用自己的知识和技能为其安排最佳的保险。如果因为保险经纪人的疏忽导致被保险人的利益受到损害，保险经纪人要承担法律责任，且在其提供服务的整个过程中，其佣金是向保险人收取的，不会给投保人或被保险人带来额外开支。

保险经纪人营销的缺点在于；由于保险经纪人不依托某家保险公司进行中介活动，因此，如果对保险经纪人缺乏法律、法规的限制，就可能导致保险经纪人以中介之名，行欺诈之实，如通过提供虚假信息来牟取暴利，从而扰乱保险市场的正常秩序。

（二）传统营销渠道和新型营销渠道

1. 传统营销渠道

传统营销渠道主要是指人员上门营销和保险服务部营销。

（1）人员上门营销是保险公司的一种主动营销，它是指保险公司利用自己的员工或营销员主动接洽选定的目标客户，向目标客户推销保险产品，将保险产品和保险服务送至客户门前，主要在客户方场所完成投保申请填写、保险费用收取、保险单证送达等一系列营销活动。

（2）保险服务部营销是由保险公司邀请或吸引投保人到保险公司本部或特定场所专门设立的保险销售处，在保险公司主导的场所完成投保申请填写、保险费用收取、保险单证送达等一系列营销活动。

传统营销渠道会利用一些传统媒介，如信件、报刊、电话等传递保险营销信息，但主要还是依靠营销人员在有形的场所与客户面对面地沟通实现保险商品的销售。

传统营销渠道的优点在于：面对面的沟通有利于为客户提供个性化服务，提高客户对保险产品的认同感；有形的交易场所能让客户有更真实的感知，提高其对保险公司的信任感和忠诚度。缺点在于手续烦琐、时间成本高等。

2. 新型营销渠道

新型营销渠道主要有电话营销、互联网营销和银行保险。

(1) 电话营销。电话营销是指保险公司通过自建或使用合作机构的电话呼叫中心，以保险公司的名义或合作机构的名义致电客户，经客户同意后通过电话方式介绍和销售保险产品的新型营销模式。电话营销起源于20世纪70年代的美国，其主要优点是：销售成本低、标准化程度高。电话营销的缺点是：与客户接触度低，保单达成率低，投入高。

(2) 互联网营销。互联网营销是指保险公司或保险专业中介机构依托互联网和移动通信技术，通过自营网络平台或第三方网络平台传递保险产品信息，订立保险合同，提供保险服务，完成保险交易的一种保险营销方式。互联网营销的优势在于：①客户可以更方便地选择产品。通过互联网，客户可以更方便地对保险产品进行比较，从而选出适合自己的保险产品。②保险服务更方便快捷。客户可以很方便地在网上进行产品咨询、电子保单发送等活动。③可以降低保险公司的经营成本。据统计，通过互联网销售保单相比传统营销方式能节省50%左右的费用。

(3) 银行保险。狭义的银行保险是指银行作为保险公司的兼业代理人开展保险营销。广义的银行保险是保险公司与银行之间相互渗透和融合的战略，即，将客户资源的整合与营销渠道共享，提供与保险有关的金融产品服务，通过一体化的经营满足客户多元化的金融服务需求。银行与保险合作的核心是寻找共同的客户市场，并提供多元化服务，保证客户的长期满意度，留住老客户，吸引新客户。

保险公司发展银行保险的意义在于：①有利于保险公司挖掘更多的准客户群。保险公司可以利用银行网点，共享银行的客户资源，更高效地覆盖市场与客户。②有利于保险公司提高保单达成率。保险公司可借助客户对银行的信赖，缓解客户对保险公司的排斥，提高保单达成率。③有利于保险公司控制经营风险。由于银行代理网点掌握客户的财务状况，所以客户可以通过银行缴纳、自动划转保费及由银行代支保险金，对保险公司来说这样可以实现保险资金结算的快速与安全。④有利于保险公司改进保险服务。保险公司可以利用银行丰富的资料储存和分析技术解析市场调研信息，对潜在的保险市场进行细分，满足其多元化和个性化需求。

第四节　核保与承保

一、核保

(一) 核保的含义

核保又称风险选择，是指保险人对投保人提出的投保申请进行评估，决定是否接受这一风险，并在接受风险的情况下依据风险的大小决定费率的过程。

保险核保的目的在于辨别投保风险的优劣，并使可接受的风险品质趋于一致，从而保证承保业务质量，使保险经营稳定。

(二) 核保的主要内容

(1) 审核投保人资格。按《保险法》的规定，应当审核投保人是否具有民事权利能力和民事行为能力，对保险标的是否具有保险利益等。对不符合规定者，应予以拒保。同时，还要审核投保人或被保险人的自信、品格和作风等，因为这些会直接影响保险事故发生的可能性和损失程度。

（2）审核保险标的。即对照投保单或其他资料核查保险标的的使用性质、结构性能、所处环境、防灾设施、安全管理等情况。对部分保险标的的审核还需要现场查验核实。如果是人身保险，则一般需要通过体检来检查被保险人的身体状况；如果是财产保险，则需要对财产的所有权、债务与抵押情况进行审查。

（3）审核保险金额。保额确定的依据是标的的价值及投保人对标的所具有的保险利益额度，控制保额首先要避免超额承保；另外，对一些高危险、高保额的业务还需要注意控制多承担的保险保额限额。在实践中，应根据不同业务的特点对保额进行控制。例如，对人身保险的高额投保，保险人应注意保险金额的大小应与投保人的收入和财产状况一致。

（4）审核保险费率。一般情况下，不同的财产和人身遭遇的风险可能有所不同，因此可以按照不同标准对风险进行分类，据此制定不同的费率等级。例如，关于建筑物的火灾保险，可以根据建筑类别、占用或使用性质、周边房屋建筑状况、标的建筑物所在区域可提供的火灾防护设施以及与该标的建筑物相关的任何其他安全保护设施等情况，把建筑物划分为不同的等级，套用不同的费率进行承保。这就是现代保险常用的风险等级费率方法。但其他一些标的物，如海上保险的标的物，因航程、运输工具的不同，以及气候变化等因素，承保的每笔业务都需要保险人根据以往经验，结合风险的特性制定单独的费率。在承保这类业务时，要对每一笔业务的实际情况与它所适用的费率条件逐一比对核查，以确保费率的公正合理性。

二、承保

（一）概念及作用

承保是指保险合同的签订过程，即保险人对投保人所提出的投保申请进行审核并同意接受的合同行为。

承保是保险经营的重要环节，其质量高低直接关系着保险公司经营的稳定性和经济效益，直接反映经营管理水平的高低。保险人通过承保环节，可以筛选并剔除不可保风险或不合格的被保险人和保险标的，以保证承保质量，增强企业的市场竞争力。其具体作用包括以下几点：

（1）有利于合理分散风险。保险公司能承担的风险受到一系列条件的制约，最终决定是否承保是基于在一定费率下所预期的风险。承保的目的就是要使可保风险得以合理地分散。

（2）有利于厘定公正的保险费率。承保的核心工作是，检查评估不同标的的不同风险以及风险的性质、发生损失的概率和程度等，厘定公正合理的保险费率。

（3）有利于促进被保险人防灾防损。承保的目标是要识别风险、分析风险，促使被保险人采取有效的风险管理措施，把可能的损失减少到最低限度。因此，保险人在承保时要审查保险标的的风险状况、可能发生的最大损失以及被保险人的状况；在承保后还要定期检查和分析这些风险是否发生了变化。如果某个被保险人的风险增加了，保险人就可能需要提高保费，或增加保险限制条件，或不再接受该投保人的续保要求。所有这些措施都可以相应提高全社会的防灾防损意识和能力，促进居民生活稳定和社会生产的持续进行。

（二）承保控制

承保控制是指保险人在承保时依据自身的承保能力进行承保控制，尽量防止和避免道德风险与心理风险。即可以通过控制逆向选择行为、单个保险合同的保险责任范围，以及人为风险这三个方面，达到控制保险公司风险责任的目的。

（1）控制逆向选择行为，即防止以平均保险费率承保高风险标的甚至不可保标的。这就要求在承保时仔细审核投保标的的风险状况，做好劣质风险标的的筛除工作。

（2）控制单个保险合同的保险责任范围。在具体经营实务中，对于保险标的的常规风险一般可以承保，对于一些特殊风险，则需要通过与投保人协商保险条件、免赔数额或免赔比例、责任免除、附加条款等进行特约承保。

（3）控制人为风险，主要是规避道德风险、心理风险等与人的主观行为有关的风险。从承保的角度来看，保险人控制道德风险发生的有效方法是将保险金额控制在适当额度内；对心理风险的控制常采用限额承保和规定免赔额的手段，以促进被保险人克服心理风险因素，加强对保险标的的安全维护。

（三）承保工作程序

1. 制定承保制度

保险公司一般设有专职承保部门来制定与企业目标一致的承保方针，编制承保手册。承保手册中规定了承保险种、展业地区、所使用保单和费率厘定计划，以及可以接受的、难以确定的和拒保的业务及保险金额，以及需要得到上一级承保部门批准的业务。

2. 接受投保单

投保单是投保人申请订立保险合同的依据，也是保险人签发保单的凭证。承保人在接收投保申请的过程中，通常需要综合各种信息，以决定是否接受其投保申请。为了做出准确、合理的承保决策，承保人必须从各方面获得信息，以便分析、评价投保人面临的风险。获得信息来源的渠道主要有投保单、保险中介人及其业绩、投保人的体检报告、地区销售经理、消费者调查报告等。

3. 审核验险

（1）审核工作。保险人在收到投保单后，需要按照保险公司的业务规定，详细审核投保单上各项内容的真实性、完备性。（2）验险工作。即对保险标的的风险进行进一步查验，以便对其风险进行分类。验险的内容根据保险标的的不同而有所差别。财产保险的验险内容主要包括：第一，投保财产的性能或构造；第二，投保财产的用途；第三，投保财产所处的环境；第四，投保财产的主要风险隐患和重要防护措施的完备状况；第五，有无正处在危险状态的财产；第六，各种安全管理制度的制定和落实情况。人身保险的验险内容主要包括医务检验报告和事务检验报告。保险人按照业务范围和承保权限，在审核验险后做出拒保或承保的决定。如果投保金额或保险标的的风险状况超出了基层核保部门的承保权限，就要向上一级主管部门提出进一步的审核请示。

4. 做出承保决定

承保人员通过收集相关资料对被保险人和保险标的进行了承保选择和承保控制之后，即应做出承保决定。可能的结果有三种：一是正常承保，即按标准费率承保保险标的的风险，出具保单。二是有条件承保，即通过增加限制性条件或增收附加保费等方式予以承保，出具保单。三是拒绝承保，但一般需要说明拒绝承保的理由，部分国家甚至有保险人无正当理由不得拒绝承保的法律规定。

5. 缮制单证与单证管理

做出承保决定后，由签单员缮制保单或保险凭证。这是承保工作的重要环节，其工作质量的好坏直接关系到双方当事人的合法权益和义务能否顺利落实。单证缮制应及时、准确、完整，做到不错、不漏、不涂改。保单上注明缮制日期、保单号码，并在保单的正副本上加盖公章、私章。如果有附加条款，要求将其粘贴在保单的正本背面，并加盖骑缝章。复核员按签单要求对投保单、验险报告、保单、批单，以及其他各种单证是否齐全、内容是否完备、数字是否准确等进行认真复核，确保准确无误后，必须加盖复核章，然后由保险内勤人员计算收取保费，并进行单证的清分与发送。最后，由专人将投保单、保单和批单副本装订成册，建立保户档案并专门保管，以备未来的理赔、服务工作的顺利进行。

6. 续保

续保是在保险合同即将期满时，投保人在原有保险合同的基础上向保险人提出保险申请；保险人根据投保人的实际情况，对原合同条件稍加修改后，继续签约承保的过程。续保可以稳定保险业务，减少展业工作量，降低保险展业费用，巩固保险供需双方关系，属于互利双赢的选择。续保时应该注意以下四个问题：(1) 当被保险人提出续保申请时，保险人应及时审核保险标的，避免保险期中断。(2) 如果保险标的的风险程度上升了或下降了，那么保险人应对保险费率做出相应调整。(3) 保险人应根据上一年的经营状况和赔付情况，适当调整承保条件和保险费率。一般来说，对于上一年未发生赔付的优质客户，保险人在下一年应对其提供优惠费率。(4) 保险人应考虑通货膨胀因素，使续保后的保险金额与生活费用指数的变化一致，使被保险人能够得到更充分的保障。承保部门除制定承保方针、编制承保手册、进行核保选择及承保决策外，还要分析损失和保费的经验数据，研究保险责任范围和保单格式，提供修订保险费率、开发新险种的意见和建议，以及负责承保人员的教育和培训等工作。

第五节　防灾防损与理赔

一、防灾防损

（一）概念与意义

保险防灾防损，是指保险人通过建立有效的防灾制度，采取相关技术手段和措施，防止各种灾害事故发生和防止损失继续扩大的经营工作，即保险当事人双方就所承保的保险标的采取有效措施，减少或消除风险发生因素，防止或减少灾害事故所造成的损失，从而降低保险成本、增加经济效益的经营活动。

防灾防损是保险经营中的重要环节，其主体是保险公司，对象是承保的保险标的。在防灾防损工作中，保险公司依据被保险合同所赋予的权利和义务，向被保险人、投保人提出防灾防损建议并敦促其实施，以降低其风险发生率、维护被保险人的生命和财产安全，并减少社会财富的非正常损失及保险理赔。这既是提高保险公司自身经营效益，实现社会管理功能，从而为社会提供更多优质保险服务的需要，也是强化社会整体风险管理和安全体系建设的需要。

（二）防灾防损的形式

1. 兼职防灾防损

兼职防灾防损，是指保险公司内部不设立专门的防灾防损机构，不配备专职人员，而是由其他业务人员结合展业、承保、理赔业务进行防灾防损工作。这是开展保险防灾防损工作的初级形式，适用于小型保险公司或者保险公司创办初期，人员、技术力量有限且经费短缺时采用。

2. 专职防灾防损

专职防灾防损，是指保险公司内部设立专门的防灾防损机构并配备专职人员，由他们专门进行防灾防损工作。一般适用于大型保险公司或者成熟型保险公司，要求有组织机构和制度保障，并且需配套较强的技术力量和科学先进的管理方法。

（三）防灾防损的一般方法

1. 强化与防灾防损部门的联系与合作

保险防灾防损是社会防灾防损系统中的重要组成部分，由于其更注重预防，并且有特殊的专业和技术力量，因而发挥着越来越大的作用，越来越受到社会各界的重视。因此，保险公司需要加强与政府职能部门的密切联系，积极参与配合政府职能部门的安全生产、防汛防洪等执法监督和检查工作，取得职能部门的指导和支持，与医疗卫生部门等建立起防灾防损工作网络，进一步研究制定更好的防灾防损工作方法和实施机制。

2. 加强防灾防损宣传

目前，人们对风险的防范意识还比较薄弱，保险公司应通过各种渠道，运用多种形式，采取各种手段，广泛向社会宣传公共安全和社会保险的关系，宣传保险政策和法律常识，引导民众和社会团体自觉维护公共安全，参加保险不忘安全，自觉做好灾害事故的防范工作。开展宣传工作的目标就是要让消费者明白，一旦发生保险事件，出现保险理赔，那么即使可以补偿大部分直接损失，生命损失也是无法补偿的，因为生命是无价的；同时，事故造成的停产损失往往几倍于保险赔偿。保险公司还要宣传国家的防灾防损政策与法令法规，使各级领导和广大群众提高执法守法的自觉性，树立以预防为主的指导思想，把防灾减损纳入制度化、法律化轨道。

3. 及时处理不安全因素和事故隐患

在防灾防损检查中一旦发现不安全因素和事故隐患，应及时向被保险人提出整改意见，并在技术上予以指导和帮助，将事故隐患消灭在萌芽状态。同时，保险公司理赔部门在接到重大保险事故通知时，应立即赶赴事故现场，直接参与抢险救灾工作，防止灾害蔓延，最大限度地降低事故损失，同时妥善处理好残余物资。

4. 建设防灾防损内部制度

一是建立各种灾害事故等应急预案，一旦灾害事故发生便可立即响应，并严格按照预案处理，完善防灾防损档案、检查以及隐患整改的相关制度，明确责任，落实任务，严格实施奖惩考核机制。二是建立防灾防损基金，加大费用投入，增强社会防灾防损设施功能，以保障保险公司应付突发性重大灾害事故的紧急需要。三是建立防灾防损专门机构，引进一批防灾防损专业技术人才，为客户提供防灾指导和技术支持。四是把承保理赔政策与防灾工作挂钩，对于防灾工作做得好的客户给予费用优惠，对于防灾工作不合格的客户则提高费率。在理赔过程中，对于因未尽到安全防范义务而造成的损失部分，可坚决拒赔。

5. 积累有关灾害的历史资料，提高防灾防损技术

积累有关灾害的历史资料并进行研究，可以掌握灾害发生的规律以及损失程度的分布特点，从而提高防灾防损工作绩效。有了研究基础，保险人还可以开展更高效、更优质的防灾防损技术服务活动，帮助事故发生频繁高、损失程度大的保户开展防灾防损技术研究工作等，从而进一步降低风险事故发生率。

（四）防灾防损的技术方法

1. 法律方法

该方法要求国家保险监管部门推动相关的法律制度建设，提高保险防灾防损的权威性，强调投保人有义务配合并执行保险公司提出的防灾防损建议和整改方案，从法律上赋予保险公司拒赔未按照建议进行整改的行为造成的事故损失的权利。我国《保险法》第五十一条规定："投保人、被保险人未按照约定履行其对保险标的的安全应尽责任的，保险人有权要求增加保险费或者解除合同。"

2. 差别费率方法

该方法是指保险公司在做出承保决策时，可以根据投保人采取的防灾防损措施情况来决定保险费率的高低。即在相同条件下，保险公司通过调整保费来促进投保人从事防灾防损活动，对于防灾设施完备并积极配合防灾防损工作的投保人实施优惠费率；对于拒绝整改的投保人给予较高费率，从而达到激励其实施保险防灾防损的目的。

3. 科学技术方法

该方法主要包括两个方面：一是通过制定保险条款、保险责任和费率精算等技术手段来体现防灾防损精神；二是把保险公司以及其他相关行业的风险管理技术，如交通事故灾害管理技术、工业生产灾害管理技术等社会部门的防灾防损技术运用于投保人的防灾防损教育和技术服务中，以切实提高防灾防损绩效。

二、保险理赔的含义和意义

（一）保险理赔的含义

保险理赔即处理保险赔案，是指保险人在保险标的发生风险事故后，对被保险人提出的索赔要求进行调查及赔偿处理的行为。保险理赔涉及保险合同双方的权利与义务的实现，是保险经营管理的一项重要内容。

（二）保险理赔的意义

是否准确、有效、合理地实施理赔，直接关系到保险公司经营的存续。保险理赔的意义包括以下三点：

（1）有利于充分发挥保险的职能作用。当发生灾害事故后，保险人要千方百计地避免损失扩大，尽量减轻因灾害事故造成的影响，还要根据合同要求及时支付赔款，帮助企业或个人及早恢复生产或重建家园，以保证生产经营的持续进行和人民生活的安定。主动及时的理赔能够使受灾企业或家庭得到补偿，及时恢复正常生产生活，因而充分发挥了保险集散风险、组织经济补偿的职能。

(2) 有利于检验承保质量，加强防灾减损。保险理赔过程可以检验承保业务的质量，发现核保工作存在的问题，同时也能发现防灾防损工作中可能存在的问题和漏洞，从而为提高承保业务质量、加强防灾防损工作提供可靠的依据。

(3) 提高保险公司声誉，促进保险展业。保险理赔是生动的案例展示，体现了保险的风险管理作用，对社会大众来说是一次深刻的风险教育，因此保险公司可以通过理赔树立保险行业的良好信誉。同时，通过理赔工作还可以发现保险经营管理上存在的问题，并将这些问题反映到各个业务部门，促进保险经营管理工作的改善，为调低保费创造条件。

保险理赔工作主要依靠理赔人员进行。保险理赔人员可以分为两种类型：一是保险公司的专职核赔人员；二是理赔代理人。前者直接根据被保险人的索赔要求处理保险公司的理赔事务，后者则是接受保险公司的委托从事理赔工作。

三、保险理赔原则

1. 重合同、守信用原则

保险双方间的权利和义务是通过保险合同来明确的，当事人必须恪守合同约定，保证其顺利履行。保险理赔正是保险人履行保险合同义务的具体体现，因此，严格按照保险合同条款的相关规定，受理赔案，审核责任，确定损失，及时赔付，是保险公司应遵守的基本原则。

2. 实事求是原则

保险合同条款虽然对赔款责任做出了原则性规定，但实际情况往往很复杂，要求保险公司理赔部门必须本着实事求是的精神，运用保险条款的规定，结合具体情况，合情合理地处理赔案，兼顾原则性与灵活性。实事求是原则还体现在保险人的融通赔付方面。所谓融通赔付，是指保险人根据保险条款和有关法律规定，权衡经营业务得失及社会影响后，对没有责任赔付的损失放宽赔偿责任，做出适当赔偿的决策。这是一种非商业经营性质的赔付业务，体现了保险业的社会管理责任。对通融赔付案例应从严把握，对有利于保险业务稳定、有利于维护公司和行业信誉、有利于提高市场竞争力及社会和谐稳定与团结的案例才考虑通融赔付，避免无原则的随意赔付。

3. 主动、迅速、准确与合理原则

主动、迅速原则要求理赔人员在处理赔案时要积极主动，及时深入现场，主动了解受损情况，迅速赔偿损失。准确、合理原则要求理赔人员在审核赔案时分清责任，合理定损，准确地核定赔款数额，做到不惜赔、不乱赔。

四、保险赔偿时效

(一) 保险赔偿时效的含义

时效，在民法上是指一定的事实状态经过一定的时间导致一定的民事法律后果的制度。根据时效的前提条件和发生的后果，时效可分为两种：取得时效和消灭时效。因占有财产经过一定时间发生取得财产权的法律后果的，称为取得时效；因不行使权利的事实状态经过一定时间发生权利消灭或不受法律保护的法律后果的，称为消灭时效。

在我国，消灭时效就是诉讼时效。《保险法》上规定的时效，专指请求权的消灭时效，即诉讼时效，指超过法律规定的行使请求权的期限时，请求权即因逾越时效而消失。保险合同当事人的权利受法律保护，但是法律保护当事人的权利是有一定的时间限制的，这一期限就是诉讼时效期间。权利人只有在诉讼时效期间内行使请求权，才受法律保护；如果超过了诉讼时效期间，权利人也就失去了该权利。

（二）保险赔偿时效的期间

我国《保险法》第二十六条规定："人寿保险以外的其他保险的被保险人或者受益人，向保险人请求赔偿或者给付保险金的诉讼时效期间为二年，自其知道或者应当知道保险事故发生之日起计算。人寿保险的被保险人或者受益人向保险人请求给付保险金的诉讼时效期间为五年，自其知道或者应当知道保险事故发生之日起计算。"

无论是两年时效还是五年时效，其时效期间均自被保险人知道保险事故发生之日起计算。如果被保险人不知道保险事故发生，则保险赔偿的时效不开始起算。

五、保险理赔流程

（一）登记立案

保险事故发生后，被保险人或受益人及时将事故发生的时间、地点、原因及其他有关情况，以最快的方式通知保险人并提出索赔请求，这是其应尽的义务。被保险人发出损失通知书有一定的时限要求，法律规定应在48小时内。如果被保险人或受益人没有在法定或合同约定的索赔时间内通知保险人，可视为放弃索赔权利。被保险人或者受益人发出损失通知书的方式可以是口头形式、函电或其他形式，但随后应及时补发正式书面通知，并提供各种必需的索赔单证，包括保单、账册、发票、出险证明、损失鉴定书、损失清单、检验报告等。损失涉及第三方责任的，被保险人还需要出具权益转让书给保险人，由保险人行使代位追偿权向第三方索赔。接受损失通知书就意味着保险人受理索赔案件，保险人应立即详细核对保单与索赔内容，安排现场查勘等事项，然后将受理案件登记编号，正式立案。

（二）审核保险责任

保险人收到损失通知书后，应立即审核索赔案件是否属于保险人责任，审核的内容主要包括七个方面：

（1）保单是否仍有效力。这是继续处理理赔案件的先决条件。

（2）损失是否由所承保的风险引起。这是决定是否赔付保险金的条件。

（3）损失的财产是否为被保险财产。在财产保险中，如果涉及的保险标的多，就需要逐一审核比对报损财产与保单列明的财产是否一致。

（4）损失是否发生在保单所载明的地点。如果保单有约定的地点，则只对在约定地点发生的风险损失承担赔偿责任。

（5）损失是否发生在保险有效期间内。保单载明了保险有效期间，只有发生在有效期间内的损失，保险人才予以赔偿。

（6）请求赔偿的人是否有权提出索赔。要求赔偿的人一般应该是保单载明的被保险人或者受益人。因此，保险人在赔偿时先要查明申请理赔者的身份，以决定其是否有领取保险金的资格。

（7）索赔是否有欺诈。应注意审核以下几个细节问题，包括索赔单证是否真实，投保人是否有重复保险行为，受益人是否故意谋害被保险人，以及投保日期是否先于保险事故发生的日期，等等。

（三）进行损失调查

保险人审核保险责任后，应派人到出险现场实地查勘，了解事故情况，以便更完整地分析损失原因，确定损失程度，从而进行准确赔偿。

（1）确定出险的时间和地点。确定出险时间并核实是否在保单有效期内，查明出险地点并核实是否与保单所载明的地点区域一致。

（2）分析损失原因。其目的在于找出保险事故发生的近因，明确保险赔偿的范围。

（3）确定损害程度。保险人要根据被保险人提出的损失清单逐项加以查证，确定各项损失的程度并进行汇总。

（4）处理受损标的。妥善处理受损标的的损余价值，尽量减少保险损失。

（5）认定求偿权利。保险合同中规定的被保险人的应尽义务，是保险人承担赔偿责任的前提条件。如果被保险人违背了这些事项，保险人可以以此为由不予赔偿。

（四）赔付保险金

经调查确认事故原因属于保险责任的，应估算赔偿金额并立即履行赔付责任。对于人身保险合同，只要保险人认定寿险保单有效，受益人身份合法，保险事故确实发生了，便可在约定的保额内给付保险金。对于财产保险合同，保险人还应根据保单类别、损害程度、标的价值、保险利益、保险金额、补偿原则等理算赔偿金额后，方可赔付。

（五）处理损余残值

在财产保险中，受损财产通常会有一定的残值，如果保险人按全部损失赔偿，其残值应归保险人所有，或是从赔偿金额中扣除；如果按部分损失赔偿，保险人可将损余财产折价给被保险人，以充抵赔偿金额。

（六）结案

保险理赔员在支付赔款后，应当清理有关赔案的所有文件和单证，以及现场照片和录音资料等，统一装订成册并归档管理，以便日后查阅研究。

（七）代位追偿

在财产保险合同中，如果保险事故是由第三方责任人的过失或非法行为引起的，那么第三方责任人对被保险人的损失须负赔偿责任。保险人可按保险合同约定或法律的规定先行赔偿被保险人，而后被保险人将追偿权转让给保险人，并协助保险人向第三方责任人追偿。如果被保险人已从第三方责任人处获得了赔偿，则保险人只承担不足部分的赔偿责任。如果被保险人放弃对第三方责任人的赔偿请求权，则保险人不承担保险赔偿责任。但需注意，除被保险人的家庭成员或其组成人员故意对保险标的进行损害而造成的保险事故外，保险人不得对被保险人的家庭成员或其组成人员行使代位追偿权。

第六节　保险投资

一、保险投资的含义

保险投资，也称为保险资金运用，是指保险公司为了获得较高收益，运用保险基金进行各种投资的行为。保险是集散风险的经济手段，要集中大量投保人缴纳的保费以应付未来不确定的偿付。保险运营过程中存在大量闲置资金，对这些资金进行投资运用就是利用闲置资金的必然途径。保险资金运用的主体是保险公司，运用客体是各种保险资金，目的是最大限度地创造经济效益，更好地履行保险的损失赔付义务。

二、保险资金运营的意义

1. 增强保险公司经营实力，扩大财务利益，保证保险公司稳定经营

保险公司实力的增强取决于业务经营和资金运用的共同作用，且两者是相互促进的，这也符合国际财产保险发展的规律。在国外成熟的保险市场上，由于竞争激烈，许多保险公司不断降低保险费率，承保业务的赔付率接近100%，难以产生利润，其利润主要来自保险资金运用所产生的投资收益。目前，我国保险市场竞争亦非常激烈，承保利润微薄，有的险种甚至出现了全行业亏损。因此，保险公司要维持正常稳定经营，顺利实现集散风险、补偿损失的职能，就必须做好资产负债管理，不断提高资产的盈利能力。

2. 促进金融市场和社会经济的健康发展

保险资金已成为资本市场重要的资金来源，因而促进了资本市场的发展。保险投资还增加了社会资金供给总量，为企业提供了大量资金支持，扩大了社会再生产能力。

3. 可使投保人获得投保利益，降低风险转移成本

由于竞争激烈，保险公司一方面必须以低费率招揽业务，使投保人获得低费率的利益，从而以较低成本转移其风险；另一方面必须通过合理的投资手段确保足够的偿付能力，以便提高自身承保能力，不至于亏损，并实现应有的经营利润。因此，我国保险公司应加强资金运用研究，有效地提高资金运用的效率和效益，充分发挥保险资金对公司效益的作用，并增强其经济实力和市场竞争力。

4. 推动保险公司积极开拓新业务

这一点在寿险业表现得尤其突出。因为寿险合同均为中长期合同，为了与银行、证券等理财部门展开直接竞争，保险公司必须加强资金运用，提高资金运用的利润率，只有取得了丰厚收益，才能提高寿险产品的预定利率，从而给被保险人提供尽可能高的收益，进而吸引到更多的投保人与之签订保险合同。

因此，寿险公司的生命力就在于取得资金，以及实现资金的高效运用。为了取得源源不断的资金，就必须不断开发新险种以满足具有不同偏好的投保需求。

三、保险投资资金的来源及运用

（一）保险投资资金的来源

在国内外保险市场上，保险投资资金的来源是保险公司的自有资本金，包括注册资本（或实收资本）和公积金、各项准备金以及其他资金。

1. 自有资本金

保险公司的自有资本金也称开业资本金或备用资本金，各国政府一般都会对保险公司的开业资本金规定一定的数额。按照我国法律规定，设立保险公司，实收资本金不得低于人民币2亿元。

保险公司自有资本金的另一特性是备用资本金，当发生特大自然灾害、各种准备金不足以支付时，可动用资本金来承担给付责任。但在正常情况下，保险公司的资本金除按规定上缴部分保证金外，绝大部分处于闲置状态，从而成为保险投资的重要来源。

2. 责任准备金

责任准备金是保险公司为保障被保险人的利益而从收取的保费中提取的资金。它是保险公司对广大投保人或被保险人的负债（总准备金除外），是保险公司在未来某一时期必须偿还的资金。从资金来源看，责任准备金包括保费准备金、赔款准备金和总准备金。

（1）保费准备金。

保费准备金又称为未到期责任准备金，是指在每个会计年度决算时，保险公司对于保险责任尚未满期的保单，将属于未到期责任部分的保费提存出来而形成的责任准备金。因为保险合同的年度与会计年度通常是不一致的，故保险人在年底决算时，不能把所收取的保费全部当作营业收益处理。对保险责任尚未届满、属于下一年度的部分保费，有必要以准备金的形式提存起来形成未到期责任准备金。

（2）赔款准备金。

赔款准备金是指在会计年度末保险公司进行决算时，为本会计年度末之前发生的应付而未付的保险赔付所提存的准备金。赔款准备金包括：

①未决赔款准备金。

未决赔款准备金是指保险公司在会计年度决算以前发生保险责任而未赔偿或未给付保险金，在当年收入的保费中提取的资金。提取未决赔款准备金的目的在于保证保险公司承担将来的赔偿责任或给付责任，切实保护被保险人及其受益人的权益。未决赔款准备金具有以下三个特点：一是未决赔款一般是以保险金形式支付给被保险人或受益人，是确定的，因为未决赔款准备金提取时保险事故已经发生，其支付只是迟早的问题。二是未决赔款准备金一般全部转化为保险金。三是未决赔款准备金的提取方法比较单一，即按照已经提出的保险赔偿或者给付金额，以及已经发生保险事故但尚未提出的保险赔偿或者给付金额，从当年的自留保费中足额或者基本足额提取。

②已发生未报告赔款准备金。

一些保险损失在年内发生，但被保险人或受益人可能要到下一年才向保险人提出索赔。因为赔案发生在本会计年度，仍属本年度支出，故称为已发生未报告赔案，为其提取的责任准备金即为已发生未报告赔款准备金。由于已发生未报告赔案件数和金额都是未知的，因此已发生未报告赔款准备金只能由每家保险公司根据经验来决定。

③已决未付赔款准备金。

保险人对索赔案件已经理算完毕，应赔金额也已确定，但保险金尚未实际赔付给被保险人或受益人，或尚未向其支付全部款项的，称为已决未付赔案，为其提取的责任准备金称为已决未付赔款准备金。该项是赔款准备金中最为确定的部分，只需逐笔计算。

（3）总准备金。

总准备金是指保险公司为满足年度超常赔付以及巨灾赔付的需要而提取的准备金。它一般按照管理当局的规定，从税前利润中提取，逐年累积而成。总准备金不用于平时的小额赔付，只在当年保险业务经营发生亏损并且当年投资利润不足以弥补该年业务亏损时才可动用。正常情况下，总准备金是不断累积的。保险公司每年留存总准备金，经长期累积后数量十分客观。总准备金不受公司年度预算、决算的影响，也不受期限的制约，是非常适合保险公司长期运用的一项资金来源。

3. 寿险准备金

人寿保险的各种准备金，是经营寿险业务的保险公司为保障未来时期的给付责任而提取的责任准备金。国外一般按照长期人寿保险保单的价值净额提存准备金，我国的通常做法是将本业务年度的寿险项总额抵补业务年度的全部寿险支出后的差额全部转入寿险准备金。

4. 储金

储金是一种返还型的保险形式，以客户存入资金的利息充缴保费。在保险期间若发生保险事故，保险公司给予赔付；若未发生保险事故，则到期偿还本金。这笔存入的资金就可作为一项可运用资金。

5. 其他资金

这部分资金主要包括保留盈余、结算中形成的短期负债等。保留盈余是指平时的保险费收支结余，这部分资金随着保险经营能力的提升，一般情况下是稳步增长的。它除了抵补某些年度的保费不足赔付外，一般可长期运用。大型保险公司的运用比例较高。结算中形成的短期负债是指资产负债表中流动负债项下的应付账款、拟派股息等，这笔资金虽然数额不大，且需在短期内归还，但仍可作为一种补充的资金来源。保险公司在运用这笔资金的过程中应注意它们的变现性和风险性，以避免因投资活动损害保险公司的信誉。

此外还有企业债券、借入资金、信托资金和其他融入资金等，这些资金一般都是在经营中为了某些目的而有偿借入的，也是一种补充资金来源。

（二）保险投资资金的运用

资金运用形式主要包括购买债券、投资股票及不动产、贷款、储蓄存款等。2019 年保险资金运用余额为 185 270.58 亿元。其中，银行存款 25 227.42 亿元，占比 13.62%，比 2018 年下降 1.23 个百分点；债券 64 032.00 亿元，占比 34.56%，比 2018 年微增 0.2 个百分点；股票和证券投资基金 24 365.23 亿元，占比 13.15%，比 2018 年增加 1.44 个百分点，其中股票投资占比 8.06%，证券投资基金投资占比 5.09%；包含另类投资在内的其他类资产 71 646.35 亿元，占比 38.67%，其中保险资产管理公司产品投资 7 979.27 亿元，占比 4.31%，长期股权投资 1.9 万亿元，占比 10.65%。

1. 购买债券

这主要是指购买可以在二级市场上流通的各种债券，包括国家债券、地方政府债券、金融债券和公司债券等。这是保险资金运用的主要形式，其安全性较高，收益也较高，但在通货膨胀时期的避险能力较差。

2. 投资股票

投资股票是国内外保险资金运用的重要形式。其特点是收益率可能比较高、流动性好，但股票投资属于高风险投资类型，一般来说保险业投资股票市场的比例不能过高。

3. 投资不动产

这也是资金运用的主要形式，一般是直接建造、购买并自行经营房地产。房地产投资具有安全性好、收益高、项目投资额大、期限长等优点，比较适合长期保险资金运用。其缺点是流动性较差，在房地产泡沫破灭又缺乏资金时很难变现，因而投资的比例不能过高。

4. 贷款

保险贷款主要是指向需要资金的单位或个人提供短期融资，主要包括抵押贷款、流动资金贷款、技术改造项目贷款和寿险保单贷款。贷款对象主要是保户，收益率取决于市场利率。信贷资产的变现能力一般较弱，流动性较差，投资的比例也不能过高。

5. 储蓄存款

储蓄存款指保险公司将短期闲置资金存放在银行等金融机构。储蓄存款具有良好的安全性和流动性，但与其他方式比较，收益率可能最低，不是真正意义上的保险投资。因此，储蓄存款主要用于保险公司正常的赔付、寿险保单期满给付的支付准备以及临时性的机动资金，一般不作为追求收益的投资对象。

此外，保险资金运用形式还包括投资于各类投资基金、实业、同业拆借、黄金、外汇储备等。

思考与练习

1. 保险经营与一般的工商企业经营有何不同?
2. 保险经营应遵循哪些原则?
3. 简述保险展业的必要性、保险展业的各种渠道的差异性及适应性。
4. 简述保险承保工作的主要内容。
5. 保险防灾防损工作有何意义? 怎样提高保险防灾防损的效率?
6. 何谓保险理赔? 其意义和原则有哪些?
7. 什么是保险资金的运用? 其原则和形式有哪些?

第13章 保险监管

学习目标

1. 理解保险监管的概念及意义
2. 了解保险监管的理论
3. 掌握保险监管的组织结构、目标和监管方式
4. 理解保险监管的内容
5. 了解我国保险监管的现状及完善措施

【本章引导】 “偿二代”监管体系

2016年4月我国正式实施第二代偿付能力（简称“偿二代”）监管体系，采用国际通行的“三支柱”（即定量风险监管要求、定性风险监管要求和市场约束机制）监管框架。第一支柱“定量风险监管要求”旨在防范能够量化的风险——保险风险、市场风险和信用风险，要求保险公司具备与其风险相适应的资本。第二支柱“定性风险监管要求”在第一支柱的基础上，进一步防范难以量化的风险，如操作风险、战略风险、声誉风险、流动性风险等。第三支柱“市场约束机制”旨在引导、促进和发挥市场利益相关者的力量，通过对外信息披露等手段，借助市场约束力，加强对保险公司偿付能力的监管，进一步防范风险。

2008年全球金融危机爆发之后，国际上重新审视了原有的金融监管制度，并进行了相应的改革。我国也结合国内保险行业的发展情况及国际保险监管的趋势，进一步完善和提升了我国的保险监管制度，并确定了“偿二代”的顶层监管框架，建立了偿付能力监管和分类监管信息对外通报机制，使我国保险业监管体系得以不断完善。

为什么要进行保险监管？保险监管的目标是什么？怎样进行保险监管？保险体系是怎

样的？保险监管的内容及核心是什么？保险监管的发展趋势是什么？本章将围绕上述问题展开探讨。

第一节 保险监管概述

一、保险监管的概念

保险监管是指政府对保险行业的监督管理。保险监管分为广义的保险监管与狭义的保险监管。广义的保险监管是指在一个国家的范围内，为达到一定目标，从国家（其代表是政府有关部门）、社会、保险行业、保险公司自身等各个层次上对保险公司、保险经营活动及保险市场进行的监督与管理。狭义的保险监管则仅指国家对保险公司、保险经营活动及保险市场的监督与管理。无论是广义的保险监管还是狭义的保险监管，都可以理解为对保险业的监管。

国家对保险业的监管，是国家管理经济的职能在保险业中的体现。国家通过法律、经济和行政手段对保险公司的组织、业务经营、财务等各项活动及保险市场的秩序进行直接或间接的指导、协调、监督和干预，其目的是确保保险经营者的稳健经营和保险市场的规范运行，保护保险消费者的利益，维护经济社会的稳定发展。

现代保险监管制度主要由三部分构成：一是国家通过制定保险法律法规，对本国保险业进行宏观指导与管理；二是国家保险监管职能机构依据法律或行政授权，对保险业进行行政管理；三是保险经营组织为保证保险业内部的健康竞争，促进行业的发展，成立同业组织并对保险公司进行监督和指导。在保险监管过程中，政府的职能在于提高市场效率、维护公平和保持稳定。只有防止市场资源配置的扭曲和政府失灵，才能保证这三项职能的顺利实现。政府的三项监管职能归根到底体现为保护被保险人的利益。

二、保险监管的意义

1. 保护保险消费者的合法权益

保险市场是一个典型的信息不对称市场，被保险人对保险机构、保险中介和保险产品的认识程度极为有限。不知情的需求者与知情的供给者之间的交易是不公平的，消费者容易被隐瞒和欺诈，为了维护公平，就必须通过制定法律和规则，对供给者的行为进行必要的限制，强制其披露某些信息，让消费者知情。

同时，保险产品是一种技术性很强的商品，合同条款的设计、费率的厘定、承保范围的规定无一不包含大量的计算在内，这些都使整个保险合同显得非常复杂，很难在性能、质量上进行相互比较和鉴别，增加了消费者识别保险产品的难度。通过保险监管，可以在较大程度上保护消费者的权益。

2. 维护保险市场秩序

保险监管有利于减少投保人因缺乏保险知识而可能受到的不平等待遇，达到保证被保险人权益的目的。

保险监管可以促进保险人之间的公平竞争。竞争是保险市场发展的重要助推器，可以激励保险人为被保险人提供更优质的服务。但不合理的恶性竞争不但会提高企业的经营成本，还会导致保险公司丧失偿付能力，妨碍保险业的健康发展。例如，我国保险市场上存在的放佣、错价和不按费率管理制度随便加减费用的情况都属于不合理竞争，影响了保险市场的秩序。通过监管可以防止市场独占或过度竞争，减少破产保险公司的数量，保证合理的价格水平，最终促进保险业的有序健康发展。

3. 维护保险体系的安全与稳定

保险业作为社会经济保障制度的重要组成部分，对经济社会的稳定发展和人民生活的安定负有很大的责任。由于保险事故的随机性、损失程度的不可预知性等，保险经营本身存在不确定性，加之同业竞争和道德风险的存在，保险公司随时都可能亏损或倒闭。一家保险公司经营亏损或倒闭，不仅会损害经营者自身的利益，还会严重损害广大消费者的利益，造成众多的家庭和企业失去保障，从而影响到人民生活的安定，甚至造成社会的动荡。因此，有必要对其进行监管。

但要注意的是，维持保险体系的整体安全、稳定不能以有损被保险人的利益、抑制竞争和效率为代价；同时，维护保险体系的整体安全并不是不允许保险机构和保险中介机构退出市场。保险机构因经营不善而倒闭破产，或因违法、违规而被强制关闭，都是正常的和必要的，监管者所追求的是整体的稳定，而不是个别企业的稳定。

4. 帮助实现宏观经济调控

保险公司是负债经营的典型例子。保险公司具有强大的筹资能力，是金融市场上的主要机构投资者。对保险资金及保险公司的行为进行监管，有利于维护金融市场的平稳运行。

保险与国民经济各行各业紧密联系，对保险业的监管有利于全社会的风险分散，保证受损企业和个人获得合理的资金赔偿，从而尽快恢复生产生活，促进社会的稳定和整个国民经济的发展。监管还可以通过限制和规定保险资金的流向及相应的政策倾斜来达到支持或限制某一产业发展的目的。

三、保险监管的组织机构

保险监管的组织机构主要包括立法机构、司法机构及行政机构。

（一）立法机构

立法机构是保险监管组织机构中最重要的机构。它主要是通过立法建立保险监管的法律基础，并确定保险监管机构及其职责范围。由于各国的国情和法律制度不同，所以各国保险法中有关保险监管的规定也有所不同。但一般来说，监管事项基本上都包括各类保险机构的设立和执照许可；代理人和经纪人的执照许可；保险费率的登记和许可；投保书和保单格式的登记或审批；对未经授权的保险经营行为和不公平交易行为的制裁；保险人的财务报告、财务审查以及其他财务要求；保险机构的整顿和清算；保险产品和保险公司的税收；等等。《中华人民共和国宪法》规定，全国人民代表大会是我国的最高国家权力机关，具有制定和修改刑事、民事、国家机构和其他基本法律的职权。其常设机关是全国人民代表大会常务委员会，它具有制定和修改应当由全国人民代表大会制定的法律以外的其他法律的职权。全国人民代表大会和全国人民代表大会常务委员会行使国家立法权。我国保险监管方面的法律法规便由此而产生。

（二）司法机构

司法机构是保险监管组织机构中的又一重要机构。保险业发展越快，违规现象就越多。因此，司法机构在保险监管活动中发挥着重要作用。一是解决保险人和保险消费者之间的争议；二是颁布支持保险监管机构的命令，判定违反保险法律行为的民事或刑事责任，以保证保险法律的实施；三是处理保险人和保险中介人之间的纠纷。

（三）行政机构

行政机构是保险监管组织机构中的第三大机构，是行政管理活动的重要主体，也是行政权力、政府职能的物质载体。行政机构是经立法机构授权执行保险法律的机构，通常享有广泛的行政权、准立法权和准司法权，负有保险监管的具体职责。该机构有权就某些重要决定向监管机构提出建议。保险监管机构是依法履行保险市场监管职责的行政机构。在我国，中国人民银行、财政部等在不同时期都曾行使过监督管理保险业的职能。1998年11月18日，国务院批准设立中国保险监督管理委员会，专门负责保险市场监督管理职能。中国保险监督管理委员会是全国商业保险的主管部门，是国务院直属的正部级事业单位，根据国务院授权履行行政管理职能，依照法律、法规统一监督管理全国保险市场，维护保险业的合法、稳健运行。中国保监会的主要任务是：拟订有关商业保险的政策法规和行业规则；依法对保险公司的经营活动进行监督管理和业务指导；依法查处保险公司违法违规行为，保护被保险人的利益；维护保险市场秩序，培育和发展保险市场，完善保险市场体系，推进保险改革，促进保险公司公平竞争；建立保险业的风险评级和预警系统，防范和化解保险业风险，促进保险公司的稳健经营与健康发展。

为深化金融监管体制改革，解决现行体制存在的职责不清、监管交叉和空白等问题，强化综合监管，优化监管资源配置，更好地统筹系统重要性金融机构的监管，逐步建立符合现代金融特点的监管框架，2018年3月第十三届全国人民代表大会将中国银监会和中国保监会的职责整合，组建中国银行保险监督管理委员会（简称银保监会），作为国务院直属事业单位。将中国银监会和中国保监会分别拟定银行业、保险业重要法律法规的草案和审慎监管基本制度的职责划入中国人民银行，不再保留原来的中国银监会和中国保监会。这两个行业监管机构的合并主要是基于“银行”和“保险”业务在资本充足率、偿付能力以及自身风险匹配能力方面的相似性，比如，两者都需要管理自身的资本收益匹配、风险收益匹配和久期匹配等问题。

第二节　保险监管理论

一、一般监管理论

1. 公共利益论

公共利益论认为，监管的存在是为了保护消费者免遭侵害，是服务于公共利益的。该理论的出发点是：政府为了矫正市场失灵而存在，其目的是寻求社会福利的最大化。

竞争性市场在某些条件下会实现社会资源的帕累托有效，从而实现社会福利最大化，但帕累托有效只有在各种严格的假设条件都满足的情况下才能实现。市场中会经常出现生产者剩余增加而消费者剩余相应减少的现象，如价格提高了，但产品质量并没有改进，这就会导致社会福利的损失。因此，政府监管政策的目标应当是社会福利的最大化，即在保持生产者剩余不变的前提下，实现消费者剩余最大化；或者在保持消费者剩余不变的前提下，实现生产者剩余最大化。如果某项监管政策增加了社会福利，那么它就是可取的；如果某项监管政策减少了社会福利，那么它就是不可取的。

2. 私人利益论

私人利益论认为，监管的存在是为了私人团体的利益。Peltzman（1976）和 Becker（1983）提出：监管者是自利的，他们在监管活动中会不断追求政治支持的最大化。监管者为了获得来自行业的资金以及其他支持，可能会表现出倾向于行业（保险人）的偏见。相反，为了获得消费者（选民）的支持，则可能会表现出倾向于消费者的偏见（如压制价格），即使长期来说这样做是有害的。

私人利益论中最著名的监管理论是所谓的俘获理论。该理论认为：监管者被其所监管的行业俘获，从而为该行业的利益服务。保险业的特殊利益集团包括保险人、再保险人、保险代理人、银行、证券公司、保险经纪人以及其他为保险业人士提供服务的公司。而消费者因分散、不易于组织，一般来说较难形成特殊利益集团。值得注意的是，特殊利益集团在向监管者提出政策建议时，往往会借口是为了公众利益。

3. 经济管制论

经济管制论也被称作政治监管理论。该理论认为：监管将在现有政治和行政管理体制内，通过不同私人利益集团的讨价还价而确立。这些集团具有不同的性质，因此讨价还价的结果也会依监管事项的不同而有所变化。

经济管制论有两个前提：首先，国家是强制权的基本源泉，利益集团确信国家运用强制权能使该集团的处境得以改善；其次，当局选择使效用最大化的行为是理智的。这两个前提导致了一个假设，即监管的供给是为了满足利益集团收入最大化的需求。即，政治体制是理性地建立起来并被理性地使用的，也就是说，它是实现社会成员愿望的合适的工具。

经济管制论认为，监管最有可能发生在相对竞争或相对垄断的产业部门，因为监管者将选择政治支持最大化时的价格。政治支持函数随价格的上升而下降，因为当价格上升时，消费者的政治反对增加；同时，政治支持函数随利润的增加而上升，因为厂商会以更大的政治支持作为回报。利润取决于价格，当价格低于垄断价格时，利润函数是增函数；当价格高于垄断价格时，利润函数是减函数。因为当价格低于垄断价格时，如果监管者提高价格，将遭到消费者的反对，但同时会得到厂商的更大的支持。

按照经济管制论的观点，即使监管有利于被监管的行业，监管政策也不会设定在使产业利润最大化的水平上。受消费集团的影响，价格将被设置在达到利润最大化的水平之下；监管最有可能发生在相对竞争或相对垄断的产业部门，因为正是在这些产业部门中，监管才会产生最大的影响；市场失灵的存在使得监管更有可能，因为对市场失灵领域的监管会增加社会福利——一些利益集团获取的收益相对而言比其他利益集团蒙受的损失要大。

二、实践中影响监管的因素

（一）市场支配力与保险监管

市场支配力是指一个或多个销售者或购买者对它们所交易的商品或服务的价格的影响力。如果市场参与者能够影响价格，那么市场在资源配置中的作用就丧失了。市场支配力产生的原因有很多，如政府设置的市场准入壁垒、规模经济、产品差异和价格歧视等。

1. 市场准入壁垒

许多国家的保险市场都不同程度地存在人为的准入壁垒，其理由通常是消费者缺乏对保险人的了解。因此，保险人首先必须获得营业执照。为了获得营业执照，保险人必须符合该国有关最低资本和其他财物稳定性的要求。现行的审慎监管要求保险人使用强制或公认的会计准则的特定格式，向监管者提交强制性的定期财务报告。保险人投资通常在数量和质量上受到限制。政府还制定了对负债的估价方法。大多数国家都要求外国保险人设在东道国的子公司和分支机构的责任准备金必须在本国投资。有些国家还要求跨境再保险业务的投资必须本地化。针对持证保险人的阶段性的现场财务检查非常普遍。这些检查的目的在于核实保险人呈报的信息的准确性，调查保险人的财务稳定性和经营状况。

2. 规模经济

如果一个厂商的产出增长率高于投入的增长率，就出现了规模经济。在存在规模经济的行业中，厂商的规模越大，其经营效率将越高，因此新的进入者就会面临竞争劣势。规模经济作为另一种进入壁垒，也会造成强大的市场支配力。

在保险市场中，中小型公司的规模收益递增，而大型公司的规模收益则可能不变，也可能适度递增或递减。由于缺乏有力的证据表明保险市场存在自然垄断的趋势，因此保险市场中来自规模经济的准入壁垒并不突出。一般认为保险市场是竞争性的，可以支持各种规模的保险人。即使小规模保险人也可以成功地与大规模保险人展开竞争，或者是作为谨慎的小范围参与者，或者是进行技术开发。随着市场广度和深度的增加，规模经济引起保险市场失灵的可能性会减小。

厂商是否取得市场支配力取决于它的市场相对规模，而不是绝对规模。微型市场上的小公司同样可能获得垄断优势，巨型保险公司在国际市场上则很难形成垄断。在可争夺市场上，由于市场进出壁垒很低，垄断者或寡头时刻面临新加入者的威胁，很难形成垄断优势，不得不像在竞争性市场上一样从事经营。

3. 产品差异和价格歧视

如果购买者由于产品质量、服务、厂商的位置、声誉等原因更加偏好某一公司的产品，就出现了产品差异。数量很多的厂商生产相似但不相同的产品，就出现了垄断竞争。垄断竞争也是造成市场支配力的重要原因之一。保险人一般总是在众多的竞争者中寻求产品差异。保险监管者通常只有在购买者可能遭到误导的情况下才会对产品差异予以关注。

价格歧视是指厂商对相同的产品向不同顾客群体索要不同的价格。保险人有时也会采取价格歧视。保险监管往往会禁止不合理的价格歧视，即损失和成本不足以解释的价格差异。

有的保险市场存在对费用和佣金的限制，政府对保险实行定价控制。而在另一些市场，政府或政府认可的卡特尔制定所有保险人必须遵守的价格，这样，监管本身就创造了市场支配力。也有一些国家的保险人可以自由制定它们认为合适的价格。还有一些国家介于两种极端之间。从历史上看，很多国家的保险市场都出现过公开或私下的共谋现象，特别是在价格方面。

（二）外部性与保险监管

外部性是指一个厂商的生产行为或一个消费者的消费行为对其他人产生直接的正面影响或负面影响，分别称为正外部性和负外部性。

保险中也存在正外部性和负外部性。比如，在寿险中会出现有人为了获取保险赔偿或给付，故意损害财产和谋害他人性命的情况；同时，也有统计显示，寿险索赔中经常涉及欺诈；这种外部性带来了社会福利的净损失，是保险经营的一种外部成本。

此外，作为金融行业的重要组成部分，保险业的经营也有可能带来系统性风险，产生负外部性。比如，再保险人的破产引起直接保险人的破产；强烈地震、龙卷风、全球变暖、恐怖活动、核泄漏以及其他灾难性事故及其连带责任，给保险人和再保险人造成巨额赔款损失，也有可能引起大规模的破产，进而损害实体经济。

保险业也存在正外部性。比如，保险可以促进经济和社会生产的顺利进行；保险（尤其是社会保险）为失业、伤病和退休者提供的保障维护了社会的稳定。

（三）“免费搭车”与保险监管

如果有人以极低的成本或零成本获得某些产品，就称为“免费搭车”。

保险市场也存在“免费搭车”问题：当某个保险贸易协会进行院外活动要求更有利的立法时，包括非成员在内的所有保险公司都会因此受益；如果某些个人或企业相信政府会在灾难发生时提供资助，那么他们购买此类商业保险的愿望就会有所减弱；同样，如果某些人知道自己将获得免费的急救医疗，那么他们就不会购买相应的商业健康保险。保险监管本身就具有公共产品的性质，无数的个人和企业从中获益，但无须为此付费，或花费很少。

（四）不完全信息与保险监管

不完全信息是造成保险市场失灵的最常见和最重要的原因之一。不完全信息通常指信息不对称。

信息不对称是指交易中的一方拥有而另一方缺少相关信息。如果买者对自身情况的了解多于卖者，就可能引发逆向选择问题。投保人可能隐瞒相关的重要信息，利用保险人的信息欠缺，导致保险人的实际损失高于其根据不完全信息或错误信息做出的预测。在信息不对称的情况下，受到不利影响的一方可以通过获得更多的信息来减轻信息不对称造成的不利后果。投保人可以通过对自身的保险需求以及保单的质量和价格进行深入研究，减少买到“次品”的可能性；保险人也可以通过在签发保单前获取有关投保人的更充分的信息、实行更严格的内部治理与监管机制、进行更深入的理赔调查来降低损失。然而，现实中信息的获取并不是免费的，市场参与者要在获取信息引起的成本增加和因缺乏信息造成的额外损失之间进行权衡。

在保险市场上，经常存在以下问题：保险人向投资者及消费者隐瞒企业具体经营状况和财务状况存在的问题；因为保险合同条款的复杂性，消费者很难理解和区分；投保人对于自己的身体健康状况等掌握着比保险人更多的信息。这些问题的存在为政府监管提供了理由。

同时，保险合同承诺的是未来的支付，它的价格水平是基于预测而制定的。有关未来的准确信息当前无法准确得知。这会对被保险人和保险人都产生不确定影响。被保险人可能因为不确定性而减少对保险产品的消费，保险人也可能因为不确定性而减少对保险产品的供给。在这种情况下，就需要政府出面，参与到保险市场中去。

比如，保险业信息监管的首要目的就是矫正消费者信息不对称问题。世界各国的保险市场普遍实行有关产品等信息的强制披露制度，比如，有的要求披露财务报表，有的要求披露价格和产品等信息，并认为保险人及其代理人传递足以误导消费者的不准确和不完全信息的做法是非法的，且大多数市场都禁止竞争者以任何方式贬低对方。

第三节　保险监管模式

世界主要保险市场的监管实践可以分为以下三种模式。

一、公示监管

公示监管是保险监管中的一种宽松方式，是指政府对保险业的经营不进行直接监管，只规定保险人按照政府规定的格式及内容，将其经营结果定期呈报给主管机关，并予以公布。关于保险业的组织形式、保险合同格式的设计、保险资金的运用等，均由保险人自行决定，政府不过多干预。这种监管的主要内容包括：(1) 公告财务报表；(2) 规定最低资本金与保险金；(3) 订立边际偿付能力标准。

这种监管方式将政府与大众结合起来，有利于保险人在较为宽松的环境中发展。一国采用这种监管方式必须具备一定的条件，包括国民经济一定程度的发展、保险机构的普遍存在、投保人选择保险人的可能性。具体来说，包括：保险公司具有一定的自我监督能力，保险市场具有平等的竞争条件和良好的职业道德，社会大众具有较高的文化水准和较强的参与意识，投保人对保险公司的优劣具有适当的判断能力和评估标准。这种监管方式采用得较少，在历史上曾被英国采用。

二、准则监管

准则监管，又称为规范监管或形式监管，是指国家对保险业的经营制定一定的准则，要求保险公司及保险从业者共同遵守的一种监管方式。政府规定的准则仅涉及重大事项，如保险公司的最低资本额、资产负债表的审查、法定公布事项的主要内容、监管机构的仲裁方式等。这种方式强调保险经营形式的合法性，因此，与公示监管相比，准则监管具有更大的可操作性，曾被视为适中的监管方式。但是，由于这种监管仅是从形式出发，难以适应所有保险机构，且随着保险技术的提高，涉及的事物越来越复杂多变，所以仅靠某些基本准则难以起到严格有效的监督作用。

三、实体监管

实体监管亦称为严格监管或许可证监管，指的是国家制定完善的保险监督管理规则，主管机构根据法律赋予的权力对保险市场尤其是保险公司进行全面的监督管理的一种方式。该方式最早由瑞士创立，现已被许多国家采用。

实体监管的过程大致可以分为三个阶段。第一阶段为保险业设立时的监管，即保险许可证监管，保险主管机关依据法律规定核准设立企业的营业登记并颁发营业执照，监管内容包括新公司、合资公司、分公司的设立及增设分支机构等需要的最低资本金、保证金等。第二阶段为保险业经营期间的监管，此阶段的监管为实体监管的核心，因此，采用实体监管方式的国家，大都通过颁布保险法、保险业管理法、外国保险业许可管理法等对保险经营过程予以规范，并对保险业进行实体监管和检查。第三阶段为保险业破产时的监管，即在保险公司经营失败时，对其破产和清算进行监管。

在实体监管方式下，又有严格监管与松散监管两种模式。

（1）严格监管模式是一种传统的监管模式。在这种监管模式下，所有保险活动的过去和现在都受到全面监管，包括对市场准入的限制、对保险产品的质量即条款和费率的管理以及对涉及偿付能力的资金的监管等。通常来说，实行严格监管有利于保证保险公司的财务稳健和保险业的声誉，有利于规范和控制保险市场，建立良好的竞争秩序。其不足之处在于：保险活动会受到诸多限制，从而在一定程度上束缚了保险业的发展。在欧洲单一保险市场建立以前，以德国为首的多数国家大都采用这一模式。发展中国家一般采取这种监管模式，美国也是这一模式的典型代表。

（2）松散监管模式是一种与严格监管模式相对的保险监管模式。它只对偿付能力进行监管，强调以确保保险人的偿付能力为中心，相应放松对保险产品、保险费率、保险业务甚至市场准入条件的约束，而将其主要精力集中到与偿付能力有关的事项上。这种模式往往详尽地规定了资金控制的手段，而且是以具备完善的法律规范评估原则和详尽的报告制度为前提的。在一定的条件下，采用松散监管模式有利于促进保险业的发展，但这种模式适合成熟的保险市场。

从理论上讲，松散监管模式能更好地发挥保险公司的积极性，促进保险市场产品的多样化，但它要求加强对保险中介机构的监管，因为中介机构承担了保证市场的透明度，指导消费者选择最能满足其需求、适合其收入特点的产品类别和费率的任务。采取严格监管制度有利于保护消费者，但一个可能的后果是限制了保险公司的创造力，使保险产品之间的差异变小，因而不利于应对随时可能出现的新风险，同时也不利于保险公司最大限度地分散和经营风险。折中式监管模式既给了保险公司一定的自由，又能对其进行有力的约束，但它的问题在于，一旦监管部门对已发行的不合理保单采取措施，将会引起保险市场某种程度的混乱，既不方便顾客，也会因此降低公司在消费者心中的地位。

专栏 13-1

中国保险监管的发展历史

一、发展初期的混业监管（1949—1997 年）

1949—1997 年这一时期，是我国经济从蹒跚学步到高速发展的探索、转轨时期，也是我国“金融大一统”时期，这一时期银行、保险等均由财政部和中国人民银行监管。

1949 年 10 月 20 日，中华人民共和国成立了第一家国家保险机构中国人民保险公司。1958 年人民公社化后，全国财政会议上做出“立即停办国内保险业务”的决定。1966—1976 年的“文化大革命”时期，保险行业的发展跌至谷底。1979 年 11 月，中国人民银行召开全国保险工作会议，决定从 1980 年起恢复停办 20 余年之久的国内保险业务。1980 年，中国人民保险公司复业，恢复财产保险业务。1982 年，人寿保险业务得以恢复。

1985 年 3 月，国务院颁布《保险企业管理暂行条例》，规定国家保险管理机关是中国人民银行。1995 年 6 月 30 日，第八届全国人民代表大会常务委员会第十四次会议通过了《中华人民共和国保险法》，使保险监管有法可依。此后，中国人民银行先后颁布了《保险代理人管理暂行规定》、《保险管理暂行规定》和《保险代理人管理规定（试行）》，我国保险业监管体系初步建立起来。

二、亚洲金融危机之后的分业监管（1997—2012 年）

1997 年亚洲金融危机爆发，同年 11 月，中央召开首次全国金融工作会议，会议决定对金融业实行分业监管，将国务院证券委员会和中国证监会合并为新的中国证监会，同时成立中国保监会，二者分别负责中国证券业和保险业的监管；中国人民银行专司对银行业、信托业的监管。1998 年 11 月 18 日，中国保险监督管理委员会正式登上历史舞台，依照法律、法规统一监督管理全国保险市场。2003 年 3 月，中国银监会成立，同年，保监会升格为国务院直属正部级事业单位，获得了与中国银监会和中国证监会同样的地位，自此，“一行三会”的金融监管格局确立。

2008 年次贷危机爆发之后，国际上普遍将偿付能力监管作为现代保险监管的核心，我国保监会也调整保险行业发展与监管的思路，从做大做强转化为风险防范。

三、金融自由化时代的保险监管（2012—2018 年）

2012 年金融自由化开始。2014 年，国务院发布《关于加快发展现代保险服务业的若干意见》，保险业新一轮的改革创新开始，“放开前端、管住后端”的监管理念为保险资金的滥用放开了更大的口子。2015 年取消了保险销售（含保险代理）、保险经纪从业人员资格核准审批事项，使得保险业“宽监管”模式不断推进。

2015 年 7 月，“宝万之争”爆发，引发了对保险业不规范运作模式的争论。2017 年 4 月，保监会印发《中国保监会关于进一步加强保险业风险防控工作的通知》，强调保险监管的主要任务是“强监管、治乱象、补短板、防风险、服务实体经济”，宣告了保险业野蛮扩张时期的结束。

四、混业监管的时代起点（2018 年至今）

2017 年第五次全国金融工作会议指出：要加强金融监管协调、补齐监管短板；坚持问题导向，针对突出问题加强协调，强化综合监管，突出功能监管和行为监管；要促进金融机构降低经营成本，清理规范中间业务环节，避免变相抬高实体经济融资成本。实质上是要求通过加强混业监管，解决分业监管带来的监管不足和监管空白等问题。2018 年 3 月 13 日，十三届全国人大一次会议召开第四次全体会议，将中国银行业监督管理委员会和中国保险监督管理委员会的职责整合，组建中国银行保险监督管理委员会，作为国务院直属事业单位。银监会和保监会的合并，迈出了我国金融监管由分业监管到混业监管的重要一步，是混业监管的新起点。

第四节 保险监管的内容

保险监管涉及的范围甚广，各国监管的侧重点也不相同。我国《保险法》规定的保险监管内容主要包括：保险组织监管、保险业务监管、保险财务监管以及保险中介人监管等。

一、保险组织监管

保险组织监管，是指国家对保险的组织形式，保险公司的资格要求、变更、整顿、接管、市场退出等方面的监管。

（一）保险的组织形式

保险的组织形式，是指依法登记设立，并以经营保险为业的专门机构。各国保险业的组织形式一般包括国有保险公司、股份保险公司、相互保险组织、个人保险组织、保险合作社以及行业自保组织。股份有限公司是各国普遍采用的保险组织形式。

我国《保险法》第六条规定："保险业务由依照本法设立的保险公司以及法律、行政法规规定的其他保险组织经营，其他单位和个人不得经营保险业务。"第六十七条规定："设立保险公司应当经国务院保险监督管理机构批准。"第七十四条规定："保险公司在中华人民共和国境内设立分支机构，应当经保险监督管理机构批准。保险公司分支机构不具有法人资格，其民事责任由保险公司承担。"第七十九条规定："保险公司在中华人民共和国境外设立子公司、分支机构，应当经国务院保险监督管理机构批准。"第八十条规定："外国保险机构在中华人民共和国境内设立代表机构，应当经国务院保险监督管理机构批准。代表机构不得从事保险经营活动。"

目前，我国保险公司主要采用股份有限公司、国有控股公司或国有独资公司的形式，也有少量采取相互保险公司、相互保险社、专属保险公司、保险合作社等组织形式。

（二）保险公司的资格要求

各国保险监管机构均规定，设立保险公司必须向保险主管部门申请批准，经批准后方可营业。

在我国，设立保险公司必须经国务院保险监督管理机构批准。我国《保险法》第六十八条规定："设立保险公司应当具备下列条件：（一）主要股东具有持续盈利能力，信誉良好，最近三年内无重大违法违规记录，净资产不低于人民币二亿元；（二）有符合本法和《中华人民共和国公司法》规定的章程；（三）有符合本法规定的注册资本；（四）有具备任职专业知识和业务工作经验的董事、监事和高级管理人员；（五）有健全的组织机构和管理制度；（六）有符合要求的营业场所和与经营业务有关的其他设施；（七）法律、行政法规和国务院保险监督管理机构规定的其他条件。"第六十九条规定："设立保险公司，其注册资本的最低限额为人民币二亿元。国务院保险监督管理机构根据保险公司的业务范围、经营规模，可以调整其注册资本的最低限额，但不得低于本条第一款规定的限额。保险公司的注册资本必须为实缴货币资本。"

设立保险公司，从申请设立至营业开始，需要经过以下四道程序：(1) 申请核准。在中国成立保险公司必须事先申请，得到国务院保险监督管理机构批准。(2) 营业登记。保险公司在开始营业之前需要依法在市场监督管理机构进行登记，并申请营业执照。(3) 缴存保证金。保险公司设立时应按照注册资本的一定比例缴存保证金，以确保保险人的债务清偿能力。(4) 领取营业执照。只有在领到营业执照后，才能开始营业。

（三）保险公司的变更

保险公司的变更，是指保险公司的合并、分立以及其他事项的更改等。保险公司的变更，必须经过保险监督管理机构的批准方为有效。我国《保险法》第八十四条规定：“保险公司有下列情形之一的，应当经保险监督管理机构批准：（一）变更名称；（二）变更注册资本；（三）变更公司或者分支机构的营业场所；（四）撤销分支机构；（五）公司分立或者合并；（六）修改公司章程；（七）变更出资额占有限责任公司资本总额百分之五以上的股东，或者变更持有股份有限公司股份百分之五以上的股东；（八）国务院保险监督管理机构规定的其他情形。”

（四）保险公司的整顿

保险业涉及千家万户的利益，在社会经济生活中的地位特殊。如果保险公司因经营管理不善导致其偿付能力下降，甚至破产倒闭，那么必定会损害消费者的利益。因此，各国保险法通常都规定，在特定情况下可对其进行整顿。

我国《保险法》第一百三十九条规定：“保险公司未依照本法规定提取或者结转各项责任准备金，或者未依照本法规定办理再保险，或者严重违反本法关于资金运用的规定的，由保险监督管理机构责令限期改正，并可以责令调整负责人及有关管理人员。”

我国《保险法》第一百四十条第一款规定：“保险监督管理机构依照本法第一百三十九条的规定作出限期改正的决定后，保险公司逾期未改正的，国务院保险监督管理机构可以决定选派保险专业人员和指定该保险公司的有关人员组成整顿组，对公司进行整顿。”

我国《保险法》第一百三十八条规定：“对偿付能力不足的保险公司，国务院保险监督管理机构应当将其列为重点监管对象，并可以根据具体情况采取下列措施：（一）责令增加资本金、办理再保险；（二）限制业务范围；（三）限制向股东分红；（四）限制固定资产购置或者经营费用规模；（五）限制资金运用的形式、比例；（六）限制增设分支机构；（七）责令拍卖不良资产、转让保险业务；（八）限制董事、监事、高级管理人员的薪酬水平；（九）限制商业性广告；（十）责令停止接受新业务。”

第一百四十三条规定：“被整顿保险公司经整顿已纠正其违反本法规定的行为，恢复正常经营状况的，由整顿组提出报告，经国务院保险监督管理机构批准，结束整顿，并由国务院保险监督管理机构予以公告。”

（五）保险公司的接管

倘若保险公司违反《保险法》的规定，损害到社会公共利益，可能危及或者已经危及保险公司的偿付能力，保险监督管理部门可以对该保险公司实行接管。

我国《保险法》第一百四十四条规定：“保险公司有下列情形之一的，国务院保险监督管理机构可以对其实行接管：（一）公司的偿付能力严重不足的；（二）违反本法规定，损害社会公共利益，可能严重危及或者已经严重危及公司的偿付能力的。被接管的保险公司的债权债务关系不因接管而变化。”第一百四十六条规定：“接管期限届满，国务院保险监督管理机构可以决定延长接管期限，但接管期限最长不得超过二年。”第一百四十七条规定：“接管期限届满，被接管的保险公司已恢复正常经营能力的，由国务院保险监督管理机构决定终止接管，并予以公告。”

对于保单持有人等提出的索赔，被接管保险公司仍必须办理，不得拒绝；对于其债务应当履行，其享有的债权也同样受法律保护。可见，对被接管保险公司采取必要措施，制止其危害社会公共利益的行为，可以保护保险消费者的利益，恢复保险公司的正常经营能力。

(六) 保险公司的市场退出

保险公司的市场退出包括解散、撤销和破产三种形式，而且必须经过保险监督管理部门批准。特别是经营人寿保险业务的保险公司，除因分立、合并或者被依法撤销外，不得解散。

我国《保险法》第八十九条规定："保险公司因分立、合并需要解散，或者股东会、股东大会决议解散，或者公司章程规定的解散事由出现，经国务院保险监督管理机构批准后解散。经营有人寿保险业务的保险公司，除因分立、合并或者被依法撤销外，不得解散。保险公司解散，应当依法成立清算组进行清算。"

我国《保险法》第九十条规定："保险公司有《中华人民共和国企业破产法》第二条规定情形的，经国务院保险监督管理机构同意，保险公司或者其债权人可以依法向人民法院申请重整、和解或者破产清算；国务院保险监督管理机构也可以依法向人民法院申请对该保险公司进行重整或者破产清算。"

我国《保险法》第一百四十八条规定："被整顿、被接管的保险公司有《中华人民共和国企业破产法》第二条规定情形的，国务院保险监督管理机构可以依法向人民法院申请对该保险公司进行重整或者破产清算。"

我国《保险法》第一百四十九条规定："保险公司因违法经营被依法吊销经营保险业务许可证的，或者偿付能力低于国务院保险监督管理机构规定标准，不予撤销将严重危害保险市场秩序、损害公共利益的，由国务院保险监督管理机构予以撤销并公告，依法及时组织清算组进行清算。"

保险公司在整顿、接管、撤销清算期间，或者出现重大风险时，国务院保险监督管理机构可以对该公司直接负责的董事、监事、高级管理人员和其他直接责任人员采取以下方式：(1) 通知出境管理机关依法阻止其出境；(2) 申请司法机关禁止其转移、转让或者以其他方式处分财产，或者在财产上设定其他权利等措施以保障其安全。

二、保险业务监管

保险业务监管，是指国家保险监管部门对保险公司的保险条款与费率，以及再保险业务的监管。

(一) 保险条款与费率监管

保险条款是专业性文书，一般消费者较难理解，如果保险条款完全由保险公司自由拟订，就有可能损害保险消费者的利益。因此各国立法普遍规定，由政府监管部门制定基本保险条款，其目的正是限制保险公司的权力，保障社会公众的利益。保险条款的监管一般包括以下几点。

1. 保险标的

保险标的是作为保险对象的财产及其有关利益，或者是人的寿命和身体，是保险利益的载体。对于财产保险而言，大部分国家多采用标的所在地主义，即保险标的只能向其所在国有权经营此项业务的保险公司投保。

2. 保险责任与责任免除

保险人在设计保险条款时，为避免承担无限责任，必须着重明确除外责任条款。在订立保险合同时应当向投保人明确说明，未明确说明的，该条款不产生效力。

3. 其他内容监管

其他内容监管包括对保险费率、保险赔偿方式、权利义务条款、违约责任以及争议处理等的监管。

对保险费率进行监管的目的是：使费率足以保证保险公司的偿付能力及正常经营，但又不能为其带来过高的利润；对相同或相似的风险收取相同的费率；等等。有的国家甚至要求保单的制作符合一定形式。归纳起来，对保险费率的监管方式可分为强制费率、规章费率、事先核定费率、事先报批费率、事后报批费率和自由竞争费率等。

我国《保险法》第一百三十五条规定："关系社会公众利益的保险险种、依法实行强制保险的险种和新开发的人寿保险险种等的保险条款和保险费率，应当报国务院保险监督管理机构批准。国务院保险监督管理机构审批时，应当遵循保护社会公众利益和防止不正当竞争的原则。其他保险险种的保险条款和保险费率，应当报保险监督管理机构备案。保险条款和保险费率审批、备案的具体办法，由国务院保险监督管理机构依照前款规定制定。"

我国《保险法》第一百三十六条规定："保险公司使用的保险条款和保险费率违反法律、行政法规或者国务院保险监督管理机构的有关规定的，由保险监督管理机构责令停止使用，限期修改；情节严重的，可以在一定期限内禁止申报新的保险条款和保险费率。"

（二）再保险业务的监管

为了规范和发展再保险市场，实现保险业的健康协调发展，必须加强对再保险业务的管理。我国《再保险业务管理规定》第十条规定："保险人应当依照《保险法》规定，确定当年总自留保险费和每一危险单位自留责任；超过的部分，应当办理再保险。"第十一条又规定："除航空航天保险、核保险、石油保险、信用保险外，直接保险公司办理合约分保或者临时分保的，应当符合下列规定：（一）以比例再保险方式分出财产保险直接保险业务时，每一危险单位分给同一家再保险接受人的比例，不得超过再保险分出人承保直接保险合同部分的保险金额或者责任限额的80%；（二）每一临时分保合同分给投保人关联企业的保险金额或者责任限额，不得超过直接保险业务保险金额或者责任限额的20%。"

我国《保险法》第一百零二条规定："经营财产保险业务的保险公司当年自留保险费，不得超过其实有资本金加公积金总和的四倍。"第一百零三条第一款规定："保险公司对每一危险单位，即对一次保险事故可能造成的最大损失范围所承担的责任，不得超过其实有资本金加公积金总和的百分之十；超过的部分应当办理再保险。"第一百零五条规定："保险公司应当按照国务院保险监督管理机构的规定办理再保险，并审慎选择再保险接受人。"由此可见，国家对再保险业务的监督和管理是非常严格的。

三、保险财务监管

保险公司财务监管是指对保险公司在保险经营活动中所发生的资金结算关系，包括资金筹集、管理与运用等的监管。由于保险公司的资金运动具有特殊性，所以国家对保险公司财务的监管旨在确保其偿付能力。偿付能力是指保险公司偿还到期债务的能力，即保险公司对其所承保的保险责任具有的经济补偿或给付能力。正因为保险公司财务必须保持稳定、安全的特殊性，国家对保险公司的财务监管主要包括对资本金、保险保障基金、准备金、保证金、公积金、偿付能力以及资金运用等方面的监管。

（一）对资本金的监管

资本金是开办保险公司等企业的本钱。根据我国《企业财务通则》的规定，资本金是指企业在工商行政管理部门登记的注册资本金。注册资本金不得低于法定资本金。设立保险公司也必须具备最低数量的法定资本金，又称法定最低资本金，指国家规定的开办企业必须筹集的最低资本金数额。

设立法定资本金的目的包括：一是为企业经营提供必要的资金保证；二是为企业法人承担责任提供必要的物质基础。不同性质、不同经营范围的企业，对其注册资本投入的要求是不同的。我国《保险法》第六十九条第一款规定："设立保险公司，其注册资本的最低限额为人民币二亿元。"资本金是保险公司存在的先决条件，在补偿意外损失或发生亏损时，有资本金做后盾，可以保证客户的利益，维护保险公司的信誉。有了资本金，还可以帮助保险公司扩展业务，满足增设分支机构的需要。

（二）对保险保障基金的监管

保险保障基金，是指保险机构为了有能力应付可能发生的各种巨额赔款，从年终结余中专门提存的后备基金。根据我国《保险保障基金管理办法》的规定，为了保障保险消费者的利益，支持保险公司稳健经营，保险公司应当按照保险监督管理机构的规定提存保险保障基金。保险保障基金分为财产保险保障基金和人身保险保障基金。它由国有独资的中国保险保障基金有限责任公司依法筹集，集中管理，统筹使用。

保险保障基金来源于五个方面：（1）境内保险公司依法缴纳的保险保障基金；（2）保险保障基金公司依法从破产保险公司清算财产中获得的受偿收入；（3）捐赠；（4）上述资金的投资收益；（5）其他合法收入。保险公司应按照下列规定，对经营财产保险业务或者人身保险业务缴纳保险保障基金，并将缴纳保险保障基金的保险业务纳入保险保障基金救助范围：（1）非投资型财产保险按保费收入的0.8%缴纳。投资型财产保险，有保证收益的，按业务收入的0.08%缴纳；无保证收益的，按业务收入的0.05%缴纳。（2）有保证收益的人寿保险按业务收入的0.15%缴纳；无保证收益的人寿保险按业务收入的0.05%缴纳。（3）短期健康保险按保费收入的0.8%缴纳；长期健康保险按保费收入的0.15%缴纳。（4）非投资型意外伤害保险按保费收入的0.8%缴纳。投资型意外伤害保险，有保证收益的，按业务收入的0.08%缴纳；无保证收益的，按业务收入的0.05%缴纳。

保险公司应当及时、足额将保险保障基金缴纳到保险保障基金公司的专门账户，有下列情形之一的，可以暂停缴纳：（1）财产保险公司的保险保障基金余额达到公司总资产的6%的；（2）人身保险公司的保险保障基金余额达到公司总资产的1%的。保险公司的保险保障基金余额减少或者总资产增加，其保险保障基金余额占总资产的比例不能满足前款要求的，应当自动恢复缴纳保险保障基金。

我国《保险法》第一百条规定："保险公司应当缴纳保险保障基金。保险保障基金应当集中管理，并在下列情形下统筹使用：（一）在保险公司被撤销或者被宣告破产时，向投保人、被保险人或者受益人提供救济；（二）在保险公司被撤销或者被宣告破产时，向依法接受其人寿保险合同的保险公司提供救济；（三）国务院规定的其他情形。保险保障基金筹集、管理和使用的具体办法，由国务院制定。"

中国的保险保障基金是根据《保险法》和《保险保障基金管理办法》的规定缴纳形成的行业风险救助基金，实行集中管理，统筹使用，主要用于救助保单持有人、保单受让公司或者处置保险业风险。2008 年 9 月，中国保监会、财政部、中国人民银行共同制定并颁布了新的《保险保障基金管理办法》，设立了中国保险保障基金有限责任公司，由该公司依法负责保障基金的筹集、管理和使用。截至 2019 年 12 月 31 日，保险保障基金余额（汇算清缴前）达 1 460.82 亿元，其中财产保险保障基金达 918.01 亿元，占 62.84%；人身保险保障基金达 542.81 亿元，占 37.16%。

（三）对准备金的监管

保险准备金，是指保险人为保证其如约履行保险赔付义务，根据政府有关法律规定或业务特定需要，从保费收入或盈余中提取的与其所承担的保险责任相对应的专门基金，主要有未到期责任准备金、未决赔款准备金、总准备金等。为了保证保险公司的正常经营，保护被保险人的利益，各国一般都通过保险立法来规定保险公司应提存的保险准备金，以保证其具备与自身保险业务规模相应的偿付能力。

未到期责任准备金，是指在会计年度决算时依据权责发生制原则，对未到期保单的保费提存的专项赔付资金。保险公司对一年以内的财产保险、意外伤害保险、健康保险业务，按规定从应属于下一年度的尚未到期的部分保费中提取建立未到期责任准备金。之所以要提取这种准备金，是因为保险业务年度与会计年度不一致。比如投保人于 2017 年 7 月 1 日缴付一年的保费，其中 6 个月属于 2017 年这一会计年度，余下 6 个月属于下一个会计年度。这一保单在下一会计年度的前 6 个月是继续有效的。因此，应在当年收入的保费中提存相应部分作为下一年度的保费收入，作为该保单的赔付资金来源。未到期责任准备金应在会计年度决算时一次计算提取。《保险公司非寿险业务准备金管理办法（试行）》第十一条规定："未到期责任准备金的提取，应当采用下列方法之一：（一）二十四分之一法（以月为基础计提）；（二）三百六十五分之一法（以天为基础计提）；（三）对于某些特殊险种，根据其风险分布状况可以采用其他更为谨慎、合理的方法。未到期责任准备金的提取方法一经确定，不得随意更改。"第十二条规定："保险公司在提取未到期责任准备金时，应当对其充足性进行测试。未到期责任准备金不足时，要提取保费不足准备金。"

未决赔款准备金，是指在会计年度决算前发生保险事故，但尚未决定赔付，或应付而未付的赔款，是从当年的保费收入中提存的准备金。它是保险人在会计年度决算时，为该会计年度已发生保险事故应付而未付赔款所提存的一种资金准备，包括已发生已报案未决赔款准备金、已发生未报案未决赔款准备金和理赔费用准备金。《保险公司非寿险业务准备金管理办法（试行）》第八条规定："已发生已报案未决赔款准备金是指为保险事故已经发生并已向保险公司提出索赔，保险公司尚未结案的赔案而提取的准备金。"第九条规定："已发生未报案未决赔款准备金是指为保险事故已经发生，但尚未向保险公司提出索赔的赔案而提取的准备金。"第十条规定："理赔费用准备金是指为尚未结案的赔案可能发生的费用而提取的准备金。其中为直接发生于具体赔案的专家费、律师费、损失检验费等而提取的为直接理赔费用准备金；为非直接发生于具体赔案的费用而提取的为间接理赔费用准备金。"监管部门要求保险公司提存未决赔款准备金的主要目的，是对已发生保险事故但尚未理赔的情况做好资金准备。第十三条规定："对已发生已报案未决赔款准备金，应当采用逐案估计法、案均赔款法以及中国保监会监管部门认可的其他方法谨慎提取。"第十四条规定："对已发生未报案未决赔款准备金，应当根据险种的风险性质、分布、经验数据等因素采用至少下列两种方法进行谨慎评估提取：（一）链梯法；（二）案均赔款法；（三）准备金进展法；（四）B-F法[①]等其它合适的方法。”第十五条规定：“对直接理赔费用准备金，应当采取逐案预估法提取；对间接理赔费用准备金，采用比较合理的比率分摊法提取。”

（四）对保证金的监管

资本保证金，是指保险公司成立后按其注册资本总额的20%提取的用于破产清算时清偿债务的专项资金。我国《保险法》第九十七条规定：“保险公司应当按照其注册资本总额的百分之二十提取保证金，存入国务院保险监督管理机构指定的银行，除公司清算时用于清偿债务外，不得动用。”加强对保险公司资本保证金的管理，可以维护保险市场的平稳健康发展。我国《保险公司资本保证金管理办法》第七条规定：“保险公司应将资本保证金存放在保险公司法人机构住所地、直辖市、计划单列市或省会城市的指定银行。”第八条规定：“保险公司应当开立独立银行账户存放资本保证金。”第十三条规定：“每笔资本保证金存款的金额不得低于人民币1 000万元（或等额外币）。保险公司增加注册资本（营运资金）低于人民币5 000万元（或等额外币）的，按实际增资金额的20%一笔提存资本保证金。”

（五）对公积金的监管

公积金又称储备金，是公司为巩固自身的财务基础，提高公司信用和预防意外亏损，依照法律和公司章程的规定，在公司资本以外积存的资金。

按照我国《公司法》和《保险法》的规定，保险公司在分配当年税后利润时，应当提取利润的10%列入公司的法定公积金；法定公积金累计额达到公司注册资本的50%以上时，可以不再提取；法定公积金不足以弥补公司上一年度亏损的，在提取法定公积金之前，应当先用当年利润弥补亏损；保险公司从税后利润中提取法定公积金后，经股东大会决议，可以提取任意公积金；股东大会或者董事会违反规定，在公司弥补亏损和提取法定公积金之前向股东分配利润的，必须将违反规定分配的利润退还公司；公司公积金应当用于弥补公司的亏损，扩大公司生产经营或者转为增加公司的资本。

法定公积金的提取具有强制性，保险公司必须依法提取。任意公积金的提取不具有强制性，保险公司可以根据实际需要自行决定提取。

（六）对偿付能力的监管

偿付能力是指保险公司对保单持有人履行赔付义务的能力。其含义包括：一是在一般情况下发生保险事故时，保险公司所具有的完全承担赔付保险金责任的能力，即最低偿付能力；二是在特殊情况下发生超常年景的巨额损失时，保险公司所具有的特别偿付能力。

我国《保险公司偿付能力管理规定》第四条规定：“保险公司应当建立健全偿付能力管理体系，有效识别管理各类风险，不断提升偿付能力风险管理水平，及时监测偿付能力状况，编报偿付能力报告，披露偿付能力相关信息，做好资本规划，确保偿付能力达标。”

我国《保险公司偿付能力管理规定》第六条规定：“偿付能力监管指标包括：（一）核心偿付能力充足率，即核心资本与最低资本的比值，衡量保险公司高质量资本的充足状

---

① B-F法是根据已发生索赔的实际进展情况和期望进展情况来修正已发生未报案准备金的一种未决赔款准备金的评估方法。

况；（二）综合偿付能力充足率，即实际资本与最低资本的比值，衡量保险公司资本的总体充足状况；（三）风险综合评级，即对保险公司偿付能力综合风险的评价，衡量保险公司总体偿付能力风险的大小。”

为了保障保险公司的最低偿付能力，我国对保险公司的业务量进行了限制。《保险法》第一百零一条规定：“保险公司应当具有与其业务规模和风险程度相适应的最低偿付能力。保险公司的认可资产减去认可负债的差额不得低于国务院保险监督管理机构规定的数额；低于规定数额的，应当按照国务院保险监督管理机构的要求采取相应措施达到规定的数额。”第一百零二条规定：“经营财产保险业务的保险公司当年自留保险费，不得超过其实有资本金加公积金总和的四倍。”第一百零三条规定：“保险公司对每一危险单位，即对一次保险事故可能造成的最大损失范围所承担的责任，不得超过其实有资本金加公积金总和的百分之十；超过的部分应当办理再保险。”

（七）对资金运用的监管

保险资金运用是现代保险业生存与发展的重要环节和基础。保险资金运用状况的好坏，直接影响着公司的偿付能力，所以许多国家都对保险公司资金运用的原则、比例和形式等做了明文的限制性规定。

我国《保险资金运用管理办法》第三条规定：“本办法所称保险资金，是指保险集团（控股）公司、保险公司以本外币计价的资本金、公积金、未分配利润、各项准备金及其他资金。”第六条规定：“保险资金运用限于下列形式：（一）银行存款；（二）买卖债券、股票、证券投资基金份额等有价证券；（三）投资不动产；（四）投资股权；（五）国务院规定的其他资金运用形式。保险资金从事境外投资的，应当符合中国保监会、中国人民银行和国家外汇管理局的相关规定。”

对于投资以上产品还有具体的规定。《保险资金运用管理办法》第七条规定：“保险资金办理银行存款的，应当选择符合下列条件的商业银行作为存款银行：（一）资本充足率、净资产和拨备覆盖率等符合监管要求；（二）治理结构规范、内控体系健全、经营业绩良好；（三）最近三年未发现重大违法违规行为；（四）信用等级达到中国保监会规定的标准。”

为了安全起见，国家还对资金运用的数量做出了具体的比例规定。《保险资金运用管理办法》第十九条规定：“保险集团（控股）公司、保险公司从事保险资金运用应当符合中国保监会比例监管要求，具体规定由中国保监会另行制定。中国保监会根据保险资金运用实际情况，可以对保险资产的分类、品种以及相关比例等进行调整。”

四、保险中介人监管

为了顺应保险中介行业快速发展的需要，提高保险市场资源配置效率，提升中介机构专业素质、管理能力、服务水平和资本实力，保护被保险人的合法利益，必须加强对保险中介机构的监管，以保证保险中介行业持续、稳定、健康发展。根据我国《保险专业代理机构监管规定》、《保险经纪机构监管规定》和《保险公估机构监管规定》（以下简称新“三规定”），保险中介人监管是指国家监管部门依法对保险代理人、保险经纪人和保险公估人的市场准入、经营规则、市场退出、监督检查等方面实施监管的行为。

（一）市场准入

市场准入是指国家和政府准许公民和法人从事保险中介业务活动的有关条件和程序规

则的总称。在市场准入监管方面，我国新“三规定”主要从中介机构的组织形式、设立条件、注册资本、设立分支机构的条件、许可证有效期以及高管的任职资格等方面做出了详细的规定。

（二）经营规则

保险中介机构经营规则，是指保险中介机构从事保险中介业务时必须遵守的强制性行为规范。我国的新“三规定”主要从中介机构的业务范围、账户管理、业务档案内容、保证金和禁止行为等方面做出了严格规定。

（三）市场退出

市场退出监管，是指保险监管当局对保险中介机构退出、破产倒闭或合（兼）并、变更等实施的监管，也包括对违规保险中介机构终止经营的监管。我国的新“三规定”对保险中介机构的退出原因做出了详细规定。

保险代理人市场退出规定：(1) 因许可证有效期届满，中国银保监会依法不予延续有效期，或者许可证依法被撤回、撤销、吊销的，应当依法组织清算或者对保险代理业务进行结算；(2) 因分立、合并需要解散，或者根据股东会、股东大会决议解散，或者公司章程规定的解散事由出现的，应当经中国银保监会批准后解散；(3) 保险专业代理公司解散，在清算中发现已不能清偿到期债务，并且资产不足以清偿全部债务或者明显缺乏清偿能力的，应当依法提出破产申请；(4) 被依法吊销营业执照、被撤销、责令关闭或者被人民法院依法宣告破产的，应当依法成立清算组，依照法定程序组织清算。

保险经纪人市场退出规定：(1) 因许可证有效期届满，中国银保监会依法不予延续有效期，或者许可证依法被撤回、撤销、吊销的，应当依法组织清算或者对保险经纪业务进行结算；(2) 因分立、合并需要解散，或者根据股东会、股东大会决议解散，或者公司章程规定的解散事由出现的，应当经中国保监会批准后解散；(3) 保险经纪公司解散，在清算中发现已不能清偿到期债务，并且资产不足以清偿全部债务或者明显缺乏清偿能力的，应当依法提出破产申请，其财产清算与债权债务处理，按照法定破产程序进行；(4) 被依法吊销营业执照、被撤销、责令关闭或者被人民法院依法宣告破产的，应当依法成立清算组，依照法定程序组织清算。

保险公估人市场退出规定：(1) 因许可证有效期届满，中国银保监会依法不予延续有效期，或者许可证依法被撤回、撤销、吊销的，应当依法组织清算或者对保险公估业务进行结算；(2) 保险公估机构解散，在清算中发现已不能清偿到期债务，并且资产不足以清偿全部债务或者明显缺乏清偿能力的，应当依法提出破产申请；(3) 被依法吊销营业执照、被撤销、责令关闭或者被人民法院依法宣告破产的，应当依法成立清算组，依照法定程序组织清算。

（四）监督检查

根据我国保险法规的规定，保险中介机构应该依照中国银保监会的有关规定及时、准确、完整地报送有关报告、报表、文件和资料，并提交相关电子文本。中国银保监会还有依法进行现场检查的权力，检查内容涉及各个方面，比如机构设立、变更是否依法获得批准或者履行报告义务，保证金提取和动用是否符合规定等，如果发现存在问题，中国银保监会有权责令其停止部分或者全部业务。同时，被检查的保险中介机构还应配合银保监会的现场检查工作，不得拒绝、妨碍其依法进行监督检查。

第五节　保险监管的国际化

随着经济日益全球化，各种风险也呈现出国际化趋势。自 20 世纪 80 年代以来，大型保险公司的保险资本扩张、跨国公司的保险需求以及巨额保险标的的出现，都推动了保险业务的国际化进程。同时，随着世界经济、金融的联系更加紧密，世界各国的市场都变得更加自由，风险的相关性也更强，这进一步推动了保险机构和保险风险的国际化。

面对保险业务国际化、保险机构国际化和保险风险国际化的趋势，保险监管国际化的问题也被提上了各国的议程。

一、保险监管国际化的内容

保险监管国际化包括以下内容：

（1）为了保护全球范围内保单持有人和投保人的利益，防范系统性保险风险的跨国传播和蔓延，维护国际保险市场的安全和稳定，各国保险监管机构之间需要建立一个有效的沟通、交流及合作的组织和机制，通过这个组织和机制，形成一套为不同辖区的保险监管机构所广泛接受并自觉遵守的保险监管国际规则。

（2）保险监管国际规则是指对各国保险监管机构及其运作的基本要求和最低标准，所以它不可能代替各国保险监管的具体法规以及各具特色的监管方式和习惯做法。

（3）保险监管的国际化是一个逐步完善和深化的过程，允许不同国家的保险监管机构在适应保险监管国际化的趋势时有自己的节奏。

二、国际保险监督官协会与《保险监管核心原则》

（一）国际保险监督官协会

国际保险监督官协会（International Association of Insurance Supervisors，IAIS）是一个全球性保险监管组织，于 1994 年在瑞士成立，其宗旨是制定保险监管原则与标准，提高成员监管水平。它由 129 个国家和地区的保险监管机构组成，另有 98 家公司或组织为其观察员。IAIS 汇聚了各国保险监管当局意志，对国际保险业的发展方向有重要影响。成为 IAIS 的成员，享有表决权，是一国保险监管当局融入国际保险界，对国际保险事务发挥影响力的重要标志。

IAIS 自成立以来，在制定全球保险监管标准、改善跨行业的监管、推动保险监管国际规则的执行等方面取得了明显成效。具体内容如下：

第一，制定国际保险监管规则。IAIS 通常以成员表决的方式通过保险监管规则和标准。这些规则具有较大的权威性，被当作国际保险监管文件范本，影响着国际保险业的发展方向。

第二，发布国际保险最新动态。IAIS 汇集了世界各国的保险业信息，掌握着各国保险监管情况，能够在第一时间发布国际保险行业动态信息，预测国际保险发展趋势。其各技术委员会搜集和掌握的情况成为了解国际保险业各专门领域最新趋势的指南。

第三，提供国际保险界交流平台。IAIS 每年在全球组织近 60 场各种会议，为成员提供沟通交流的平台。各国保险监管当局和国际保险业界代表可借助这个平台发表看法，增强联系，增进了解。

第四，加强与其他国际金融监管机构的联系和交流。IAIS 的秘书处与巴塞尔委员会、国际证监会组织等有关国际组织保持着正式或非正式的会晤和联系。考虑到与银行业监管机构协作的重要性，IAIS 与巴塞尔银行监管委员会的秘书处每月都进行一次会晤。

（二）《保险监管核心原则》

《保险监管核心原则》（ICP）是 IAIS 提出的保险业监管框架，是 IAIS 制定和实施各项政策文件的基础，得到了各成员的普遍认可。ICP 包括：引言；ICP1“有效保险监管的条件”（金融业监管的政策、组织和法律框架；良好发展和有效的金融市场体系；有效的金融市场）；ICP2“监管体系”；ICP3“监管机构”；ICP4“监管过程”；ICP5“监管合作与信息共享”；ICP6“执照”；ICP7“人员的合格适宜性”；ICP8“控制权变更和资产转移”；ICP9“公司治理”；ICP10“内控”；ICP11“市场分析”；ICP12“向监管机构报告和非现场检查”；ICP13“现场检查”；ICP14“预防和改正措施”；ICP15“执行或处罚”；ICP16“解散和退出市场”；ICP17“对集团的监管”；ICP18“风险分析和管理”；ICP19“保险活动”；ICP20“负债”；ICP21“投资”；ICP22“衍生产品及类似产品”；ICP23“资本充足率和偿付能力”；ICP24“中介”；ICP25“消费者保护”；ICP26“面对市场的信息、信息披露和透明度”；ICP27“反欺诈”；ICP28“反洗钱和打击对恐怖组织的资金支持”。

思考与练习

1. 简述保险监管的主要理论。假设保险公司组成了特殊利益集团，那么会对保险市场产生怎样的影响？如果特殊利益集团是由代理人组成的呢？
2. 保险监管的主要内容有哪些？其中哪些是为保护保险消费者利益而设计的？哪些是为了保护保险公司的利益？哪些与保险中介的利益有关？
3. 保险监管的原则与目标是什么？
4. 为什么说偿付能力监管是保险监管的核心？
5. 试述我国对保险公司偿付能力监管的有关规定。

第14章 社会保险

学习目标

1. 掌握社会保险的概念、分类及特点
2. 掌握养老保险、医疗保险、失业保险、工伤保险、生育保险的含义及特点
3. 理解社会保险的保费计征、财务制度、基金管理及基金的运作
4. 了解我国社会保险的现状与改革状况

【本章引导】　没有缴纳社保，是否应按工伤进行赔付？

2015年7月，张某入职×××果业公司，双方没有签订劳动合同，公司也没有为张某缴纳社会保险费。2017年5月，张某在出差途中发生交通事故受伤住院，交警部门认定张某无责任。经张某申请，劳动人事争议仲裁委员会裁决张某与公司之间存在事实劳动关系，人社部门认定张某所受伤害为工伤，劳动能力鉴定委员会对张某的伤残情况鉴定为伤残九级。鉴定结论下发后，公司没有对鉴定结论提出异议，但也没有落实张某的工伤保险待遇。随后，该公司向法院提起民事诉讼，请求判令被告张某不属于工伤，不应支付其工伤保险待遇。法院经审理认为，人社部门对张某做出的工伤认定程序合法、结论得当，但因公司没有为张某缴纳工伤保险，遂判决公司支付张某工伤保险待遇25万余元。但该公司不服一审判决，向中院提起上诉，中院维持了一审判决。

工伤保险是社会保险的一个重要组成部分。它是一种什么类型的保险？企业、个人以及社会各需要承担什么义务？在什么情况下个人可以获得工伤保险的补偿？什么叫社会保险？社会保险有哪些类型？它对社会经济发展有什么作用？本章从社会保险的概念及作用出发，对社会保险的不同类型进行介绍和解读。

第一节 社会保险概述

一、社会保险的概念与作用

（一）社会保险的概念

社会保险是指国家通过立法形式为工薪阶层或社会成员提供基本生活保障，促进社会和谐安定的一种社会保障制度。社会保险是国家以法律形式规定的强制保险，由政府、单位和个人三方共同筹资，旨在保证投保人在遭遇年老、疾病、工伤、生育、失业等风险，暂时或永久丧失劳动能力而失去收入来源时，能够得到国家或社会的物质帮助，以保障其基本生活需求。社会保险的主要对象是劳动者这一最重要的社会群体，并突出以劳动权利为基础，在实践中实行权利和义务相结合，以及个人、单位和国家三方责任共担。

（二）社会保险的特点

社会保险有以下五个特点：

（1）立法强制性。社会保险制度的成员资格是通过国家立法确定的，即在立法指定范围内的每个劳动者或社会成员都必须参加社会保险。

（2）强调个人缴费。这与商业保险的保费有相似之处，但其缴费是完全建立在自助自保和互助互济基础上的。参加社会保险的人通过缴费获得成员资格，即“先尽义务，后享权利”，而且这种权利和义务是对等的，在遭遇法定范围内的各种风险时，参保者都可以得到保障其基本生活需求的津贴。

（3）三方共同筹资。即由劳动者、所在工作单位及国家共同缴费，体现了国家和社会对劳动者或社会成员提供基本生活保障的责任。劳动者所在工作单位的缴费，避免了其资金来源渠道的单一，提高了社会保险制度本身的安全系数；而国家的参与使社会保险制度有了更强大的经济后盾。

（4）具有积极预防功效。社会保险制度对法定范围内的风险发挥了未雨绸缪的预防作用，使参保成员可以获得心理上的安全感，体现了社会保障的稳定机制作用。

（5）是依法建立、促进社会和谐安定的一种社会保障制度。我国及全球大多数国家都制定并颁布了各具特色的社会保险法规，并且正在逐渐规范这一社会保障制度，从而保障了各国社会保险事业的可持续发展。

（三）社会保险的作用

健全完善的社会保险制度是保证社会和谐安定的主要措施之一，它对促进国民经济发展，保证社会安定发挥着重要作用。

（1）保证劳动力再生产的顺利进行。劳动者在劳动过程中时常遇到各种意外事件，如疾病、伤残、失业等，这会使其失去正常收入，造成劳动力再生产过程的停顿。而社会保险就是在劳动者遭遇这些风险事故时，给予其必要的经济补偿和生活保障，使劳动力生产得以恢复和延续。

（2）发挥社会稳定器作用。社会成员的老、弱、病、残、孕以及丧失劳动能力，是无法避免的客观社会现象。当风险事故发生时，许多社会成员因灾害事故损失和丧失收入而难以维持基本生活条件，成为社会不安定因素。社会保险的目的就是当社会成员遇到这种情况时给予适当补偿以保障其基本生活水平，从而防止社会不安定因素的出现。

(3) 改善就业结构，加速产业结构的调整和发展。实施社会保险，一方面要求企业主对企业承担一定的保险责任，另一方面要求社会保险机构也通过保险基金对企业给予支持。在经济危机时期，向雇主支付职业调整费和职业发展费，对雇主在技术培训和教育方面给予保障，如承担部分培训费用、开设职业课程、向雇主提供为提高和发展职工劳动技能所需要的服务项目、提供与职业相关的技能和经验培训，以及为职业培训人员提供国际交流机会等。这些措施既提高了劳动者的素质，改善了就业结构，扩大了就业机会，又促进了企业的发展。

(4) 实现社会公平，推动社会进步。人们在文化水平、劳动能力等方面的差异会造成收入上的差距，而社会保险可以通过强制征收保险费聚集成保险基金，对收入较低或失去收入来源的劳动者给予补助，并提高其生活水平，因此在一定程度上实现了社会的公平分配；同时，保险基金的有效利用也可以促进经济社会的持续繁荣。此外，社会保险还具有互助性等特点，体现了互助合作、同舟共济的精神，从而可以不断推动社会的进步。

二、社会保险的发展历史

(一) 国外社会保险的发展历史

1. 社会保险的萌芽

18 世纪欧洲工业化的迅速兴起，导致工业社会取代传统农业社会后大量农村人口向城市转移，这些人口成为城市居民和产业后备军，并依靠工薪收入维持生存。同时，机械化程度的提高导致生产节奏加快，工伤事故频频发生，人们疾病丛生；机器的大量使用导致一些工人失业。加之工人的收入微薄，生活条件和生存环境恶劣，家庭无力对劳动者遇到的各种劳动和社会风险提供保障。在此背景下，工人开始自发组织私人保险和互助制度，以解决生活困难并减轻意外事故所带来的不幸。随后，工人们为抗击各种风险侵袭而自发举办了许多互助互济团体，如英国的友谊社、德国的扶助金库及火灾互助会等，当会员遭遇疾病、死亡、灾难等意外事故时，开展互助互济。基金主要来源于工人缴纳的互助金。这类团体可以算是社会保险的雏形，但因为数量很少，加上管理不善，资金积累跟不上，不具有强制性，所以并非真正的社会保险制度。

2. 社会保险的产生与完善

19 世纪后半叶，资本主义从自由竞争阶段过渡到垄断资本主义阶段，阶级斗争日益尖锐，工人阶级为了维护自身利益与资产阶级展开了激烈斗争。随着工人力量发展壮大并走上政治舞台，阶级关系也开始发生变化。这迫使资产阶级政府在对工人运动进行镇压的同时，不得不考虑建立社会化的保护体系来安抚工人阶级，现代社会保险也因此得以产生。

(1) 社会保险的出现。1883 年，德国首先颁布了《疾病社会保险法案》，这是世界上第一部社会保险法律，标志着现代社会保险制度的诞生。1884 年和 1889 年，德国政府又分别颁布了《工伤保险法》和《养老、残疾、死亡保险法》。1911 年，德国再次颁布了《社会保险法》，该保险法共 185 条，将以前的社会保险条例合并，并增加了遗属保险。至此，德国的社会保险体系已初步形成。德国社会保险政策的出台，顺应了当时工业生产加速发展的客观需要，对改善劳资关系，解除劳动者对各种风险的担忧，促进经济发展起到了很大作用。

（2）社会保险的推广。德国建立社会保险制度后，其他资本主义国家纷纷仿效。例如，奥地利于1887年建立工伤保险，1888年建立疾病保险，1906年建立老年保险，1920年建立失业保险；法国于1898年实行工伤保险，1905年实行失业保险，1910年实行养老保险；英国于1908年实行养老保险，1911年实行失业和疾病保险；瑞典于1891年实行疾病保险，1901年实行工伤保险，1913年实行养老保险；荷兰于1913年建立老年保险，1916年建立工伤保险。到20世纪20年代，大多数资本主义国家都相继建立了各种社会保险制度。至此，社会保险制度在欧洲国家得以确立，但尚未形成完整的科学体系。

（3）社会保险的完善。1929—1933年发生的全球经济大危机造成了巨大的社会震荡。为稳定社会经济，西方社会出现了主张国家干预经济生活、实现充分就业的凯恩斯经济学理论。其基本观点是，国家对社会安全应该负更大责任。该理论为社会保险的进一步发展提供了政治、社会和思想基础。美国政府以凯恩斯的经济理论为指导，把发展社会保险作为推行新政的一项内容。1935年8月，在罗斯福总统的领导和主持下，美国国会通过了历史上第一部《社会保障法》。该法提出了雇主、工会和雇员保险的办法，对于劳动者死亡、年老、伤残、失业、职业病等，由政府提供最低生活保障金，并确立了由联邦政府、州和地方政府共同参与、分级办理的社会保险体制。这标志着美国建立了全面的社会保障制度，并将其制度化。该制度对社会保障全球化产生了很大影响，社会保险开始进入新的发展阶段，当时实行社会保险的国家就达到50多个。

3. 社会保险的发展

从第二次世界大战结束到1973年第一次中东石油危机爆发，是社会保险制度蓬勃发展的时期。其主要标志有：一是福利国家的诞生。1945年，英国工党执政后，先后通过了《国民保险法》《国民健康法》等一系列法案。1948年，英国宣布建成了“从摇篮到坟墓”的全民福利国家。随后，瑞典、挪威、丹麦、芬兰四国建成了福利国家社会保险体系。其他西欧国家，北美洲、大洋洲、亚洲发达国家和地区，也都先后宣布实施普遍福利政策。二是实行社会保险的国家从50多个增加到140多个。社会保险制度的蓬勃发展，有其深刻的政治和经济原因：一是经济的高速增长使社会财富剧增，很多资本主义国家有能力大规模发展社会保险事业。二是大批亚非拉国家摆脱殖民统治获得了独立。新兴国家的大量出现为社会保险的实行创造了客观条件。三是社会主义思想的影响。第二次世界大战后社会主义制度在许多国家确立，为了维护人民的根本利益，这些国家相继实行了新型的社会保险制度。四是凯恩斯主义盛行，主张国家干预经济生活，依靠政府调节经济（包括增加公共开支）的政策实现充分就业。凯恩斯主义成为许多西方国家政府制定经济和社会政策的指导思想。

4. 改革与调整

20世纪70年代以后，西方经济开始出现衰退，社会保险制度进入了调整与改革时期。社会保险制度经过20世纪五六十年代的迅速发展更加完善，但也出现了不少弊端。20世纪80年代以来，西方发达国家的国民经济进入了滞胀时期，一些国家的社会保险制度开始陷入财务危机，出现了“福利病”现象。这些国家实行高保障、高消费的福利政策，社会保险项目庞杂，标准较高，社会保险支出的增速超过了经济增长速度，迫使大多数资本主义国家不得不采取紧缩措施，放慢社会保险的发展速度并进行了一系列调整改革。西方国家苦心构筑了几十年的"福利大厦"开始动摇。针对上述问题，许多国家不得不对社会保险制度进行了调整改革：一是设法增大社会保险基金，同时控制社会保险给付。二是建立由国家基本保险、企业补充保险和个人商业储蓄保险三支柱构成的社会保险体系，减轻国家财政负担。同时，实行社会保险项目的给付标准随物价变动的新措施，以减少社会保险费用开支。三是建立统一、高效、专门化的社会保险管理机构，同时分散社会保险管理权限，调动地方社会保险部门的积极性，提高社会保险整体经济效益和社会效益。

（二）我国社会保险的发展历史

1. 中华人民共和国成立前的社会保险立法

中华人民共和国成立前，只有国民政府和共产党领导的根据地制定过一些社会保险方面的法规或草案。如 1929 年国民政府广东建设厅劳动法起草委员会起草的《劳动保险草案》。1931 年 11 月，中华苏维埃第一次全国代表大会通过了《中华苏维埃共和国宪法大纲》，对劳动立法的宗旨、原则做出了规定；同时还通过了《中华苏维埃共和国劳动法》，对雇用手续、集体合同与劳动合同、工作时间、休息时间、工资、女工、青工、童工、劳动保护、社会保险和工会等做出了具体规定。1944 年，国民政府社会部拟定了《社会保险方案草案》。1948 年 8 月，在哈尔滨召开的第六次全国劳动大会通过了《关于中国职工运动当前任务的决议》，该决议对新时期解放区社会保障立法做出了全面系统的规定。1948 年 12 月，东北行政委员会颁布了《东北公营企业战时暂行劳动保险条例》。这些社会保障法规为我国社会保险制度的建立奠定了基础。

2. 中华人民共和国成立后的社会保险立法

中华人民共和国成立后，政府制定了一系列社会保障政策和法规，逐步建立了与计划经济相适应、以"国家全保、企业负担"为特色的社会保险制度。但真正意义上的社会保险制度始建于 20 世纪 50 年代初，是按照计划经济体制的要求，参照当时苏联对城镇职工推行社会福利计划的社会保障模式建立起来的。我国的社会保险制度大体经历了四个发展阶段。

（1）创建阶段（1951—1957 年）。

中华人民共和国的诞生，为我国社会保险制度的建立奠定了基础。1951 年 2 月 26 日，政务院颁布了《中华人民共和国劳动保险条例》（简称《劳动保险条例》）。这是我国第一部社会保险法规，它的颁布拉开了社会保险建设的序幕。该条例全面确立了我国城镇职工的劳动保险制度，其实施范围包括城镇机关、事业单位之外的所有企业职工。

1953 年 1 月 2 日，政务院又颁布了《关于〈中华人民共和国劳动保险条例〉若干修正的决定》，扩大了劳动保险的实施范围，提高了劳动保险的待遇标准。同时还建立了国家机关、事业单位的社会保险制度，该制度是以单项法规的形式逐步建立起来的。例如，1950 年 12 月，内务部颁布了《革命工作人员伤亡褒恤暂行条例》，对国家工作人员的伤残和死亡待遇做了规定。1955 年 12 月，国务院颁布了《国家机关工作人员退休处理暂行办法》和《国家机关工作人员退职处理暂行办法》，这两个办法规定的退休、退职条件和企业的规定大体相同。

截至 1957 年底，我国社会保险制度基本完成奠基，根据经济力量对有能力保障的人员范围，力所能及地建立了基本社会保险制度。同时，在保障内容和项目方面也初步完成了基本立法工作，为以后社会保险事业的发展奠定了基础。

（2）调整和发展阶段（1958—1966 年）。

1957 年，随着“三大改造”任务的完成，国家转入全面进行社会主义经济建设时期。为适应新形势，中央政府开始对社会保险制度进行调整与完善。1957 年，国务院颁布了《关于工人、职员退休处理的暂行规定》，于是企业职工的退休养老成为一项独立的制度安排。1962 年 6 月，国务院又颁布了《关于精简职工安置办法的若干规定》等法规，开始在中国农村普遍建立起县、乡（公社）及村（生产大队）三级医疗保健网，合作医疗制度在广大农村得到确立。在这一时期，卫生部、劳动部、内务部等也发布有关规定，对公费医疗、劳保医疗、农村五保保障和军烈属优待制度等进行了相应调整。

（3）停滞阶段（1967—1977 年）。

1968 年底，国家撤销了主管救灾救济、社会福利等事务的内务部，负责劳动保险事务的工会也陷入瘫痪状态，社会保险处于无人管理的局面。尤其是企业职工社会保险统筹制度被废止，从社会保险退化为企业保险。1969 年 2 月，财政部颁布了《关于国营企业财务工作中几项制度的改革意见（草案）》，规定国营企业一律停止提取劳动保险金，企业的退休职工、长期病号工资和其他劳保开支，改在营业外列支，所需费用由企业采取实报实销的企业保险模式。自此，劳动保险演变为企业保险，从而失去了其统筹调剂的功能，社会保险基本处于停顿状态。

（4）重建和改革创新阶段（1978 年至今）。

该阶段的社会保险可分为重建（1978—1984 年）和改革（1984 年至今）两个时期。

1978 年以后，社会保险获得了新生，重新确立了它在社会经济发展中的地位和作用。最初几年，社会保险的主要工作是对过去的某些规定进行调整，以解决人民生活水平较低的问题，改善人民的福利待遇。如国务院于 1978 年 6 月颁布了《关于安置老弱病残干部的暂行办法》和《关于工人退休、退职的暂行办法》，经过试点后，于 1979 年全面实施。前者对妥善安置老弱病残干部做了明确指示。后者明确规定了我国企业职工、机关事业单位人员的正常退休年龄为：男年满 60 周岁，女干部年满 55 周岁，女工人年满 50 周岁，连续工龄满 10 年；因病退休年龄是：男年满 50 周岁，女年满 45 周岁，连续工龄满 10 年，并经市级以上劳动鉴定委员会鉴定完全丧失劳动能力；因特殊工种提前退休的年龄是：男年满 55 周岁，女年满 45 周岁，连续工龄满 10 年，实际从事高空、繁重体力劳动累计满 10 年，或从事井下、高温工作累计满 9 年，或从事有毒有害工作累计满 8 年。此后，这一退休规定一直延续了下来。

1984 年后，我国开始了以退休费用社会统筹为主要内容的养老保险制度改革，后来又相继建立了失业保险制度，进行了工伤、医疗保险制度的改革。

1997 年 7 月，国务院《关于建立统一的企业职工基本养老保险制度的决定》，宣告了我国社会保险模式完成转换。随后，国务院于 1998 年 12 月颁布了《关于建立城镇职工基本医疗保险制度的决定》，1999 年 1 月颁布了《失业保险条例》，2003 年 4 月颁布了《工伤保险条例》。

2010 年 10 月，《中华人民共和国社会保险法》在第十一届全国人民代表大会常务委员会第十七次会议上获得通过，中国社会保险终于走上了政府主导、责任分担、社会化、多层次化的发展道路。尤其是 2010 年 10 月，党的十七届五中全会通过的“十二五”规划建议提出，坚持广覆盖、保基本、多层次、可持续方针，加快推进覆盖城乡居民的社会保障体系建设，从而明确了未来社会保险制度发展的方向。

2011 年 7 月 1 日，《中华人民共和国社会保险法》正式实施。同时，国务院办公厅印发了《社会养老服务体系建设规划（2011—2015 年）》。

2013 年 11 月，党的十八届三中全会通过了《关于全面深化改革若干重大问题的决定》，该决定明确了深化社会保障改革的多项目标任务，对全面深化社会保障改革做出了新部署。

2014 年 2 月 21 日，国务院下发《关于建立统一的城乡居民基本养老保险制度的意见》，该意见在总结试点经验的基础上，将新型农村社会养老保险和城镇居民社会养老保险合并实施，从而建立了全国统一的城乡居民基本养老保险制度。2014 年 8 月 10 日，国务院发布了《关于加快发展现代保险服务业的若干意见》，该意见肯定了改革开放以来我国保险业对促进社会经济发展和改善人民生活做出的重要贡献，同时指出我国保险业仍处于初级发展阶段，尚不能适应全面深化改革和经济社会发展的需要。为加快发展现代保险服务业，该意见提出了构筑保险民生保障网、完善多层次社会保障体系、发挥保险的风险管理功能、完善保险的经济补偿机制等 9 方面共 29 条政策措施。

2015 年 1 月 14 日，国务院印发了《关于机关事业单位工作人员养老保险制度改革的决定》，决定从 10 月 1 日起对机关事业单位工作人员养老保险制度进行改革。事业单位养老保险制度是中国社会保障制度的重要组成部分，长期以来，事业单位实行退休金制度，这对于保障退休人员生活、维护社会稳定发挥了重要作用。

2016 年 1 月，国务院印发《关于整合城乡居民基本医疗保险制度的意见》，该意见对整合城镇居民基本医疗保险和新型农村合作医疗，最终建立统一的城乡居民基本医疗保险制度提出了明确要求。

第二节　社会保险的运行

一、社会保险费计征

（一）社会保险费的计算

社会保险必须分析各种风险事故的发生概率，按照给付标准事先估计的给付支出总额，求出被保险人所负担的比率，作为厘定其保险费率的标准。社会保险费率的厘定，除了要考虑各种风险因素外，还需要考虑各种社会经济因素。

（二）社会保险费负担比例的决定因素

与商业保险一样，社会保险运作的基础也是社会保险费。在商业保险中，其自愿性和营利性决定了保险费的缴纳是投保人个人的问题。但社会保险的非营利性、强制性、普遍保障性等特点决定了缴纳社会保险费的主体在很多情况下不是单一的，而是多元的。这就产生了社会保险费负担比例的决定问题。一般来说，其决定因素有以下三个。

1. 保险险种的性质

根据保险险种的性质来决定社会保险费的负担比例，也就是根据保险险种所保障的对象和保障范围确定分担保险费的比例。根据风险原因决定论，如果风险的原因属于自然性的，就应该主要由个人来承担保险费的缴纳义务。例如，年老和疾病是每个人一生中几乎都会遇到的，应该由享受者来缴纳保险费；而失业，尤其是非自愿性失业，是社会经济发展中出现的失衡现象，劳动者个人无法控制，因此政府应负担失业保险的大部分或全部保险费；再如工伤保险，它是以劳动过程中出现的风险事故为保险标的，与生产过程直接相关，因此，雇主应承担大部分保险费。

2. 被保险人、雇主和政府三方各自负担保险费的能力

1952年第35届国际劳动大会通过的102号公约规定，社会保险费应通过缴纳保险费或税收的方式筹集，但要考虑被保险人的经济状况，不应使其生活陷入困难。雇员负担的全部保险费用，不得超过社会保险保费的50%。目前，绝大多数国家投保人个人所负担的份额都少于雇主负担的份额，政府则根据国家财力给予适当的补贴。

3. 国家的社会保险政策

社会保险一般是由国家举办的强制性保险，政府可根据本国的实际情况，为某些险种确定一个由各方负担的法定比例。国家财政补贴所占的份额，取决于不同的社会保险指导思想。实行普遍社会保险的国家，国家财政负有较大的责任；实行自助型社会保险的国家，强调个人和雇主的责任，其社会保险基金主要来自社会保险税。此外，国家如果想发展或限制某些险种，也可以采用改变保费负担比例的办法来实现。

（三）社会保险费的筹集方式

1. 均等保险费制

均等保险费制是指不论被保险人或其雇主收入有多少，一律计收相同金额的保险费。其优点是计算简便，易于普遍实施。采用此法征收社会保险费的国家，在给付保险金时一般也采用均等制。该方式的优点是收支一律平等，其不足之处是低收入者与高收入者缴纳相同的保费，在费用负担方面明显不公平。

2. 比例保险费制

比例保险费制是以被保险人的工资收入为标准，按法律规定的一定百分比计收保险费。社会保险是为了补偿被保险人遭遇风险事故期间所丧失的收入，以维持其最低生活水平。因此，必须参照其平时赖以生存的收入作为衡量保险给付的标准，将其作为计算保费的根据。该方式的最大缺点是，社会保险的费用负担直接与工资相联系，不管是由雇主与雇员双方负担还是由其中一方负担，这些负担都表现为劳动成本的增加，其结果可能导致资本排挤劳动，从而引起失业增加。

（四）社会保险费的负担方式

社会保险费的分担主体是国家、企业和个人。三个主体的不同组合就产生了保险费用的不同分担方式，即使同一国家在不同的社会保险项目中，也可能使用不同的保险费用分担方式，其中以雇主雇员双方供款、政府负最后责任这种方式最为普遍。例如，我国的基本养老保险就实行用人单位和个人缴费以及政府补贴的方式。

雇主与雇员共摊保险费用的方式又可细分为三种：

（1）费率等比分担制。在这种制度下，劳动者个人和雇主按工资标准统一比率缴费。如奥地利20世纪70年代的失业保险就是采用费率等比分担制。

（2）费率差别分担制。在这种制度下，雇主承担的费率高于雇员。例如：奥地利的老年、伤残、死亡社会保险的费率为投保人工资的20.1%，其中雇员承担9.75%，雇主承担10.35%；中国的社会医疗保险费率为工资的8%，企业和个人分别承担6%和2%。

（3）费率等比累进制。在这种制度下，费率随着雇员收入的增加而提高，雇主承担的费率也同比提高。一般地，费率的提高是以工资标准提高一定幅度为依据，而并非工资稍有提高就提高。

二、社会保险财务制度

（一）现收现付制

现收现付制也叫随收即付制度，是指当期所收的保险费用于当期的保险给付，使保险财务收支保持大体平衡的一种财务制度。除社会养老保险项目外，其他社会保障项目都采用这种财务制度。养老保险采用现收现付制度有利有弊。其最大优点是：费率计算简单，同时因为没有巨额基金积累，不会有资金保值增值的压力，也不会受到货币贬值的不利影响。其缺点是：必须经常重估财务结构，调整保险费率。由于人口结构趋于老龄化、福利水平呈刚性等原因，保险费率一般是日益提高的。同时，从分配关系来看，在养老金保险方面，现收现付制实质上是代际收入再分配关系，日益上升的保险费率可能会加深代际矛盾，甚至造成政治问题。

（二）完全积累制

完全积累制是在对影响保险费率的相关因素进行长期测算后，确定一个可以保证在相当长的时期内收支平衡的平均费率，并将所收保险费（税）全部形成社会保险基金的一种财务制度。目前，企业年金制度及社会保险制度框架下的养老保险个人账户计划，大多采用完全积累制。其优点是：在人口老龄化背景下，由于有基金的积累，该财务制度能保持保险费率的相对稳定。但这一优点是以基金收益率高于工资增长率为前提的。其缺点包括：一是在制度运行初始就要求较高的费率；二是基金受通货膨胀侵蚀的压力大。如果基金运用得当，那么不但社会保险制度能从中受益，而且整个经济也会因基金的有效配置受益；反之，如果基金不能保值增值，那么这一制度的成本将比现收现付制更高。

（三）部分积累制

部分积累制是现收现付制和完全积累制融合而成的一种混合制度。其初始时的费率高于现收现付制而低于完全积累制；在准备金方面，它会多于现收现付制而低于完全积累制。该制度是要在迎接人口老龄化和初始征收高保费的制度之间寻找一种中间制度。一般做法是，将原来现收现付制所缴保费中的一小部分积累在个人账户中，或在原来的制度下提高保险费率，并将增量部分全部积累在个人账户中。该制度也面临基金的管理和保值增值问题。我国在1997年建立的社会养老保险制度就采用了这种混合财务制度，该制度被称为社会统筹与个人账户制度相结合的社会养老保险制度。

三、社会保险基金的管理

（一）基金种类和管理要求

《中华人民共和国社会保险法》第六十四条规定："社会保险基金包括基本养老保险基金、基本医疗保险基金、工伤保险基金、失业保险基金和生育保险基金。除基本医疗保险基金与生育保险基金合并建账及核算外，其他各项社会保险基金按照社会保险险种分别建账，分账核算。社会保险基金执行国家统一的会计制度。社会保险基金专款专用，任何组织和个人不得侵占或者挪用。基本养老保险基金逐步实行全国统筹，其他社会保险基金逐步实行省级统筹，具体时间、步骤由国务院规定。”第六十五条规定：“社会保险基金通过预算实现收支平衡。县级以上人民政府在社会保险基金出现支付不足时，给予补贴。”

（二）基金管理主体

1. 基金管理体制

社会保险基金的管理体制，往往与一国的社会保险组织机构有关，主要包括社会保险基金公共管理制度以及将个人账户上的基金交由市场主体管理的做法。社会保险基金一般都是直接或间接由政府设立的机构经营，也有部分国家是委托私人基金管理公司进行管理，我国采用的是前者。《中华人民共和国社会保险法》第七十一条规定：“国家设立全国社会保障基金，由中央财政预算拨款以及国务院批准的其他方式筹集的资金构成，用于社会保障支出的补充、调剂。全国社会保障基金由全国社会保障基金管理运营机构负责管理运营，在保证安全的前提下实现保值增值。”

2. 全国社会保障基金理事会

2000年11月，全国社会保障基金理事会（简称社保基金会）成立，它是国务院直属事业单位，是我国社保基金管理的主体，其经费实行财政全额预算拨款。社保基金会的主要职责如下：（1）受托管理全国社会保障基金、基本养老保险个人账户基金和原行业统筹企业基本养老保险基金等（以下统称“基金”）。（2）制定基金的投资经营策略并组织实施。（3）选择并委托基金投资管理人、托管人，对基金委托资产进行投资运作和托管，对投资运作和托管情况进行检查，在规定的范围内对基金资产进行直接投资运作。（4）负责基金的财务管理与会计核算，定期编制会计报表，起草财务会计报告。（5）定期向社会公布基金的资产、负债、权益和收益等财务情况。（6）根据财政部、人力资源和社会保障部共同下达的指令和确定的方式拨出资金。（7）承办国务院交办的其他事项。

3. 全国社会保障基金理事会管理的基金

根据国务院、财政部、人力资源和社会保障部的规定，社保基金会托管以下基金：

（1）全国社会保障基金（简称全国社保基金）。它是中央政府集中的国家战略储备基金，由中央财政拨入资金、国有股减持或转持所获资金和股票、划入的股权资产、经国务院批准以其他方式筹集的资金及其投资收益构成。

（2）个人账户基金。它是社保基金会接受的做实个人账户试点省（自治区、直辖市）委托管理的个人账户资金及其投资收益。根据财政部、人力资源和社会保障部发布的《做实企业职工基本养老保险个人账户中央补助资金投资管理暂行办法》和社保基金会与试点省（自治区、直辖市）签署的委托投资管理合同，个人账户基金纳入全国社保基金统一运营，作为基金权益核算。

（3）原行业统筹企业基本养老保险基金（简称行业统筹基金）。它是社保基金会受财政部、人力资源和社会保障部委托管理的原行业统筹企业基本养老保险资金及其收益。根据财政部、人力资源和社会保障部发布的有关文件，该基金纳入全国社保基金统一运营，作为基金负债核算。

（三）基金管理的变化及其原因

社会保险基金是整个社会保障基金的核心部分。企事业单位的强制筹资和个人缴费是其主要资金来源，政府的财政支持也是其重要来源。社会保险基金的健全管理，是保证基金安全、有效的前提。鉴于社会保险基金的性质和特征，它一般由政府部门及政府委托的有资格的机构管理运作。我国的社会保险基金由劳动保障部门所属的社会保险经办机构管理，在管理方式上实行属地管理和分账管理。该基金在早期都是直接或间接由政府机构经营的。在投资方向上，绝大多数国家规定社会保险基金可用于购买政府债券、银行存款或对公共部门进行投资。

从20世纪80年代起，社会保险基金管理出现了新变化：一些国家的社会保险基金对私人基金管理公司开放；在投资模式方面，不少国家进行多样化投资，力求在基金的安全性与收益性之间取得平衡。发生这一变化的主要原因有：一是社会保险制度本身的要求；二是人们对社会保险基金的经济贡献有了新认识。

专栏14-1

社保基金运作情况

社保基金会根据《中华人民共和国社会保险法》《全国社会保障基金条例》《全国社会保障基金投资管理暂行办法》《全国社会保障基金境外投资管理暂行规定》，以及国务院、财政部、人力资源和社会保障部的相关文件对社保基金进行投资运作。财政部会同人力资源和社会保障部对社保基金的投资运作和托管情况进行监督。

一、投资理念、投资方式、投资范围和资产独立性

投资理念：社保基金会坚持长期投资、价值投资和责任投资的理念，按照审慎投资、安全至上、控制风险、提高收益的方针进行投资运营管理，确保基金安全，实现保值增值。

投资方式：社保基金会采取直接投资与委托投资相结合的方式开展投资运作。直接投资由社保基金会直接管理运作，主要包括银行存款、信托贷款、股权投资、股权投资基金、转持国有股和指数化股票投资等。委托投资由社保基金会委托投资管理人管理运作，主要包括境内外股票、债券、证券投资基金，以及境外用于风险管理的掉期、远期等衍生金融工具等，委托投资资产由社保基金会选择的托管人托管。

投资范围：经批准的境内投资范围包括银行存款、债券、信托贷款、资产证券化产品、股票、证券投资基金、股权投资、股权投资基金等；经批准的境外投资范围包括银行存款、银行票据、大额可转让存单等货币市场产品、债券、股票、证券投资基金，以及用于风险管理的掉期、远期等衍生金融工具等。

资产独立性：社保基金资产独立于基本养老保险基金、划转的部分国有资本和社保基金会、社保基金投资管理人、托管人的固有财产以及社保基金投资管理人管理和托管人托管的其他资产。社保基金与基本养老保险基金、划转的部分国有资本、社保基金会单位财务分别建账，分别核算。

二、2018年社保基金主要财务数据

（一）财务状况

2018年末，社保基金资产总额为22 353.78亿元。其中：

直接投资资产为9 915.40亿元，占社保基金资产总额的44.36%；委托投资资产为12 438.38亿元，占社保基金资产总额的55.64%。

境内投资资产为20 610.18亿元，占社保基金资产总额的92.20%；境外投资资产为1 743.60亿元，占社保基金资产总额的7.80%。

2018年末，社保基金负债余额为1 780.22亿元，主要是社保基金在投资运营中形成的短期负债。

2018 年末，社保基金权益总额为 20 573.56 亿元，包括：

全国社保基金权益为 18 104.55 亿元，其中，累计财政性净拨入 9 130.89 亿元，累计投资增值 8 973.66 亿元（其中累计投资收益 8 431.06 亿元、基金公积和报表折算差额合计 542.60 亿元）。

个人账户基金权益为 1 321.33 亿元，其中，委托本金余额 861.52 亿元，累计投资收益余额 459.81 亿元。

地方委托资金权益为 1 147.68 亿元，其中，委托本金余额 1 000 亿元，累计投资收益余额 147.68 亿元。

（二）投资业绩

2018 年，社保基金权益投资收益额为—476.85 亿元，投资收益率为—2.28%。其中，已实现收益额 845.43 亿元（已实现收益率 4.45%），交易类资产公允价值变动额为—1 322.28 亿元。

社保基金自成立以来的年均投资收益率为 7.82%，累计投资收益额为 9 552.16 亿元。

（三）财政拨入全国社保基金情况

2018 年，财政拨入全国社保基金资金 573.77 亿元，其中，中央财政预算拨款 200 亿元；彩票公益金 358.45 亿元；国有股减持资金 15.32 亿元。扣除实业投资项目上市时社保基金会作为国有股东履行减持义务而减少国有股份 0.06 亿元，2018 年度财政性净拨入全国社保基金累计 573.71 亿元。

截至 2018 年末，财政拨入全国社保基金资金和股份累计 9 151.57 亿元，其中，中央财政预算拨款 3 298.36 亿元，国有股减持资金和转持股份 2 843.07 亿元（减持资金 970.95 亿元，境内转持股份 1 028.57 亿元，境外转持股份 843.55 亿元），彩票公益金 3 010.14 亿元。扣除实业投资项目上市时社保基金会作为国有股东履行减持义务累计减少国有股 13.88 亿元，以及用于四川地震灾区工伤保险金补助财政调回 6.80 亿元，财政性净拨入全国社保基金累计 9 130.89 亿元。

资料来源：2018 年全国社会保障基金理事会社保基金年度报告。

第三节　社会保险的业务险种

世界各国的社会制度不同，其社会保险的种类和内容也不尽相同。其业务主要包括以下几种。

一、社会养老保险

（一）概念与特点

社会养老保险，是指由国家和社会依法为老年劳动者或社会成员定期提供一定物质帮助，保障其晚年基本生活的社会保障制度。养老保险是社会保险体系的重要组成部分，也是世界各国普遍实行的最受人们关注的险种之一。其特点有三个：一是养老保险要在法定范围内的老年人完全或基本退出社会劳动后才自动发挥作用。这里的“完全”是以劳动者与生产资料的脱离为特征；“基本”是指参加生产活动已不成为其主要社会生活内容。二是养老保险的目的是保障老年人的基本生活需求，为其提供稳定、可靠的生活来源。三是养老保险是以社会保险为手段来达到经济保障的目的。

（二）业务类型

世界各国的社会养老保险一般包括基本养老保险、企业补充养老保险、个人储蓄养老保险三个层次。

1. 基本养老保险

基本养老保险是按国家统一政策规定强制实施，为保障广大离退休人员基本生活需要的社会保险制度。企业和职工依法缴纳养老保险费，在职工达到国家规定的退休年龄或因其他原因而退出劳动岗位并办理退休手续后，社会保险经办机构向退休职工支付基本养老保险金。我国的基本养老保险实行社会统筹与个人账户相互结合的模式。

2. 企业补充养老保险

该保险也称企业年金，是由企业根据自身经济实力而决定为其职工建立的一种辅助性养老保险。该保险所需费用是从企业自有资金中的奖励、福利基金中提取的，是对基本养老保险的补充，两者既有联系又有区别。其联系主要体现在两种养老保险的政策和水平上；区别主要体现在两种养老保险的层次和功能上。所以，补充养老保险既不能由企业完全自愿，又不能由国家强制实施，而应该由国家规定实施政策和实施条件，企业达到规定条件的才可以实行。企业补充养老保险费可由企业完全承担，或由企业和员工双方共同承担，承担比例由劳资双方协商确定。企业内部一般都设有由劳资双方组成的董事会，负责企业补充养老保险事宜。

3. 个人储蓄养老保险

该保险是由职工自愿参加、自愿选择经办机构的一种补充保险形式。由社会保险机构经办的职工个人储蓄养老保险，由社会保险主管部门制定具体办法，职工个人根据其工资收入情况，按规定缴纳个人储蓄养老保险费，记入当地社会保险机构在有关银行开设的养老保险个人账户，并应按不低于或高于同期城乡居民储蓄存款利率计息，以提倡和鼓励职工个人参加储蓄养老保险，所得利息记入个人账户，归个人所有。待职工达到法定退休年龄经批准退休后，凭个人账户将储蓄养老保险金一次总付或分次支付给本人。当职工跨地区流动时，个人账户的储蓄养老保险金应随之转移。职工未到退休年龄而死亡时，记入个人账户的储蓄养老保险金应由其指定人或法定继承人继承。

（三）养老保险的基本模式

世界各国实行的养老保险制度分为投保资助型养老保险、强制储蓄型养老保险及国家统筹型养老保险三种模式。

1. 投保资助型养老保险

投保资助型养老保险是大多数国家实施的养老保险制度。其实施的前提条件是，工业化已取得一定成效，有较雄厚的经济基础，强调养老是个人的事，应以自保为主，国家给予补贴。它主要是通过立法程序强制雇主和劳动者分别按一定的费率投保，并要求建立老年社会保险基金，实行多层次退休金。国家是老年社会保险的后盾，在财政、税收和利息政策上给予资助。在这种制度下，享受待遇的权利与缴费的义务相联系，但缴费和享受的待遇在量上并不完全对等。

2. 强制储蓄型养老保险

该保险是一种固定缴费模式，对缴费率有具体规定，雇主和雇员共同承担保险费用，缴费及利息计入个人账户，待遇由个人账户积累额决定。这种模式以新加坡中央公积金制度和智利商业化管理的个人账户最为典型。新加坡模式的主要特点是强调自我保障，建立个人公积金账户，由劳动者在职期间与其雇主共同缴纳养老保险费，劳动者在退休后完全从个人账户领取养老金，国家不再以任何形式支付养老金。智利模式中的个人账户管理完全实行私有化，即将个人账户交由自负盈亏的私营养老保险公司管理，并规定了最大化回报率，同时实行养老金最低保险制度。

3. 国家统筹型养老保险

国家统筹型养老保险是由国家（或国家和雇主）全部负担雇员的养老保险费，雇员不缴费，是一种典型的福利型养老保险制度。其特点是：实施范围广，是一种人人都养老的保障计划；与个人收入状况无关，无论收入高低、工作稳定与否，国家都会提供相同水平的养老金；资金来源主要靠国家补贴。其缺点是：资金来源渠道单一，政府和雇主负担过重，可能引发财政危机。采用该模式的国家较少，瑞典是其典型。

（四）养老保险的待遇给付

1. 待遇项目

养老保险待遇主要是退休金，还有医疗、生活补贴等项目。不同层次的养老保险在待遇给付上也有差别。基本养老保险的待遇给付主要是为了保障被保险人的基本生活需要，一般采用绝对金额方式确定给付标准。补充养老保险的待遇标准体现了劳动者个人在投保期间对保险基金的贡献，因此与劳动者在职期间的工资收入挂钩。个人储蓄养老保险一般实行强制性的养老金个人账户方式，以劳动者在职期间全部储蓄的本息之和为计发基数，按照退休劳动者平均余命逐年计发，也可以实行一次性给付。

2. 享受待遇的条件

虽然养老金对保证劳动者因年老丧失劳动能力而退出工作岗位、失去工资收入后的生活非常重要，但并非每个劳动者届时都能领到养老金。它在待遇给付的资格条件上有退休年龄、缴纳保险费年限和数额等方面的规定，一般需要具备以下几个条件。

（1）允许参加养老保险的资格条件。其实质是参加养老保险的范围问题，这在不同国家的规定是不一样的，如有些国家规定了居住期。就我国目前来讲，实际上主要是指城镇的工薪劳动者。

（2）享受养老保险的工龄和缴费年限条件。退休工龄或个人缴费年限的确定，直接体现了劳动者权利与义务的对应关系。劳动者只有通过一定时间的劳动，为社会尽了义务，并在其创造的价值中进行一定扣除后，才能享受养老保险待遇。在实行缴费制的国家，常用缴纳养老保险金的年限代替工龄条件。

（3）领取养老金的年龄条件。领取养老金的年龄规定直接影响着老年职工劳动、退休的生活方式，以及养老保险基金的计划、预算、决算和收支平衡。国家在规定退休及领取养老金的年龄时需考虑三点：一是人口的平均预期寿命。平均预期寿命长，则退休年龄较晚；反之亦然。二是劳动力资源的丰歉。应保证生产发展对劳动力的需求得以满足。三是提供养老金与享受养老金的人口对比情况。两者应保持平衡。

（4）养老保险待遇调整的条件。基本养老保险待遇取决于参保人员的缴费基数和缴费年限，以及退休养老期间国家的经济发展水平。随着经济发展水平的逐步提高，退休人员也应享受经济发展成果。根据职工平均工资增长、物价上涨情况，应适时提高基本养老保险待遇水平。

（五）养老保险的意义

1. 保证劳动力再生产

养老保险制度的建立有利于劳动力群体的正常代际更替。老年人年老退休，新成长劳动力顺利就业，从而保证了就业结构的合理化。

2. 促进国民经济发展

各国设计养老保险制度多将公平与效率挂钩，尤其是部分积累和完全积累的养老金筹集模式。劳动者退休后领取养老金的数额，与其在职期间的工资收入、缴费多少有直接的联系，这无疑能够激励劳动者在这一期间积极缴费，努力劳动，不断提高工作效率。

3. 保障社会的和谐稳定

养老保险为老年人提供了基本生活保障，使老年人老有所养。在人口老龄化的时代，老年人口的比例越来越大，人数也越来越多，养老保险保障了劳动者年老后的基本生活，等于保障了社会相当一部分人口的基本生活。对在职劳动者而言，参加养老保险意味着对将来年老后的生活有了准备，免除了后顾之忧。人们的心态多了些稳定，少了些浮躁，社会也会更加和谐稳定。

4. 有利于国家对国民经济的宏观调控

由于养老保险涉及面广，参与人数众多，其运作中能够筹集到大量的养老保险金，能为资本市场提供巨大的资金来源。尤其是在实行基金制的养老保险模式下，个人账户中的资金积累以数十年计算，规模更大，甚至高达万亿元，通过对这些资金的运营和利用，可以更好地实现国家对国民经济的宏观调控。

二、医疗保险

（一）概念及特点

医疗保险是由国家依法建立的向法定范围的劳动者或社会成员提供必需的医疗服务和经济补偿的社会保险制度。其特点有：（1）由国家强制实施；（2）保障对象是劳动者或社会成员；（3）保障内容主要是疾病；（4）权利与义务相结合，互助互济。

（二）医疗保险的层次

我国的医疗保险由基本医疗保险、大额互助医疗保险、补充医疗保险三个层次构成，如表 14 - 1 所示。

表 14 - 1　我国医疗保险的三个层次

<table>
<tr><th>保险名称</th><th>保险性质</th><th>参加范围</th></tr>
<tr><td>基本医疗保险</td><td rowspan="2">社会保险</td><td rowspan="2">强制全体在职、退休人员参加，不含离休干部、老红军和二等乙级以上革命伤残军人</td></tr>
<tr><td>大额互助医疗保险</td></tr>
<tr><td>补充医疗保险</td><td>商业保险</td><td>企业行为，非强制实施</td></tr>
</table>

(三) 医疗保险的特点

1. 保障对象普遍

医疗保险的保障对象比其他保障项目更广泛，原因在于疾病风险是每个人都难以回避的，因此每个社会成员都会成为医疗保险的对象。

2. 涉及面广，具有复杂性

医疗保险涉及医疗方、患者、医疗保险机构以及用人单位等多方之间的复杂利益关系。为了对医疗机构的行为进行规范和引导，医疗保险机构必须建立复杂的管理机制。

3. 服务性

除了对享受医疗保险的人补偿医疗费用外，医疗保险还为劳动者提供专门的、技术性很强的医疗服务。而其他社会保险项目，一般以提供现金补助为主。

4. 频率高、费用控制难

由于疾病风险的随机性、突发性，医疗保险补偿也只能是短期的、经常性的。此外，医疗保险实行的费用补偿也与其他社会保险项目中的定额给付不同，由于病情的严重程度不同，保险金给付额在人与人之间也有很大差别，加上医疗服务提供方的影响，费用控制非常困难。

(四) 医疗保险的作用

1. 促进社会生产发展

医疗保险制度解除了劳动者的后顾之忧，使其能够安心工作，从而可以提高劳动生产率，促进生产的发展。同时，它也保证了劳动者的身心健康及劳动力的正常再生产。

2. 实现社会公平

医疗保险通过征收医疗保险费和偿付医疗保险服务费实现收入再分配，从而达到调节劳动者收入和生活差距的目的。医疗保险制度在一定程度上实现了医疗资源的公平分配，有利于弥补市场经济造成的不平等，进而实现社会公平。

3. 确保社会安定

医疗保险对患病的劳动者给予经济上的帮助，有助于消除因疾病带来的社会不安定因素，是调节社会关系及矛盾的重要社会机制。当劳动者受伤或生病时，其正常收入就会中断或减少，同时还要面对大额医疗费用支出的压力。此时，医疗保险可以向其提供必要的物质帮助，使其尽快恢复健康和工作，并有效地防止其陷入“因病致贫”和“因贫致病”的恶性循环。

三、失业保险

(一) 概念及特点

失业保险是指国家通过立法强制实行，由社会集中建立基金，对因失业而暂时中断生活来源的劳动者提供物质帮助的制度。失业保险的核心内容是，通过建立失业保险基金分散失业风险，为失业者提供基本保障，并通过专业培训、职业介绍等形式促进其再就业。失业保险属于政府行为，侧重于保障基本需求，并以货币作为提供帮助的主要形式。它与其他社会保险项目相比具有以下特点：

(1) 失业保险在实施范围上主要以劳动年龄内的劳动者为保障对象，而养老保险以超出劳动年龄、退出劳动领域的人为保障对象。

（2）在风险成因上，失业保险中的失业现象是一种由社会经济方面的原因导致的劳动风险事故，而其他社会保险中风险事件的形成均属自然原因，如年老、身体健康的损害、工作中经历的无法预料的自然事故等。

（3）在享受条件上，失业保险与失业者的工作年限、缴费年限有关，也取决于其就业意愿。一般失业保险对象有下列情况之一，将取消其领取失业保险待遇的资格：无充分理由自动离职；没有在职业介绍所登记；拒绝劳动部门介绍的适当工作；参与劳资纠纷而罢工；故意放弃职业训练机会。

（4）在保障功能上，失业保险不仅为失业者提供物质救济，还要为其提供再就业服务，最终的目的是促使失业者就业。而其他社会保险主要是为劳动者提供生活保障，以维持劳动力的一般再生产。

（二）主要资格条件

各国对享受失业保险的资格条件都有明确规定，主要包括：第一，必须符合法定的劳动年龄，未成年人和法定退休者不能享受失业保险待遇。第二，必须是非自愿性失业。自愿离职者，因严重过失而被工作单位或雇主除名、犯罪判刑或介入劳动争端主动停产、罢工而造成失业者，均不能享受失业保险待遇。第三，原来已经从事过法定有酬劳动的失业人员才能享受正式失业保险待遇。第四，必须具有劳动能力和就业意愿。按照我国的有关规定，失业人员应接受失业保险机构安排的转业训练和生产自救活动，并接受合理的重新工作安排。凡无正当理由，两次不接受劳动就业服务机构介绍就业者，停发其失业救济金和其他失业保险待遇。

（三）目标与功能

1. 失业保险的目标

失业保险的目标是保障生活、促进就业。从失业者的角度来说，一是通过物质补贴维持其基本生活水平；二是为其提供就业培训和指导，通过帮助其提高劳动技能，促使他们尽快实现再就业。从社会经济层面来看，其目标主要是通过保障失业者在失业期间的基本生活维持社会稳定，促进经济发展。

2. 失业保险的功能

（1）保障基本生活水平。根据失业保险制度的具体规定，失业者在一定期间内领取一定量的失业保险金，保障了他们在失业期间的基本生活，并为解决失业问题提供了一定的缓冲时间，维持了劳动力的再生产。同时，通过提供就业培训可以促进失业者的再就业，而且该功能有逐渐增强的趋势。

（2）提高经济活动效率。失业保险制度所具有的维持劳动力生产和再生产的功能，有利于劳动者提高自身素质及实现再就业，因而在宏观经济层面有助于提高经济活动效率。此外，失业保险制度减轻了企业向外派遣冗员时的社会经济压力，有助于提高经济资源配置的合理性，进而提高经济活动效率。

（3）促进经济体制改革。社会化大生产的发展要求适时调整产业结构和提高劳动者就业能力。市场经济的优胜劣汰也要求灵活的用工制度和劳动力资源的无障碍流动。从旧产业中分离出来的剩余劳动力不能适应新产业的需要，经济体制的改革使得劳动力素质与劳动力需求之间的矛盾突出，结构性失业成为难以解决的问题。而失业保险制度的建立配合了劳动用工制度的改革，有利于劳动力的合理流动和优化配置，减少了职工与企业之间的摩擦，增强了劳动者的风险意识和竞争意识，并通过保险金给付和就业培训等提高了劳动者的就业能力，为经济体制改革的顺利进行创造了条件。

（四）失业保险制度的类型

1. 强制性失业保险制度

该制度一般由政府制定并实施，是当今主流的失业保险制度。实行这种制度的国家有中国、美国、加拿大、意大利等。根据强制性失业保险制度的规定，凡是符合失业保险条件的人都必须参加失业保险。

2. 失业救助制度

这是一种带有社会救助色彩的失业保险制度。该制度规定，失业保险金只发放给符合既定条件的失业者。

3. 自愿保险补贴制度

该制度一般由工会组织实施，雇主、雇员自愿参加，由工会建立的失业基金会管理，政府提供大量的补贴。

4. 双重性失业保险制度

该制度是由以上模式派生出来的一种混合制度形式。它有三大类：一是强制性失业保险制度与失业救助制度并存，如德国；二是自愿保险补贴制度和失业救助制度并存，如瑞典；三是强制性失业保险制度与自愿保险补贴制度相结合，如日本等。

四、工伤保险

工伤保险也称职业伤害保险，指劳动者在生产经营活动中或在规定的某些特殊情况下遭受意外伤害、职业病，并且因此造成死亡、暂时或永久丧失劳动能力时，劳动者及其遗属能够从国家、社会得到必要物质补偿的制度。工伤保险的主要目的是保障工伤劳动者的生活和医疗需要，维护正常的生产和生活秩序，确保社会的安定、和谐和稳定。

（一）工伤保险的原则

1. 无责任补偿原则

该原则又称补偿不究过失原则，即劳动者在生产过程中负伤后，不管过失在哪一方，均可获得一定收入补偿，以保障其基本生活，但并非不追究事故责任，对工伤事故放任不管。相反，对事故发生的原因和后果仍要进行认真调查，以加强劳动保护，从中吸取教训，不断降低事故发生率。

2. 个人不缴费原则

工伤保险与其他保险不同，其由雇主或企业负担全部保险费，劳动者个人不用缴费。因为劳动者在为雇主或企业创造财富的同时，还付出了健康甚至生命的代价，由雇主或企业负担全部保险费完全合理且必要，这是世界共识。

3. 因工伤残与非因工伤残区别对待原则

职业伤害与工作环境、工作条件、工艺流程等有直接关系，因此，我国的工伤保险待遇在给付标准上，明显高于“因病”或“非因工”伤亡的待遇。只要是“因工”受到伤害，待遇上就不受年龄、性别、缴费期限的限制。对“因工”和“非因工”的区分，是建立工伤保险的前提和出发点。

4. 补偿、预防和康复相结合的原则

工伤补偿、工伤预防和工伤康复三者密切相连。工伤预防是根本，各国政府都非常重视安全生产，致力于采取各种措施减少或消除事故隐患。一旦发生了工伤事故，就不仅要进行工伤补偿，还要做好康复工作，帮助受害者尽可能地恢复劳动能力，使其重新走上工作岗位。

（二）工伤保险的事故范围

工伤保险的事故范围包括：因工负伤和职业病。因工负伤是指劳动者在工作时间及工作区域之内，因执行既定职务（业务）而受到伤害。职业病是指劳动者从事某种职业后，因职业有害因素给其带来的疾病。它与特定职业有关，是职业性有害因素对劳动者造成的慢性身体伤害。

（三）工伤保险的作用

1. 保障劳动者的合法权益，维护社会稳定

工伤事故与职业病严重威胁着广大职工的健康和生命，影响其工作、经济收入及家庭生活，关系到社会稳定。参加工伤保险后，一旦发生工伤事故，职工就可以得到及时救治、医疗康复和必要的经济补偿。这在一定程度上保障了劳动者的合法权益，解除了他们的后顾之忧，有利于提高他们工作的积极性，进而维护社会的稳定。

2. 分散风险，提高企业承担风险的能力

工伤事故发生后，需要支付较高的工伤赔偿，企业可能很难承担，而工伤保险通过基金的互济功能，分散了不同用人单位的工伤风险，避免了用人单位一旦发生工伤事故便不堪重负，严重影响生产经营，甚至破产，因而工伤保险有利于企业的正常经营和生产活动。

3. 促进安全生产，保护和发展社会生产力

工伤保险与生产单位改善劳动条件、防病防伤、安全教育、医疗康复、社会服务等工作紧密相连。它可以有效提高生产经营单位和职工的安全生产意识，防止或减少伤亡事故，保护职工的健康和安全，减少工伤和职业病造成的经济损失，进而保护和发展社会生产力。

案例 14-1

因肺癌死亡能否被认定为工伤？

2019 年 11 月 17 日上午 10 时，某汽车修理厂修理工王某在工作中感到肺部疼痛难忍，于是向车间领导请假后到医院检查。经医院检查，王某被诊断为肺癌晚期，住院 30 天后因医治无效死于医院。王某的亲属向单位提出按因工死亡处理，要求享受工伤保险待遇。单位认为王某是因肺癌治疗无效死亡，不属于突发疾病死亡，不予认定王某为因工死亡，按非因工死亡处理。

请问：企业对王某的死亡处理意见正确吗？为什么？

五、生育保险

（一）含义和特点

生育保险是对处于生育期间的生育承担者给予生育津贴、休假及医疗服务的一项社会

保险制度。现代生育保险的对象不再局限于妇女劳动者，有些国家已经扩大到生育期妇女的配偶。该保险提供的待遇主要有带薪年假、生育津贴、生育医疗费（含计划生育医疗费）及生育补助。

（二）主要特点

1. 主要对象是育龄期的妇女劳动者

相对其他社会保险来说，生育保险覆盖范围较窄，但一些国家和地区已将生育保险对象扩大到处于生育期间的妇女劳动者及其配偶。

2. 实行“产前、产后都应享受”原则

妇女劳动者在怀孕后、临近分娩前一段时间内，由于行动不便和预产期临近，已经不能工作或不宜工作。此外，妇女在分娩后需要休息一段时间，以便照顾婴儿及恢复身体健康。所以，妇女劳动者的产假包括产前和产后两个阶段，产假期间照发原标准工资。这样才能更好地保护产妇和婴儿健康，达到生育保险的目的。

3. 带有双重性质

生育保险既是为了维持妇女劳动者的劳动力简单再生产，也是为了保障劳动力的扩大再生产，确保经济社会发展对劳动力的需求。

4. 待遇水平较高

生育保险不仅对处于生育期间的生育承担者给予了补偿，而且因为对怀孕期间的生育妇女采取了一系列保健措施，因此对提高下一代的素质也非常重要。生育保险与国家的人口政策密切相关，只有在经济发展到较高水平后，生育保险制度才能有效建立起来，因此生育保险的待遇水平一般较其他社会保险要高。

（三）生育保险的作用

1. 保障女职工生育期间的基本生活

女职工在生育期间暂时丧失劳动能力，因此不能正常工作，遭受收入损失，生育保险通过为生育女性提供孕期保健、医疗服务、带薪年假和生育津贴，可以保证女职工的基本生活需求以及再生产的正常进行。

2. 有利于优生优育，保证劳动力的扩大再生产

随着经济社会的发展，人力资源和科学技术方面的竞争越来越激烈。优生优育有利于提高我国人力资源素质，增强国际竞争力。优生是建立在生育母亲健康的基础上，优育则有赖于家庭和社会对婴儿的哺育和教养。因此，产妇的生活和身体健康是否得到社会保障，不仅关系到产妇的身体健康，也关系到新生儿的质量，生育保险则保障了优生优育和劳动力的连续再生产。

六、遗属保险

遗属就是死者留下的亲属。在社会保险中，被保险人的遗属一般包括其配偶、子女、父母、兄弟姐妹、祖父母、外祖父母、孙子女、外孙子女等。

遗属保险是指劳动者死亡后，由国家和社会对死者所需丧葬费和其生前供养的直系亲属的基本生活，依法给予必要的物质帮助的社会保险制度。我国遗属保险提供的物质帮助包括死者的丧葬费、家属的抚恤费、救济费和生活困难补助费等。主要支出是死者丧葬金的给付，以及死者生前抚养的配偶和未成年子女的费用即养育费给付。遗属保险既可以定

期定量给付，也可以一次性给付。

在现实中，遗属保险通常与养老保险或工伤保险组合成一个险种，很少单独作为一个社会保险项目来实施。这是考虑到依法参加社会保险的劳动者去世后，其受赡养亲属的基本生活也应该予以保障，故将其归入“老、残、遗保险”系列一同实施；另外，因工死亡者所赡养亲属的基本生活保障，则归入工伤保险系列。

遗属保险待遇的给付分因工死亡和非因工死亡两类。因工死亡的遗属保险待遇高于非因工死亡的待遇，前者包括死者的丧葬金和给付遗属抚恤金。在我国，由于实行的是国家统筹式的社会保险，所以遗属保险待遇的水平与死者生前供养的直系亲属人数成正比。

第四节　我国社会保险制度的改革与发展

一、制度的建立

我国的社会保险制度始建于20世纪50年代初。1951年，政务院公布实施了《中华人民共和国劳动保险条例》。1953年，政务院对该条例进行了修正。此后，随着我国财政经济状况的好转和大规模经济建设的开展，国家颁布了救灾救济、优抚安置等一系列社会保障政策，并根据社会发展对有关政策进行了充实和调整。到20世纪80年代中期，社会保险覆盖面仍然局限于城镇地区，重点是国有企业。

我国社会保险制度在改革前是以公有制经济单位为实施单位，其特点是以国家财政作为单位保障的后盾。它采用现收现付制，个人不直接负担保障费用，而是按照国家规定的社会身份实行差别化保障待遇。这种制度是计划经济体制的产物，与国有企业的性质密切相关，并成为政府与企业角色错位的典型体现。

实行改革开放以后，这种单位保障制度难以适应企业竞争和劳动力流动的要求，我国迫切需要建立独立于企业的社会化保险制度。

二、改革探索

自20世纪80年代中期以来，我国对社会保险制度进行了一系列改革，对促进经济发展、维护人民的社会保障权益发挥了重要作用。

1. 养老保险制度的改革探索

自20世纪90年代中期以来，我国开始逐步建立由国家基本养老保险、企业补充养老保险和个人储蓄养老保险组成的多层次养老保险体系。1995年，劳动部出台《关于建立企业补充养老保险制度的意见》。1997年，国务院颁布了《关于建立统一的企业职工基本养老保险制度的决定》，将基本养老保险作为养老保险的“第一支柱”。2000年，国务院颁布了《关于完善城镇社会保障体系的试点方案》，将企业补充养老保险作为养老保险的“第二支柱”，国家鼓励但不强制实行。同时，我国大力发展商业人寿保险，将个人储蓄养老保险作为养老保险的“第三支柱”。自2009年起，相对于以前各地开展的农村养老保险，我国开展了新型农村社会养老保险试点工作，即新农保。

截至2012年底，我国城乡居民社会养老保险制度已实现制度全覆盖，比原计划提前了8年。连同已有的城镇职工养老保险制度，已经基本形成了覆盖城乡的社会养老保险体系。

2. 医疗保险制度的改革探索

1998年12月，国务院颁布了《关于建立城镇职工医疗保险制度的决定》，这标志着我国医疗保险制度进入了一个崭新的阶段。实行了近半个世纪的公费医疗和劳保医疗制度，被新的职工基本医疗保险制度代替。2003年5月，人力资源和社会保障部出台了《关于城镇灵活就业人员参加基本医疗保险的指导意见》，将灵活就业人员、混合所有制企业和非公有制经济组织从业人员以及农村进城务工人员纳入医疗保险范围。2006年1月，国务院出台了《关于解决农民工问题的若干意见》，开始将农民工列为医疗保险制度覆盖人群。2012年3月，国务院印发了《"十二五"期间深化医药卫生体制改革规划暨实施方案的通知》，提出了实现2020年人人享有基本医疗卫生服务的既定目标。

3. 其他保险制度的改革探索

1986年，我国开始建立城镇失业保险制度；1994年和1996年，我国先后开始实施了生育保险、工伤保险；1999年，建立了城市居民最低生活保障制度；1999年1月，国务院颁布了《失业保险条例》，完善了城镇失业保险制度，以便与市场经济体制相适应；2001年，我国将国有企业下岗职工制度与失业保险制度并轨。企业离退休人员基本养老保险金走向社会化发放，企业离退休人员月均养老金不断提高，并向退休早、养老金水平低的部分人员倾斜。截至2016年底，我国共有1.73亿人参加了失业保险制度，领取失业保险金的人数达226.8万人，失业保险基金累计结存5 083亿元。

在2003年国务院颁布实施《工伤保险条例》以前，我国一直未对工伤保险进行专门的立法。工伤保险制度的建立起源于计划经济时期的劳动保险制度框架。我国曾于1996年颁布《企业职工工伤保险试行办法》，这主要是为了配合《中华人民共和国劳动法》的贯彻与实施，其所面向的是所有境内的企业及其职工。工伤保险实行的是社会统筹机制，工伤保险费由企业负责缴纳，职工若遭遇工伤或患上职业病，由工伤保险基金对职工提供经济补偿和社会化管理服务。截至2016年底，我国已经有2.14亿人参加了工伤保险，当年享受工伤保险待遇的人数达到了201.9万人，而工伤保险基金滚存结余达到1 285.3亿元。

在我国，生育保险基本上是一种职工生育保险，其覆盖对象主要是城镇就业职工。截至2015年底，我国共有1.78亿人参加了生育保险制度。2015年，享受生育保险待遇的人数为641.9万人，生育保险基金累计结余总额达到了684.4亿元。

三、发展现状与存在的问题

（一）发展现状

经过多年的不断改革，我国社会保险制度体系的框架基本形成，初步完成了制度转型：在制度主体上，实现了从企业保险向社会保险的转变，解决了企业保险引发的企业社保负担畸轻畸重问题；在社会保险制度模式上，创造性地建立了"统账结合"的制度模式，并通过开展"做实"养老保险个人账户试点，推动养老保险由完全现收现付制向部分积累制的模式转变，增强了社会保险制度应对人口老龄化的能力；在筹资机制上，从国家单一责任转变为国家、企业、个人三方责任共担，增强了制度支撑能力，也在一定程度上提高了社会保险基金的社会化程度，缓解了过去因职工社会保险基金全部由各个企业自筹、在本企业范围内自收自支而造成的新老企业间负担不平衡、社会互济性差的矛盾。同时，现行筹资方式将大部分城镇企业纳入统筹范围，从而扩大了社会保险覆盖面，推动了社会保险事业的发展。

根据人力资源和社会保障部、国家统计局于 2016 年公布的《2015 年度人力资源和社会保障事业发展统计公报》，2015 年，社会保险制度不断完善，各项社会保险覆盖范围继续扩大，参保人数和基金规模持续增长。年末参保人数分别为：基本养老保险 8.58 亿人，基本医疗保险 13.36 亿人，失业保险 1.73 亿人，工伤保险 2.14 亿人，生育保险 1.78 亿人以上；全年五项社会保险基金收入合计 4.6 万亿元，比上年增长 0.6 万亿元；基金支出合计 3.9 万亿元，比上年增长 0.6 万亿元。

（二）存在的问题

随着我国改革的深化，现行社会保险制度存在的问题也越来越明显。主要表现在以下几个方面：

1. 覆盖面不够广，实施范围窄

目前，我国劳动保险制度实施的对象主要是国家机关、事业单位、国有企业和城镇企业职工，广大农村地区、小集体企业及其他民营经济组织职工还处在社会保险的边缘地带。由于在实际操作过程中，人们对社会保险的认知度、参与意识和自我保护能力还不够，加上社会保险制度的执行成本高，基本养老保险的实际覆盖面还不够广。如果从我国全民角度考察，虽然覆盖率在逐渐提升，但实际操作成本也较高。从制度执行情况看，国有企业执行得较好，其他所有制企业尤其是私营及“三资”企业执行得不好，因此，对社会保险制度的执行还需要进一步增强。

2. 社保基金筹集和管理分散，导致基金软收硬支

我国社会保险改革相对滞后，导致其立法工作跟不上实际运转需要。全国保险基金的征缴行为尚不规范，造成征收弹性大、管理分散、监管严重缺失，以至漏洞过多。加之很多人对社会保险不理解，处罚力度小，一些企业拖欠、不愿缴、迟缴、拒缴社会保险金的现象时有出现，而支出又持续增长，从而导致基金软收硬支。

3. 社会化管理程度低，妨碍企业经营机制转换及现代企业制度的建立

受计划经济体制残余的影响，政企不分依然存在，导致企业承担了不少本应由政府承担的职责，如社会保险费的筹集、管理与发放等。市场经济的发展要求建立与之相适应的现代企业制度，为此，政府应将企业从繁杂的社会事务中解脱出来，即在企业上缴了社会保险费后，一切社会保险业务均由政府或社会来接管。否则，国有企业经营机制的根本转换和现代企业制度的建立将难以实现。

四、改革与发展的前景

近年来，我国社会保险制度的改革取得了重要进展，基本建立了社会保险新模式。目前已初步建立起以养老、失业、医疗三大社会保险制度和社会救助制度为骨架的中国城镇社会保障体系：城镇居民最低生活保障制度开始实施；农村养老保险的基本框架已形成，新农合已基本实现全面覆盖。

我国社会保障建设近年来取得了明显成效，城乡养老、医疗和最低生活保障制度建设取得了重大进展，各项社会保险覆盖的人群迅速增长，保障水平逐步提高，资金规模进一

步扩大，管理服务网络不断完善，为维护改革发展及社会稳定发挥了重要作用。尽管我国社保事业进步很大，但总体上还存在很多问题，需要进一步改革与完善。

“十四五”规划强调，要健全多层次社会保障体系。坚持应保尽保原则，按照兜底线、织密网、建机制的要求，加快健全覆盖全民、统筹城乡、公平统一、可持续的多层次社会保障体系。

今后一段时间，我国要把实现好、维护好、发展好最广大人民根本利益作为发展的出发点和落脚点，健全多层次社会保障体系，不断增强人民群众获得感、幸福感、安全感。

在具体实施过程中，需要重点抓好以下工作：

1. 提高统筹层次，扩大覆盖范围，建立健全农村社保体系

提高统筹层次既是增强社会保险基金调剂能力、减少结构性资金缺口、适应人力资源市场流动性的必要措施，也是建设社会保险长效机制的重要内容。我国人口众多，应进一步扩大覆盖面，将符合条件的用人单位和人员纳入参保范围，做到应保尽保。农村社保体系是我国整个社保体系的重要组成部分，健全农村社保体系是建设社会主义新农村的重要内容，也是构建和谐社会的基本要求。

2. 完善社保基金管理，提高基金增值能力

社会保险基金保值增值的关键是，社会保险基金应投向资本市场和货币市场，通过市场建立和完善运行机制来实现增值。要完善社保基金的管理：一是要进行信息联网，广泛运用现代化信息管理技术，健全养老、失业、医保信息监控体系，利用信息系统进行异常数据的监控分析，有针对性地进行监督检查；二是要采取宏观与微观结合、常规与突击结合、全面与重点结合等方法，提高监管水平和效率；三是要大力宣传举报制度，将养老、失业、医保政策的执行过程置于全社会的监督之下，营造全社会打击骗保行为的氛围。

3. 完善新型农村社会养老保险

新型农村社会养老保险采取政府主导和农民自愿相结合的模式，引导农村居民普遍参保，实现对农村适龄居民的全覆盖。应按照保基本、广覆盖、有弹性、可持续的要求，从实际出发，因地制宜，坚持筹资标准和待遇标准与经济发展水平、集体经济实力和农民收入水平相适应，不断完善个人缴费、集体补助、政府补贴相结合的新农保制度，实行社会统筹与个人账户相结合，保障农村居民的老年基本生活。

4. 强化宣传教育工作，培养社会保险意识

在改革社会保险制度时，必然会遇到观念、利益、体制等方面的阻碍。为此，应采取必要措施，通过各种渠道向广大群众宣传改革的方针、政策、目标与方式；充分调动广大群众参与社会保险的积极性，激励他们积极主动地了解并自觉参加社会保险；做好宣传教育工作，培养全社会的保险意识和保险文化。

5. 不断提高社会保障管理及服务水平

健全的管理服务体系是落实社会保障政策的必要条件。由于现阶段我国社会保险管理存在管理体制分散、资源有限等问题，导致各地社会保险信息服务系统建设工作进行不畅。随着社会保险覆盖面的不断扩大，需要更加高效便捷的服务。同时，随着社会保险基金规模的增长，对精细管理的要求也越来越高。因此，应不断加强基层服务平台建设，规范和优化管理服务流程，推进标准化建设；进一步提高社会保险工作人员的专业能力，加强信息网络建设，提高管理效率及服务质量；着力推进标准统一、功能兼容的社会保障卡

的应用，方便参保者随时随地查询相关记录和信息。

思考与练习

1. 什么是社会保险？它有哪些特点？
2. 失业保险与其他社会保险项目相比具有哪些特点？
3. 什么是养老保险？它有哪些类型？
4. 社会医疗保险的给付条件是什么？社会医疗保险与普通医疗保险有什么区别？
5. 试说明商业保险与社会保险的主要区别。
6. 请论述我国社会保险制度的改革与发展方向。

图书在版编目（CIP）数据

保险学 / 李淑娟主编. --北京：中国人民大学出版社，2021.4
普通高等学校应用型教材. 金融
ISBN 978-7-300-29105-5

Ⅰ.①保… Ⅱ.①李… Ⅲ.①保险学—高等学校—教材 Ⅳ.①F840

中国版本图书馆 CIP 数据核字（2021）第 045090 号

普通高等学校应用型教材・金融
保险学
李淑娟 主编
Baoxianxue

出版发行	中国人民大学出版社		
社　　址	北京中关村大街 31 号	邮政编码	100080
电　　话	010－62511242（总编室）		010－62511770（质管部）
	010－82501766（邮购部）		010－62514148（门市部）
	010－62511173（发行公司）		010－62515275（盗版举报）
网　　址	http://www.crup.com.cn		
经　　销	新华书店		
印　　刷	北京密兴印刷有限公司		
开　　本	787 mm×1092 mm　1/16	版　　次	2021 年 4 月第 1 版
印　　张	19.25	印　　次	2025 年 8 月第 2 次印刷
字　　数	460 000	定　　价	46.00 元

教学支持说明

1. 教辅资源获取方式

为秉承中国人民大学出版社对教材类产品一贯的教学支持，我们将向采纳本书作为教材的教师免费提供丰富的教辅资源。您可直接到中国人民大学出版社官网的教师服务中心注册下载——http://www.crup.com.cn/Teacher。

如遇到注册、搜索等技术问题，可咨询网页右下角在线 QQ 客服，周一到周五工作时间有专人负责处理。

注册成为我社教师会员后，您可长期根据您所属的课程类别申请纸质样书、电子样书和教辅资源，自行完成免费下载。您也可登录我社官网的“教师服务中心”，我们经常举办赠送纸质样书、赠送电子样书、线上直播、资源下载、全国各专业培训及会议信息共享等网上教材进校园活动，期待您的积极参与！

2. 高校教师可加入下述学科教师 QQ 交流群，获取更多教学服务

经济类教师交流群：809471792

财政金融教师交流群：766895628

国际贸易教师交流群：162921240

税收教师交流群：119667851

3. 购书联系方式

网上书店咨询电话：010-82501766

邮购咨询电话：010-62515351

团购咨询电话：010-62513136

中国人民大学出版社经济分社

地址：北京市海淀区中关村大街甲 59 号文化大厦 1506 室　100872

电话：010-62515803　010-62516948

传真：010-62514775

E-mail：jjfs@crup.com.cn